云南省社会科学院学术名家文集

何耀华文集

（第一编）

何耀华 ◎ 著

■　　■　　■

中国社会科学出版社

图书在版编目（CIP）数据

何耀华文集/何耀华著 . —北京：中国社会科学出版社，2017.8
 ISBN 978 - 7 - 5203 - 0827 - 4

Ⅰ. ①何…　Ⅱ. ①何…　Ⅲ. ①社会科学—文集
Ⅳ. ①C53

中国版本图书馆 CIP 数据核字（2017）第 194310 号

出 版 人	赵剑英
责任编辑	郭晓鸿
特约编辑	席建海
责任校对	韩海超
责任印制	戴　宽

出　　　版	中国社会科学出版社
社　　　址	北京鼓楼西大街甲 158 号
邮　　　编	100720
网　　　址	http://www.csspw.cn
发 行 部	010 - 84083685
门 市 部	010 - 84029450
经　　　销	新华书店及其他书店

印刷装订	北京君升印刷有限公司
版　　　次	2017 年 8 月第 1 版
印　　　次	2017 年 8 月第 1 次印刷

开　　　本	710×1000　1/16
印　　　张	125.25
字　　　数	1648 千字
定　　　价	538.00 元(全五编)

温馨而简朴的居室

伉俪情深

慈父何俊臣

慈母许竹仙

用辛勤汗水培育我的历史学大师方国瑜教授

长子（右二）、三子（右一）

与次子在奥克兰

可爱的孙子何超（左一）
右为韩国佛教曹溪宗的高僧

查阅《钦定理蕃部则列》

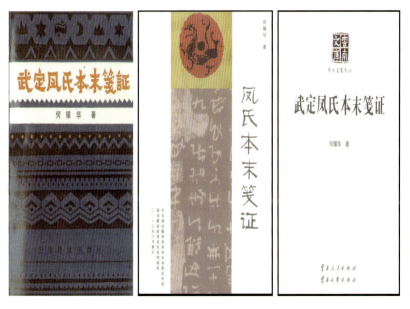

三次被翻印的处女作

云南省社会科学院召开《云南通史》出版座谈会

《云南通史》获奖证书

出版的部分彝学藏学著作

陪同时为中共中央政治局委员、
中国社会科学院院长的李铁映考察玉龙雪山

当时的中共云南省委书记普朝柱（左一）赴华宁县考察，
论跨越式发展理论，右一为时任玉溪地委书记的孟继尧

与时为中共云南省委副书记的王天玺（中）讨论文化强省战略后合影

中国社会科学院副院长、著名哲学家汝信（左三）来滇考察边疆少数民族

与赵廷光云南省副省长（时任）（右四）
在促进山区经济发展与社会进步国际会议上

前排自右至左：杨正权、马立三、何宣、张瑞才、李桂英、王天玺、
张昌山、何耀华、张鑫昌、伍呷

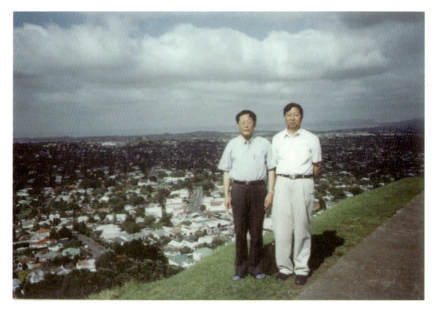

与（时任）云南省人大常委会副主任吴光范在澳大利亚考察农业立法问题

1999 年中国社会科学院常务副院长、著名经济学家
王洛林（前排右三）在云南省社会科学院

1998 年与国家社会科学基金民族问题学科评审组专家在北京，
前排左起杜荣坤、李绍明、何耀华、陈连开；后排左起陈友平、覃乃昌、
贾哈甫·米尔扎汗、郝时远、齐木德·道尔吉、蒲文成、沈开运

与云南民族大学党委书记冯建昆（前右二）、
民族研究所所长赵学铣（后右三）在韩国木浦大学

与著名"三农"问题专家、中国社会科学
院社会学所所长陆学艺在云南农村考察

与著名民族学家、中国社会
科学院民族学与人类学研究所所长
杜荣坤在云南边疆做民族考察

与著名宗教学家吕大吉（右一）、牟钟鉴（左一）在北京潭柘寺

与中国人民大学副校长、著名社会学家
郑杭生夫妇（右一、二）在湖北土家族地区考察

与西藏社会科学院院长、著名
藏学家、中国西南民族研究学会第一届
理事会副会长平措次仁在拉萨

访问西藏山南雍布拉康古寺

与香港中文大学教授谢剑在昆明

与四川省社会科学院院长刘茂才在西双版纳考察

与共同倡导建立中国西南民族研究学会的李绍明（右一）、余宏模（左一）
在西昌（时任）中共凉山彝族自治州州委书记罗开文（左二）

与出席1996年中国西南民族研究学会广西会长工作会议的代表合影，张声震（左四）、何耀华（右四）、伍精忠（右一）、余宏模（右二）、史金波（右三）、陈国安（左一）、覃立勋（左二）、翁家烈（后一排右二）、覃乃昌（后一排右三）、和少英（后三排右二）等副会长出席

在武汉中南民族大学召开的中国西南民族研究学会第14次年会上做演讲

在拉萨参加藏历水鸡年雪顿节

1987年主持完成的《通海县经济、社会、生存
协调发展战略》通过省级鉴定验收

在澜沧江、湄公河水能资源开发与环境保护国际会议发表主题演讲

四川省民族研究所建所四十周年庆祝大会部分与会人员合影，（自左至右）赵世林、袁晓文、余宏模、李绍明、何耀华、李星星、陈国安、陈立明

与李绍明、冉光荣（右一）在成都

2003年在昆明出席中国西南民族研究学会会议的部分学者，
自左起李绵、何耀华、范宏贵、李绍明、袁少芬

参观昆明滇池海埂大坝，右起李平凡、黄柏权、
何耀华、颜振华、余宏模、陈国安

率滇、川、黔、藏四省、区社会科学院院长代表团访问
台湾海基会，中为当时的海基会秘书长焦仁和

在台北"故宫博物院"受到秦孝仪院长的热烈欢迎

访台北"故宫博物院"副院长、纳西族研究权威学者李霖灿教授

台湾"中央图书馆"馆长曾济群为何耀华主持演讲会

与台湾佛光大学校长、著名国学专家龚鹏程教授在一起

在台北市阳明山，右一为淡江大学中文系主任王文俊教授

与台湾佛光大学社会学系主任林信华（左一）、赖淑娟（右一）教授在宜兰

在台湾花莲东华大学做学术演讲

在台湾宜兰做少数民族部落考察

在台湾佛光大学与人民出版社哲学编辑室主任、编审姜春峰合影

在美国加州大学戴维斯分校出席国际山地协会中心组成员会议，
右一为国际山地协会主席杰·D. 艾弗斯

国际山地协会主席杰·D. 艾弗斯夫妇陪同在加州山地做经济考察

应邀率云南省社科院代表团赴美国波士顿马萨诸塞大学出席世界
马克思主义大会，左一肖讽、左二向翔，此图为出国前在周庄合影

与共建丽江工业合作社的加拿大温哥华西蒙·弗雷泽
大学的友人合影，左四为和钟华研究员

在加拿大温哥华不列颠哥伦比亚大学访问

云南省人大代表团访问中国驻澳大利亚使馆，
右三为（时任）云南省人大副主任吴光范

应德国特里尔市市长（右）邀请，在特里尔市议会做中国的脱贫政策讲演

在德国特里尔大学出席第二届国际彝学研讨会，
与会议主席托马斯·海博洛教授（左一）为学者祝酒

在巴黎法兰西学院拜访艾莉铁院士

与日本国立民族学博物馆馆长佐佐木高明（左一）、
助教授横山广子（右一）在丽江考察东巴文化

在东京大学出席中国云南省石林县农村市场经济研讨会，左一为东京
大学经济学部中兼和津次教授，右一为东京大学社会学部田岛俊雄教授

与日本红松专家杉杉信太郎在冲绳考察日本红松

在冲绳国际大学做学术交流，左一为日本学者，右一为郑晓云研究员

云南省社科院的学者代表团（自左至右：朱振明、刘稚、朱昌利、
王崇理、任佳、贺圣达、何耀华、陈吕范、陈铁军、牛鸿斌等）与
（时任）印度总统纳拉亚南（右四）率领的印度学者代表团座谈

在印度中国研究所发表讲话，图中为谭中（右一）、
派·潘南迪克（右二）、宋天佑（左一）、任嘉德（左二）

在北京与（时任）印度驻华大使南威哲讨论云南与印度的经济文化交流

访印度历史遗产泰姬陵

亲一亲印度克拉拉邦一对印度夫妇未满周岁的可爱婴儿

在缅甸访问仰光大学人文学院院长（左）

泰国清迈大学校长（中）、美国威斯康星大学校长（左）
与中国云南省社会科学院院长（右）在清迈签订三方合作协议

与泰国西北大学校长汶通·普查汝恩（右二）及其夫人在清迈

受美国大自然保护协会（TNC）委托，率 TNC 代表团赴
印度尼西亚考察自然保护，受到热烈欢迎

在印尼苏拉威西岛考察陆海生物物种多样性，前为何耀华

1983 年 3 月在雅砻江考察流运之木材，向冕宁县里庄区
委副书记邱乌牛同志建议禁伐雅砻江流域地区的森林

20 世纪 60 年代彝族罗婺寨故地访古（禄劝县云龙乡）

与恩师李埏（左一）在云南大学接待美国科学院院士何炳棣（左三）夫妇，
右一林超民教授、右二云大校长办公室主任金宗佑

与恩师尤中教授（中）在巍山山区考察南诏遗迹，左一为张鑫昌教授

与吕大吉教授（左一）在石屏哨冲考察花腰
彝族十二年一度的原始祭祀祭竜大典

云南小凉山彝族田野调查

沧源佤族村落考察

沧源县勐董镇芝法村访问佤族村民

指导博士研究生杨福泉（左三）和云南省社会科学院的科研人员
左停、冯昭、杜娟、江红在丽江做民族学田野考察

指导博士研究生郭净（右一）调查澜沧江卡瓦格博峰峡谷中的藏族，
右二为时任中共迪庆州委书记的齐扎拉，左一为庞焜

在首次滇台经济合作会议上发表主旨演讲

在中国西南民族研究学会召开的南昆铁路建成与
西南各民族的共同发展繁荣讨论会上致辞

在中国西南民族研究学会与重庆市召开的城市化进程
中的民族问题研讨会上中为当时的重庆市委副书记

主持云南省社会科学院研究生论文答辩

在武定狮子山召开印度高僧指空研究学术研讨会，
左起三、五、六是韩国佛教曹溪宗高僧

向韩国佛教曹溪宗高僧了解指空在朝鲜半岛传播佛教的历史

率云南省社科院访问团访问西藏社会科学院，西藏社科院
党委书记卢秀璋（右三）、副院长马久（左一）在贡嘎机场迎接

1989 年在雅鲁藏布江考察河流生态环境

20 世纪 60 年代在云南大学历史系讲授世界现代史课程

20 世纪 70 年代在《思想战线》编辑部会议上，
自左至右为秦家华、甘万莲、何耀华、史宗龙、刘士昀

召开《云南社会科学》杂志编辑会议

序

王天玺[*]

　　何耀华先生是一位令人敬重的社会科学家，《何耀华文集》是一部很有价值的学术著作。

　　我认识何耀华先生是在20世纪80年代初他主编《思想战线》杂志的时候。我当时在北京一所大学读研究生，因为研究西南民族历史，比较关注《思想战线》，感觉其中许多文章思想鲜明，学术性强。虽然尚未见过何先生，但已赞赏他的政治和学术鉴别力。

　　我到云南工作时，何耀华先生已是云南社会科学院院长和多个学术团体的负责人。我们之间的工作联系和思想交流日益增多，我对何先生的敬重也更具体化了。

　　首先，我敬重何先生是坚持马克思主义研究精神的学者。

　　过去若干年，有些社会科学研究者心向西方，总想用"普世价值"抬高自己。何耀华先生与这类人不同，他出身贫寒，是与中国社会主义事业一同成长的学者，无论社会风云如何变幻，他总是尊崇共产党，热爱新中国，坚持唯物辩证法的初心不改，力争在学术研究中得出经得起历史检验的科学结论。

　　其次，我敬重何先生，还因为他是善于把学术研究和人才培养结合起来的学者。在他担任院长期间，云南省社会科学院在全国社科领域相

　　* 序言作者王天玺，中共中央机关刊《求是》杂志原总编辑、中共云南省委原副书记、著名哲学家、马克思主义理论家、民族学家、国际政治评论家。

当活跃，南亚研究的成果受到国家重视，云南社会发展阶段的研究成果为省委确定省情、制定政策提供了条件，民族学研究成果有利于扩大国际学术交流，许多青年学者由此崭露头角，逐渐成为云南社科研究的骨干力量。

最后，我敬重何先生，还因为他在多个学术领域成果卓著。

何先生是《云南通史》的总主编，提出融和、统一是云南历史发展的主轴，对滇学发展有着重要意义。作为一位汉族学者，他满腔热情地研究和发掘少数民族人民对祖国统一和中华文化的宝贵贡献，他主编的《中国彝族大百科全书》，他出版的《吐蕃史论丛》，在彝学和藏学发展史上均占有重要地位。

何耀华先生少时有"三十成名，四十成家，五十威震天下"的大志，就学术研究来说，就《何耀华文集》的丰富内容来说，何先生已成就了他的少年之志，这真是人生的一大幸事！我们期望着何先生老当益壮，在科学研究的山路上继续攀登，为社会贡献更多的成果。

何先生嘱我为他的文集作序，我恭敬为之。

2016 年 8 月 8 日

自　序

这套文集共分五编：第一编滇学研究，集 26 篇文章；第二编彝学研究，集 31 篇文章；第三编藏学研究，集 20 篇文章；第四编咨政建言研究，集 56 篇文章；第五编评说与附录，集评说 64 篇、附录 18 篇。除附录是他人写的或与他人合著的以外，其余 197 篇都是我写的，而这个数目不是我所写文章的全部，由于时间的久远，有许多已经找不到了；为压缩篇幅和总字数，有一部分也未能收入。

我 1957 年 9 月考入云南大学历史系读历史专业本科。系里设有阿拉伯史专门化，由 20 世纪 40 年代中国驻埃及大使、阿拉伯文化研究大师纳中教授主教；中国民族史专门化，由被尊为"中国西南民族史学之父"的方国瑜教授主教；唐宋经济史专门化，由名望与侯外庐教授并驰的李埏教授主教。除专门化以外，还有被称为法国民族学创始人莫士的传承人杨堃教授主讲的选修课民族学，原任教于"国立中山大学"文科研究所的百越史大师江应樑教授主讲的选修课傣族史。上述专门化和选修课，使我这个来自农村的学生产生"三十成名，四十成家，五十威震天下"的梦想。选什么呢？好几位老师问我，我回答："样样都想选，样样都想学！"但这是不可能的，按系里一人只能选一门课的规定，我在大三时选了中国民族史专门化。毕业时又报考了方国瑜先生面向全国招考的中国民族史研究生，在全国报考的 20 多名考生中，我因成绩夺冠而被录取。如从选修中国民族史专门化的

1959 年 9 月开始，我从事中国西南民族历史研究，至今已有 57 个春秋。

1975 年，中共云南省委宣传部决定，依托云南大学创办学术政治理论刊物《思想战线》双月刊，任命我为刊物的党支部书记。1983 年 11 月，云南大学党委又决定让我任学校科学研究处的处长兼《思想战线》杂志主编。从一个教师、编辑变为一个三肩挑的干部，我从事学术研究的时间少了，只能夜里在灯下拼搏，上山下乡做田野调查也只能挤假期进行。作为开远县布沼坝区老马寨村一个翻身雇农的子弟，一个从初中一年级开始就由全额人民助学金资助到研究生毕业的知识分子，一个在 1956 年 8 月 29 日高中二年级就加入中国共产党的党员，我有一颗强烈的报答党和祖国人民的心，再重的担子也不觉得重。由于江应樑教授疾病缠身，系里决定他的博士研究生学位课由我代授。1985 年 2 月，根据教育部天津高校职称工作会议的精神，云南省人民政府特批我由讲师破格晋升为研究员。次年 12 月我获国家科委授予的国家有突出贡献专家的称号，获连升三级工资的重奖。由于在云大科研管理工作中取得享誉全国高校的成绩，1987 年 4 月，又获"云南省劳动模范"的称号。1987 年 6 月 22 日，省委将我调离云大，任云南省社会科学院副院长、党组成员，1991 年 8 月晋升为院长、院党组书记。在此期间，先后任省政协第七届委员、第八届常委，第九届省人大代表，省政府经济社会发展咨询团顾问。除此之外，我还先后被选为中国民族学学会、中国民族史学会、中国社会学学会、中国南方哲学社会思想研究会副会长、中国西南民族研究学会会长，并兼任中国国家社会科学基金民族问题学科评审组成员、中国地方志协会学术委员、国际山地协会中心组成员、美国大自然保护协会中国部顾问、《民族研究》杂志顾问、《贵州民族研究》顾问、《云南社会科学》主编、云南大学中国民族史博士导师。2007 年任云南省文史研究馆馆员。由于以"干实事、实干事"为工作的座右铭，我在工作中投入的时间、精力、智力、体力是无以计数的。因此这套文集中收集的196篇文章，都是我利用业余时间用心血著成的。

"滇学"这个名词，是1996年7月汪道涵同志在上海东方宾馆宴请云南省委代表团时，他在席间讲话时我第一次听到的，他说：我要求上海的干部学滇学，滇学是一门深奥的学问，我一直在学，连省滇剧团名演员的特点我都了解。我听后深有感触，觉得云南人认识云南并未将云南作为一门学问来研究，作为云南的学者，不研究滇学就很难为云南人民服好务。本文集第一编滇学研究中的文章，是我研究滇学的成果。我总主编的《云南通史》六卷本的绪论，以融合、统一为云南历史发展主轴的论证，在北京首发式上曾引起高级专家和出版家的热议，大家一致给予高度的评价。我作为第一责任人主编的《中国云南大百科全书·历史卷》及为此出书写的总论，也都是我研究滇学的成果。滇学作为一门专门的综合的学问，其内涵和外延都是十分深广的。之所以要把滇学作为本文集的开编，是因为想促成在云南设立滇学专业，培养从事滇学的专门人才，也希望未来有更多的人从滇学的高度认识云南，让滇学为建设云南贡献力量。

彝学是我进行学术研究的主攻学科。本文集第二编彝学研究选编的论文，大都在学术界产生过反响。《论凉山彝族的家支制度》，在《中国社会科学》的中、英文版和《新华文摘》全文发表后，不仅在国内学术界，在四川省凉山彝族自治州彝族干部、群众中，而且在美国、法国、日本等国家的民族学人类学界引起热议，被认为是"中国民族学人类学迎来春天的信号"。《论凉山彝族与汉族的历史关系》，国家民委民族研究中心收入其主编的《民族关系论文集》。《论彝族的图腾崇拜》《论彝族的自然崇拜》，被北京大学考古专业李仰松教授选作参考教材，《彝族的原始社会和原始宗教》，被选编入中国宗教研究精选丛书。《彝族的历史与文化》，被《中国彝族大百科全书》编委会选为该书的绪论。尘封50年，这次选编入本文集的我的研究生毕业论文《论曲诺等级的几个问题》，相信也会在学术界产生影响。

藏学也是我着力研究的另一个学科。1980 年 10 月，我借去拉萨筹备召开全国首次藏族学术研讨会的机会，参观了拉萨三大寺、布达拉宫、《唐蕃会盟碑》，访问了堆龙德庆县的藏村，去藏族村民家做客。这次参观访问使我深受教育，深被激励。看到西藏的伟大文明和藏族人民对共产党和毛主席的无限热爱，我的感受是无法用语言来表述的。云南是藏族聚居的一个重要省，我一面推动在迪庆藏族自治州建立藏学研究所，一面学习藏族的历史与文化，先后写出一批研究藏学的论文，并在云南大学招了三届五名研究藏学的博士研究生，又应邀赴日本国立民族学博物馆进行过半年的藏学研究，赴香港中文大学举办关于川西南藏族的讲座，本文集第三编藏学研究选编的论文，就是我研究藏学的成果。其中一些虽曾收入我著的《吐蕃史论丛》，由生活·读书·新知三联书店在 2014 年 10 月出版，但考虑到要为更多的年轻学子提供研究藏学的方便，所以也收入文集，与其他未发表的再发表。

咨政建言编所收的文章，是我根据党和国家，特别是云南建设发展需要而进行研究的部分成果。《云南仍处于社会主义初级阶段的主要表现形式及其特征》，被云南省委作为提交省第六次党代会讨论的主要参考文件，成为全省人民对省情取得新认识的理论依据。《推进云南现代化建设的新思路：同心圆经济发展战略》，是 1996 年 6 月 30 日，我给省委中心学习组做讲座的稿子，后在省、昆明市的不断实践中得到应用创新，为国家批准建立滇中经济区打下了基础。《东南亚金融危机对中国云南省的影响》，经省长批转全省各地、州、市做决策参考，中国社会科学院《世界经济研究》杂志刊发。《建立澜沧江湄公河流域国际经济走廊》的建言，已被国家采纳。中、印、缅、孟四国学术代表团签订的《昆明倡议》《亚洲西南大陆桥发展协作系统研究》《论中印缅孟地区的经济合作》等文中提出的建言，后来也发展上升为建孟、中、印、缅经济走廊的国家大战略。当时的印度总统纳拉亚南访华，曾点名要与以我为首的云南学者与他座谈印度和中国云南的经济文化交流。《建立民族文化保护村的理论与实践》，被《人民日报内参》第584期在2000年9月报送中央领导参考。《激活武定历史文化遗产的建议》，曾经省委领导批示予以经费支持。《"三江"水能资源开发与环境保护综合研究》，发表后在国内外获好评，亚行湄公河下游四国水资源开发投资分配战略会议（在万象召开），对该文的澜沧江水电开发的保水、调水模式给予赞赏，美国大自然保护协会请来昆明参加讨论的19位水电专家，对文中的观点也表示认同。《评二三十年代的西方绥靖主义》，1973年在吉林《理论学习》刊物发表前，云南省外办报外交部，主要观点被乔冠华在当年联大发言中采用。总而言之，这组资政建言的文章，是本文集的一大亮点，它充分说明，社科研究只有围绕国家的改革、开放和现代化建设的需要来进行，才能在咨政建言中实现自身的价值。

第五编评说与附录两个板块。评说中的64篇评论，包括我在国内外许多论坛上的演讲、祝词、对恩师和前辈的忆念文及写的书评、书序、书的前言、后记等。这是我任云南社会科学院院长及多种社会兼职期间为推动学术研究、人才培养所做工作的一部分。附录板块所收的文章，其主要内容是领导、学者、记者对我的工作和著作的评论、访问记及所写的传记等。因为与我的生平和对我的激励、批评有关，所以我就将易找到的也收入了文集。如当时的全国人大常委会副委员长、中国社会科学院院长李铁映同志视察云南，在听完省委、省政府领导的汇报后，在会上点名要我汇报云南省社科院的重点学科建设，铁映同志在会上予以赞扬。这在文集中也做了纪实。

当这本文集编就之际，我要首先感谢党和人民对我的精心培养，感谢我先后工作过的云南大学、云南省社会科学院、云南民族大学、云南省文史研究馆对我的教育和帮助；其次是要感谢导师方国瑜、恩师江应樑、李埏、尤中、马曜等先生对我的教育、指导；最后是要感谢凉山彝族自治州的彝族老红军战士王海民、国家民委副主任伍精华等同志。方国瑜先生是1953年出席全国人民代表大会的代表，在会上与王海民同志结识，受国瑜先生委托，王海民同志为我在大凉山6个月的实地考察做了精心的安排，昭觉县委书记伍精华曾商请凉山军分区派彝民团战士陪护我考察，并当翻译，使我能在昭觉、美姑、布拖等县6个月的田野调查中取得预期成果。甘洛县、雷波县的末代土司岭光电、杨代蒂，彝族头人潘学源等凉山州的彝族上层统战人士，1963年曾在成都为我讲述凉山彝族的历史文化；四川省政协主席冯元蔚、省人大常委会副主任孙自强、凉山州州长罗开文、州人大常委会副主任穆文富（藏族）、普格县粮食局局长邓明鸿及彝族学者引索兹哈等同志，对我先后在凉山的调研进行过具体的指导和帮助；四川学术界的李绍明、童恩正、周锡银、蒙默、冉光荣、伍精忠等学者，与我进行过亲密的合作，在对藏学研究的过程中，西藏自治区政府主席多杰才旦，中国藏学研究中心总干事拉巴平措，西藏社会科学院党委书记、院长平措次仁等同志，对我进行过多方帮助，在此特一一表示感谢！

中国社会科学院的领导李铁映、汝信、丁伟志、滕藤、王洛林、李慎明，荣誉学部委员杜荣坤、胡庆钧、陆学艺，学部委员郝时远、史金波，著名学者詹承绪、白翠琴、吕大吉、汪同三，人大原副校长郑杭生，国家图书馆馆长、著名宗教学家任继愈，北大经济学院副院长曹和平，上海社科院副院长左学金、熊月之，上海国际问题研究所所长俞新天，以及贵州省民族研究所所长余宏模、翁家烈、李平凡、副所长陈国安，广西壮族自治区政府副主席张声震，区民族研究所所长覃乃昌、覃彩銮、俸代瑜等同志对我的帮助也是巨大的，中共云南省委、省人大、省政府、省政协先后四届领导对我的关怀培养，使我在咨政建言献策方面能发挥作用，并取得成绩，谨在此表示崇高的敬意和谢意。我是 1980 年在贵阳倡导创办中国西南民族研究学会的学者之一，先后连续五届被选为这个学会的会长，由于滇、川、黔、桂、藏、渝、湘、鄂、粤、闽、青、京 12 个省、市、自治区的团体会员单位的积极支持，这个学会经民政部评审授牌 3A 级中国社会组织，本文集收入的一些文章，是我在学会工作中写成的，让我对中国西南民族研究学会的主管单位中国社会科学院及该院民族学与人类学研究所、各团体会员单位及全体会员表示感谢！

　　本文集所收文章，曾发表过的都保持了原有的模样，并注明出处，有不少是未发表过的，也按成稿时的文本收入。希望出版后能成为传承学术和研究 20 世纪 60 年代以来，特别是 80 年代改革开放以来云南学术史和学术研究现状的资料。诚望读者批评指正。

何耀华

2016 年 4 月 6 日

于昆明北门街翠明园寓所

总 目 录

第二编　彝学研究

第三编　藏学研究

第四编　咨政建言研究

第五编　评说与附录

评说

目　录

第一编　滇学研究

第一编

滇学研究

《云南通史》绪论：融合、统一，云南历史发展的主轴

一 引言

　　云南地处祖国西南边陲，民族众多，山川秀丽，是中华文明最早发祥地之一。故云南素有"人类历史博物馆""古生物宝库"之称。曾几何时，它改写了中国历史，将中国最早的人类，从距今50万年和60万年的"北京人"和陕西"蓝田人"，推到距今170万年前的云南"元谋人"。

　　西方古人类、古生物学家们断言，人类起源于非洲，古生物的发源地也在非洲。然而，这都已成为历史的陈说。云南澄江的动物群化石距今5.3亿年，其中的"云南虫"是人类的远祖。《纽约时报》曾发表评论说："如果'云南虫'这种古脊索动物夭折，动物的中心神经将永远不会发展，地球就会像遥远的月亮那样，永远寂寞冷清。"禄丰的恐龙化

石（120多具、24个属、33个种），距今1.8亿年。开远、禄丰发现的腊玛古猿化石，距今1400万年和800万年。上述发现证明：云南存在一条完整的古生物、古人类进化链；不仅是人类的发祥地，而且是古生物进化繁衍的摇篮。

云南远古人类创造的旧石器、新石器时代文化，不仅以多样性著称，而且具有黄河中下游同类石器文化的风格。这说明自遥远的古代开始，云南各族人民的祖先，就与祖国内地各族先民进行交流与融合，共同缔造中国的古老文明。《通鉴前编》说："黄帝画野分州，得百里之国万区。颛顼高阳氏建九州……统领万国，北至幽陵，南至交阯，西至流沙，东至蟠木。"倪蜕《滇云历年传》解读说，云南为当时的"百里之国万区"的一部分，"建国即在万国之内，分州即在九州之内"，万历《云南通志·沿革总论》说："云南，《禹贡》梁州之域，地曰百濮，三代时万国来朝，西南有百濮。"夏、商、周、春秋、战国时期，云南出现了羌、髳、濮、劳浸、靡莫、滇、嶲、昆明等众多的族群部落，这些族群与黄河中下游的夏族、商族、周族进行频繁交流，经济文化获得了巨大的进步。迨至秦始皇统一中国，西汉王朝继之，云南就成为秦、汉以来中央集权统一多民族国家的一个组成部分。

纵观五千余年的历史，可用"融合、统一"四字来概括古代云南历史发展的规律。

"融合"是指云南土著民族与内地汉族、土著民族与土著民族的互融，基本形式为 A + B = C 或 A + B = A、A + B = B。融合形式有自然融合和非自然融合两种。自然融合的基础是自愿、团结、互助、共生、共荣，通过杂居、通婚、物质文化、精神文化、生态文化的互动和渗透，其中一个或几个民族丧失自己的特征，而变为另一个民族。也有经过相互对抗、冲突而实现的非自然融合，但这与通过民族压迫、民族歧视，强迫被压迫被征服民族放弃自己的民族语言、民族宗教信仰、生活习俗的强迫同化不同。民族融合，即自然同化，是世界上所有民族发展的必由之路。在阶级社会中，自然融合与非自然融合往往是同时存在、交错进行的。按马克思主义的观点，民族融合只有在全世界建成共产主义社会以后才能最终实现，到那时，民族差别不复存在，民族最终走向消亡。我们在本文中所说的是历史上的民族融合，指"夷变夷""汉变夷""夷变汉"的现象。这种融合是民族融合总过程中的一个组成部分。

"统一"是指云南各族与其他中华各族统一于中国的国土之内，接受一个中央政府的管辖。中国即中华各族之国。现代中国的国土指当今中华人民共和国56个民族居住的地域。尽管中国的国土在不同历史时期有伸有缩，但古今各个民族以中国之国土作为共同繁衍生息根基的历史从未改变。一个中央政府不是仅指汉族在全国建立的王朝或政权，也指少数民族在全国建立的王朝或政权。在长期的历史发展中，全国的统一政权，有时也会被分裂成多个政权（包括少数民族在边疆建立的王国），如三国鼎立，南北朝对峙，辽和西夏分治，宋金对立，南诏国、大理国的分立等。但分裂只是暂时的，西晋结束了三国的分立，隋唐结束了南北朝的对峙，元朝结束了五代十国和大理国等边疆王国的分立。不能因有短暂的分立就否认中国自秦汉以来就是一个统一的多民族国家的史实。国家的统一是中国历史发展的主流，分裂只是支流，而且暂时的分裂也为局部的统一打下基础，分裂的终极归宿是更大的统一。把中华各族之国（中国）作为国家统一体，是云南历史发展的基础，是民族兴盛和社会进步的源泉和动力。

编写云南通史，旨在以史为鉴，为今天云南的物质文明、精神文明、生态文明建设服务，推动全省政治、经济、文化、社会、生态又好又快发展。这是一件前人未做，难度颇大，社会期望值极高的系列工程，应坚持以马克思主义的辩证唯物主义、历史唯物主义为指导。用中国特色的社会主义理论体系分析问题；应认真发掘和核定史料，科学地揭示历史规律。

二 助周克商：云南土著与华夏族的政治交融

从遥远的古代开始，云南就分布着文化各异的众多部落、部族，他们都是"元谋人"的后裔，云南土著文明的开创者。在距今公元前5000—前3000年，他们与黄河中下游华夏族的交往，就达到密不可分的境地。他们与向西南延伸的华夏族人，西北的氐羌人，东南的濮、越人交融，在云南形成具有共同血缘和文化特征的羌、髳、濮、越等不同的族群。

传说羌人的一支姓姜，向东迁徙到陕西渭水流域，与姬姓的周人建立姻亲及部落联盟关系，周朝的国君是弃的子孙，弃为农神，为有邰氏女姜嫄所生，号称后稷，其后裔古公亶父自豳（陕西旬邑县）迁岐山下周原（陕西岐山县）建立周国，他的孙子昌为周君50年，施行裕民政策，国力强盛，向四方扩境称王，势力达到江汉流域。《史记·西南夷列传》说："太史公曰，楚之先岂有天禄哉！在周为文王师，封楚。及周之衰，地称五千里。秦灭诸侯，唯楚苗裔尚有滇王。"周国的凝聚力则达到江、汉西南之"蛮夷"地区，大约在公元前1066年，周文王子周武王克商灭纣，有"裔地"之八个"蛮夷"参与。《尚书·牧誓第四》说："庸、蜀、羌、髳、微、卢、彭、濮人，称尔戈，比尔干，立尔矛，予其誓。"《孔传》说："八国（指《牧誓》所说之八族）皆蛮、夷、戎、狄属文王者。"《疏》曰："此八国皆西南夷也。"云南是其中的羌、髳、濮族的重要分布地。

羌人是氐人的近亲，往往与氐人合称氐羌，是河（黄河）、湟（湟水）流域的游牧族群，《后汉书·西羌传》说："河关之西南，羌地是也，滨于赐支，至乎河首。"《史记·匈奴列传》说其"西接氐羌"。氐羌与中原关系密切，《诗经·商颂》说："自彼氐羌，莫敢不来享，莫敢不来王。"氐羌"随畜迁徙"，"逐水草而居"，至少在距今三四千年的新石器时代，就因畜牧、狩猎、采集及发展农业的需要，开始不断向西南迁徙。西藏林芝出土的磨制石器（刀、凿）及陶器残片，具有齐家文化特点；昌都卡若出土的石器、陶器、古村落；云南宾川白羊村出土的古村落，元谋大墩子出土的尖底瓶器物、瓮棺葬及房屋建筑，皆具有仰韶文化特征，和滇池石寨山出土的具有羌文化色彩的带耳、带流陶器及陶器上的锥刺纹，都是羌人向西南迁徙，与西藏、云南土著融合的物证。在漫长的历史发展中，土著与羌人的融合体不断分化，今天云南的藏、彝、纳西、景颇、哈尼、拉祜、傈僳、白、基诺、普米、怒、独龙、阿昌等族，与其分化后形成的不同族群有渊源关系。

髳人分布在蜀之边地及云南、贵州一带。顾炎武《天下郡国利病书·四川·雅州》说："狄国，夏为防风氏，周为髳，汉之寶叟，地在蜀之边地也。"《说文·髟部》："髳，汉令有髳长。"髳是古代的一种发式，"发至眉也"。苗人男女喜留长发，椎髻于头顶插上木梳，也有在额前留发至眉的，髳人当即苗人。又"髳""茅"同音，而苗通茅。段玉裁《说文解字注》："苗，古或假苗为茅。"汉郑玄注："古文茅作苗。"髳人可解读为苗人。时至今日，苗族尚有"毛"的自称。范文澜也认为：髳即苗。髳人与夏、商、周时期分布在荆楚长江中游的"三苗"有亲族关系，为同一族类而非同一支系，是"三苗"向西南迁徙与土著融合后形成的。道光《云南通志·南蛮志·种人》说："武王会孟津，庸、蜀、羌、髳、微、卢、彭、濮俱在列，滇居其三：曰髳、曰微、曰濮，而濮为独盛。"

濮人支系繁多。如"建宁郡南有濮夷，濮夷无君长总统，各以邑落自聚，故称百濮"。夏、商、周时濮人分布在江汉流域，并向西南延至濮水（云南元江）及澜沧江流域。刘伯庄《史记地名》："濮在楚之西南。"《注》曰："西南之蛮，盖濮人也。诸濮地俱与哀牢相接。"朱希祖《云南濮族考》："余谓濮族因仆水而得名，不如谓仆水因濮族而得名。"仆水即濮水，《汉书·地理志》："贪水首受青岭，南至邪龙入仆。"《华阳国志·南中志》："蜻蛉县有盐官。濮水出。"濮人在云南分布广泛，《华阳国志·南中志》说："南中，在昔盖夷、越之地，滇、濮、句町……侯王国以十数。"又说："（兴古郡）多鸠僚、濮"，"句町县……置自濮王"。云南濮人与江汉流域及巴蜀的濮人有同源关系。《左传》文公十六年有"百濮离居"之语，说明百濮不断迁徙。其中一部分当迁到云南。迁至云南后，濮人与越人杂居，逐渐融入越人。"历史上凡分布在云南澜沧江以东广大地区的濮人，虽名为濮，实际属于百越族系。""后世被称为濮僚的族群，当是百越与百濮交融而形成的。"濮僚是今壮、布依、傣等族的先民。"濮人这一名称，一直保持在近代贵州、云南、广西布依族和壮族中。布依族自称'布依'，而'布'即'濮'，壮族自称'布壮''布侬''布土''布依''布寮'（寮读老音，实即'僚'）等，也都在内部保持着古代'濮'（'布'）的族名称呼。"在云南西南部地区，还有自中南半岛迁入，属于南亚语系孟高棉语族的濮人，称蒲蛮，是今布郎、佤、德昂等民族的先民。布朗族即濮曼、德昂族为濮龙、佤族为濮饶。

越人是中国南方的土著族群，史称"百越"。《汉书·地理志》注引臣瓒的话说："自交址（今越南河内）至会稽（浙江绍兴）七八千里，百越杂处，各有种姓。"春秋时期的于越、吴越，汉晋时期的东瓯（又称瓯越）、扬越、南越、西瓯、骆越、瓯越等，都是越人在不同地区的不同支系。云南境内的越人支系有滇越、闽越、僄越等。《史记·大宛列传》说：昆明"西可千余里有乘象国，名曰滇越"。《华阳国志·南中志》说："南中，在昔盖夷越之地"；永昌郡"有穿胸、儋耳种（儋通瞻。《说文》：垂耳也）、闽越濮、鸠僚。……僄越、裸濮、身毒之民"。儋耳种为瓯越。《史记·越世家·索隐》：

"儋耳谓之瓯人"；"鸠僚"则为骆越，"骆即僚"。"百越"是稻作民族，1973年在浙江余姚河姆渡发现古越人的稻作遗址，距今约七千年。有肩石斧、有段石锛、印纹陶器是越人的新石器时代遗物。从晋宁石寨山出土的有肩石斧、有段石锛和印纹陶可知，云南自古就有越人分布，他们自东南沿海西迁云南之后，与当地土著融合，共同创造了"耕田有邑聚"的古滇文明。"鬎发文身""金齿、银齿、黑齿"、居干栏式建筑是越人的文化习俗。时至今日，作为"百越"后裔的云南壮、傣、布依、水等民族，尚保有这些文化特征。

羌、髳、濮参加周武王伐纣，说明云南藏缅语族、苗瑶语族、壮傣语族诸民族的先民集团，早在夏、商、周时期就与华夏族进行交融。周武王灭商后，周景王使说："巴、濮、楚、邓，吾南土也。"虽无材料说明当时云南也包括在周的"南土"之内，但周朝设"象胥"一官"掌蛮、夷、闽、貉、戎、狄之国使，掌传王之言而谕说焉，以和亲之"，云南成为周朝"象胥"联络掌控的蛮夷之地，当不成问题。军事交融是以经济文化的长期交融为基础的。云南新石器时代文化与中原同属一个文化圈的史实，说明云南各族先民与华夏族的经济、文化，早已交融成一个整体；华夏族的发展壮大，是以吸收云南等地的蛮夷文化为依托，又以他们的经济为重要支柱之一而实现的。民族融合使华夏族成为不是单一血统的民族，而是诸夏与诸"蛮夷"的混合血统；诸"蛮夷"在血统上也往往是与诸夏混合的。

三 设置郡县：云南土著王国与秦汉多民族统一国家的合一

公元前221年，秦始皇统一中国，因势利导，采取建立中央集权统一国家的重大改革："废封建，置郡县。"由于以郡县制取代旧的分土封侯制，各自为政，诸侯争雄的单一民族的诸侯王国，被统一的中央集权的多民族国家所代替；"内诸夏而外夷狄"的狭隘国家民族观，被"海内为郡县，法令由一统"的大一统的多民族国家观所取代。秦始皇在全国设置的三十六郡（后增至四十郡），包括"蛮、夷、戎、狄"地区。郡下设县，任命郡守掌行政军事、郡尉辅郡守管军事；设监御史掌监察，直属中央的御史大夫、郡丞管文秘及综合协调。郡下设县，任命县令、县尉、县丞分掌行政、军事、文书。县以下设乡、亭、里。郡县制为中央集权的实施，提供了"如身之使臂，臂之使指"的良好的行政体制，它不仅为少数民族地区融入中华大一统国家创造了条件，而且为少数民族与汉族、少数民族与少数民族的融合构筑了广阔的平台。

秦始皇统一中国以前，云南土著部落、部族王国林立，其中比较有代表性的是滇国、哀牢国、句町国。《华阳国志·南中志》说："滇池县，郡治，故滇国也"；"永昌郡，古哀牢国"；"句町县，故句町王国"。

滇国的史实，始见于楚将军庄蹻拓疆西南的记载："楚威王时（前339—前329年，威王应为顷襄王），使将军庄蹻将兵循江上，略巴、黔中以西……蹻至滇池，（地）方三百里，旁平地，肥饶数千里，以兵威定属楚。欲归报，会秦击夺楚巴、黔中郡，道塞不通，因还，以其众王滇，变服从其俗以长之。"滇国人口数万。其东北的劳浸、靡莫等数十个部落王国，"皆同姓相扶"，为滇国的附庸。庄蹻王滇后，"分侯支党"，遣部属往各王国主政，"传数百年"。滇国的版图，大致相当于汉益州郡的地域，"东北部自今曲靖市（不包括沾益），往西南抵今保山市的怒江东岸；北部自今楚雄州北部的金沙江南岸，往南抵达今越南莱州省境内；东部自今南盘江西岸，往西到礼社江、元江北岸"。滇国民族众多，主体是氐羌、濮越的融合体滇人。今晋宁是滇国的王都，在晋宁石寨山四次发掘的西汉晚期50座古墓中，出土 4000 余件青铜工具、兵器和生活用具。第六号墓中还有篆刻着“滇王之印”四字的金印一方，可与汉武帝元封二年（109 年）“赐滇王王印，复长其民”的记载相印证。出土的戈、矛、剑、钺、斧、矢等兵器，形式与蜀、楚的大致相同；出土的钱币为汉文帝时期的四铢半两和西汉末期的五铢钱。滇国青铜器制作技艺精湛，水平较之蜀、楚有过之而无不及，庄蹻入滇时，“将甲士二万人”，楚兵不仅带来了楚国的兵器，也传来了生产兵器的技术，所以滇国的兵器与楚的相同。两万甲士融入“滇人”，极大地推动了滇国农、牧业和手工业生产技术的进步。

哀牢国以今保山为政治中心，主体民族为哀牢夷。《华阳国志·南中志》说：

> 永昌郡，古哀牢国。哀牢，山名也。其先有一妇人，名曰沙壶（壹）。依哀牢山下居，以捕鱼自给，忽于水中触有一沈木，遂感而有娠，度十月，产子男十人。后沈木化为龙出，谓沙壶曰：“若为我生子，今在乎？”而九子惊走，惟一小子不能去，陪龙坐，龙就而舐之。沙壶与言语，以龙与陪坐，因名曰元隆，犹汉言陪坐也。沙壶将元隆居龙山下，元隆长大，才武。后九兄曰：“元隆能与龙言，而黠有智，天所贵也”，共推以为王。时哀牢山下复有一夫一妇，产十女，元隆兄弟妻之。由是始有人民，皆象之，衣后着十尾，臂胫刻文。元隆死，世世相继，分置小王，往往邑居，散在溪谷。①

《后汉书·南蛮西南夷列传》说：“九隆代代相传，名号不可得而数，至于禁高，乃可记知。禁高死，子吸代；吸死，子建非代，建非死；子哀牢代，哀牢死，子桑耦代；桑耦死，子柳承代；柳承死，子

---

① （晋）常璩撰：《华阳国志校注》，刘琳校注，巴蜀书社 1984 年版，第 424 页。

柳貌代；柳貌死，子扈栗代。"扈栗，即贤栗。这个传说反映了原始时代哀牢人以龙为图腾，其社会生产由渔猎经济向农业经济，社会组织由母系氏族向父系氏族过渡的历史。春秋战国时，哀牢国的农业、手工业、矿冶业发达，"土地沃腴，有黄金、光珠、虎魄、翡翠、孔雀、犀、象、蚕桑、绵绢、采帛、文绣。……有大竹名濮竹，节相去一丈，大受一斛许；有梧桐木，其华柔如丝，民绩以为布，幅广五尺以还，洁白不受污，俗名桐华布，以覆亡人，然后服之及卖与人。有兰干细布，兰干僚言纻也，织成文如绫锦。……宜五谷，出铜、锡"。"其地东西三千里，南北四千六百里"，大致相当于今天的保山市、德宏傣族景颇族自治州、临沧市、普洱市、西双版纳傣族自治州及其延伸至境外的地带。哀牢国的民族为"闽濮、鸠僚、僄越、裸濮、身毒之民"。身毒为印度外来的民族，闽濮、鸠僚、僄越为我国汉藏语系壮侗语族的民族；裸濮为我国南亚语系孟高棉语族的民族。哀牢国有"蜀、身毒国道"与内地相通，政治、经济、文化受华夏族的影响大。"蜀身毒国道以滇池地区为枢纽，其西经叶榆（大理）、嶲唐（云龙、保山）、滇越（腾冲）、敦忍乙（缅甸太公城）而至曼尼坡入印度。其东出邛（西昌）、僰（宜宾）至蜀地，又出夜郎（安顺）、巴（重庆）而至楚地。"由于有这条古道与南亚相通，哀牢国受南亚各国的影响也大。蜀、身毒国道是伴随着中印两大文明的交往而开通的。"王嘉《拾遗记》载周成王之世，有㫋涂国、祇因国、燃丘国来献方物，老子撰《道德经》有浮提国人相助，《庄子·山木篇》有建德国，似皆指印度而言。"这说明这条古道最迟出现在公元前10世纪的周朝。季羡林说："在乔胝厘耶（Kautiliya）著的《治国安邦术》里，有'乔著耶和产生在脂那（即China）的成捆的丝'的话，意为中国的成捆丝……乔胝厘耶据说是生于公元前四世纪，是孔雀王朝月护王的侍臣。假如这部书真是他著的话，那么，据此，最迟在公元前四世纪，中国的丝，必已输入印度。"中国丝是经哀牢国输往印度的，因为从西域或南海通往印度的丝路，是汉武帝时才开通的。哀牢国分布着"身毒（印度）之民"；印度东北部、北部诸邦分布着操汉藏语系藏缅语族语言的基拉塔人、卡查里人等族群，都是从这条古道东来西去的，印度历史学家达斯（S. T. Das）说："操汉藏语系多种方言的印度的蒙古人种，似乎是在三千年前开始由印度东部和北部孔道来到印度的。赋予阿萨姆居民特殊气质的这种基本的蒙古成分，主要是博多部落的贡献（S. K 查特基，1959）。据查特基教授研究，博多人曾一度在整个的北比哈尔、北孟加拉、东孟加拉和布拉马普特拉河流域，以及卡查尔山、加罗山和特里浦拉山延伸部，组成一个牢固的蒙古人种集团。他们的原居住地是长江、黄河上游之间的某处，他们是在连续的移民浪潮中，逐渐遍布阿萨姆的。"哀牢国植桑养蚕的技术，以梧桐木丝织桐华布、绋布文如绫锦等的纺织技术，当传之于祖国内地。

句町国国王为南夷君长之一。地在今云南文山州及广西百色地区，中心在广南、富宁。主体民族为濮人。《华阳国志·南中志》说：句町王国"置自濮王，姓毋，汉时受封迄今"。濮王立国的时间不会晚于滇和哀牢。从广南牧宜白龙汉代木椁墓出土的竹简、木雕车马模型、黄釉陶、漆木器耳杯来看，其受内地文化的影响，比滇、哀牢有过之而无不及。

秦始皇统一中国，在云南开道置吏以主之。《史记·西南夷列传》说："秦时常頞略通五尺道，诸此国颇置吏焉。""五尺道"是古丝绸路中的一段，起自僰道（今宜宾）而达今曲靖。所谓"诸此国"，即指西南夷的滇、哀牢、句町等大大小小的土著王国。《史记·司马相如传》说诸此国"秦时尝为郡县"。所谓"置吏"，即设置郡、县，任命郡守、县令以主之。云南的一部分地方设置郡、县，始自秦朝毋庸置疑。

汉朝承秦制，亦在云南设置郡县。如汉武帝元封二年（前109年），发巴蜀兵击劳浸、靡莫，以兵临滇，滇王举国降，请置吏入朝，汉武帝以滇国置益州郡，领县二十四，户八万一千九百四十六，口五十八万四百六十三，郡治在滇池县（今晋宁县城）。

又置朱提郡，领县四，郡治在今昭通。

永平十二年（69年），哀牢国王柳貌遣子率种人内属，其称邑王者七十七人，户五万一千八百九十，口五十五万三千七百一十一，明帝以其地置哀牢（今保山）、博南（今永平）二县，并割益州郡西部都尉所领嶲唐、不韦、比苏、邪龙、叶榆、云南六县，合置永昌郡（治今保山），郡域包括今保山、大理、德宏、临沧、普洱、西双版纳等市、州。

益州、朱提、永昌三郡之设置，标志着云南已完全融入中国大一统的多民族国家，部族、部落王国林立时代已经结束；云南各土著民族已成为中国多民族大家庭的成员。秦、汉王朝在云南任命郡守、县令统治的同时，对土著民族采取"仍令其君长治之"的政策。这一政策承认土著民族与汉族的发展差距，适应土著民族经济社会的发展水平，与夏、商、周、春秋、战国时期"内诸夏而外夷狄"，"戎狄豺狼，不可厌也；诸夏亲昵，不可弃也"的民族歧视政策有所不同。

总而言之，秦、汉设置郡县，不仅标志着云南土著王国与中国多民族大一统国家的合一，而且标志着先秦"内诸夏而外夷狄"狭隘民族史观有所淡化。汉族与少数民族的"内""外"之别有所减弱，"中国可以退为夷狄，夷狄可以进为中国"。

四 南中大姓：汉族移民统治者与云南土著
融合的产物

华夏族是汉民族形成的核心，但在秦统一以前，华夏族"田畴异亩，车涂异轨，律令异法，衣冠异制，言语异声，文字异形"，要形成像汉族那样具有统一特征的民族共同体是不可能的。秦始皇结束战国诸侯割据的局面，统一了诸夏及众多民族地区，《汉书·地理志》说：秦地，其界"南有巴、蜀、广汉、犍为、武都……又西南有牂柯，越巂，益州"，这为汉族的形成及其融合少数民族人口创造了基础。在两汉400多年的大统一时期，共同的地域，共同的经济生活，共同的语言，共同的文化心理素质，使诸夏及融入其内的少数民族人口，进一步融为一个统一的民族，因其形成于两汉时期，所以称这个民族为汉族。

汉族形成以后，以多种原因被大批移居南中，其一是被作为屯军而移入；其二是因应征作战流落云南；其三是被作为"死罪及奸豪"流放实边，如西汉"通博南山，度兰沧水、耆溪，置巂唐、不韦二县，徙南越相吕嘉子孙宗族实之，因名不韦，以彰其先人恶"；其四是因从事商贸而移入。西汉"益州郡户八万一千九百四十六，口五十八万四百六十三"，东汉益州郡"辖十七城，户二万九千三十六，口十一万八百二"；东汉"永昌郡八城，户二十三万一千八百九十七，口百八十九万七千三百四十四"。因少数民族不纳税不入户籍，这些数字反映的都是从内地移入的汉族人口。为扩大移入，王朝采取"使先至者安乐而不思故乡……然后营邑立城，制里割宅，通田作之道，正阡陌之界，先为筑室，家有一堂二内、门户之闭，置器物焉，民至有所居，作有所用……为置医巫，以救疾病，以修祭祀，男女有婚，生死相恤，坟墓相从，种树畜长，室屋完安，此所以使民乐其处，而有长居之心"等一系列的政策，使移入的汉族人口与日俱增，而且能扎根，能与土著民族团结共处。

汉族移民在云南世世代代与土著民族错杂而居，水乳交融，在夷多汉少的历史条件下，逐渐融合于土著。从《华阳国志·南中志》的下列记载中，可窥见汉人夷化的情况："夷中有桀黠能言议屈服种人者，谓之'耆老'，便为主，论议好譬喻物，谓之'夷经'。今南人

（汉人）言论，虽学者亦半引'夷经'，与夷为姓（婚）曰'遄耶'，诸姓为'自有耶'。世乱犯法，辄依之藏匿。或曰，有为官所法，夷或为报仇；与夷至厚者，谓之'百世遄耶'，恩若骨肉，为其逋逃之薮。故南人轻为祸变，恃此也。"因汉人只有通夷语，懂夷文，才能"引夷经"；只有与夷通婚，才能成为夷人恩若骨肉的"百世遄耶"，才能依托夷人发动反对王朝的"祸变"，所以这里所谓的"南人"，即是夷化了的汉人。

东汉、三国时期出现的南中大姓，如滇东的焦、雍、雷（娄）、爨、孟、董（量）、毛、李；朱提郡（今昭通市）的朱、鲁、雷、兴、仇、递、高、高、李等，原来都是汉族移民的统治者，迁入南中后才逐渐被夷化。雍姓的祖先汉高祖六年（前206年）被封为什邡（今四川什邡）侯，元康四年（前62年）迁来滇池县，后与夷人融合，成为益州郡的夷人耆帅，《三国志·蜀书·张裔传》说："耆帅雍闿恩信著于南土。"他曾借助夷人力量反对王朝，杀建宁郡太守正昂，并假夷人"鬼教"缚太守张裔于吴。爨氏祖籍河东郡，迁来滇东后成为建宁郡（治今曲靖）的"方土大姓"。蜀时有"爨习为建伶（今昆阳）令，有违犯之事，［李］恢坐习免官，太守董和以习方土大姓，寝而不许"。为何不许？就因他已经夷化，有夷人的保护和支持。再如朱提郡的孟氏，原为严道县和武阳县令，东汉时迁来建宁郡，夷化后亦成为夷人首领，三国时有孟获追随雍闿抗蜀，为"夷汉所服"，当时益州夷不服从雍闿，"闿使孟获说夷叟曰：'官欲得乌狗三百头，膺前尽黑，螨脑三斗，斫木构三丈者三千枚，汝能得不？'夷以为然，皆从闿。"孟获之所以能说服夷叟，也因他已是"桀黠能言议屈服种人"的"耆老"。诸葛亮曾把他作为夷人的代表而争取他的支持，诸葛亮"七纵七擒"孟获之说未必是事实，但"赦获使还""获等心服，夷汉亦思反善"的记载，当有所据。因孟获是夷率，诸葛亮对他采取"攻心为上，攻城为下；心战为上，兵战为下"的策略，是可信的。

汉族移民被夷化，有以下原因。

（1）经济原因。汉族移民从某种意义上讲，在当时是先进生产力的代表者，手中不仅掌握了先进的生产技术，而且掌握了先进的生产经营管理方式，土著民族对他们进行融合，可以学到先进的生产技术，取得经济实惠，所以乐而为之。王莽统治时期，文齐任益州太守，利用汉族移民"造起陂池，开通溉灌，垦田二千余顷"，直接向夷人传播修陂池的水利灌溉技术，推进夷、汉融合，收到"甚得其和"的效果。由经济相依共生导致的民族融合，是多民族统一国家民族融合发展的主流。

（2）政治原因。郡县设置打破了民族和地区间的壁垒，为各民族的交往、迁徙、融合创造了条件。在实行郡、县统治的同时，封建王朝对土著民族进行羁縻统治，实行任用土长为王侯，让其"复长其民"；允许土著民族保留自己的生活习俗和宗教信仰，"齐其政不易其宜；修其教不易其俗"，并对苛掠土著人民的汉族官吏进行严惩的政策，客观上有利于社会的稳定和各民族的接近、团结与融合。如汉武帝"赐滇王王印"；诸葛亮"皆即其渠率而用之"；益州太守王阜"以法绳正"，严惩"放纵"苛掠夷人的汉官，使"吏民不敢犯禁""政教清静，百姓安业"；东汉永初年间，益州刺史张乔"举劾奸贪长吏九十人，其绶六十人"，使益州郡"宁五十余年"等，都是政治推进民族融合的事例。西汉以来移民实边屯垦，移民子孙世代为兵，久之成当地住户，子孙繁衍，渐成当地土著，也是政治促进民族融合的例子。

（3）文化原因。中华文化是各民族文化的综合体，是自夏、商、周以来各民族共同创造的，对各民族的传统文化具有很大的包容性，各民族对它也有很强的认同性。章太炎说："中华之名词，不仅非一地域之国名，且非一血统之种名，乃为一文化之族名。故《春秋》之义，无论同姓之鲁卫，异姓之齐宋，非种之楚越，中国可以退为夷狄，夷狄可以进为中国，专以礼教为标准，而无亲疏之别。其后经数千年，混杂数千百种人，而其称中华如故。"发端于春秋末年的孔子思想，经孟子继承发展形成的儒家学说，在中华传统文化中占有支配地位，该学说"能行五者（恭、宽、信、敏、惠）于天下为仁""因民之所利而利之""四海之内皆兄弟"等的思想，在汉武帝"独尊儒术"后成为各民族团结相处、不断融合的思想基础。益州太守王阜的尊儒学"始兴起学校，渐迁其俗"；益州西部都尉郑纯的"独尚清廉，毫毛不犯"，因民之所利而利之；越巂太守张翕的"政化清平，得夷人和"，都是中华传统文化促进民族团结、融合的例子。

汉族移民大量移入云南，是在益州设郡之后。"汉武帝元封二年（前109年）叟反，遣将军郭昌讨平之，因开为郡，治滇池上，号曰益州。……汉乃募徙死罪及奸豪实之。"至东汉末年，较早移入的汉民，大多融入土著。在夷化过程中，移民中的统治者亦夷化成为拥有"夷、汉部曲"的南中大姓。东汉的军制，屯军由领军、司马、军侯统领，"领军皆有部、曲。大将军营五部，校尉一人，比二千石；军司马一人，比千石；部下有曲，曲有军侯一人，比六百石；曲下有屯，屯长一人，比二百石"。领军等移民统治者的"汉部曲"，从汉族移民屯卒中配给，"夷部曲"则由王朝"劝令大姓富豪出金帛"，在土著民族贫苦农民中进行招募。领军、司马、军侯既用"夷汉部曲"作战，又以他们从事农、牧业和手工业生产。因此，南中大姓是具有政治特权、经济实力，能拥兵自重、左右地方政局的地方统治集团。在东汉末至东晋初年的一百多年中，他们一方面奴役夷人，另一方面又利用夷人反抗王朝统治。他们虽还保有汉姓，甚至被封为太守，但实质上已是夷化了的汉人。他们中不少与夷人通婚，被夷人视为"恩若骨肉"的"百世遑耶"。如建宁大姓毛铣、李睿，朱提大姓李猛，都与夷人通婚。因建宁太守杜俊夺毛铣、李睿的部曲，朱提太守雍约触犯李猛，在太安元年（302年）三人联合起兵驱逐太守，晋王朝以南夷校尉李毅出兵镇压，毛铣、李猛被杀。"（李）睿走依遑耶五苓夷帅于陵承。……二年（302 年），于陵承诣毅，请恕睿罪。毅许之。睿至，群下以为铣、睿破乱州土，必杀之。毅不得已，许诺。及睿死，于陵承及铣、猛遑耶怒，煽动谋反。"这件事说明南中大姓已不再是原来的汉族移民，已被土著融合，成为夷人生死与共的同族。

五　爨族：土著民族自融及融合汉族移民形成的民族共同体

西晋结束三国鼎立的局面，但因"五胡"（匈奴、羯、氐、羌、鲜卑五族）入主中原，晋室东迁，出现南北朝近三百年分治对峙的局面，各民族在相互斗争中碰撞、杂居、交流与融合，使南北朝成为我国各民族大分化、大组合、大融合的历史时期。作为这个时期民族大融合的一个有机组成部分，云南各土著民族通过自融及融合汉族移民，逐渐形成一个以爨为名称的新的历史民族共同体。这个共同体出现之前，南中的土著民族有属于氐、羌系的"昆人""叟人"（"大种曰昆，小种曰叟"）、僰人；属于百越系的濮人、"僚"人。《华阳国志·南中志》说："南中在昔盖夷、越之地"，诸葛亮南征，"李恢迁濮民数千落于云南、建宁界，以实二郡"。"夷"即指氐羌系，"越""濮"指百越系。不管是氐羌，还是百越，都有大量的汉族移民融入其内。东汉末至东晋初的一百多年中，由于南中大姓的统治与争夺，不同土著民族之间、土著民族与汉族之间的融合，都创下了空前的纪录。爨族的形成，就是这两种融合的结果。

爨族与爨氏密切相关。爨氏为三国、两晋、隋唐时期之南中大姓，但史籍记载贫乏，"爨宝子""爨龙颜"二碑是考究爨族源流的重要史料，《爨龙颜碑》说：

君讳龙颜，字仕德，建宁同乐县人。其先世则少昊颛顼之玄胄，才子祝融之眇胤也。清源流而不滞，深根固而不倾，夏后之盛，敷陈五教，勋隆九土，纯化洽于千古，仁德播于万祀。故乃耀辉西岳，霸王郢楚，子文诏德于春秋，班朗绍纵于季汉。阳九远否，蝉退河东，逍遥中原，班彪删定汉纪，班固述修道训。爰暨汉末，采邑于爨，因氏族焉。……迁运庸蜀，流薄南入。①

凌纯声认为："《爨龙颜碑》，文为爨氏自述，未尽可信，但有《新唐书·南蛮传下》'西爨自云本安邑人，十世祖晋南宁太守，中国乱，遂王蛮中的'记载，可作为可信之旁证。安邑在今山西之运城县，夏代禹所都，战国为魏都，战国策有魏爨襄其人。可见爨自云本安邑人亦不为无因，《后汉书》云'爨氏望出晋昌，后汉河南尹爨肃'，晋昌在今湖北之竹谿等县，为古之庸地，可为碑文'迁于庸蜀'的旁证，可见云南之爨，并非土著而汉化的民族，乃中原民族之没于蛮者。"持异说者认为，"战国时代已有姓爨者爨襄（见《战国策·魏策》），无须如《爨龙颜碑》所说'爰暨汉末，采邑于爨，因氏族焉'。此碑所述之祖先系出诸攀附，其源于中原之说为不可靠，汉晋之爨氏源于同乐（陆良）。《爨龙颜碑》所述其先世事迹当出伪造。建宁爨氏又为汉化极深之土著"。凌氏的"爨氏为中原民族没于蛮者说"，王氏的"爨氏为汉化极深的土著说"，有一个共同的特点，都是以民族融合为核心，而不管是汉族融合于土著，还是土著被逐渐汉化，爨氏的族属都是土著，爨族共同体的形成，是以土著为主体进行的。

"爨人"之名始于何时，关系到爨族共同体形成的时间，这是首先需要讨论的问题。元人李京《云南志略》说："爨深为兴古太守……爨人之名始此。"又说："晋成帝以爨深为兴古太守，自后爨

①《云南省陆良县地名志》，1984年陆良县人民政府编（秘密资料），第80页。

瓚、爨震，相继不绝。"晋成帝在位于咸和元年（326年）至咸康八年（342年），唯不知具体是何年以爨琛（深）为兴古太守。永兴元年（304年），李雄自称"成都王"。咸和七年（332年），李雄遣李寿征宁州，爨深和其他大姓投降李雄，次年宁州刺史尹奉降，李雄"遂有南中之地"。咸和八年（333年）"分宁州置交州，以霍彪为宁州刺史，建宁爨深为交州刺史"。因此，晋成帝以爨深任兴古太守，不可能在咸和八年（333年）之后，"爨人之名"当出现在咸和八年以前。换句话说，"爨族共同体"在咸和八年之前，已基本形成。但因当时大姓各自为政，五十八部夷族尚不统一，要形成爨民族共同体，条件尚未具备。咸康五年（339年），"建宁太守孟彦率州人缚宁州刺史霍彪于晋"。次年三月，霍彪、孟彦死于李氏发动的攻击，至此，南中大姓担任刺史者，仅剩爨深一人。晋穆帝永和三年（347年），晋将桓温代蜀，李氏亡，宁州复为晋有，但晋已无力顾及南中，从而造成爨氏称霸南中的局面。在爨氏的统治下，不仅南中五十八部夷族实现统一，而且未夷化的大姓及汉人融入其内，从而形成爨族共同体。

"爨人"是不是一个民族共同体，是另一个需要讨论的问题。天启《滇志·爨蛮》条说，"爨人"之所以名"爨"，是"从其酋长之姓耳！"此言不错，但"爨"字在此并不是指姓氏，而是指一个新的民族共同体。用唐人樊绰的话说，是"风俗名爨也"。方国瑜说："东晋以后，在爨氏统治地区，其原住土著之主要者曰叟人，迁徙而来者曰汉人，分别户籍后合而称曰爨人。所以有爨人之名，不仅与其统治家族有关，且有其社会基础而立新名。是时爨人为当地居民之称，实为叟人与汉人融合之共同体。"其言甚是。

作为一个新兴的民族共同体，"爨族"具有以下特征。

第一，有共同的地域。《爨龙颜碑》称其为"东西二境"，即"东爨乌蛮""西爨白蛮"的分布地。樊绰《蛮书》说："西爨，白蛮也。东爨，乌蛮也。当天宝中，东北自曲（今昭通地区）、靖州（今贵州威宁），西南至宣城（元江），邑落相望，牛马被野，在石城（今曲靖）、昆川（今昆明）、曲轭（今马龙）、晋宁（今晋宁）、喻献（今澄江）、安宁（今安宁）至龙和城（今禄丰），谓之西爨。在曲州（今昭通）、靖州（今贵州威宁）、弥鹿川（今泸西）、升麻川（今寻甸、嵩明），南至步头（今建水），谓之东爨。"

用现今的地名表述，"东境"（东爨乌蛮地区），在昭通、鲁甸、镇雄、彝良、宣威、会泽、巧家、东川、寻甸、嵩明及贵州省的威宁、水城、毕节、大定、安顺、兴义等地。"东境"之北界与戎州（宜宾）接，梁睿上疏说："爨瓒窃据一方……朱提北境，即与戎州接界。""西境"（西爨白蛮地区），在今曲靖、马龙、晋宁、昆明、澄江、江川、玉溪、安宁、禄丰、禄劝、武定、元谋、姚安、大姚、祥云、弥渡及洱海地区，南至通海、石屏、建水、开远、蒙自、个旧、邱北、屏边、河口、马关、元江等地。《新唐书·南蛮传》说："西爨故地与峰州为邻。"峰州在今越南境，河口为峰州与西爨的交界。峰州以北有爨人分布，该地的"僚子""和蛮"多被融合。红河南岸未被融合的土著，也受爨氏家族统辖。概而言之，爨人的共同地域为明清时期的昭通、东川、曲靖、武定、寻甸、云南、澄江、广西、临安、元江诸府、州。在这个广大地域之内，居民以爨人为主，但也有非爨人的其他民族。方国瑜说："西爨或南宁州地区，可以包括洱海区域，但不能认为西爨或南宁州地名之内的居民就是爨人。"这一看法反映了历史真实。

"东西二郡"皆由爨氏统治，北周时为爨瓒窃据，延袤两千余里，瓒死，"子震、玩分统其众"。隋开皇初，爨氏遣使朝贡，隋在东爨地朱提郡置恭州，为震所据；在西爨地置昆州，以玩为刺史。玩叛，史万岁击之，震、玩惧而入朝，文帝诛之。东、西两爨乌、白蛮之分，是由于二者的社会经济发展不平衡。西爨白蛮农、牧业发达，出现

"邑落相望""牛马被野"的繁荣景象。由于融合的汉人较多，受汉族的影响也较大，西爨白蛮有"熟蛮"之称。东爨乌蛮散居林谷，"土多牛马，无布帛，男女悉披牛羊皮"，社会经济还处于以牧业为主的阶段。

第二，有共同的经济生活。东爨乌蛮牧业经济和西爨白蛮农业经济的互补，是爨人共同经济生活的基础和特征。《隋书·梁睿传·请略定南宁疏》说：南宁州"近代已来，分置兴古、云南、建宁、朱提四郡，户口殷众，金宝富饶。二河（洱海）有骏马、明珠，益宁出盐井犀角"。所述四郡包括东、西两爨的大部分地区，其经济上的繁荣富裕，是以两爨经济的互补共生为前提的。两爨除进行农产品和畜产品的互市之外，盐是西爨交换到东爨的一个大宗商品。樊绰《蛮书》说："安宁城中皆石盐井，深八十尺。城外又有四井……升麻（今寻甸、嵩明）、通海（今通海）以来，诸爨蛮皆食安宁井盐。"《南诏德化碑》说："安宁雄镇，诸爨要冲，山对碧鸡，波环碣石，盐池鞅掌，负荷频繁，利及群欢。城邑绵延，势连戎僰（今四川宜宾）。"安宁盐井在西爨白蛮地区，群即群州（今贵州西部），是东爨乌蛮的分布地；欢，指欢州，驻越南荣市。戎僰以南至石城（曲靖）亦为东爨乌蛮所居，所谓"城邑绵延，势连戎僰"，生动地说明东西两爨的食盐交易不但范围广泛，而且有城镇作为依托，在经济上已形成一个整体。

第三，有"俗尚巫鬼"，崇拜鬼主的共同信仰及建立在鬼主崇拜基础上的政治制度。东爨乌蛮，"大部落则有大鬼生，百家二百家小部落亦有小鬼生，一切信使鬼巫，用相服制"。西爨白蛮亦崇拜巫鬼，其酋长亦称鬼主。如爨崇道"理曲轭川（今马龙），为两爨大鬼主"。樊绰《蛮书》说："两爨大鬼主崇道者，与弟日进、日用居安宁城左。"《南诏德化碑》说：爨彦昌为"螺山大鬼主"，螺山在今昆明普吉，为西爨白蛮地区。鬼主是祭祀鬼神的主祭者，又是部落的酋长。鬼神崇拜是西南土著民族的原始宗教，源远流长。三国时期，诸葛亮以夷"俗征巫鬼……乃为夷作图谱,先画天、地、日、月、君长、城府;次神龙……夷甚重之"。建兴元年(223年),益州郡大姓雍闿杀太守正昂附吴,蜀以张裔为益州太守,闿不从,乃假"鬼教"曰:"张府君如瓠壶,外虽泽而内实粗,不足杀,令缚与吴。"诸葛亮、雍闿利用"鬼教"来实现政治目的,说明"鬼教"在夷人心目中占有重要的地位。但三国时,部落酋长未称"鬼主",只是"桀黠能言议屈服种人者"的"耆老"。"鬼主"一词及"大部落则有大鬼主,百家二百家小部落亦有小鬼主,一切信使鬼巫,用相服制"的鬼主制度,是在爨人共同体形成之后才见于记录的,是"风俗名爨"的重要内涵和特征。爨崇道被称为"两爨大鬼主""南宁州大鬼主",说明崇拜鬼主,通行鬼主政治,是东、西两爨乌、白蛮具有共同心理素质和文化特征的反映。尽管西爨白蛮融合的汉人多,"其地沃壤,多是汉人""土俗惟业水田""收获亦与中夏同",而且还传承《爨宝子碑》《爨龙颜碑》"文体书法,汉晋正传,体制古茂,非唐宋人所及"那样的汉文化,但他们崇拜"鬼主",通行鬼主政治制度的民族特征没有改变。

第四,有夷化汉人作为沟通两爨语言的媒介。两爨蛮语言不同,樊绰《蛮书》说:西爨白蛮"言语音最正,蒙舍蛮(乌蛮)次之……大虫(虎)谓之波罗,犀谓之矣,带谓之佉苴,饭谓之喻,盐谓之宾……东爨谓城为弄,谓竹为篛,谓盐为昫……言语并与白蛮不同"。但这不影响"爨人共同体"的存在。因西爨白蛮、东爨乌蛮中都有大量汉人融入。许多夷化的汉人既通晓西爨、东爨的语言,又传承自己的母语(汉语),他们是两爨之间,也是同一爨不同部落之间相互沟通的媒介。在曲州、靖州分布的阿等路、阿旁、阿竿路、暴蛮、卢鹿蛮、磨弥殿等东爨部落,其语言"三译四译乃与华通",说明即使同为东爨乌蛮的不同部落,也有语言障碍,充当翻译的亦是夷化了的汉人。东爨语与西爨语是两种不同的语言,二者之间的沟通,夷化汉人是主要的媒介。当然，因两爨之间的互融，不能排除他们之间也有能使用对方语言进行交流的情况。

爨族共同体的出现，标志着自秦汉中央集权统一多民族国家建立以来，云南土著民族之间及其与汉族之间的民族融合，已进入一个新的发展阶段。这是南北朝时期祖国内地民族大融合在云南的反映。民族融合产生的内聚力，使中国大一统多民族国家血肉不可分割。在云南，尽管因南北朝分裂，出现爨氏"恃远擅命，数有土反之虞"的情况，但爨氏仍奉中朝正朔，自命为中朝的刺史、太守，不能与中原王朝分裂。

爨族的形成为南诏统一云南奠定了基础。南诏国是云南土著各族自融及融合汉族的政治生成物。天宝元年（742年），唐朝在安宁筑城，图谋以安宁为控制爨区，通往南部的重镇，诸爨反之，群杀筑城使者，唐朝调南诏兵进行镇压，诸爨"不战而降"，南诏进而以爨族共同体为基础，将整个云南统一在自己的旗下。大理国主段思平亦利用爨族共同体对滇东地区进行统治。《石城会盟碑》说，大理国明政三年（971年），段思平"合集三十七部（黑爨、松爨）颁赐职赏，故乃与约盟誓"。所谓"颁赐职赏"，就是利用爨人共同体原有的基础进行统治。

爨族共同体，自东晋永和三年（347年）爨氏统一南中形成，至唐天宝五年（746年）南诏阁罗凤灭爨氏而告终，历时四百余年。其后在南诏、大理国新的民族大融合、大分化中，形成名曰"白爨""黑爨"的两个民族实体，前者发展为今天的白族，后者发展为今天的彝族。像古代的匈奴、鲜卑、突厥、回纥、契丹、女真等相继消失的民族那样，爨族是云南历史上存在过的一个历史民族。它是在云南土著民族自融及融合汉族移民中产生的，也是在新的民族融合中分化、解体、消失的。

六　南诏国、大理国：云南土著民族自融及融合汉族移民形成的政治实体

初唐时期，洱海地区部族林立，其中较大者史称"六诏"。《旧唐书·南诏传》说："姚州之西，其先渠帅有六，自号六诏，兵力相埒，各有君长，无统帅。"其中的蒙嶲诏在今漾濞，蒙舍诏居蒙舍川（巍山盆地），邓赕诏在今洱源东南邓川，施浪诏在今洱源北部三营，浪穹诏在今洱源，越析诏在今宾川。蒙舍诏因位居六诏之南而称南诏。南诏王姓蒙，始祖舍龙自哀牢（今云南保山）东迁至蒙舍川。唐贞观二十三年（649年），其王细奴逻以今巍山的陇圩图为都，建"大蒙国"。开元二十六年（738年），唐玄宗授南诏王皮逻阁为特进台登郡王，知沙壶州刺史，赐名归义。后又封他为"云南王"。皮逻阁在唐的支持下灭越析、邓赕、浪穹、施浪四诏，统一了洱源地区。开元二十七年（739年），皮逻阁迁都于大和城，建立南诏国。"大和城北去阳苴咩城一十五里。巷陌皆垒石为之，高丈余，连延数里不断。城中有大碑，阁罗凤清平官郑蛮利之文，论阻绝皇化之由，受制西戎之意。"大和城即太和城，遗址在今大理县太和村。"大碑"即《南诏德化碑》，为全国重点保护文物，立于今太和村西里许之山坡上。游人参观此碑时，尚可见太和城古城墙遗迹，其中残留至今的一段高3米，是用土夯筑的。自开元二十七年（739年）至大历十四年（779年），太和城作为南诏之京都，历时40年。

南诏王国之建立，不但打破了洱海地区各部族林立的状态，而且为东晋以来云南的民族大融合构筑了一个更大的空间。推动这个时期民族大融合的一个重要因素，是南诏进行多次规模空前的强制性大移

民。第一次在天宝七年（748 年），为阁罗凤所为。樊绰《蛮书》说：阁罗凤"遣昆川城使杨牟利以兵围胁西爨，徙二十余万户于永昌城（今保山市）……是后，自曲、靖州、石城、升麻川、昆川南至龙和以来，荡然兵荒矣。日用（安宁西爨白蛮鬼主）子孙今并在永昌城界内"，后来阁罗凤又将东爨乌蛮徙居西爨故地。如《元史·地理志·昆阳州》条说："阁罗凤叛唐，令曲缚蛮居之。"《安宁州》条说：阁罗凤令"乌、白蛮迁居"。《弥勒州》条说："些莫徒蛮之裔弥勒得郭甸、巴甸、部笼而居之。故名其部曰弥勒。"《河西县》条说："天宝后没于蛮为步雄部。"第二次在贞元十年（794 年），为异牟寻所为。是年异牟寻破掠吐蕃城邑，收获弄栋城（白蛮），迁于永昌之地；同年，破铁桥（在今玉龙县西塔城）西北吐蕃控制的大施赕、小施赕、剑寻赕，迁乌蛮"施、顺、磨些"诸种数万户以实其地（指拓东，今昆明），又迁永昌（今保山）"望苴子、望外喻等千余户分隶城（拓东）傍"；洱河城邑的河蛮，先被皮逻阁逐往浪诏，后被移往云南东北拓东；铁桥北的裳人数千户，被徙于云南东北诸川；剑川、邓川的顺蛮及浪穹诏、邓赕诏王族，被置于云南白崖（今弥渡白崖）及永昌（今保山）。被迁徙到西爨白蛮地区的还有金齿蛮。《元史·地理志·金齿宣抚司》说："南诏蒙氏兴，异牟寻破群蛮，尽虏其人，以实云南东北。"所有被迁徙到新地的族类，均与当地原住民族错杂而居，从变服从其俗到互为"婚姻之家"而融为一体。

南诏时期民族大融合，以南诏"东西三千里，南北四千六百里"的疆域为空间，"东距爨，东南属交趾（今越南北部），西摩伽陀（即婆罗门，指今印度，见《旧唐书·天竺国传》），西北与吐蕃接，南女王（今老挝桑怒）、西南骠（即骠国，今缅甸中部）、北抵益州（指大渡河以北），东北际黔巫（今贵州西北部）"。在这个广大地区，南诏设"十睑"（夷语睑若州）及弄栋（治今姚安）、拓东（治今昆明）、永昌（治今保山）、宁北（治今剑川）、银生（治今景东）、镇西（即丽水，治在今伊洛瓦底江上游地区）、铁桥（治今玉龙县塔城）七节度及通海（治今通海）、会川（治今四川会理）二都督进行统治，由节度使、都督领之。疆域内各族的迁徙与交融，皆由其统管。对境外居民，南诏则通过战争进行掳掠，通过奴役，让其与境内居民融合，如太和六年（832年），"劫掠骠国，掳其众三千人隶配拓东，令之自给"；太和九年（835年）破弥臣国，"掳其族三二千人，配丽水（伊洛瓦底江）淘金"。隶配拓东的骠国人，与爨人杂居，共同耕垦，在密切交往中逐渐融合于爨；配丽水淘金的弥臣国人，一部分当流入南诏腹地，融入当地居民。南诏与四邻各国关系密切，"缅甸、暹罗（泰国）、大秦（指大秦婆罗门国印度），此皆（南诏）西通诸国；交趾（越南北部）、八百（秦国北部）、真腊（柬埔寨）、占城（越南中部）、挝国（老挝），此皆（南诏）南通诸国"。这些国家的居民，因战争被掳、经济交往、行医传教等进入南诏，融入南诏民族的人数也不少。

南诏时期的民族融合，是云南历史上规模空前，汉文化备受推崇的民族融合，其主要表现是有以下几方面。

第一，被土著融合的汉族人口数量多。白居易《新丰折臂翁》说：唐朝前后征南诏，"千万人无一回"。这个数字不免有夸大，但唐朝四次用兵征南诏，战败后流落云南，融入云南土著的汉人，数量是空前的。《旧唐书·杨国忠传》说："自仲通、李宓再举讨蛮（南诏）之军，其征发皆中国利兵……凡举二十万众，弃之死地，支轮不还。"又"李宓伐蛮，于龙尾城误，陷军二十万众，今为万人冢"。二十万之兵，除战死疆场之外，多数被俘后逐渐融入云南土著。南诏攻打嶲州（今四川西昌）、成都等地，被俘的汉人数量巨大，亦融入云南土著。如至德元年（756年）南诏攻入越嶲，被俘掠的"子女玉帛百里塞途"。唐朝收复越嶲后，阁罗凤命长男凤迦异再攻越嶲，结果是"越嶲再扫，台登涤除，都督见擒，兵士尽虏"。太和三年（829年），蒙嵯巅"悉众掩邛、戎、嶲三州，陷之，入成都，止西郛十日……将还，掠子女工技数万引而南……至大渡河，谓华人（汉人）曰：'此南吾境，尔去国，当哭。'众号恸，赴水死者十三"。被俘的汉人中，既有三十六巧匠，又有像嶲州西泸县令郑回、著名诗人雍陶那样的政治、文化人。"郑回者，本相州人，天宝中举明经，授嶲州西泸县令，嶲州陷，为所虏。阁罗凤以回有儒学，更名曰蛮利，甚爱重之，命教凤伽异。及异牟寻立，又命教其子寻梦凑（阁劝）。回久为蛮师，凡授学，虽牟寻、梦凑，回得棰挞。故牟寻以下，皆严惮之。蛮谓相为清平官，凡置六人，牟寻以回为清平官，事皆咨之，秉政用事。余清平官五人，事回卑谨，或有过，回辄挞之。"他是《南诏德化碑》的作者，《蛮书·六睑第五》云："太和城中有大碑，阁罗凤清平官王蛮利之文。"郑回更名蛮利，成为南诏王决国事轻重，犹如唐朝宰相那样的重臣，说明他已经夷化。后来还成为当地人民崇拜的土主之一。雍陶，字国铸，成都人，工于辞赋，太和三年（829年）南诏攻入成都，他与数万汉人被掳至云南。他记录汉人被掳入云南的情况，著《哀蜀人为南蛮俘虏》诗五首：一曰《初出成都闻哭声》："但见城池还汉将，岂知佳丽属蛮兵，锦江南渡遥闻哭，尽是离家别国声。"二曰《过大渡河蛮使许之泣望乡国》："大渡河边蛮亦愁，汉人将渡尽回头，此中剩寄思乡泪，南去应无水北流。"三曰《出清溪关有迟留之意》："欲出乡关行步迟，此生无复却回时，千冤万恨何人见，唯有空山鸟兽知。"四曰《别嶲州一时恸哭云日为之变色》："越嶲城南无汉地，伤心从此便为蛮，冤声一恸悲风起，云暗青天日下山。"五曰《入蛮界不许有悲泣之声》："云南路出陷河西，毒草长青瘴色低，渐近蛮城谁敢哭，一时收泪羡猿啼。"

不堪官人压迫剥削逃入南诏，融入土著的汉人，数量也不可胜计。圣历元年（698年）蜀人陈子昂《蜀川安危事》疏说："蜀中诸州百姓所以逃亡者，实缘官人贪暴……剥削既深，人不堪命，百姓失业，因而逃亡。"姚州（今姚安）是汉人大量逃往之地，"剑南逋逃，中原亡命，有二千余户，见散在彼州"。因此，蜀州刺史张柬之上疏，主张罢姚州，而"于泸北置关，百姓自非未奉使入蕃，不许交通往来"。

在融入南诏土著的汉人中，有不少是唐以前流入云南，但至南诏时才完全被夷化的汉人，如洱海地区被称为白蛮，铁桥（在今玉龙县塔城乡）地区被称为裳人的人就是这样。樊绰《蛮书》说，渠敛赵（今下关凤仪）"有大族王、杨、李、赵四姓，皆白蛮也，云是蒲州人，迁徙至此"。蒲州在山西汾河下游。这些保留汉姓的人不知其迁徙年月。又"河蛮"是白蛮之一，"有数十百部落，大者五六百户，小者二三百户，无大君长，有数十姓，以杨、李、赵、董为名家，各据山川，不相役属。自云其先本汉人，有城郭村邑，弓立矛铤，言语虽小讹舛，大略与中夏同。有文字，颇解阴阳历数"。其分布六诏皆有，他们聚族而居，在语言、城郭村邑、农业种植等方面尚保有"大略与中夏同"的特征，但他们已不是汉人，而是"蛮"，或是尚未完全被夷化的汉人后裔。后被移往拓东，部落被打散，最后在滇东被完全夷化。又"裳人，本汉人也。部落在铁桥北，不知迁徙年月。初袭汉服，后稍参诸戎风俗，迄今朝霞缠头，其余无异，贞元十年（794年），南诏异牟寻领兵攻破吐蕃铁桥节度城，获裳人数千户，悉移于云南东北诸川"。由于裳人是正融入夷人的汉人，所以有"汉裳蛮"之称。《新唐书·汉裳蛮传》云："汉裳蛮本汉人，部种在铁桥（今玉龙县塔城乡），惟以朝霞缠头，余尚同汉服。"裳人被南诏异牟寻迁往云南东北诸川（今楚雄彝族自治州境内）后，亦最终夷化成土著。

第二，汉族的先进文化被大量吸收。汉族的先进生产技术促使南诏生产力发展，经济使其发展水平与内地相埒。樊绰《蛮书》说："蛮治山田，殊为精好"；"每耕田用三尺犁，格长丈余。两牛相去七八尺，一佃人前牵牛，一佃人持按犁辕，一佃人秉耒"；"从曲、靖州已南，滇池已西，土俗惟业水田。种麻豆黍稷，不过町疃。水田每年一熟，从八月获稻，至十一月十二月之交，便于稻田种大麦，三月四月即熟。收大麦后，还种粳稻。小麦即于冈陵种之，十二月下旬已抽节，如三月小麦与大麦同时收刈"。由此可见其耕作方法、耕作制度、农作物种类，与内地无异。若与"河蛮"的农耕作比较，可知这种"与中夏同"的农业生产技术，是由诸如"河蛮"一类的汉族移民传去的。又南诏"蛮地无桑，悉养柘蚕绕树，村邑人家柘林多者数顷，耸干数丈，二月初，蚕已生，三月中茧出，抽丝法稍异中土，精者为纺丝绫，亦织为锦及绢"，但"俗不解织绫罗，自太和三年（829 年）蛮贼寇西川，虏掠巧儿及女工非少，如今悉解织绫罗也"。南诏的煮盐技术高，盐产量大，供整个爨区食用。其煮盐技术，虽不见有汉传的记载，但可从昆明（今四川盐源）盐的生产考之。樊绰《蛮书》说："昆明城有大盐池，比陷吐蕃，蕃中不解煮法，以咸池水沃柴上，以火焚柴成炭，即于炭上掠取盐也。真元十年（794 年）春，南诏收昆明城，今盐池属南诏，蛮官煮之，如汉法也"；"蛮法煮盐，咸有法令"。南诏经营昆明盐池，从煮盐技术到生产管理，无不照搬汉式，估计就是从安宁盐井传去的。代表南诏生产力水平的是钢铁冶炼，以其钢铁所铸的兵器"铎鞘"，锋利无比，"所指无不洞"，而浪剑（南诏剑）"尤精利"，"造剑法，锻生铁，取进汁，如是者数次烹炼之，剑成即以犀装头，饰以金碧"。其炼铁铸剑，虽有地方民族特点，但工艺如汉法，为融入土著的汉人工匠所传是不成问题的。

汉文化对南诏的影响，还表现在社会生活的诸多方面："衣服略与汉同"；家居住宅"上栋下宇，悉与汉同"；"城池郭邑，皆如汉制"；丧葬"依汉法为墓，稍富室广栽杉松"；节日"粗与汉同"。南诏京都阳苴咩城，天宝二年（743 年）筑，其建筑结构及风格都受唐朝宫殿的影响。《元史·地理志》说："城中有五华楼。"严希陵《南诏故都丛谈》认为，五华楼即"南诏大衙"，"阳苴咩城，南诏大衙门，上重楼，左右又有阶道，高二丈余，甃以青石为磴。楼前方二三里，南北城门相对，大和往来通衢也。从楼下门行三百步至第二重门，门屋五间。两行门楼相对，各有牓，并清平官大军将六曹长宅也。入第二重门，行二百余步，至第三重门。门列戟，上有重楼。入门是屏墙，又行一百余步，至大厅，阶高丈余，重屋制如蛛网，架空无柱。两边皆有门楼。下临清池。大厅后小厅，小厅后即南诏宅也。客馆在门楼外东南二里，馆前有亭，亭临方池，周回七里，水深数丈，鱼鳖悉有"。

大理崇圣寺之三塔，中者为大，高三十丈，外方内空，左右二塔差小，各铸金为金翅鸟，立其上以压龙，塔顶有铁铸款识，云贞观六年（632年）尉迟敬德监造，开元初南诏修之，请唐匠恭韬、徽义重造。其样制精巧，风格似西安小雁塔。阮元声《南诏野史》说："磋巅建大理崇圣寺，基方七里，圣僧李贤者，定立三塔，高三十丈，佛一万一千四百，屋八百九十，铜四万五百五十斤。"蒙磋巅至成都，掠子女工技数万人入南诏，崇圣寺之建筑及冶金造像，皆出蜀人之手。崇圣寺六观音铜像，舜化贞时（唐昭宗光化二年，即889年）清平官郑买嗣合十六国铜所铸，成像者即为蜀人李嘉亭。两铜观音高二丈四尺，全身鎏金，光芒四射。崇圣寺铜钟，径可丈余，厚及尺，声闻百里。上有"维建极十二年岁次辛卯三月丁未朔二十四日庚午建铸"的字样。建极为世隆年号，十二年为咸通十二年（871年），此时距太和三年（829年）嵯巅在成都掳数万汉人入南诏已经42年，汉文化在南诏的弘扬，已进入全盛时期，从钟上所镌金刚、智宝、大轮、妙法、胜业、梵响、波罗蜜、增长、大梵、广目、多闻、天主帝释、持国各天王像的内容和工艺来看，当亦出自汉人工匠之手。从下面《南诏图传》（《南诏史画卷》）所反映的唐风和社会文化生活，也可以看出汉文化对南诏、大理诸土著民族巨大而深刻的影响。

剑川石宝山有南诏、大理时期雕凿精美的石刻，其风格具有内地石刻之特征。著名的《南诏史画卷》绘画技艺高超，寓意深刻，成画于南诏中兴二年（唐昭宗乾宁五年，即 898 年），为南诏国史图，题记云："巍山主掌内书金券赞卫理昌忍爽臣王奉宗等申：谨按巍山起因、铁柱、西洱河等记并国史所载图山圣教初入邦国之原，谨图样并载所闻，具列如左。王奉宗等谨奏。中兴二年三月十四日信博士内常士酋望忍爽臣张顺、巍山主掌内书金券赞卫理昌忍爽臣王奉宗等谨奏。"画工是谁无考，王奉宗、张顺是监制人。从绘画的风格、水平及监制人的汉姓可知，画工应是汉人或夷化汉人。

第三，土著民族自融及对汉人的深度融合，在大理中心地区形成了新的更为稳定的民族共同体"封人"。《新唐书·南诏传》说："酋龙（世隆）死，子法（隆舜）嗣，自号大封人。""封人"即"僰人"（白子），是今白族形成期出现的名称。这个名称出现在南诏建立 140 多年后"爨人共同体"解体之时。引起"爨人共同体"解体的原因，是该共同体内部的经济发展不平衡出现了历史性的空前差距。"封人"是在大理地区昆明人、哀牢人、白蛮及乌蛮中的一部分自融及融合大理汉人后形成的，是大理地区各民族经济文化发展到更高阶段的产物，汉文化在南诏后期大量传入大理地区原住民族的结果。"封人"从"爨人共同体"中分化出来后，社会经济发展水平较低的那部分，仍保留"爨"的名称（黑爨），并在宋、元时期形成稳定的民族共同体——"罗罗"。"罗罗"是今彝族形成期的称谓。

第四，民族融合是国家统一的基石。南诏与唐、大理国与宋的关系都是以民族融合为基础的，所以尽管因各种原因出现一时的曲折、冲突、分立，但南诏国、大理国作为唐、宋中央集权多民族统一国家不可分割的一部分之格局并未改变。天宝七年（748 年），南诏王皮逻阁卒，子阁罗凤立，朝廷命袭云南王。其子凤迦异入朝，授鸿胪少卿，加授上卿兼阳瓜州刺史都知兵马大将。南诏"思竭忠诚，子弟朝不绝书，进献府无余月。谓君臣一德，内外无欺"，阁罗凤自称"万里忠臣"，效忠唐朝。后因不堪王朝的压迫，他北臣吐蕃，发动反对唐朝的战争。吐蕃在"天宝十一载（752 年）正月一日于邓川册封阁罗凤为赞普钟南国大诏，授长男凤迦异大瑟瑟告身，都知兵马大将。凡在官僚，宠幸咸被，山河约誓，永固维城，改年为赞普钟元年"，"号曰东帝，给以金印，蛮谓弟为钟"。二年指赞普钟二年（天宝十二年，753 年），唐朝、南诏发生再置姚府之战。（赞普钟）三年（天宝十三年，754 年），唐云南郡都督李宓、广府节度何履光进兵西洱河攻南诏，唐兵大败，"血流成川，积尸壅水，三军溃衄，元帅沉江"。（赞普钟）五年（天宝十五年，756 年，七月改至德元年）趁安禄山之乱，南诏与吐蕃同陷嶲州，取得"越嶲再扫，台登涤除，都督见擒，兵士尽虏"的战果。（赞普钟）十四年（指广德二年，764 年），凤迦异于昆川置拓东城，居二诏，佐镇抚，于是威慑步头，恩收曲、靖，颁告所及，"翕然俯从"，"东爨悉归，步头已成内郡"。

南诏的叛唐给各族人民带来深重的灾难，给国家的统一造成破坏，但民族融合是唐朝与南诏统一的基石，分裂不能持久。南诏的主体民族是汉、夷融合体，这个融合体与中原民族血脉相连，血肉不可分割。在南诏土著大量融合汉族人民的历史潮流中，唐王朝对南诏"许赐书而习读，遽降使而交欢，礼待情深，招延意厚；传周公之礼乐，习孔子之诗书"。牛丛《报南诏坦绰书》说：唐德宗"赐孔子之诗书，颁周公之礼乐，数年之后，蔼有华风，变腥膻蛮貊之邦，为馨香礼乐之域"。南诏"人知礼乐，本唐风化"，民族融合促进了民族文化的交融，文化的交融则使民族融合向更高水平、更深层次发展，使国家统一的基础更加坚实。因此，在与汉阻绝 42 年之后，于贞元十年（794 年），南诏王异牟寻请"归附圣唐，愿充内属，盟立誓言，永为西南藩屏"。异牟寻与唐剑南西川节度使巡官崔佐时在点苍山盟誓："愿归清化，誓为汉臣。"贞元十年（794）十月二十六日，唐宰臣袁滋至南诏京都阳苴咩城册封异牟寻；进一步推进唐朝与南诏的中央与地方的隶属关系，盐津县豆沙关尚存袁滋赴南诏途经该地的摩崖题名。

大理国与宋朝的关系，以土著民族与汉族的民间交融为特色。大理国时期，宋辽、宋金对立，宋王朝与大理国的政治联系相对松疏，历史上有"（宋）太祖鉴唐之祸基于南诏，以玉斧画大渡河曰：'此外非吾有也'，由是，云南三百年不通中国"之说。但历史事实并非如此，郭松年《大理行记》说："宋兴，北有大敌，不暇远略。相与使传往来，通于中国。"杨佐《云南买马记》说：大理国"其地东南距交趾，西北连吐蕃，而旁靠蜀。蜀自唐时常遭南诏难，惟太平兴国（976 年 12 月至 983 年）初，首领有白万者，款塞乞内附，我太宗册为云南八国都王"。政和七年（117 年）宋徽宗授大理王段和誉为"云南节度使金紫光禄大夫、检校司空、上柱国、大理王"。

大理国时期（937—1253 年），大理国与宋朝的政治联系是以人民之间的团结与交融为主轴进行的，这是人民之间经济相依共生的必然结果。北宋熙宁七年（1074 年），峨眉进士杨佐应募至大理国买马，在束密见到汉族移民与夷人融合共生的实况，他在所著《云南买马记》中说：

> 嘉州峨眉县西十里有铜山寨，与西南生蕃相接界，户不满千，俗呼为小道虚恨。……（南）仅六七百里有束密，束密之西百五十里至苴咩城，乃八诏王之巢穴也。……自达虚恨界分，十有八日而抵束密之墟。前此三十里，渐见土田生苗稼，其山川、风物略如东蜀之资、荣，又前此五七里，遥见数蛮锄高山，俄望及华人，遑遽叫号，招群蛮虻聚。佐乃具巾纮，馨折而立，命其徒皆俯伏，毋辄动。须臾，有老鬒自山而下，问佐何来？佐长揖不拜，俾其徒素谙夷语者，具以本路奉旨招诱买马事对，徐以二端茜罗啖之。老鬒涕泣而徐言："我乃汉嘉之耕民也。皇祐（1049—1053 年）中，以岁饥，来活于兹，今发白齿落，垂死矣！不图复见乡人也。"乃为佐更好于束密王。久之，有马十数骑来邀迎，悉俾华人，乘而入。束密王悦蜀之缯绵，且知市马之

来其国也，待佐等甚厚。①

　　虚恨为乌蛮部落，其地在今四川峨边。束密是姚州（今姚安）罗罗（今彝族）部落之名称，亦用作地名，指撒马都部落分布地。杨佐所见"遑遽叫号，招郡蛮虬聚"及"骑马来邀迎"的华人，都是已经夷化的汉人。老鬓自汉嘉移入已 20 余年，虽还能讲汉语，但能用夷语助杨佐"更好于束密王"，其发型已从撒马都夷人改为鬒髻，说明他也已经夷化。大理国时期通过民间的交往，融合于云南土著的汉人数量不少，他们与土著民族共同生产，话同语，饰同俗，完全融为一体。汉人的融入推动了经济的发展，所谓束密之"风物略如东蜀之资、荣"，即经济发展水平与四川资中、荣县相当。元朝初年，郭松年至大理，亦录耳闻目睹之情况作《大理行记》，他说："大理之民，宫室、楼观、言语、书数，以至冠、昏、丧、祭之礼，干戈战阵之法，虽不能尽善尽美，其规模、服色、动作，云为略本于汉，自今观之，犹有故国（唐、宋）之遗风焉。"郭松年所记，以其说是元初大理的社会情况，不如说是大理国时期，汉人又大量融入土著后所呈现的社会情景，因为他去大理时，距元灭大理国仅 20 余年。大理国推崇内地的儒、佛文化，比南诏更盛。这可以从大理国的维摩诘经图、观音像及张胜温《梵像图》的内容和高超的技艺得到证明。崇宁二年（1103 年），段正淳使高泰运奉表入宋，求经籍，得六十九家，药书六十二部。大理国佛教的师僧"往往读儒书，段氏而上，有国家者，设科选士，皆出此辈"。李京《云南志略》说："师僧教童子，多读佛书，少知六经者，段氏而上，选官置吏，皆出此。"师僧即阿吒力（阿阇梨），是佛教密宗在唐代传入云南后的本土化教派僧人，熟悉密宗咒语法术，习儒书，传《金刚经》和儒家思想文化，在民间有影响，对推动夷、汉融合曾起重要作用。

---

　　① 李光荣等主编：《右籍中的大理》，云南民族出版社 2003 年版，第 116—117 页。

总而言之，南诏国、大理国是云南土著民族自融及其融合汉族人民形成的政治实体，是唐宋时期民族大融合的产物。推进融合的主导因素是经济上的相互依存，文化上的互动，人民物质、文化生活的提高。共同的经济生活产生了共同的语言、文化；相互通婚则使其亲如骨肉，体质特征差异消失，原来的民族意识淡忘。融合的规律是人口较少的民族融入人口较多的民族；经济文化较先进的民族融入人口较多的主体民族之后，其所代表的先进生产力、先进文化不仅不会消失，而且会成为主体民族经济发展升级和社会进步的动力。

民族融合是南诏、大理王国建立的基础，又是南诏、大理国与祖国内地在政治、经济、文化发展上得以互动的保障。南诏、大理国时期的夷汉融合促进了南诏与唐的统一，促进了大理国与宋的一体化发展；而统一又推动南诏、大理国的民族融合向更高水平攀升，促使更为稳定的民族共同体的诞生。而这一切都为元朝云南行省建立创造了良好的基础和条件。

七 云南汉族：元、明、清汉族移民融合土著民族的融合体

元代以前移入云南的汉族移民，绝大部分已在"汉变夷"的历史演变中融入土著，少数未夷化的，虽尚保有汉族的民族特征，但已不能在元代以后云南汉族移民融合土著中发挥历史作用，成为"夷变汉"的主导者，担当这一主导者的是元代以后大量从内地移入的汉人。

（一）元代的云南汉族

蒙古宪宗三年（1253 年），忽必烈率十万蒙古大军，自甘肃洮（今临潭县）、岷（今岷县）南征，灭大理国，对云南进行军事统治。

至元十一年（宋咸淳十年，1274 年）建云南行省，改置路、府、州以统之。至元十六年（1279 年）灭南宋后，"命宗王将兵镇边徼襟喉之地"，"置军旅于蛮夷腹心，以控扼之"。镇边之军旅名曰镇戍军。在云南的镇戍军由蒙古军、探马赤军、汉军、新附军、爨僰军组成。《元史·兵志》说，至元二十一年（1284 年）十月，"朝廷增兵镇守金齿（治永昌，即今保山），以其地民户刚狠，旧尝以汉军、新附军三千人戍守，今再调探马赤军、蒙古军二千人，令药剌海率赴之"。汉军、新附军皆由内地汉族组成。《经世大典》说："既平中原，发民为卒，曰汉军……既得宋兵，号新附军。……汉军戍南土，亦间厕新附军。"爨僰军由征募的土著爨人、僰人组成。镇戍军"因兵屯田，耕且战"，性质属屯垦军，因皆带有家室，所以有"户军"之称。至元三十年（1293 年），梁王遣使诣云南行省言，以汉军一千人置立屯田。延祐三年（1316 年）壬申冬十月，"调四川军二千人、云南军三千人乌蒙（今昭通）等处屯田。除军屯户以外，还有民屯户。军户、民屯户数，各路府有差"。据《经世大典·叙录》所载，中庆（路）军屯七百九户；民屯四千一百户，田二万二千五百双；威楚（路）军屯，三百九十九户，民屯一千一百户，田七千一百双。武定路民屯，一百八十户，田七百四十八双。临安路建水州立民屯二千四百八十户，田五千一百双，又曲靖、澄江、仁德三路立屯，万一千户，田九千双。《元史·兵制》说，至元十二年（1275 年）立曲靖路民屯，拘刷所辖州、郡诸色漏籍人户七百四十户立屯，十八年续佥民一千五百户增入。其所耕之田，官给一千四百八十双，自备已业田三千双。至元十二年（1275 年）立澄江路民屯，所佥户与曲靖同，凡一千二百六十户。二十六年（1289 年）立军屯，于爨僰军内佥一百六十九户；二十七年复佥二百二十六户增入。至元十二年立仁德府民屯，所佥户与澄江同，凡八十户，官给田二百六十双。二十六年立军屯，佥爨僰军四十四户；二十七年（1290 年）续佥五十六户增入，所给田亩四百双，具系军人已业。据方国瑜的研究，"元代在云南十二处屯田，见于记录，约有屯户二万八千，屯田四十五万五千亩。其中以民屯占多数，军屯只占少数；又军屯中以爨僰土军占多数，军屯只占少数，开屯的各种镇戍军都有"。云南镇戍军的主体是汉户，次为爨户、僰户，蒙古户、畏吾儿户数量不多。民屯者多为漏籍户，是内地流寓云南的汉人。由于长期驻屯，汉族军户、民户落地生根，本土化为云南的汉人。爨僰军户、蒙古军户、畏吾儿军户，与汉族军户团结共耕，在经济文化上形成生死与共的亲密关系，通过相互开亲而汉化。未及汉化的部分，到洪武初年，也因明朝实行的强迫同化政策，而被汉人同化。洪武五年（1372年），明朝发布的文告说："令蒙古、色目人氏，既居中国，许与中国人（指汉人）家结婚姻，不许与本类自相嫁娶，违者男女两家抄没，入官为奴婢。"

　　元代开了云南汉族融合爨、僰土著的先河，揭开了汉族在云南作为一个单一民族发展的历史。人们不禁要问，元以前迁往云南的汉族移民，为什么都被土著民族所融合？而自元代开始，汉族移民竟能作为一个单一的民族而发展呢？原因主要有二：其一是汉族移民已成为左右全省经济发展的主导力量。元朝建立行省，把云南与国家的统一推进到一个新的发展阶段，为云南构建了与内地一体发展的新平台。在元朝统治云南的一百二十多年中，汉族户军、民屯、商旅始终是经济发展的中坚，他们大兴水利，改良生产工具，选育良种，使农业生产力获得巨大提高，人民生活也得到不断改善。《元史·张立道传》说："云南之人，由是益富庶。"据《元史·兵志》记载，全省屯户每年缴纳的税粮为二十七万七千七百一十九石。这是汉晋以来各个历史时期的汉族移民所不可比拟的。汉族移民对云南经济发展的贡献，不仅使他们成为云南行省存在和发展的支柱，而且使其对土著民族的凝聚力、融合力增强，因此，他们不可能再大量融入夷人。其二是儒学在社会中普遍受到尊崇，汉文化成为左右云南发展的主流文化，东汉以来，汉文化在云南的传播不绝于史。从东汉章帝元和中（84—86年），益州太守王阜在云南"始兴学校，渐迁其俗"，到南诏阁罗凤"不读非圣之书，尝学字人之术"，"晟罗皮立孔子庙于国中"，大理国段正淳崇宁二年（1103年）"使高泰运奉表入宋求经籍，得六十九家，药书六十二部"，到各阶层读儒书蔚然成风，汉文化在云南的传播日盛一日，却未像元朝那样在学校教育中得到普及。首任云南行省平章政事赛曲赤，"询父老诸生利国便民之要"，第一次做出的决定，就是要建学校，兴儒学。《元史·赛典赤传》说，云南"子弟不知读书，教之拜跪之节，婚姻行媒，死者为之棺椁奠祭，教民播种，为陂池以备水旱，创建孔子庙，明伦堂，购经史，授学田，由是文风稍兴。……詹思丁为云南平章时，建孔子庙为学校，拨田五顷，以供祭祀教养"。至元二十九年（1292年），"设云南诸路学校，其教官以蜀士充之"。是年后，云南各路、府、州、县，大兴建学兴儒之风。大德元年（1297年）"改云南行省右丞，下诸郡邑遍立学校"。石屏州学、河西县儒学、澄江府学、仁德路儒学、武定府儒学等，大致皆在大德年间（1297—1307年）问世。此前曾有《元史·张立道传》"至元二十二年（1285年），创庙学于建水路"，"立道首建孔子庙，置学舍，劝士人子弟以学，择蜀士之贤者，迎以为弟子师，岁时率诸生行释菜礼，人习礼让，风俗稍变"的记载。建水文庙有至大元年（1308年）立的《追封孔子圣旨碑》。元代儒学有个重要的特点，就是土著与汉人子弟皆尊孔学儒。大德初年王彦撰的《中庆路重修泮宫记》说："创学宫，举师儒，敦劝诱掖，北人鳞集，爨、僰循理，渐有承平之风。"又泰定年间（1324—1327年）李源道撰《中庆路学讲堂记》说：设学校"以栖生徒，使肄业其中，置田以资饩廪，虽爨、僰亦遣子入学，诸生将百五十人"。元朝大兴儒学，取得"垂六十年，吏治文化，埒于中土"的效果。

从以上两个原因分析，元朝移入云南的汉人，不可能再像元代以前那样，由"汉变夷"。元朝统治者之所以奋力推进汉文化，是因为汉文化是反映先进生产力、先进文化的综合体，是国内各民族优秀文化的结晶；在云南行省建立的新的历史条件下，以汉文化为社会的主流文化，是历史的必然选择。由于汉文化在云南社会经济发展中起主导作用，所以自元代开始，移入云南的汉族，就能作为一个单一的民族存在，并能作为一个母体，不断融合原住民族，最终发展为云南的主体民族。

（二）明代的云南汉族

如果说元朝的镇戍军屯田，开了汉族作为一个单一民族在云南持续发展的先河，那么，明朝的卫所屯田，则书写了云南汉多夷少的篇章，揭开了云南土著"渐被华风，服食言语多变其旧，亦皆尚诗书，习礼节，渐与中州齿"的民族融合新页。

明太祖统军定天下，改革元朝的镇戍军屯田制度，从京都至郡县，皆立卫所屯田。同时立民屯和商屯。《明史·食货志》说："屯田之制，曰军屯，曰民屯。太祖初立民兵万户府，寓兵于农，其法最善。""其制，移民就宽乡，或召募或罪徙者为民屯，皆领之有司，而军屯则领之卫所。边地三分守城，七分屯种，内地，二分守城，八分屯种。……募盐商于各边开中，谓之商屯。"

卫所军屯，大约以五千六百人为一卫，由卫指挥使司统领，卫指挥使司设指挥使一人（正三品），指挥同知二人（从三品）、金事四人（正四品）；所分正千户所、副千户所、百户所、试百户所。一千一百二十人为千户所，一百一十二人为百户所，设官为数不等，以百户所为例，设总旗两名、小旗十名，"大小联比，以成军"。卫、所所需之军饷，皆屯田自给。"每军种田五十亩为一分，又或百亩，或七十亩，或三十亩、二十亩不等，军士三分守城，七分屯种；又有二八、四六、一九、中半等例，皆以田土肥瘠、地方冲缓为差。又令少壮者守城，老弱者屯种，余丁多者亦许。屯军军士皆携家室，世代世袭。军士所生子弟称军余，或余丁、羡丁、帮丁。军余的任务是供给军士盘缠，每军一佐以余丁三。"卫、所军官的子弟称舍丁，舍丁的功能是补公差，递补军士之缺额。

云南卫所屯田始于洪武十五年（1382 年），是年正月，明太祖谕言："今云南既克，必置都司于云南，以统诸军。"卫所由都司管辖。都司是地方军事机构，与承宣布政使司、提刑按察使司合称"三司"。洪武二十三年（1390 年），云南都司领云南左卫（驻今昆明东部）、右卫（驻今昆明西南）、前卫（驻今昆明西南）、临安卫（驻今建水）、曲靖卫（驻今曲靖西部）、金齿卫（驻今保山）、大理卫（驻今大理南部）、洱海卫（驻今祥云东部）、楚雄卫（驻今楚雄东部）等九卫，共有军官一千三十五，士卒八万七千三百七十人。如果每军户以三人计算，这一年在云南的军屯汉族人口就达二十六万五千二百一十五人。这个数字未包括后来设置的澜沧、腾冲、大理等十卫及二十二个千户所的数字，按规定编制，官兵人数总共十三万一千四十人（户），若以每户三人计，总人口为三十九万三千一百二十人。这些汉人分别来自江西、浙江、湖广、河南、陕西、山西、四川等省。如洪武十五年（1382 年）三月丁丑，上谕征南将军颍川侯傅友德等："以云南既平，留江西、浙江、湖广、河南四都司兵守之，控制要害。"洪武二十年（1387 年）九月乙酉，"调湖广官军五万六千五百六十人征云南"；十月壬戌，"调陕西、山西将士五万六千余人，赴云南听征"；十月丙寅，"诏长兴侯耿炳文，率陕西土军三万三千人往云南屯种听征"。

洪武二十一年（1388 年）六月癸丑，"命中军都督府发河南祥符等十四卫步骑军一万五千人往征云南"随军征讨云南及调往云南听征（即屯种待征）的步骑官兵，多落地生根，逐步本土化为云南的汉族。现以昆明市嵩明县牛栏江镇的把姓为例，洪武十四年，其一世祖把尔功，随征南将军傅友德、副将军蓝玉、沐英平云南，后在云南生息繁衍，成为嵩明县的名门望族。《把氏族谱》说：

> 余族原籍河北省保定府骆驼山人氏，本姓巴，明洪武初，始祖尔功公以把总之职，随征南元帅傅友德、蓝玉、沐英三公平滇，积功至副将衔，镇抚嵩明一带地方，嗣蒙黔国公保奏永镇该地，兼喜该地方风景秀丽，民情淳朴，遂占籍嵩明之白龙乡。当黔国公保奏始祖时，洪武帝以始祖由把总微职起家，位至专阃，平滇之役，战功尤伟，以朱笔于巴字左旁增添手字，赐姓为把，以示龙幸，而寓不忘厥初之意，故余族姓氏，为万姓族谱等所未载也。①

《把氏族谱》是新近发现的反映明清以来云南汉族历史的典型资料。系民国三十七年（1948 年）九月十日把氏第十二代后裔、白龙乡（今为牛栏江镇）乡长把尚贤所记。把尚贤根据历世家谱及墓碑逐一清理，共列十三代四百一十六人。上马坊村是滇中一个有名的汉族大村落，农、牧业经济发达，人口兴旺，文化繁荣，是了解明代汉族移民本土化及卫所屯田推动云南经济社会发展的一面镜子。

民屯是汉族移民寓居云南的载体。"所谓移民就宽乡"，就是招募或罪徙汉族移民进行民屯。洪武十五年（1382 年）九月甲子，明太祖"命天下卫所，凡逃军既获者，谪戍云南"，这是最早将逃兵送来云南进行民屯的记录。又洪武二十年（1387 年）十月戊午，"诏湖广常德、辰州二府，民三丁以上者，出一丁往屯云南"。洪武二十二年（1389 年），沐英"携江南、江西人民二百五十余万入滇，给予籽种、资金，区别地亩，分布于临安、曲靖……各郡县。春（指沐英子沐

---

① 此族谱为云南大学何大勇研究员 2007 年 12 月在嵩明县牛栏江镇上马坊村调查所得。该村是滇中一个有名的汉族聚居重镇，村民大都姓把。为一世祖把尔功、把尔康；二世祖把龙登、把龙昌、把龙清、把万钰、把万镒；三世祖把曰哲、把曰起、把曰规、把曰收、把曰彩、把曰有、把曰升、把曰义……的后裔。

春）镇滇七年（1392—1398 年），再移南京人民三十万"入云南，这都是招募内地汉人到云南进行民屯的记载。到云南民屯的汉人，总数不详于记录，但从沐英、沐春一次就募集数百万、数十万的数量来看，数量不会比军屯的少。募盐商于各边开中，谓之商屯。所谓开中，即令明初盐商运粮到边地入仓，换取盐引，分销各地从中谋利。为使利益最大化，盐商一是招民垦种，就地直接种粮换取盐引；二是招民直接开盐矿，二者都使大批汉族人民从内地移徙到云南来。商人落籍者称客籍，数量也不可胜计。康熙《黑盐井志》说："井地自盐民设官，后有迁徙至者，有宦游及谪戍入籍，有商贸迁而家者。"在大姚县，"时征戍入滇者曰军家，或仕官之后曰官籍，或商贾流寓曰客籍，居近城廓"。在蒙化府（治今巍山），客籍"皆各省流寓之后及乱后寄籍于蒙者，而豫章巴蜀之人居多。勤贸易、善生财，或居圜圚，或走外彝"。在景东厅（治今景东），"卫所官兵皆江右人，并江右、川陕、两湖各省之贸易是地者，多家焉"。在楚雄府（治今楚雄），内地"汉人有自明初谪戍来者，有宦游寄籍者，有商贾置业入籍者"。

以军户、民屯、商屯形式移至云南的汉族，洪武二十六年，为五万九千五百七十六户，二十五万九千二百七十口；至万历六年（1578年），增至十三万五千五百六十户，一百四十七万六千六百九十二口。这个数字大大超过了云南各少数民族的总人口。实际上，早在明初，夷少汉多的情况在云南就已经形成。如谢肇制《滇略》所说："高皇帝既定滇中，尽徙江右良家闾右以实之，及有罪审戍者，咸尽室以行，其人土著者少，寄籍者多。"

由于夷少汉多，明代开了土著民族大量融入汉族的先河。特别是在平坝地区，僰人、爨人融入汉族的速度更快。在云南府，"僰人有姓氏……今渐被华风，服食言语多变其旧，亦皆尚诗书，习礼节"。"九隆之地，在昔猡、僰之乡，在今变衣冠之俗，文教日兴，彬彬几埒中土。""腾越州虽远阂两江（指澜沧江、怒江），衣冠文物不异中土。冠婚丧祭，皆遵礼制。"金齿军民指挥使司（治今保山），"僰人与汉人同风……蒲蛮近城居者咸汉俗，而吉凶之礼，多变其旧"。"大理，故河蛮域也……迨明郡县其地……中国之名家大姓，又多迁徙于其间，薰陶洗濯，故举平日之语言衣食，悉耻其陋而革之，以游于礼教之域。"因有土著融入，大理土著民族的一些风俗，也被汉族所承继。如一些地区汉人"货用贝""葬用火化""元旦采松毛铺地"，六月二十四日过火把节，"束薪以燎燃之"，"以青布蒙首，体掩羊皮"，等等，都是从夷人那里继承下来的。在交通不便、夷多汉少的地区，汉人也融入夷人。如丽江"土人皆为么些，国初汉人之戍此者，今皆从其俗也"。

（三）清代的云南汉族

清代继续实行移民戍边的制度，称绿营兵制。仍募汉人携眷戍边，以镇、协、营分守各地，镇下为协，协下为营，营下为汛，汛下设塘，塘下设哨卡，又称汛塘制度，这种制度既具有明代卫所军屯的特点，又有适应山区戍守的功能。明朝的卫所多集中在平坝，屯种属平坝经济类型。清代的汛塘大量在山区，其屯种属山区经济的类型。汛塘制客观上是适应坝区经济向山区经济的发展而创立的，也是清代统治者为加强对山区民族的统治而采取的严密措施。汛、塘、关、哨、卡，从平地、河谷低地向海拔较高的山区推伸，成星罗棋布的立体网状。比之明代的卫所分布，汉族向云南移住的空间更大，可开发利用的土地、矿产、森林等资源更多，创造的价值也更大。顺治十八年（1661 年）全省提供税粮的田亩为五百二十一万一千五百一十亩，嘉庆十七年（1812 年）猛增到九百三十一万五千一百五十六亩，猛增的田亩，绝大部分为汛塘汉族屯民所开垦。明代的卫所军屯，多置于经济文化相对发达的坝区。清代的汛塘军屯，则多置于经济文化不发达的山区及明代未设卫所的府、州、县，在明代设置过卫所的县，大体每县只置一汛，而在明代未置过卫所军屯的县，则广置汛、塘，如普洱府领一县（宁洱）三厅：思茅、他郎（今墨江）、威远（今景谷）。共设十六汛八十二塘、十五哨。丽江府属丽江县，设十八汛、七十一塘、二十五哨。中甸、维西两厅设八汛、六十塘。开化府（今文山）设十二汛、七十一塘、三十二卡。广南府设二十一汛、七十七塘、六十一卡。广南府设二十一汛、七十七塘、六十一卡。汛、塘、哨、卡的兵卒，依防区的大小配置，且可根据需要随时增减。

清代进入云南的汉族移民，一是汛兵塘卒；二是自发流入开荒为生的所谓"流民"；三是商贾寓居者，移民流向主要是山区和边远府、州、县的土著民族地区。如普洱府，顺治十七年（1660年），设临元镇元江协普洱营。普洱营汛地辽阔，配置汛、塘兵一千名。康熙十六年（721年），增置普威营，配汛兵一千四百名。雍正九年（1731年），云贵总督鄂尔泰又奏请增设一镇三营，配汛兵三千二百人，在元江、普洱、威远（今景东）、车里（今景洪）等处分汛防守。根据先后配置的汛兵数字，以每兵户最低三人计算，顺治十七年（1660年）移入普洱营的军家汉人为三千人，康熙六十年（1721年）增至七千二百人；雍正九年（1731年），再增至一万六千八百人。71年中，光从内地移入的军屯人口，就是顺治设营、汛时的16.8倍。

自发流入的汉人，皆内地贫苦农民，他们移居特点是向山区，向边远府州，向兄弟民族区域推进，形式是"携眷依山傍寨，开挖荒土及租种地田"。道光《威远厅志》说："云南地方辽阔，深山密箐未经开垦之区，多有湖南、湖北、四川、贵州穷民往搭寮棚居住，砍树烧山，艺种包谷之类。此等流民，于开化、广南、普洱三府为最多。"道光《广南府志》说："广南向止夷户，不过蛮、獠、沙耳……楚、蜀、黔、粤之民携挈妻孥，风餐露宿而来，视瘴乡（指壮族地区）如乐土。故稽烟户不止较当年倍蓰教训而约束之，德威并用，严宽兼施。"至临安府者，"依山麓平旷处开凿田园，层层相间，远望如画。至山势峻极，蹑坎而登，有石梯蹬，名曰梯田"。全省的自发"流民"，总数不见记载，但从零星的记录可知，数量不少。如开化府（治今文山）所属的安平、文山等处，道光三年（1823 年）清查，"计客户流民二万四千余户。广南府属宝宁、土富州等处，计客户流民二万二千余户"。由于"流民"数量多，所以自道光年开始，将其"俱系入于保甲编查，立册给牌"。

因"通商贸易而流寓"云南的汉人，多数是经营店铺，不"归各里乡约附保甲"，"概归客长约束"。《景东厅志》说："（景东）每有数十家村寨处，辄有江西人在彼开铺，熬酒、卖布、重利放债。二三月一换木刻，不过期年，一两之银可至十数两。每酒一壶，换粮食一斗。"除经商之外，入滇开矿的商人也不少。乾隆十一年（1746 年），云南总督张允随的一份奏书说："滇省山多田少，在鲜恒产，惟地产五金，不但滇民以为生计，即江、广、黔各省民人，亦多来滇开采。"个旧是汉商云集之地，在那里开采锡矿的汉人很多。《蒙自县志》说："个旧为蒙自一乡，户皆编甲，居皆瓦舍，商贾贸易者十有八九，土著无几。……四方来采者不下数万人，楚人居其七，江右居其三，山、陕次之，别省又次之。"除开采金属矿以外，相当多的一部分汉人还开采盐矿。如在云龙州（今云龙县），"四方汉人慕盐井之利，争趋之，因家焉，久之亦为土著"。

总而言之，清代入滇的汉族移民，对开发云南山区谱写了卓有历史意义的篇章。他们不仅改写了全省山区的民族结构，而且把民族融合的舞台扩展到山区。至清朝后期，许多府、州、县的山区，夷多汉少的局面已发生根本的改变。如普洱府的宁洱县、思茅厅、威远厅、他郎厅，道光十六年（1836 年），有屯民、客籍共四万八千五百五十五户，而土著户仅为三万九千九百二十九户，汉户超过土著户八千六百二十六户。这个数字未包括夷人汉化的数目。汉人进入山区，因给山区各族带来了先进的生产技术和先进的文化，备受山区土著民族的欢迎。土著民族与他们互通婚姻，在汉族移民人口多的山区，土著民族逐渐融于汉族；在土著民族人口较多的山区，土著民族亦受汉文化的影响，其原有的社会经济文化发生历史性的改变。像景谷那样"夷人渐摩华风，亦知诵读，有入庠序者"的情况几乎遍及全省。在偏远封闭的山区，入居的汉人也融入土著民族，但自元代以来，这已不是云南民族融合的主流。

八 近代革命与云南的民族融合

1840 年鸦片战争以后，中国逐渐沦为半殖民地半封建的社会。云南各民族为改变国家和民族的命运，进行过一系列英勇的反帝、反封建斗争，但多次的斗争都失败了。直到 1949 年中华人民共和国成立，才在中国共产党的领导下，结束了这段灾难深重的历史。

云南近代革命时期的民族融合，主要是在反帝、反封建、反官僚资本主义的民主主义革命中进行的。为适应共同斗争的需要，少数民族吸收汉文化，许多人讲汉语、用汉字、着汉服、食汉食、改汉姓，与汉族通婚，这使民族之间的界限不再是不可逾越的鸿沟，一部分人就自然而然地融合到汉族之中去；由于生死相依，存亡与共，同呼吸，共命运，汉族也积极吸收少数民族的文化，有的也变服从俗，自然融合到少数民族之中去。一些少数民族也吸收另一些少数民族的文化，自觉不自觉地被他族同化或部分地同化。如杜文秀领导的滇西各族人民大起义失败后出现的"傣回""藏回""佤回"就是这样。

"傣回"居住在勐海县的曼赛回、曼乱回两个寨子里，傣语称他们为"帕西傣"，汉语意为傣回族或傣回。"帕西傣""话傣语，使用傣文、傣族姓名，穿傣族服装，而信伊斯兰教。……寨子里有清真寺，严格遵守穆斯林的教规"。他们和傣族一直到今日都处得很好，风俗习惯和傣族一样。

"藏回"住在中甸（今香格里拉）的安南村和德钦县的升平镇。安南村"有清真寺一座，有百多户回族，这些回族有的是在杜文秀起义前就到这里开矿的，更多的是在杜文秀起义失败，惨遭屠杀之后逃难到此地的"。升平镇的"直接同德钦开办矿业相联系"。"他们是从陕西、大理等地来的，最先是来做生意的。""在清咸同年间杜文秀起义失败后，又有一批回族落难到德钦。"他们在与藏族的政治、经济、文化的密切交往中适应了藏族的生产和生活方式，人们在外表上面很难分清他们是回族还是藏族？因此，有人称这部分回族为"藏回"。

"佤回"居住在沧源县的班弄（黄树窝箐），中华人民共和国成国时，班弄的"佤回"已有700多户、3000余人。有一部分居住于陇川县保黑山下的佤族寨里，被称为"保黑回"（佤回）。"傣回""藏回""佤回"，虽然还不能作为民族融合已经完成的实例，但他们却是民族融合总进程中，正在实现融合的事例。而那些在反帝、反封建斗争中认同汉族，而化为汉族的少数民族的人口，则可视为已经实现了部分或局部融合的事例。

近代时期云南的民族融合是初级的或初级阶段上的民族融合，而不是完全意义上的民族融合。这种融合基本上是近代革命坚持民族平等、民族团结、民族互助、各民族共同团结进行反帝、反封建、反官僚资本主义斗争的产物。近代革命是融合的助推器，因为每一次的反抗斗争，都是各民族共同浴血进行的，如1853年爆发的田以政、普顺义领导的新平哈尼、彝、汉等族起义；1856年爆发的李文学领导的哀牢山地区的各族人民起义、杜文秀领导的滇西各族人民大起义；1884年苗族首领项崇周领导的苗、瑶、壮、汉等族人民反抗法国入侵者的斗争；1889年班洪、班老地区各族人民反抗英国入侵者的斗争；

1906 年傣族首领刀安仁与杨振鸿领导的南起盈江干崖，北至片马的傣、傈僳、景颇、汉等族人民参加的干崖起义；1911 年 1 月爆发的勒墨夺帕（傈僳族）领导的傈僳、景颇、怒等族反对英军入侵片马的斗争；1908 年孙中山派黄明堂、王和顺发动的河口起义；等等，都是各民族共同浴血奋斗的盛举，而且每一次斗争都为民族的融合创造了条件。在滇西各族人民大起义中，杜文秀视各民族共同团结奋斗为义军之本，他制定了"连回、汉为一体，竖立义旗，驱逐鞑虏，恢复中华"的起义纲领。他说："本帅爰举义师，以清妖孽，志在救劫救民，心存安汉安回"；"但得汉、回一心，以雪国耻，是为至要"；尤须"三教同心，联为一体"；"窃思滇南一省，回、汉、夷三教杂处"。他所说的"三教"，泛指云南的回、汉、白、彝、傣、苗、景颇、傈僳、拉祜、哈尼等各民族。为保证义军的民族团结，他采取两条重要措施：一是对"三教"官兵"一视同仁，不准互相凌虐，违者，不拘官兵，从重治罪"，"其治民也，无分汉、回、夷，一以公平处之"。二是"委镇地方，回、汉同任，招待宾客，回、汉同席。"除委任回族人做高官外，他也委任其他各族人做高官。如授予汉族人李芳园为大翼长、大司寇，范志舒为大司辅，董飞龙为大司略，张遇泰、赵炳南、尹建中等为大将军、军师、大参军、参军；授予白族人姚德胜为大司卫，马荣耀为龙骑大将军、大司勋，赵瑞昌、赵锡昌为大参军；授予彝族人李文学为大司藩，杨仙芝为西略将军，金肇盛、杨荣芝、起才顺为大都督、将军和都督；授予傣族人线子章为抚夷大都督、罕思伦为抚夷大将军；授予哈尼族人田四浪为抚夷将军；授予傈僳族人余龙才为将军；授予满族人奎谱为征西大参军、大司胜，昌柱为大将军。"回之受职者数千，汉之受职者数万（按，汉之受职者中，当包括其他所有云南的土著民族的受职者）。"

孙中山是旧民主主义革命的伟大先行者，他领导的辛亥革命也是各民族共同参与的。他融贯中国各民族自古以来团结、融合、共同缔造统一国家的文化精华，创立了引领革命走向胜利的民族、民权、民生主义。他的民族主义也主张各民族一律平等。他在《中华民国临时约法》中宣布："中国是一个领土完整、主权独立、统一的多民族国家，各民族一律平等。"他说："今日五族一家，立于平等地位，所望以后五大民族同心协力，共策国事之进行，使中国进于世界第一文明大国。"云南各族人民为实现他的建国纲领，把中国建成各民族一律平等，建成世界第一文明大国的目标，共同浴血奋斗，不仅在辛亥革命，而且在"反对帝制，维护共和，打倒袁世凯"的护国运动中取得了辉煌业绩和战果，在斗争中不断构建了相互融合的平台。

新民主主义革命时期，中国共产党执行各民族平等、团结、互助的政策，各族人民在中国共产党的领导下，为建立新民主主义共和国而斗争，革命高潮空前迭起。抗日战争时期，云南各族人民，仅在1938年开往抗战前线的总兵力就达二十七万人。朱德说："抗战军兴，滇省输送二十万军队于前线，输助物资，贡献于国家民族者尤多。"朱德所说的数字，未包括为后勤服务的兵力。1938年4月、5月，云南各族官兵在台儿庄与日军大战，取得毙伤、俘虏日军数万余人的重大胜利。时任滇军一八四师师长的彝族将领张冲，在前线八路军驻武汉办事处向叶剑英、罗炳辉将军提出："本人要求参加中国共产党，要求八路军、共产党组织遴派军事及政治工作人员来一八四师工作。"台儿庄大捷后，他升任滇军新三军军长。1947年他在延安加入中国共产党，历任东北人民解放军总部高级参谋，参与策动滇军东北起义。中华人民共和国成立后，他被选为第五届全国政协副主席。张冲是在中国共产党领导下，云南各族人民为新民主主义革命做出重大贡献的杰出代表之一，是云南少数民族在革命斗争中，为增进各民族团结、合作、融合，共建统一、民主、富强国家的典范之一。

总而言之，近代云南历史，是各民族在反帝、反封建、反官僚资本主义斗争中共同团结奋斗，民族融合因素空前增长的历史，是民族融合与维护国家独立、统一、进步的历史。民族融合是一个不断渐进的过程，有初期阶段的民族融合和高级阶段的民族融合之分，不能把民族融合仅仅视为共产主义在全世界实现，或世界大同，所有民族消亡以后的事。实际上，在云南各民族的历史发展中，民族融合几乎是无地不在，无时不有，汉族融合别的民族，别的民族也融合汉族，少数民族之间也相互融合。融合的基本形式，是一个个成员或部分成员逐步被他族自然同化，或部分风俗习惯被他族自然同化。这是民族融合在初级阶段的基本表现，融合的基础是民族之间的团结与相互在政治、经济、文化上的密切交流与合作。这种融合是民族融合总进程中的一个组成部分，是民族融合运动发展的历史必然。近代时期云南汉族人口的增长，白、回、彝等族人口的增长，主要都与民族融合有关。融合了别的民族成分，人口的增长就会加快，量也会剧增。近代时期虽有内地汉族移民进入云南，但数量不多，对汉族人口的增长影响不大。

九　结束语

纵观数千年云南古代历史的发展，我们有以下几点看法。

（1）民族融合与促进国家统一，是贯穿云南历史发展的两条主线，推动云南历史前进的两大主轴。二者互动，相辅相成，相互制约。云南历史上的每一次民族大融合，都推动国家统一向纵深发展，而每一次国家统一的纵深发展，又为新的民族大融合开创了新基础，构筑了高平台。

（2）各民族之间的经济、文化交流是民族融合的主要媒介。只要各民族之间存在社会经济文化发展的不平衡，各民族之间的经济文化交流就不会停止，民族融合的进程就不会阻断。因此，民族融合的存在与否，不以人的意志为转移。

（3）民族融合的规律和价值取向，是以先进的生产力、先进文化为主导，取优弃旧，实现更新。因此，每一次的民族大融合，都推动经济文化的发展、社会的进步、民族的繁荣、人民物质文化生活的提高。民族融合是各族人民利益之所在，具有深厚的群众基础和无穷的动力，是永具活力、永具光辉的历史现象。

（4）以自愿、平等、团结、互助为实现基础的各民族人民之间的自然融合，是民族融合的自在形式。在奴隶制、封建制、资本主义制的社会中，民族融合往往不是和谐进行的，甚至是通过民族冲突、民族战争来实现的。马克思说："现存的所有制关系是造成一些民族剥削另一些民族的原因。"但是，绝不能因此就否定自在形式在民族融合中的主流作用；也不能因肯定自在形式的主流作用，就否定民族压迫、民族战争、民族冲突衍生的非自在形式的民族融合。尽管民族压迫、民族战争、民族冲突往往给社会经济带来破坏，造成生灵涂炭，但是，应该看到，它引发的民族大迁徙、大混居，经济文化大交流，对民族融合和国家统一向纵深发展，客观上也有一定的作用。当然，这不是要肯定民族压迫和民族同化政策。

（5）近代是云南民族融合因素空前增长的时期。民族融合是一个不断渐进的过程，有初级阶段的民族融合和高级阶段的民族融合之分，不能把民族融合仅仅视为共产主义在全世界实现，或世界大同，所有民族消亡以后的事。事实上，在云南各民族的历史发展中，民族融合几乎是无地不在，无时不有，汉族融合别的民族，别的民族也融合汉族，少数民族之间也相互融合。融合的基本形式，是一个个成员或部分成员逐步被他族自然同化，包括部分风俗习惯被他族自然同化。这是民族融合在初级阶段的基本表现。这种融合是民族融合总进程中的一个组成部分，是民族融合运动发展的历史必然。

（6）云南汉族和各个少数民族，都是相互不断融合形成的民族共同体，具有"我中有你，你中有我"的共同特点。2004 年云南总人口 4415.2 万人，其中少数民族人口为 1479.09 万人，占总人口的 33.5%。汉族人口不是自元、明、清以来因单纯的自然增长或不断从内地移民而形成的，少数民族人口也并非如此。他们都是在历史发展中，由自在形式及非自在形式的民族融合而形成的。汉族人口中融入了大量的土著民族，土著民族人口中也融入了大量的汉族。云南民族融合所产生的对祖国的内聚力及汉族与各少数民族、少数民族与少数民族之间的互聚力，是云南各族人民在中国共产党领导下与全国各族人民共同奋斗，实现共同繁荣的重要保证，是中华民族自强于世界之本。

2008 年 5 月 28 日于昆明

《云南大百科全书》历史卷总论：
云南历史发展特点

引　言

云南地处祖国西南，北引藏、川、黔，襟带湖、广，外连东南亚、南亚各国，战略地位十分重要。自古以来是中国与东南亚、南亚、西南亚政治、经济、文化交流的中心。云南民族众多，历史悠久，文化灿烂。云南历史是云南各民族共同发展的历史，以汉族史代替云南史，或以少数民族史代替云南史，都是不可取的。

《云南大百科全书·历史卷》选收条目的时限，上自距今约170万年的云南"元谋人"，下至1950年2月云南全境解放。按远古至战国、秦至隋、唐至宋、元明、清、民国6个断代板块进行组合，每个板块又按族类、政治、经济、社会、文化、科教、史事、人物进行分类。类下再设子类。

实事求是是治史的基本原则。《云南大百科全书·历史卷》坚持以历史唯物主义、辩证唯物主义为指导，力求对历史史料的真伪进行考订，对历史事件、历史知识、历史人物等进行准确的释义。

重史实是中国史学的一大传统，就云南史研究而论，唐代樊绰的

《云南志》，元代李京的《云南志略》，明人张洪的《南夷书》，严从简的《云南百夷篇》，杨慎的《滇载记》，钱古训、李思聪的《百夷传》，毛奇龄的《云南蛮司志》，诸葛元声的《滇史》，刘文征的《滇志》，清代冯甦的《滇考》，师范的《滇系》，倪蜕的《滇云历年传》等，都是以史料讲话，以准确的史实揭示历史真实的名著。本卷既选用他们的资料，又学习他们的方法，力戒空论和偏论。

一 云南历史沿革

"元谋人"化石的出土，说明距今约 170 万年前，云南就有人类生息繁衍。《通鉴前编》说："黄帝画野分州，得百里之国万区，颛顼高阳氏建九州……统领万国。"云南当时为"百里之国万区"的一部分，"建国即在万国之内，分州即在九州之内"①。万历《云南通志·沿革总论》说："云南，《禹贡》梁州之域，地曰百濮。三代时万国来朝，西南有百濮。""濮"在此不是某一古代民族的专称，而是土著居民的泛称，所谓"地曰百濮"，是用土著居民的泛称作为地名，所谓"西南有百濮"，是说西南有数以百计的土著部落。

元谋人遗址纪念碑

元谋人牙齿化石

---

① 倪蜕《滇云历年传》卷一引《通鉴前编》所作的按。引自李埏校点本，云南大学出版社 1992 年版，第 5 页。

春秋、战国时期云南土著居民在发展中不断分化，并与南下的羌人，东来的越人等融合，形成具有不同文化特征的滇、劳浸、靡莫、僰、句町、昆明、嶲唐、滇越、哀牢、漏卧、进桑等数十个族名及部族王国名称同一的王国。

滇国的史实，始见楚国以将军庄蹻拓疆西南的记载，"楚威王时（前339—前329年，威王应为顷襄王），将军庄蹻将兵循江上，略巴、黔中以西……蹻至滇池，（地）方三百里，旁平地，肥饶数千（十）里，以兵威定属楚，欲归报，会秦击夺楚巴、黔中郡，道塞不通，因还，以其众王滇，变服从其俗以长之"①。《华阳国志·南中志》说："滇池县，故滇国也。"滇国民族众多，主体是氐羌、百濮的融合体滇人。今昆明市晋宁县是滇国的王都。劳浸、靡莫等在滇国的东北。劳浸，《汉书·西南夷传》作"劳深"，其地在今陆良、宜良一带；靡莫在今寻甸回族彝族自治县。《史记·西南夷列传》说："上使王然于以越破诛南夷兵威，风喻滇王入朝。滇王者，其众数万人，其旁东北有劳浸、靡莫，以兵临滇，滇王始首善。"

僰国，为僰人（西僰）所建之国，其地在今四川宜宾（古僰道县）以南，今云南昭通市毗邻地区。《汉书·地理志》犍为郡僰道县应劭注："故僰侯国也"，但僰道县是"以通僰人地区得名，即通犍为郡之南部"。②今云南昭通地区因而得名。西汉武帝曾"使县令南通僰道，费功无成，唐蒙南入，斩之，乃凿石开阁，以通南中，迄于建宁（今曲靖）二千余里"③。说明僰国在春秋战国时期，曾是今滇东北地区一个有雄厚实力的土著王国。

句町国，在滇国东南，今云南文山州和红河州的东南部及广西百色地区，中心在云南广南、富宁。《华阳国志·南中志》说：句町王

---

① 《史记·西南夷列传》，中华书局1966年版，第2993页。
② 方国瑜：《中国西南历史地理考释》，中华书局1987年版，第119页。
③ 《水经·江水注》引《地理风俗记》。

国"置自濮王，姓毋"。濮王之立国不会晚于滇国、哀牢国。从广南牧宜白龙汉代木椁墓出土的竹简、木雕、车马模型、黄釉陶、漆木器耳杯、大金腰扣来看，其受内地文化的影响巨大。

昆明国、嶲唐国在今云南大理洱海及今保山东北地区。《汉书·武帝纪》臣瓒注："西南夷传有越嶲、昆明国。"《史记·西南夷列传》说，汉武帝遣使出西夷西，以求通身毒国（今印度）之道，"皆闭昆明，莫能通身毒国"。又说："自桐师（今保山）以东，北至叶榆（今大理），名为嶲、昆明。"《史记·大宛列传》说，汉使至"南方闭嶲、昆明"。嶲，即嶲唐，在今云龙一带。《华阳国志·南中志》说："南中在昔盖夷越之地，滇濮、句町、夜郎、叶榆、桐师、嶲唐，侯王国以十数，编发左衽，随畜迁徙，莫能相雄长。"

滇越国，在《史记·大宛列传》称其为"乘象国"。乾隆《腾越州志》"治革大事考"及丁山《吴回考》以滇越即腾越（今腾冲）。

哀牢国治今保山，主体民族为哀牢夷。《华阳国志·南中志》说："永昌郡（治今保山）古哀牢国。"春秋战国时期，其农业、手工业、矿冶业发达，"出铜、锡"，"其地东西三千里，南北四千六百里"，大约相当于今天的保山、德宏、临沧、普洱、西双版纳等市、州。哀牢国的民族还有"闽濮、鸠僚、僄越、裸濮、身毒之民"，裸濮为我国南亚语系孟高棉语族各族的先民，身毒之民为印度人。《后汉书·西南夷列传》记哀牢国的世系说：其王"九隆死，世世相承。乃分置小王，往往邑居，散在溪谷，绝域荒外，山川阻深。生人以来，未尝交通中国"。方国瑜说："九隆之世，应在周郝王时，当公元前三百年以前，哀牢部族已经称王。"①

漏卧国，在今罗平县境内。《汉书·地理志》漏卧县应劭注："故漏卧侯国。"

进桑国在今蒙自、屏边、河口一带，《水经·叶榆河注》说："从

---

① 方国瑜：《中国西南历史地理考释》，中华书局1987年版，第21页。

糜冷水道出进桑王国，至益州贲古（今蒙自）。"

上述王国社会经济发展不平衡，但在不同程度上都受内地华夏文化的影响。

秦汉时期。秦始皇在云南开道，置吏以主之。《史记·西南夷列传》说："秦时常頞略通五尺道，诸此国颇置吏焉。""五尺道"起自僰道（今宜宾）而达今曲靖。所谓"诸此国"，即指西南夷的滇、劳浸等大大小小的土著王国。《史记·司马相如传》说诸此国"秦时尝为郡县"。所谓"置吏"，即设置郡、县，任命郡守、县令以主之。汉朝承秦制，亦在云南设置郡县。如汉武帝元封二年（前109年），发巴蜀兵击劳浸、靡莫，以兵临滇，滇王举国降，请置吏入朝，汉武帝以滇国置益州郡，领县二十四，户八万一千九百四十六，口五十八万四百六十三，郡治在滇池县（今晋宁）。又置朱提郡，领县四，郡治在今昭通。永平十二年（69年），哀牢国王柳貌遣子率种人内属，其称邑王者七十七人，户五万一千八百九十，口五十五万三千七百一十一，明帝以其地置哀牢（今保山）、博南（今永平）二县，并割益州郡西部都尉所领巂唐、不韦、比苏、邪龙、叶榆、云南六县，合置永昌郡（治今保山），郡域约为今保山、大理、德宏、临沧、普洱、西双版纳等市、州。益州、朱提、永昌三郡之设置，是划时代的历史事件，标志着云南已完全融入中国大一统的多民族国家，部族王国林立时代已经结束，云南各土著民族已成为中国多民族大家庭的成员。

三国至隋时期。蜀汉在建安十九年（214年）设庲降都督，总摄南中（南中，古地区名，因在蜀国之南，故称南中。其地包括蜀汉时期的建宁、朱提、牂牁、兴古、越巂、云南、永昌七郡。除牂牁、越巂二郡之外，其余五郡皆在今云南省）。章武三年（223年）刘备去世，南中地区反蜀；建兴三年（225年），诸葛亮南征，平息反蜀势力。《三国志·后主传》说："丞相亮南征四郡（越巂、益州、牂牁、永昌），四郡皆平。改益州郡为建宁郡；分建宁、永昌郡为云南郡，又分建宁、牂牁为兴古郡。"建宁、牂牁、朱提、越嶲、永昌、云南、兴古史称蜀汉南中七郡。西晋"泰始六年（270 年），分益州南中建宁、云南、永昌、兴古四郡为宁州"，治所在滇池县（今晋宁）。辖境约当今云南大部及贵州、广西一部。太康三年（282 年）废宁州，太安二年（303 年）复置，南朝之宋移治味县（今曲靖），齐移治同乐（今陆良县西），梁复移治味县；北朝之北周改名南宁州。隋朝置南宁州总管府（治今曲靖）。伴随着郡县的设置，云南出现了两个重大的历史事件：一是汉人被夷化而形成"南中大姓"；二是出现了新的民族共同体爨族。爨族共同体，自东晋永和三年（347 年）爨氏统一南中形成，至唐天宝五年（746 年）南诏阁罗凤灭爨氏而告终，历时400 余年。

唐、宋时期。武德七年（624 年），唐置南宁州都督府。贞观八年（634 年）改称郎州都督府，开元五年（716 年）又复名南宁州都督府。麟德元年（664 年），置姚州都督府（治弄栋川，今姚安）。姚州西的洱海地区，土著部族林立，各有君长，无统帅。其中较大者史称"六诏"。开元二十六年（738 年），其中的南诏统一其他五诏，建"大蒙国"，史称南诏国，唐廷封其主皮逻阁为"云南王"。南诏在辖区"东西三千里，南北四千六百里"的疆域内设置十个"睑"（"睑"汉语意为州），及弄栋（治今姚安）、拓东（治今昆明）、永昌（治今保山）、宁北（治今剑川）、银生（治今景东）、镇西（又称丽水，在伊洛瓦底江上游地区）、铁桥（治今玉龙县塔城）七个节度，通海（治今通海）、会川（治今四川会理）二都督进行统治。宋朝时，太宗册大理国首领白万为云南八国郡王。政和七年（117 年），徽宗又授大理国王段和誉为"大理王"。大理国之政区有首都（大理）；八府：永昌（治今保山）、统矢（治今姚安）、谋统（治今鹤庆）、鄯阐（治今昆明）、腾冲、威楚（治今楚雄）、会川（治今会理）、建昌（治今西昌）；四郡：东川（治今会泽）、河阳（治今澄江）、秀山

（治今通海）、石城（治今曲靖）和蒙舍（治今巍山）、金齿（治今盈江）、成纪（治今永胜）、最宁（治今开远）四镇。

元、明、清时期。元朝于至元十一年（1274 年）建云南行省，下置四十二路、七府、三属府、五十四州、五十三县。明朝撤省置云南布政使司，下置五十八府、七十五州、五十五县。另外在土著民族聚居的地区设八宣慰司、四宣抚司、五安抚司、三十三长官司、二御夷长官司，封土著民族世袭土长进行统治。清代改明制，又设云南省，为全国十八省之一，下设道、府、县。还设有直隶州、直隶厅，二者职级同府，一般州、厅同县。厅多置于边疆少数民族地区。在不同的少数民族地区还置有土府、土州、土巡检、宣慰司、宣抚司、安抚司、长官司、副长官司、土千总、土把总、土千户、土百户等的建置。据《清史稿·地理志》，云南省"领府十四，直隶厅六，直隶州三，厅十二，州二十六，县四十一；又土府一，土州三，土司十八"。

民国时期。置一市（昆明），十三行政督察区［昭通、曲靖、弥勒、砚山、建水、新平、思茅、姚安、缅宁（今临沧）、鹤庆、大理、腾冲、维西］，十六设治局［潞西、梁河、盈江、莲山、瑞丽、陇川、碧江、德钦、福贡、贡山、泸水、龙武、宁江（澜沧、勐海）、沧源、耿马、宁蒗］。

二 云南历史发展的特点

（一）史前文化多样性突出，与祖国内地同类文化有渊源关系

云南旧石器时代文化始于 170 万年前，终于 1 万多年前。打制的石器种类很多，仅早期的刮削器就有单直刃、单凸刃、单凹刃、端

富源大河遗址旧石器

刃、双刃等多种。骨制品多数为哺乳动物的肢骨片，且有明显的人工打击痕迹。石器主要有砍砸器、尖状器、刮削器、雕刻器和石核等多种，其修整水平较高。

云南新石器时代的磨制石器有斧、锛、刀、镞、印模、刮削器、纺轮、环等。陶器有泥质红陶、夹砂红陶、夹砂灰陶制成的侈口、直口罐、盒、钵、釜、圈足器等。纹饰多样，而且因地区不同，石器、陶器的种类、特点又有不同。

洱海地区的马龙、剑川海门口、宾川白羊村、元谋大墩子等遗址，曾出土类似中原地区的氏族村落，其中白羊村有长方形房址11座，均开沟挖柱洞后填筑墙基。遗址中有竖穴土坑墓24座，其中10座是无头仰身葬。还有留有灵魂出入孔的小孩瓮棺葬。元谋大墩子遗址有房屋基址15座，房屋为木结构，墙基也是挖柱洞，排列不规则，四角的柱较粗，屋内有方形或圆形的火塘，在一个火塘的陶罐中发现粳稻碳化物。遗址中有猪、狗、牛、羊、鸡、鹿、猴、熊、鱼的骨骼化石。当时的居民以氏族聚落而居，生产粳稻，向养猪、牛、羊、狗、鸡等畜禽，兼营渔猎。两个遗址的房屋建筑特征与黄河流域或仰韶文化郑州大河村、陕西庙底沟、洛阳王湾、马家窑文化林家晚期房屋建筑特征相似。

仰韶文化、龙山文化对云南新石器文化的影响大。西藏昌都卡若文化与仰韶文化、齐家文化有密切的联系，而卡若文化的新石器、陶器与云南元谋大墩子、宾川白羊村的风格非常相近。滇池地区出土的有肩石斧，元谋大墩子遗址、滇西北戈登遗址出土的圆柱形石斧代表了云南本土的特征，而有肩石锛、有段石锛的出土，说明云南的新石器时代文化，还与东南沿海的新石器时代文化有密切的交流。

有段石锛

史前时代云南文化的多样性及与仰韶文化、龙山文化、齐家文化的交流，说明还在湮远的古代，云南各民族的先民，就与内地居民有频繁的经济文化交流，共同创造了中华民族的史前文明。

（二）长期存在土官、流官并存的统治制度

自秦汉设置郡县，任命郡守、县令进行统治的同时，亦封土著民族的世袭部落、部族土长为王侯，让其"复长其民"，并允许保留其固有的政治、经济制度和宗教信仰等文化生活习俗，"齐其政不易其宜；修其教不易其俗"。元封二年（109年），汉武帝"赐滇王之印"；句町国"置自濮玉，姓毋，汉时受封迄今"；诸葛亮"皆即渠率而用之"；唐玄宗封南诏王皮逻阁为知沙壶州刺史及"云南王"，都是执行这种政策的例证。史家把这种政策称为羁縻政策。自元代开始，这种政策被土司制度所取代。土司制度的实质仍是"以土官治土民"，但按土官世辖区的大小设置宣慰司、宣抚司、安抚司、招讨司、长官司、土巡检、土千户、土百户及土府、土州、土县等不同职级的统治区，封土著酋长任世袭的宣慰使、宣抚使、安抚使、招讨使及土知府、土知州、土知县等官职。明代是土司制度发展最完善的时期，也是实行"改土归流"废除土司制度的时期。然而，由于土司制度适应土著民族社会经济的发展水平，承认土著民族与汉族等先进民族的发

展差距，"改土归流"只能在靠内地的地区进行。许多地方废除了土官，但后来又恢复。

滇王之印（西汉）

明代在云南置二十四府、四十五州、三十一县，置车里宣慰司（治景洪）、南甸、干崖、陇川三宣抚司及盏达、遮放二副宣抚司、孟定御夷府（治耿马孟定）；另有猛卯安抚司（治瑞丽）、耿马安抚司、潞江安抚司、镇道安抚司（治泸水）、杨塘安抚司（治泸水）、瓦甸安抚司（腾冲曲石乡）。明代所置长官司在边疆星罗棋布，仅今红河县境内就有思陀、左能、落恐、溪处、亏容甸五个；元江有普日（普洱）、思摩甸（思茅）、钮兀（江城）、禄谷寨（镇沅）四个；今宁蒗、香格里拉地区有剌次、革甸、瓦鲁之三个；属于土府的有武定、元江、姚安、景东、鹤庆、丽江、永宁、永昌、蒙化、顺宁、乌蒙、东川等。明代中期进行"改土归流"，土府、土州、土县的土官大都被流官取代。明代的"改土归流"虽然取得了进展，但并未动摇对土著民族实行的"仍令其君长治之"的政策。车里宣慰司、南甸盏达、干崖、陇川宣抚司、芒市、猛卯、户撒、腊撒、潞江等安抚司原封未动。雍正年间清政府强力推进"改土归流"，但土流并治的格局亦持续下来。民国时期在全省置一市，十三行政督察区、一百一十二县、十六设治局。设治局相当于县，居民都是土著民族，仍实行土司统治制度。如 20 世纪二三十年代，怒江地区有贡山、碧江、福贡、泸水 4 个设治局，泸水设治局下属有老窝、卯照、登埂、鲁掌诸土司。这些土司的末代都在 20 世纪三四十年代才袭职。潞西、梁河、盈江、瑞丽、陇川等设治局，也是在原来土司制的基础上设立的。

耿马安抚司铜印（乾隆三十七年，1722 年）　红河县思陀土司署正立面图（何耀华摄）

为什么土流并治能在云南许多地区持续 2000 多年呢？首先是由土著民族的经济基础所决定的；其次是由土司制能维护国家统一和各民族的团结所决定的。在私有制存在的社会中，阶级剥削压迫、民族对抗和民族压迫是不可避免的，土司头人有压迫奴役辖区各族人民的一面，甚至还发动战争反对中央王朝维护国家统一的政策，但不能就因此否定它固边抚夷，推动夷汉团结，促进社会经济文化发展和民族进步的历史作用。

（三）长期存在多种形态的政治经济制度

1. 原始氏族制

独龙、基诺、佤、景颇、德昂、傈僳、怒诸族先民，20 世纪 50 年代前一直保有原始时代父系氏族制。独龙族先民俅人"居澜沧江大雪山外，系鹤庆、丽江西域外野夷。其居处结草为庐，或以树皮覆之。男子披发，著麻布短衣……跣足。更有居山岩中者，衣木叶，茹毛饮血，宛然大古之民"（道光《云南通志》"种人"四）。其氏族由一个五代以上祖先后裔的血缘集团组成。一个父系祖先的直系后代组成的血缘集团为一个家庭公社。一个氏族包含若干个家庭公社。一个家庭公社包括两三个以父家长为主的大家庭公社，大家庭下面是小家庭。一个家庭公社共居于一间大而长的房屋内。氏族之间以物易物，刻木结绳记事。氏族称为"尼柔",家庭公社称为"其拉",大家庭称"宗",小家庭称为"卡尔信"。一个"其拉"构成一个自然村,村长即家长,称"卡桑"。每个"其拉"有共有的山林、猎场、鱼塘、耕地、祭祀场。土地共耕,平均分配。"卡桑"不脱离生产劳动,但有主持祭祀、排解纠纷的职能。一个大家庭中有几个火塘,每个火塘为一个小家庭。大家庭由主妇管理,各火塘轮流煮饭,由主妇平均分食。氏族中无私有观念和私有财产。

2. 奴隶制

存在于宁蒗县、华坪县的云南小凉山彝族中。社会成员被分为诺伙(黑夷)、曲诺、阿加、呷西四个不同的等级。诺伙为奴隶主,约占总人口的7%,他们占有全部的土地、牲畜、工具和所有社会成员的人身。拥有世袭统治特权。自认为是天生的贵族,自视血统高贵。他们的财产,以有多少"娃子"(奴隶)来表示。曲诺约占总人口的50%,因人身被黑夷所占有,他们必须为诺伙主子提供各种奴隶式的负担和劳役,为主子打冤家。主子可以对他们进行买卖、抵押或用作赌注。阿加约占总人口的33%。其人身完全为黑夷所占有,是诺伙黑夷奴隶主的田间劳动和奴隶再生产的承担者,奴隶主对他们有生、杀、予、夺之权。呷西约占总人口的10%,被奴养在主子家中,是典型的奴隶。主子可任意杀害或买卖他们。由于这两个县的彝族是由四川大凉山彝族打冤家迁入的,所以他们的奴隶制与四川大凉山彝族的一样。

3. 封建领主制和地主制

封建领主制(农奴制)和地主制是封建生产关系的两种类型,也是相互连接的两个发展阶段。恩格斯说:"英国农奴制度的逐渐消灭,形成了人数众多的自由农民、小地主或佃农阶级。"① 这一论断说明,

---

① 恩格斯:《论封建制度的解体及资产阶级的发展》,《历史问题译丛》1953 年第6 期。

地主制是农奴制之后的一个发展阶段，其社会生产者是自由农民或佃农。而在领主制阶段，领主是辖区内所有土地之主，所有生产者是没有自由的农奴主的农奴。云南少数民族的封建领主制，是以作为封建领主的土司、土官统治为特征的。在藏族先民古宗分布区，土官和寺院僧侣贵族是封建领主，人数只占古宗总人口的1%，却占有辖区的全部土地和占总人口的87%的生产者农奴的人身。农奴主不许农奴自由迁徙，以强迫他们种"份地"（每份7—12架，每架3亩）的方式，将农奴束缚在土地之上，为其提供地租和"支乌拉"（服劳役）。农奴主的剥削占农奴总收入的60%。在西双版纳傣族地区，全部土地为车里宣慰司宣慰使（召片领）所占有。傣语称此为"喃召领召"，汉语意为"水和土都是官家的"，官家就是宣慰司的宣慰使。农奴主将全部土地分为私庄（宣慰田）、波朗田（即属官波朗和头人的俸禄田）和份地（寨田）。三种田全由农奴耕种，收获物除留少数供养农奴本身外，全部交给大小农奴主。农奴还必须为领主服各种劳役。

德宏傣族先民百夷地区、红河哈尼族先民和泥地区、昭通、镇雄、东川、武定等地的彝族先民地区，元明以来的社会经济形态大都是封建领主制。

由于20世纪50年代以前，存在以上诸种前资本主义的社会经济形态，以及近代时期的资本主义，学术界乃认为云南存在一部活的社会发展史。

（四）历史发展以教育为先导

云南教育发展源远流长，早在东汉章帝元和年中（84—86年），益州太守王阜就在云南"始兴起学校"，使社会"渐迁其俗"。[①] 土著民族，包括夷化汉人是接受教育的重点。《爨宝子碑》有"别驾举秀

---

① 《后汉书·西南夷列传》，中华书局1965年版，第2847页。

才"之语；《爨龙颜碑》说墓主"举义熙十年（414年）秀才"。南诏王"晟罗皮立孔子庙于国中"。后理国主段正淳"使高泰运奉表入宋求经籍"。元代云南行省平章政事"赛典赤……创建孔子庙，明伦堂，购经史，授学业"①。泰定年间（1324—1327年），中庆路（治今昆明）建学校"以栖生徒，使肄业其中，置田以资饩廪，虽爨（彝族先民）、白（白族先民）亦遣子入学，诸生将百五十人"。明朝洪武十七年（1384年），明太祖命云南增设学校，"县级设书院，乡级设乡塾"；清代云南强化科举制度如内地省，"得人之盛，远轶前代"。光绪二十八年（1902年），云南建立高等学堂，各府、州、县普建中学、小学。又建方言（学英、法文）、东文（学日文）、政法、工矿、农业、工业、蚕桑、商业、铁路、武备、陆军讲武等学校。陆军讲武学堂宣统元年（1909年）重建，成为培养国内外武官的全国培养基地。民国时期，云南教育更有空前发展。1922年，唐继尧创建东陆大学（今云南大学的前身）。昆明师范学院等一批高等学校破土而生。

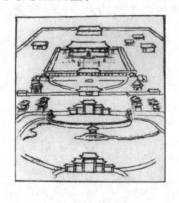

建水文庙平面图

大姚石羊文庙孔子铜像（清代）

　　教育是社会、经济、文化发展、进步的源泉、动力和保证，在云南数千年的历史发展特点中，发展教育是主要的特点之一。

---

　　① 《元史·赛典赤传》，中华书局1976年版，第3069页。

（五）绿色发展是云南历史发展的纲

距今 0.6 亿年至 0.02 亿年的喜马拉雅造山运动，导致青藏高原隆起和云南地层的抬升，一些原被海水淹没的地层抬升为陆地，以云南石林为代表的水下地质结构，上升为陆地奇观，原为准平原的地貌，被肢解成众多高山、深谷、盆地、湖泊。云南海拔在 2500 米以上的主要高山有高黎贡、碧罗、云岭等 30 余座；平方千米以上的断陷盆地（坝子）有 1442 个，100 平方千米以上的有 49 个。滇池、洱海、抚仙、阳宗、星云、杞麓、程海、泸沽、玉龙等 40 多个淡水湖错落其间，面积达 1100 平方千米。金沙、澜沧、怒、独龙、红河、南盘、大盈等 600 多条河流向东、东南、南流入太平洋、印度洋。气候兼有海洋、大陆性特点，年平均降水量为 1100 毫米。高山地带多积雪，形成壮丽的冰川雪峰。热带、亚热带、温带、高山寒带等不同气候带依海拔高低分布，呈立体型。谷地、盆地及二半山土壤肥沃，牧草丰美，森林水、土壤水、地下水充裕，皆适宜于农、牧业的发展。常绿阔叶林、针叶林等森林资源丰富。灌木林等植被覆盖率极高。高等植物有 1.7 万多种，占全国的 63%。

因为山高谷深，地质结构复杂，地形、地貌多样，由于受季风影响，降水主要集中在夏季，大气降水量及赋存的地表水，远远不能满足天然生态和人工生态两大系统的需要，缺水的矛盾十分突出，而降水季节过分集中，使水资源的大部分成为洪水径流量，这不仅引起春旱夏涝，而且造成江河泛期严重枯水。为了发展农、林、牧、渔等维持生计的产业，云南各民族在历史上，构建了多样性、可持续发展的民族生态保护文化，形成了许多旨在保护生态环境、人居环境、生产环境的社会习惯法和村规民约，使绿色发展成为云南经济社会发展的主流，青山绿水，碧波荡漾的湖泊景观，清新的空气和养生保健的生态食物，使云南各族人民自觉成为保护生态环境的卫士。

在迪庆藏区，藏族人民有一种系统有效的资源利用和管理体系，他们在土地资源利用区和山地自然禁用区之间画"日卦"（藏语意为关门或封山）线，线以嘛呢堆分段为标志，线下埋放一个宝瓶，宝瓶中放 25 种药，5 种绸缎，5 种金银宝石、粮食，然后由藏传佛教活佛念 7—21 天经划定。这是一条特定保护区的具有神性，任何人不得侵犯的线，线以上的一草一木、一石一土都不能动。村与村之间以日卦线进行资源利用和管理，线以下为农、牧用地。另外，每个藏族村子都有自己的一座神山，它既是释尊之所在，又是生命之源母亲的象征，村民定期祭神山和"转山"，祈祷神山上的一草一木不受侵犯。圣与自然的合一、圣与俗的交织是云南藏族传统自然保护与自然资源合理利用的内在特质和外在的行为规范，千百年来它使藏区免受水旱、环境污染、滑坡泥石流、疫病等大灾大难的袭扰。像这种将自然与民族文化信仰系统融为一体的自然环境保护，在各民族中都是盛行的。

历史上，村社组织是生态管理的机构。如玉龙县的玉湖村，明、清以来由村民长老组成的"老民会"，负责制定村规民约，选用管山员、管苗员，并对违规违约、乱砍滥伐、毁坏植被及污染水源者进行惩罚。盖房所需木料经批准由管山员督察按获准量砍伐。"老民会"每 3 年选一次，在群众中具有很高的权威。地处亚热带的红河哈尼族，有"水贵如真油"的价值观，他们把村落建于高山森林带的下方，在村寨建蓄水池，池水供人和牲畜饮用，在村内建水渠沟网，把溢满的水引入村落下面的层层梯田，种稻养鱼。梯田水一年四季不断流往山底的红河，再通过强烈的阳光蒸发散往高山林带，在相对的低温下化为水分，变为森林水，再流入村寨、梯田及红河谷气化，如此无限循环，实现人与自然相依共生。哈尼族说："森林是水之母，水是田之母，田是人之母。"他们像爱护眼珠一样保护森林，保护田园。

红河甲寅哈尼梯田

红河哈尼族保护水源碑（何耀华摄）

云南众多民族都以乡规民约来保护生态环境。大理下关彝族吊草村有块立于1851年的《永远护山碑记》说："吾先代自梅地迁出，名吊草村，又名兴隆村。居依山林，则所得者林木也。上而国家钱粮出其中，下而民生衣食出其中，且为军需炭户，则军需炭，亦出其中，所关诚大也，讵得不为之轻心哉！今有远近之人不时盗砍，若不严守保护，恐砍伐一空，不惟国课民生无所也。故垂之贞珉以图永久。"又鹤庆县 1928 年立的《鹤庆县县长苏示》碑说：

> 禁宰耕牛，禁烹家犬。
> 禁卖鳅鳝，禁毒鱼虾。
> 禁打村鸟，禁采树尖。①

总而言之，保护自然生态环境，人与自然和谐共生，发展绿色经济，是云南各族历史发展的提纲。

（六）开展对外经济、文化交流最早

云南与南亚各国，包括东南亚、南亚、西南亚国家，虽有高山阻隔，但数千年来都有经济、文化与人才的交流。根据印度古籍《摩诃婆罗多》《罗摩衍那》等书记载，最迟在公元前四世纪，"中国丝"已经输入印度，相较于西北丝绸之路和海上丝绸之路，滇、印交通线具有形成时间最早的特点。

西汉元狩元年（122 年），博望侯张骞使大夏归来，"言居大夏时，见蜀布、邛竹杖，使问所从来，曰'从东南身毒国，可数千里，得蜀贾人市'，或闻邛西可二千里有身毒国。骞因盛言大夏在汉西南，慕中国，患匈奴隔其道，诚通蜀，身毒国道便近，有利无害。于是天子乃令王然于、柏始昌、吕越人等，使间出西夷西，指求身毒国。至滇，滇王尝羌乃留，为求道西十余辈。岁余，皆闭昆明，莫能通身毒国"。这是有关云南与南亚交往的最重要的历史记载。印度古籍记载的"中国丝"及张骞所见的蜀布、邛竹仗，最早都是从云南运去的。史家把这条中印之间的交通线称为"蜀身毒道""滇身毒道"或南方

① 录自鹤庆县文化馆所藏碑刻。

丝绸之路。印度学者则称其为阿萨姆—缅甸—昆明路线。一位印度学者说："这条古代通往中国的路线，始自印度的古都华氏城，经过瞻婆（巴加尔普尔）、羯朱暇祇罗（拉吉玛哈尔）、奔那伐弹那（北孟加拉），直到阿萨姆邦的迦摩缕波（高哈蒂）。从阿萨姆至缅甸，古代如同现在，有三条：第一条沿布拉马普特拉河至帕特开山口，直到上缅甸；第二条经曼尼普尔，直到钦敦江河谷；第三条是通过阿拉干，直到伊洛瓦底江河谷。所有这些路线，会合于八莫附近的缅甸边境，然后继续翻越崇山峻岭，到云南府及昆明盆地。昆明是中国南部省份中的主要城市。八莫和密枝那作为印度与中国之间的链环，是相当重要的贸易中心。……在布拉马普特拉河南北两岸及更东的地区，有广阔的遗迹分布，展现了古印度东北地区一幅繁荣壮观的光辉图景，可以看出印度与中国有活跃的贸易。"①

《大理国梵像卷》中的赞陀崛多像

昆明是南方丝绸之路的中心和枢纽，它自西北出邛都（今西昌）、雅安与蜀（今成都）相连；北出夜郎（治今安顺）和巴（今重庆）

---

① ［印度］S. L. Baruah：《关于南方丝绸之路的印度历史证据——阿豪马人迁居阿萨姆的路线》，汪玉祥译，载段渝主编《南方丝绸之路研究论集》，巴蜀书社 2008 年版，第491 页。

相通；东经今盘县、贵阳、且兰，顺沅水连楚国首都荆州；南经句町（治广南）、百色、至邕（今南宁）；向西经叶榆（今大理）、永昌（今保山）、滇越（今腾冲、德宏州），至缅甸，再西达印度阿萨姆邦首府高哈蒂、古印度摩揭陀国的首都华氏城（今恒河左岸的巴特纳市）。最后经西亚而达于欧洲。

先秦时期哀牢国的"身毒之民"、琉璃、玛瑙、香料及长沙战国墓中出土的琉璃珠；唐代居住在南诏的天竺僧人和居民，大都是通过南方丝绸之路进来的。今天怒江、澜沧江、金沙江上的溜索和印在高山石板上深深的马蹄印，当是公元前四世纪以来中印民间进行贸易的遗迹。

（七）融合、统一、进步是云南历史发展的主轴

云南历史是土著民族与土著民族、土著民族与汉族、汉族与土著民族互相融合，并共同融入统一国家，即中华民族国家，接受一个中央政府管辖，包括汉族及少数民族建立的王朝或政权的历史。两汉时期，中央王朝以应征作战、军屯及将"死罪及奸豪"流放实边等多种方式，把内地汉族人民大批移入云南。西汉"益州郡户八万一千九百四十六，口五十八万四百六十三"[①]；东汉"益州郡户二万九千三十六，口十一万八百二"[②]，因土著民族不入户籍，上述数字都是从内地移入的汉族人口。汉族移民与土著民族错杂而居，水乳交融，在夷多汉少的历史条件下，逐渐融合于夷人，东汉、三国时期出现的南中大姓，如滇东的焦、雍、雷、爨、孟、董、毛、李；朱提郡（治今昭通）的朱、鲁、雷、兴、仇、高等姓，都是夷化了的汉族的一个部分。东晋以后，滇东北、滇东地区的土著居民为叟人、乌蛮、白蛮，内地迁入者称汉。土著与土著融合、土著与汉人融合后称为爨人。

---

① 《汉书·地理志》，中华书局1962年版，第1061页。
② 《后汉书·郡国志》，中华书局1965年版，第3512页。

"是时爨人为当地居民之称，实为叟人与汉人融合之共同体。"① 爨族
共同体自东晋永和三年（347 年）形成，至唐天宝五年（746 年）南
诏阁罗凤灭爨氏而告终，历时 400 余年。其后在南诏、大理国新的民
族大融合、大分化中形成黑爨、白爨两个新的民族实体。前者为今彝
族先民，元、明、清以来称为罗罗；后者为今白族先民，称为民家。
南诏国、大理国时期，民族融合规模空前，被土著融合的汉人数量最
多。如"李宓伐蛮，于龙尾城误，陷军二十万众，今为万人冢"②。
二十万汉人之兵，除战死者之外，被俘者多数融合于土著。至德元年
（756 年），南诏攻入越西，被俘的"子女玉帛百里塞途"；太和三年
（829 年）攻入成都，又"掠子女工技数万引而南"，被掠的汉人先后
都融入土著。洱海地区的白蛮和铁桥地区的裳人，都是融合于南诏土
著的汉人。渠敛赵（今下关凤仪）"有大族王、杨、李、赵四姓，皆
白蛮也，云县蒲州人，迁徙至此"③。蒲州在山西汾河下游，是还保留
汉姓，但已融入土著的白蛮，不知其迁入云南的年月。又"河蛮"也
是融入土著的汉人，有数十百部落，"大者五六百户，小者二三百户，
无大君长，有数十姓，以杨、李、赵、董为名家……自云其先本汉
人。有城郭村邑、弓矢矛铤。言语虽有小讹舛，大略与中夏同。有文
字，颇解阴阳历数。自夜郎、滇池以西，皆云庄蹻之余种也"④。像这
样汉人融入夷人的情况，在南诏国、大理国时期是普遍的现象。元、
明、清时期，云南的民族融合发生了新的变化，即不再是两汉以来的
汉融于夷，而是夷融于汉，发生改变的主要原因，一是汉族移民由于
屯田制度、汛塘制度的推行，数量剧增。洪武二十六年（1393 年），

---

① 方国瑜：《隋书梁睿传·梁睿请略定南宁疏概说》，《云南史料丛刊》第一卷，云南
大学出版社 1998 年版，第 329 页。

② 《旧唐书》卷一六，中华书局 1975 年版，第 3243 页。

③ 樊绰：《蛮书·六睑第五》，《云南史料丛刊》第二卷，云南大学出版社 1998 年版，
第 49 页。

④ 梁建方：《西洱河风土记》，《云南史料丛刊》第二券，云南大学出版社 1998 年版，
第 218 页。

以军屯、民屯、商屯形式移入云南的汉族为五万九千五百七十六户，二十五万九千二百七十口；至万历六年（1578年），增至十三万五千五百六十户，一百四十七万六千六百九十二口。这个数字大大超过了云南各少数民族的总人口。汉多夷少为夷融于汉构建了基础。汉族移民大兴水利，改良生产工具，选育良种，使全省的农业生产力极大地提高，人民生活不断获得改善。自元代开始，汉族已成为全省经济发展的主导力量。二是儒学在各民族中普遍受到尊崇。元朝大兴儒学，"爨、白循理，渐有承平之风"；元代"垂六十年，吏治、文化，埒于中土"。清代移民，把夷变汉的民族融合舞台，由盆地、河谷台地扩展到山区、边远地区，土著民族与他们互通婚，学习汉文化，"夷人渐摩华风，亦知诵读"，逐渐汉化的人与日俱增。明、清以来占全省总人口2/3的汉族人口中，绝大部分是由夷变汉发展演变而来的。

民族融合是国家统一牢不可破的基石。春秋战国时期云南不同土著部族之间的互融，为秦、汉中央集权统一国家的建立与发展创造了基础。三国至隋时期的民族融合，为爨族共同体的形成和南诏国、大理国的建立创造了条件。南诏、大理时期的民族融合，则为云南行省的建立和夷融于汉开辟了道路。没有夷融夷、夷融汉、汉融夷，就没有自秦、汉以来云南统一于中国大一统国家的历史进程。尽管有南诏阁罗凤天宝九年（750年）尽有云南地，建"大蒙国"，吐蕃在天宝十一年册封他为"赞普钟南国大诏"，"号曰东帝，给以金印"等分裂的情况，但汉、唐以来洱海地区及南诏全境的汉融于夷的民族融合，使阁罗凤的分裂不能持久，贞元十年（794年）异牟寻不得不复归唐朝，"愿归清化，誓为汉臣"。因为自古以来贯穿云南发展始终的民族融合，既推动了各民族经济文化的发展，不断提高了各族人民的物质和精神文化生活水平，又为不同夷民之间，夷民与汉民、汉民与夷民之间构造了相互离不开的血脉。民族融合与国家统一是相辅相成的，民族融合是融入统一国家的重要基础，又是坚持国家统一牢不可破的重要保证。

一部云南史，就是各民族不断融合与国家统一不断发展、社会不断进步的历史。融合、统一、进步，是云南历史发展的主轴。

三 云南人民对中华历史文明的贡献

（一）亚洲栽培稻和栽培型茶树品种的培育及稻作梯田法的创建

从上古时代开始，云南居民就对"百谷自生"的普通野生稻进行不断驯化和品种改良，使云南成为世人公认的亚洲栽培稻的起源地之一。在元谋大墩子母系氏族社会晚期新石器时代文化遗址中，出土三个装有粳稻碳化物的陶罐，这是当时对野生稻驯化培育成功的物证。籼稻是普通野生稻的驯化物，粳稻是籼稻的变异型，也是对野生稻进行驯化培育的成果。

云南不但是亚洲栽培稻的起源地，而且是栽培型茶树的原创地。2013年5月25日，国际茶业委员会根据世界茶叶专家的科学研究，将"世界茶源"地的牌匾授予云南的普洱市。国内外茶学家把茶树分为野生、过渡（进化）、栽培三种类型，野生的树型为乔木，栽培的为灌木；野生的干枝为单株，分枝少，干高；栽培的干枝矮，分枝多。野生的叶片大而平滑，叶尖长；栽培的叶片凸起不平，呈波浪式。野生的叶片栅栏组织只有一层，开花少，果厚，花冠大；栽培的可能出现两层，开花多，花冠小，果较薄。野生型的简单儿茶素含量比例高，不能饮用；栽培型的含量低，适于饮用。普洱市在澜沧县发现多处有野生型茶树，帕令黑山的一棵干径60厘米，树高26.5米，树幅9.05米，树龄相当远古。在镇沅千家寨发现的野生型古茶树，

镇沅县千家寨 2700 年野生型古茶树（黄桂枢摄）

距今 2700 年。茶学专家认为，野生茶树不经过不断的驯化和品种的培育改良，是不会自动变为栽培型茶树的。在澜沧县富东乡邦崴村发现千年茶树王，属野生与栽培型之间经过培育而出现进化的过渡型大茶树。是什么人进行驯化的呢？考古学、民族历史学和茶学专家认为，是布朗族先民濮人、[①] 这个结论是科学的。道光《普洱府志·六茶山遗器》说："莽芝有茶王树，较五山茶树独大，相传为武侯遗种，今夷民犹祀之。"传说虽然不尽可信，但当有所本，说明普洱茶由驯化野生茶到培育出人工栽培茶已经经历了 1000 多年。

1953 年勐海县南糯山发现的栽培型大茶树，树龄 800 余年，树高 5.5 米，树幅 10 米，主干径 1.38 米。群众称其"茶王树"。根据专家考察，普洱府所属的攸乐、革登、倚邦、莽芝、蛮端、曼撒的"普洱茶六茶山，共有 18 个茶树新种。普洱市所属 8 县共有 23 种，其中大叶茶类 16 个，中叶茶类 5 个、小叶茶类 2 个"。这些新种都是在漫长的历史时期由濮人系的布朗等土著民族的先民培育出来的。国际茶学界的一些专家认为，茶是东西方文化的重要分水岭，中华民族历史上的贡献，不是仅有四大发

云南澜沧县邦崴过渡型千年古茶树（黄桂枢摄）

---

① 黄桂枢：《普洱茶文化论》，光明日报出版社 2014 年版，第 27—28 页。

明，而是包括栽培型茶树在内的五大发明。

云南澜沧景迈栽培型万亩古茶林（黄桂枢摄）

国际茶业委员会授给云南普洱市的"世界茶源"牌匾（黄桂枢摄）

稻作梯田是有利于人地生态系统良性循环的耕作方法，是云南少数民族先民适应山地生态环境在古代首创的。四川彭水县东汉墓中出土一呈阶梯形，丘与丘相接如鱼鳞的陶田遗物，可能是云南梯田种植传入内地的物证，因为迟至南宋，"四川盆地还基本上将水稻种植在较低的地方，仅在部分有水源的高地有少量种植。……到民国时期，水稻才推进到一千二百米的低山山腰"①。梯田在长江中下游地区出现，也是在宋代以后的事。可早在唐人樊绰的《蛮书》中，就有"蛮治山田，殊为精好……水旱无损"的记载，所谓"蛮"，即云南的少数民族。

---

① 郭声波：《历史时期四川粮食作物的地理分布》，《中国历史地理论丛》1990 年第3 期。

（二）"云白铜"合金科技

"云白铜"在2000多年中独占世界有色合金工艺的鳌头。晋人常璩在《华阳国志·南中志》中说：朱提郡（治今昭通）堂螂县（今会泽、东川、巧家）"出银、铅、白铜"，白铜是铜镍合金，当熔炼温度升高达到1300—1400℃时，把16%以上的镍熔入红铜，合金色泽就呈银白色而成为无限固熔的白铜。由于云南古代居民独创这项技术难度极高的合金工艺，欧洲人专称这种白铜为"云白铜"。白铜硬度高，耐蚀性强，色彩美，延展性好，古时用以制造饰品、铸币。公元前170年大夏国（今阿富汗）铸造的潘塔列昂王币，专家从合金的比例和色泽分析，认为是用云白铜铸造的。这说明早在西汉时期，云南居民就将云白铜传到了南亚，甚至西亚和欧洲。法国人杜霍尔德在1735年出版的《中华帝国全志》中说："最特别的铜是白铜，其色彩和银一样，只有中国才有，也只见于云南省。"1775年英国出版的《年纪》记述英国东印度公司驻广州商人勃烈将云白铜发回英国的情况，说他这样做是要在英国进行实验和仿造。1882年，英国爱丁堡大学化学师菲孚，发表他研究云白铜合金成分的报告："铜40.4%，镍31.6%，锌25.4%，铁2.6%。"过了一年，德国的海宁格尔兄弟仿制云白铜成功，并将它改名为德国银或镍银，进行规模化生产。

大夏国用"云白铜"铸造的潘塔列昂王币

早在商代至西汉末期的云南青铜时代，云南居民就有高超的铜、锡合金技术，剑川海门口、祥云大波那、楚雄万家坝、晋宁石寨山、江川李家山出土的青铜器，代表了云南人民早期对有色合金科技的贡献。

（三）云南少数民族古文字与文献增添了中华民族文化的多样性

（1）纳西族的东巴图画象形文字与文献。东巴图画象形文字，形态比古苏美尔、古巴比伦的楔形文字，古埃及的圣书文字，中美洲的玛雅文字和我国的甲骨文字都更为古老。用其书写的宗教和神话经典"东巴经"，有1400多种，2万多卷。东巴文字及经书已被列入世界记忆遗产名录。

纳西东巴象形文

（2）爨文和爨文典籍。"爨"是明代今彝族先民罗罗人的族称，又是罗罗人古文字的名称。道光《云南通志·爨蛮》条说："有夷经，皆爨字，状类蝌蚪，精者，能知天象，断阴晴。"丁文江在《爨文丛刻》自序中认为，白狼文就是爨文的前身。其言似可成立。这说明爨文（古彝文）最迟在汉代以前就已存在。爨文典籍卷帙浩繁，多为五言句，有音韵，比喻生动，便于背诵、记忆。内容有祭祀用经、占卜经、律历、谱牒、伦理、历史、神话、医药、音乐、美术、文学艺术等多种。科学、历史文化价值很高。现已出版的有《爨文丛刻》《增补爨文丛刻》《西南彝志》《阿诗玛》《勒我特衣》《齐书苏》《梅葛》等数十种。

禄劝掌鸠河彝文摩崖（明代）

（3）白文及白文文献。"白子"是明清时代今白族先民的自称。白子有一种用汉字记白语发音，音义不同于汉文的白文。白文被用以作祭文、写白曲底本、作碑刻、为密宗佛经作批注。《白古通玄峰年运志》是白文文献的代表作，杨慎译之收入《滇载记》，万历《云南通志·南诏始末》即录自此文。《词记山花·咏苍洱境》则是白文碑刻的杰作。

（4）傣泐文及贝叶经。今云南傣族有傣泐文（西双版纳傣文）、傣那文（德宏傣文）、傣绷文（瑞丽、澜沧县通行）、傣端文（金平傣文）。四种皆为拼音文字，源于古印度婆罗米字母，与泰国、缅甸、柬埔寨、老挝等国文字同属一个系统。傣泐文约创制于 13 世纪。最早的傣泐文著作《论傣族诗歌》，成书于傣历 976 年（1614 年）。把傣泐文用铁笔刻写在棕榈类木本植物贝多罗树的叶子上，称为贝叶经。西双版纳保存的贝叶经有 5 万多册 8.4 万多卷。其中《被佐妈赖》共 13 卷 125.4 万字，记述国王帕雅维选达腊对上座部佛教的虔诚信仰。《兰嘎西贺》长达 4 万多行，反映教派斗争。由于贝叶经记述百夷的历史、法律、道德、神话传说、天文历法、医药方子、农田水利、手工技艺等方面的知识，科学价值极高。

（5）傈僳音节文字及文献。该音节文字为维西县叶枝乡新洛村傈僳族农民哇忍波所创，创制于1923—1930年。著名语言学家罗常培在《中国少数民族语言文字概况》一书中说："这种音节文字没有字母，一个形体代表一个音节。"哇忍波用它记录了本族24部祭天古歌。他用这种文字写的《一年天气测算结果》具有研究古文字和天文历法的价值。

（四）云南少数民族歌舞艺术丰富中华民族的文化宝库

云南少数民族千百年来创造传承下来的歌舞艺术，如满天璀璨的星星，绮丽多彩，是一大宝贵的民族文化遗产。藏族的歌庄（果卓）舞分"察尼"（传统式）、"察司"（创新式）、"里祷"（问答式）三种。跳时，分甲、乙两队，弯腰搭背围成圆圈，逆时针旋转，唱词有相会、回答、告别等内容。

彝族的踏歌，形式为连手而歌，足踏地为节，旋转跳跃，一人吹芦笙居中，二人弹月琴，音节以琴声为起止，声音高昂奔放，拍掌清脆。巍山县巍宝山有一画在池塘寺宇墙壁下的清代踏歌图，驰名中外。

白族的霸王鞭。以长3—4尺的长竿，每节凿空，装入铜钱，外饰花纸或彩丝穗，男女对偶组成队形，手持彩竿中央，随歌舞节拍，敲击肩、膝、脚等各个部位，队形不断变化，有"打四脚""二龙抢宝""五梅花"等多种队形。

纳西族的"哦热哦""瓦默达""阿丽丽""多术丽"，唱腔、词调、舞蹈优美异常。"哦热哦"源于牧羊人呼唤失羊，"哦热哦"是羊鸣声，歌时不断呼唤，歌词随口编入，以表达劳动、赞美自然景色及男女情感为多，伴有轻快的舞步节拍。

傈僳族的"摆什摆"。男女各一半围成圆圈，男人一手搭相邻者肩上，另一手叉腰或轻捂住耳朵。女人手拉手随歌声移步，逆时针转动且愈拉愈紧。歌词古朴粗犷，丰富多样。维西叶枝乡"阿尺目刮舞"，舞时不用乐器，踏歌而舞，歌声以领唱、伴唱合成，分男、女两队，有一名领唱，其余为合唱。跳法有舞圆环、进退舞步、三步跺脚、跳山举、聋旋风等。

各民族的歌舞艺术，以生产实践为创作的源泉，又在生产实践中发展创新，并世代传承。

（五）云南少数民族绘画艺术增添了中华历史文明的异彩

云南各少数民族的传统绘画，丰富多彩。如藏族的唐卡、纳西族的东巴画、彝族的毕摩画等，都很有创意和独特的风格，但大理国"描工"张胜温所画的《梵像图》（即《大理国梵像卷》）最具代表性，被作为台北"故宫博物院"的镇馆之宝。绘画艺术界的专家认为，这是云南画具有世界影响的中国国宝。大理国是白族先民段氏建立的，张胜温是什么民族没有史家进行过研究，清乾隆皇帝说他是"蛮徼画工"①，笔者认为其当是大理国白族先民。此梵像卷画幅高一尺，长五丈，凡一百三十四开，总六百二十八貌。"用笔工细生动，金碧灿烂，光彩夺目，为大理盛德五年庚子（1180 年）张胜温所作。"② 原件台北"故宫博物院"每年展出 15 天。1989 年笔者访台，适逢展出，得亲睹之，为之折服。其场面极为宏大，描绘极为精细，色彩极为绚丽，创意极为独到，诸佛像极为庄严。云南各族人民历来以此画卷出自云南而自豪。

---

① 乾隆二十八年（1763 年）《乾隆皇帝的题记》，《云南通史》第四卷，中国社会科学出版社 2011 年版，第 60—61 页。

② 方国瑜：《张胜温梵画长卷概说》，《云南史料丛刊》第二卷，云南大学出版社 1998 年版，第 444 页。

四 云南历史的启示

（一）应继承、发扬"重农""治水"的传统

云南自古以来重视发展农业。战国时滇人"耕田有邑聚"，靠"重农"造就了滇国的繁荣。秦、汉在云南成功设郡置吏，靠的也是以发展农业为支柱。王莽时期，任益州郡太守的文齐，在益州郡，"造起陂池，开通灌溉，垦田二千余顷"，直接依靠汉人向夷人传播修陂池的水利灌溉技术，收到夷汉"甚得其和"的效果。南诏时期，农业更受到重视，以"高原为稻黍之田，疏决陂池，下隰树园林之业，易贫成富，徙有之无，家绕五亩之桑，国贮九年之廪"。

元朝实行"安业力农"政策，在中央置"劝农司"，各省设"劝农使"，并且颁发《农桑辑要》，推广农业技术。明朝开展军、民屯田，扩大耕地面积，同时鼓励无地、少地的农民开垦田地。清朝重农的特点是开发山区，推广种玉蜀黍和马铃薯。

"治水"也是一项重要的启示。以治理滇池为例，元朝在盘龙江上段建松花坝水库；在中段疏浚盘龙、金汁、银汁、马料、宝象、海源等江河河道；在下段疏浚海口河，以解决洪水季节宣泄不畅的问题。明朝正德年间，"云南巡抚陈金，役军队夫卒数万，浚其泄处，于是池水顿落数丈，得池旁腴田数千顷，夷、汉利之"。清代康熙、雍正、乾隆、道光时期，又九次治理滇池。并建立了滇池管理及入滇池河道的岁修制度。

治水有全省、全民共治的特点，特别是少数民族参与的自觉性、广泛性最高。红河县甲寅乡有哈尼族立的"水贵如真油"的石柱。石

林县大可村立有彝族村民"民以耕为本，耕以水为先"的治水碑。明嘉靖二十二年（1534年），该县村民倡筑鱼池堰，开东山沟、小乐台旧沟，引黑龙潭水灌溉。神宗十三年（1585年），跃宝山彝族村民又"穿十二丈岩岭，筑丈八高之石闸灌溉万顷，泽被万民"。鸦片战争后，云南各族人民重农治水的传统一度因帝国主义侵略遭到破坏，水旱灾害肆虐，"省城一带洪水暴起，田园庐舍，一夕荡然"。迤东迤南，赤地千里，人民之困于饥馑者，不下数百万。辛亥革命后，云南军都督府蔡锷，设置农林局，调查土壤、水利、气候、荒地，重振重农治水之风。

（二）应继承、发扬云南着力发展现代工业的传统

在清末30多年间，云南兴办现代工业的投资为383万元又315万两。其中民间投资约占50%。1904—1923年，昆明兴办官商企业70余家，其使用的现代设备皆从西方国家进口。如1904年开办的蒙自官商公司（即1909年后改称的个旧锡务公司），选矿和冶炼的机器机件70余件，运矿铁车150辆，空运索道8000件，都购自西方国家。1912年建的昆明石龙坝水电站，发电机也购自外国。1921年开办的云鑫工厂，生产铜、铝片的电动碾压机购自英国。华兴机械厂的车床、转床、磨光机等购自美国。1920年建的昆明自来水厂，吸水机购自法国等。1905年，昆明人民将昆明自辟为商埠，1912年创立富滇银行，以支持现代工业的发展。抗日战争时期，中央机器厂、中央电工器材厂、云南钢铁厂、昆湖电厂、昆明炼铜厂、昆明化工厂等77家现代工业企业在昆明成立，中国的第一根电线、第一架望远镜、第一辆组装汽车等，就是这些企业生产的。到1945年，云南的注册工厂226家，是1937年的5.38倍。1939—1945年是"云南工业的极盛时期"①。

---

① 《缪云台回忆录》，中国文史出版社1991年版，第81页。

富滇银行发行的纸币 　　　　　　　　昆明自开商埠界址碑

（三）应继承、发扬各民族团结奋斗、共同发展的传统

尽管在不同的历史时期，云南土著民族之间、土著民族与汉族之间也存在矛盾、冲突和斗争，但团结、和谐、共同进步、共同繁荣发展是主流，矛盾、冲突、斗争只是支流。彝语属汉藏语系藏缅语族彝语支，共有 6 种方言，不同方言中有 50% 的同源词和 25% 以上的汉语借词，这说明分布于云南全省和川、黔、桂的彝族相互之间以及与汉族之间，历来有团结互融的民族关系。源于彝族先民祭火的彝族传统节日火把节，不但彝族，白族、哈尼族、傈僳族、纳西族、普米族、拉祜族和彝区的汉族也过，这也是彝族与上述各族团结共生共融的产物。各民族团结共生共融的关系，不但是经济、文化密切交往的产物，而且是在共同的反帝、反封建、反官僚资本主义斗争中用鲜血结成的。1856 年杜文秀领导的回民起义，李文学领导的彝族哈尼族起义，都有汉族等各民族共同参加。杜文秀说："窃思滇南一省，回、汉、夷三教杂处，要求三教（指回、汉、彝三族）同心，联为一体。"①

---

① 中国史学会主编：《回民起义》（二），神州国光出版社 1952 年版，第 131 页。

民族团结是国家统一的根基，是各民族共同进步与共同繁荣的保证。云南历史发展留给我们的这一启示，将永远铭记在云南各族人民的心间。

（四）应继承、发扬云南各族人民在民主革命时期为中华民族复兴而进行英勇卓绝斗争的传统

1840 年鸦片战争后，中国逐渐沦为半殖民地半封建的社会，云南各族人民为改变国家和民族的命运，实现中华民族的复兴，进行过英勇卓绝的反帝、反封建、反官僚资本主义的斗争，做出过卓异的贡献。继承、发扬这个时期的革命斗争传统，对实现中华民族伟大复兴的"中国梦"，具有重大的现实意义和历史意义。

1853 年，新平哈尼、彝、汉等族人民，在田以政、普顺义领导下举行起义；1856 年爆发李文学领导的各族人民起义、杜文秀领导的滇西各族人民大起义；1858 年爆发的田政领导的墨江哈尼族起义；1884 年苗族首领项崇周领导的各族人民反抗法国入侵者的起义；1889 年班洪、班老地区各族反抗英国入侵者的起义；1906 年傣族刀安仁与杨振鸿领导的干崖起义；1911 年爆发的傈僳族人勒墨夺帕领导的傈僳、景颇、怒等族反抗英军入侵者的起义；1908 年黄明堂、王和顺发动的河口起义等，都是为反帝、反封建而进行的英勇卓绝的斗争。旧民主主义革命的伟大先行者孙中山，在辛亥革命中制定《中华民国临时约法》，宣布"中国是一个领土完整、主权独立、统一的多民族国家……望以后五大民族同心协力，共策国事之进行，使中国进于世界第一文明大国"①。云南各族人民为实现他的建国纲领，实现把中国建成世界第一文明大国的目标，不仅在辛亥革命中与全国人民浴血奋斗，而且发动引领全国的"反对帝制，维护共和，打倒袁世凯"的护

---

① 周昆田：《三民主义的边疆政策》，中央文物供应社印订，1984 年修订版，第13 页。

国运动，并以辉煌的业绩，将复兴民族和国家的斗争导入一个新的发展阶段。

新民主主义革命时期，在中国共产党的领导下，各族人民为建立统一、民主、富强的新民主主义共和国而斗争，革命高潮迭起。抗日战争时期，仅在 1938 年，就有 27 万云南人开往抗战前线。[①] 朱德说："抗战军兴，滇省输送 20 万军队于前线，输助物资，贡献于国家民族者尤多。"[②] 1938 年 4 月、5 月，云南各族官兵在台儿庄取得毙伤、俘虏日军数万余人的重大胜利。1945 年，昆明爆发"一二·一"运动。在解放战争时期，云南人民开展武装斗争，配合中国人民解放军解放云南，又为中华民族的复兴建立了丰功。1950 年 2 月 20 日，中国人民解放军第 4 兵团司令员陈赓及宋任穷、周保中等率解放军进入昆明，1950 年 2 月 24 日被确定为"云南解放日"。

中共云南省第一次代表大会会址（1928 年 10 月 13 日），蒙自县芷村镇查尼皮村

① 参见郑崇贤《滇声》，香港有限印务公司 1946 年版，第 16—18 页。
② 李根源：《朱德致龙云的信》（1938 年 8 月 21 日），《云南图书馆》1981 年第 3—4 期。

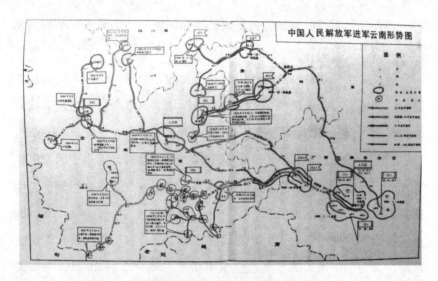

中国人民解放军进军云南形势图

继承与发扬民主革命时期云南人民复兴民族的传统，对实现中华民族伟大复兴的"中国梦"是具有重要现实意义的，云南人民必将为实现这个梦想再建卓异的功勋。

云南的历史发展源流

云南地处祖国西南，北接川、藏，东邻黔、湘、粤、桂、广，外连越、老、缅、印，战略地位十分重要，自古是中国与东南亚、南亚各国政治、经济、文化交流的中心。在漫长的历史发展中，各族人民用勤劳、智慧创造了著称于世的物质和精神文化，为中华民族的伟大文明增添了光彩。

研究云南历史，提炼历史精华，揭示云南历史的发展规律，对深刻认识今天，科学地走向未来，具有重要的历史和现实意义。

一 云南历史发展的地理环境

距今 0.6 亿年至 0.02 亿年，发生喜马拉雅造山运动，导致青藏高原的隆起和云南地层的抬升，一些原被海水淹没的地层，抬升为陆地。以石林为代表的水下地质结构，上升为陆地奇观，原为准平原的地貌，被肢解成众多高山、深谷、盆地和湖泊。

今天的云南地势，从西北向东南倾斜。德钦境内的梅里雪山卡瓦格博峰海拔 6740 米，河口县南溪河与红河交汇处海拔 67.4 米，南北高差 6672.6 米。全省 2500 米以上的主要高山，有高黎贡山、碧罗雪山（怒山）、云岭等 30 余座，其间平方千米以上的断陷盆地（坝子）

有 1442 个，其中 100 平方千米以上的 49 个。滇池、洱海、抚仙湖、阳宗海、星云湖、杞麓湖、程海、泸沽湖、玉龙湖等 40 多个淡水湖泊错落其间，面积达 1100 平方千米。全省有金沙江、澜沧江、怒江、红河、南盘江、大盈江等 600 多条河流，向东、向东南、向南流入太平洋和印度洋。

受低纬度和高海拔及大气环流等因素的影响，气候兼有海洋和大陆性气候特点，热带、亚热带、温带和高山寒带依纬度和海拔高低分布，呈立体型气候。全省平均降水量为 1100 毫米。高山地带多积雪，形成壮丽的冰川雪峰。云南全境可分为五大自然地带：滇南边缘的热带北缘地带；滇南、滇西南的亚热带半温润常绿阔叶林赤红壤地带；滇中、滇东、滇西大部亚热带半湿润常绿阔叶林红壤地带；滇东北热带常绿阔叶林红黄壤地带；滇西北迪庆、丽江、怒江北部的寒温带针叶林暗棕壤地带。各地带的谷地、台地、盆地及二半山土地肥沃，牧草丰美，皆适宜农、牧业的发展。全省动植物品种丰富，高等植物有 1.7 万多种，占全国的 63%。

优越的自然环境，为古生物古人类的滋生和繁衍奠定了基础。距今 5.3 亿年的"云南虫"等澄江动物群化石的发现，揭开了世界古生物起源说的新篇章。"云南虫"是人类的远祖，《纽约时报》评论："如果'云南虫'这种古脊索生物夭折，动物的中心神经将永远不会发展，地球就会像遥远的月球那样，永远寂寞冷清。"① 禄丰发现的恐龙化石（120 多具，24 个属，33 个种），距今 1.8 亿年；开远、禄丰发现的腊玛古猿化石，距今 1400 万年和 800 万年。距今 170 万年的云南"元谋人"的发现，又揭开了中国古人类发展的新页。"元谋人"比陕西的"蓝田人"和北京的"北京人"分别早 110 万年和 120 万年。因此，云南被认为是人类最早的发源地之一。

---

① 《纽约时报》(1991 年 4 月 23 日)，载张墅《澄江奇观》，云南大学出版社 2002 年版，第 8 页。

二 旧石器、新石器时代文化：史前时期的云南
（距今 170 万年—3500 年）

云南的旧石器时代文化，开始于 170 万年前，结束于 1 万多年前。从江川甘棠箐发现的旧石器时代早期的文化遗物看，石器的种类有刮削器（包括单直刃、单凸刃、单凹刃、端刃、双刃）、尖状器、石锥、雕刻器、石核 5 类。骨制品多数为哺乳动物的肢骨骨片，且有明显的人工打击痕迹。这些遗物的年代，考古学家认定为 100 万年以前。

从富源大河、罗平羊洞、安宁小龙潭、石林白石岭、安仁、青山口、小矣马伴、宜良张口洞、呈贡龙潭山、昆明螳螂川等遗址的遗物来看，石器多为砍砸器、刮削器、尖状器、雕刻器、石核等，特点是修整水平较高，部分带有欧洲莫斯特文化的风格。这些石器属于旧石器时代晚期的文化。相同类型的文化还发现于峨山老虎洞、沧源硝洞、丽江木家桥的遗址。

云南旧石器时代的遗址遗物证明，自"元谋人"以来的 100 多万年间，云南就有人类的繁衍生息，他们发明了用火，使用的石器工具有不断发展进步的特点，而且受我国西南、东南地区的影响大。

经过中石器时代磨刃石器、穿孔石器、细石器的发展，云南进入新石器（磨制石器）时代。如果说旧石器时代的经济是采集和渔猎经济，那么，新石器时代则发明了农业和养殖业，会饲养家畜、家禽，会制陶器及用麻纺织的农、牧业经济。云南何时进入新石器时代，还有待新的发现来说明。根据李昆声等对全省范围内的新石器时代遗址遗物的研究，云南新石器时代文化，可分滇池地区、滇东北地区、滇

东南地区、滇南及西双版纳地区、金沙江中游地区、洱海地区、澜沧江中游地区、滇西北地区的新石器时代文化 8 类，现举几例进行说明。官渡、石碑村、石寨山、团山等 20 多处遗址出土的陶器有泥质红陶、夹砂红陶、夹砂灰陶三种；石器种类有石斧、石锛、石锤、砺石、石锥、石刀等；滇东北地区的马厂、闸心场等遗址，出土的陶器以带耳小平底瓶和小罐为最多；常见的石器为梯形石锛；洱海地区的马龙、佛顶等遗址中，出土的夹砂陶有罐、碗、盆、瓶、陶纺轮、纺坠等遗物；石器有斧、锛、凿、刀等。

在云南新石器时代文化遗址的发掘中，洱海地区的马龙、剑川海门口、宾川白羊村、元谋大墩子、永仁菜园子、永平新光等遗址，发现了原始氏族社会的村落。白羊村有长方形房址 11 座，均开沟挖柱洞后填筑墙基。遗址中有竖穴土坑墓 24 座，其中 10 座是无头仰身葬。还有留有灵魂出入孔的小孩瓮棺葬。元谋大墩子遗址有房屋基址 15 座，建筑在一块长方形的平地上。房屋为木结构，墙基的筑法也是挖柱洞，柱洞排列不规则，但四角的角柱较粗。屋内有方形或圆形的火塘，在一个火塘的陶罐中还发现粳稻碳化物。遗址中有猪、狗、牛、羊、鸡、鹿、兔、猴、熊和鱼的骨骼化石。这个遗址的年代为公元前 1260 +90 年。①

上述资料说明，云南远古居民，在新石器时代的社会生活是以氏族聚落而居，生产粳稻，饲养猪、牛、羊、狗、鸡等家畜家禽，兼营渔猎。其石器琢磨、陶器制作和房屋建筑的技术水平较高，社会分工已有向专业化方向发展的趋势。白羊村的无头仰身葬及有孔瓮棺葬，说明氏族中已有灵魂观念和猎头祭。无头葬的死者，也可能是在部落械斗中的被俘斩首者。

云南旧石器时代和新石器时代文化的遗物，不仅以多样性和地域特点著称，而且许多具有黄河中下游同类石器的风格。这说明早在史

---

① 参见云南省博物馆《元谋大墩子新石器时代遗址》，《考古学报》1977 年第 1 期。

前时代，云南的土著居民，就与祖国内地居民进行密切的经济、文化交流，共同缔造了中华民族的古老文明。

三　土著部族王国林立：夏、商、周、春秋、战国时期的云南（约公元前 21 世纪—前 221 年）

从五帝时期（公元前 26 世纪至前 22 世纪末前 21 世纪初）开始，云南就成为远古中国的一部分。《通鉴前编》说："黄帝画野分州，得百里之国万区。颛顼高阳氏建九州……统领万国，北至幽陵，南至交趾，西至流沙，东至蟠木。"倪蜕《滇云历史传》解读说：云南为当时"百里之国万区"的一部分，"建国即在万国之内，分州即在九州之内"①，万历《云南通志·沿革总论》说："云南，《禹贡》梁州之域，地曰百濮。三代时万国来朝，西南有百濮。""濮"在此不是某一古代民族的专称，而是土著居民的泛称，所谓"地曰百濮"，是用土著居民的泛称来作为地名，所谓"西南有百濮"，是说西南有数以百计的土著部落。

春秋、战国时期，云南土著居民在发展中不断分化，并与南下的羌人、东来的越人等融合，形成具有不同文化特征的滇、劳浸、靡莫、僰、句町、昆明、嶲唐、滇越、哀牢、漏卧、进桑等数十个族名及部族王国名称同一的王国。

滇国的史实，始见楚国以将军庄蹻拓疆西南的记载，"楚威王时（前 339—前 329 年，威王应为顷襄王），将军庄蹻将兵循江上，略巴、黔中以西……蹻至滇池，（地）方三百里，旁平地，肥饶数千（十）

---

① 倪蜕辑：《滇云历年传》卷一引《通鉴前编》所作的按，云南大学出版社 1992 年版，第 5 页。

里，以兵威定属楚，欲归报，会秦击夺楚巴、黔中郡，道塞不通，因还，以其众王滇，变服从其俗以长之"①。《华阳国志·南中志》说："滇池县，故滇国也。"滇国民族众多，主体是氐羌、百濮的融合体滇人。今昆明市晋宁县是滇国的王都。劳浸、靡莫等在滇国的东北。劳浸，《汉书·西南夷传》作"劳深"，其地在今陆良、宜良一带；靡莫在今寻甸回族彝族自治县。《史记·西南夷列传》说："上使王然于以越破诛南夷兵威，风喻滇王入朝。滇王者，其众数万人，其旁东北有劳浸、靡莫，以兵临滇，滇王始首善。"

僰国，为僰人（西僰）所建之国，其地在今四川宜宾（古僰道县）以南，今云南昭通市毗邻地区。《汉书·地理志》犍为郡僰道县应劭注："故僰侯国也。"但僰道县是"以通僰人地区得名，即通犍为郡之南部"②，今云南昭通地区因而得名。西汉武帝曾"使县令南通僰道，费功无成，唐蒙南入，斩之，乃凿石开阁，以通南中，迄于建宁（今曲靖）二千余里"③。说明僰国在春秋战国时期，曾是今滇东北地区一个有雄厚实力的土著王国。

句町国，在滇国东南，今云南文山州和红河州的东南部及广西百色地区，中心在云南广南、富宁。《华阳国志·南中志》说：句町王国"置自濮王，姓毋"。濮王之立国不会晚于滇国、哀牢国。从广南牧宜白龙汉代木椁墓出土的竹简、木雕、车马模型、黄釉陶、漆木器耳杯、大金腰扣来看，其受内地文化的影响巨大。

昆明国、嶲唐国在今云南大理洱海及今保山东北地区。《汉书·武帝纪》臣瓒注："西南夷传有越嶲、昆明国。"《史记·西南夷列传》说，汉武帝遣使出西夷西，以求通身毒国（今印度）之道，"皆闭昆明，莫能通身毒国"。又说："自桐师（今保山）以东，北至叶

---

① 《史记·西南夷列传》，中华书局1966年版，第2993页。
② 方国瑜：《中国西南历史地理考释》，中华书局1987年版，第119页。
③ 《水经·江水注》引《地理风俗记》。

榆（今大理），名为嶲、昆明。"《史记·大宛列传》说，汉使至"南方闭嶲、昆明"。嶲，即嶲唐，在今云龙一带。《华阳国志·南中志》说："南中在昔盖夷越之地，滇濮、句町、夜郎、叶榆、桐师、嶲唐，侯王国以十数，编发左衽，随畜迁徙，莫能相雄长。"

滇越国，在《史记·大宛列传》称其为"乘象国"。乾隆《腾越州志》"治革大事考"及丁山《吴回考》以滇越即腾越（今腾冲）。

哀牢国治今保山，主体民族为哀牢夷。《华阳国志·南中志》说："永昌郡（治今保山）古哀牢国。"春秋战国时期，其农业、手工业、矿冶业发达，"出铜、锡"，"其地东西三千里，南北四千六百里"，相当于今天的保山、德宏、临沧、普洱、西双版纳等市、州。哀牢国的民族还有"闽濮、鸠僚、僄越、裸濮、身毒之民"，裸濮为我国南亚语系孟高棉语族各族的先民，身毒之民为印度人。《后汉书·西南夷列传》记哀牢国的世系说："九隆死，世世相承。乃分置小王，往往邑居，散在溪谷，绝域荒外，山川阻深。生人以来，未尝交通中国。"方国瑜说："九隆之世，应在周郝王时，当公元前三百年以前，哀牢部族已经称王。"[1]

漏卧国，在今罗平县境内。《汉书·地理志》漏卧县应劭注："故漏卧侯国。"

进桑国在今蒙自、屏边、河口一带，《水经·叶榆河注》说："从麋冷水道出进桑王国，至益州贲古（今蒙自）。"

上述王国社会经济发展不平衡，但在不同程度上都受内地华夏文化的影响。

秦汉时期，秦始皇在云南开道，置吏以主之。《史记·西南夷列传》说："秦时常頞略通五尺道，诸此国颇置吏焉。""五尺道"起自僰道（今宜宾）而达今曲靖。所谓"诸此国"，即指西南夷的滇、哀牢、句町等大大小小的土著王国。《史记·司马相如传》说诸此国

---

① 方国瑜：《中国西南历史地理考释》，中华书局1987年版，第21页。

"秦时尝为郡县"。所谓"置吏"，即设置郡、县，任命郡守、县令以主之。汉朝承秦制，亦在云南设置郡县。如汉武帝元封二年（前109年），发巴蜀兵击劳浸、靡莫，以兵临滇，滇王举国降，请置吏入朝，汉武帝以滇国置益州郡，领县二十四，户八万一千九百四十六，口五十八万四百六十三，郡治在滇池县（今晋）。又置朱提郡，领县四，郡治在今昭通。永平十二年（69年），哀牢国王柳貌遣子率种人内属，其称邑王者七十七人，户五万一千八百九十，口五十五万三千七百一十一，明帝以其地置哀牢（今保山）、博南（今永平）二县，并割益州郡西部都尉所领嶲唐、不韦、比苏、邪龙、叶榆、云南等六县，合置永昌郡（治今保山），郡域约为今保山、大理、德宏、临沧、普洱、西双版纳等市、州。益州、朱提、永昌三郡之设置，是划时代的历史事件，标志着云南已完全融入中国大一统的多民族国家，部族王国林立时代已经结束，云南各土著民族已成为中国多民族大家庭的成员。

三国时期，蜀汉在建安十九年（214年）设庲降都督，总摄南中①朱提、益州、永昌、牂牁、越嶲五郡。章武三年（223年）刘备去世，南中地区反蜀，建兴三年（225年），诸葛亮南征，平息反蜀势力。《三国志·后主传》说："丞相亮南征四郡（越嶲、益州、牂牁、永昌），四郡皆平。改益州郡为建宁郡；分建宁、永昌郡为云南郡，又分建宁、牂牁为兴古郡。"建宁、牂牁、朱提、越嶲、永昌、云南、兴古史称蜀汉南中七郡。

两晋对三国时期的行政建置进行重组："泰始六年（270年），分益州南中建宁、云南、永昌、兴古四郡为宁州。"② 治所在滇池县（今晋宁）。辖境约当今云南大部及贵州、广西一部。太康三年（282

---

① 南中，古地区名，因在蜀国之南，故称南中。其地包括蜀汉时期的建宁、朱提、牂牁、兴古、越嶲、云南、永昌等七郡。除牂牁、越嶲二郡之外，其余五郡皆在今云南省。

② 宁州之设置，《晋书·武帝纪》《晋书·地理志》《宋书·州郡志》皆记为泰始七年（271年），《华阳国志·南中志·大同志》则记为泰始六年（270年）。

年）废宁州，太安二年（303 年）复置，南朝之宋移治味县（今曲靖），齐移治同乐（今陆良县西），梁复移治味县；北朝之北周改名南宁州。隋朝置南宁州总管府。

在两汉 400 多年的大统一时期，内地经济、文化空前发展，华夏族融合大量少数民族人口而形成汉族。自汉武帝开始，汉族被大批移居南中，其一是被作为屯军而移入；其二是因应征作战流落云南；其三是被作为"死罪及奸豪"流放实边；其四是因从事商贸而移入。西汉"益州郡户八万一千九百四十六，口五十八万四百六十三"[①]，东汉益州郡"辖十七城，户二万九千三十六，口十一万八百二"；东汉"永昌郡八城，户二十三万一千八百九十七，口百八十九万七千三百四十四"。[②] 这些数字反映的都是从内地移入的汉族人口。汉族人民在云南世世代代与土著民族错杂而居，水乳交融，在夷多汉少的历史条件下，逐渐融合于土著，其中一部分成为"南中大姓"。从《华阳国志·南中志》的下列记载中，可窥见汉人夷化的情况："夷中有桀黠能言议屈服种人者，谓之'耆老'，便为主，论议好譬喻物，谓之'夷经'。今南人（汉人）言论，虽学者亦半引'夷经'，与夷为姓（婚）曰'遑耶'，诸姓为'自有耶'。世乱犯法，辄依之藏匿。或曰，有为官所法，夷或为报仇；与夷至厚者，谓之'百世遑耶'，恩若骨肉，为其逋逃之薮。故南人轻为祸变，恃此也。"因汉人只有通夷语，懂夷文，才能"引夷经"；只有与夷通婚，才能成为夷人恩若骨肉的"百世遑耶"，才能依托夷人发动反对王朝的"祸变"，所以这里所谓的"南人"，即夷化了的汉人。东汉、三国时期出现的南中大姓，如滇东的焦、雍、雷（娄）、爨、孟、董（量）、毛、李；朱提郡（今昭通市）的朱、鲁、雷、兴、仇、递、高、李等，原来都是汉族移民的统治者，迁入南中后被夷化，成为土著民族的首领夷帅，

---

① 《汉书·地理志》，中华书局 1962 年版，第 1061 页。
② 《后汉书·郡国志》，中华书局 1965 年版，第 3512—3513 页。

或耆帅。雍姓的祖先，汉高祖六年（前206年）被封为什邡（今四川什邡）侯，元康四年（前62年）迁来滇池县，后与夷人融合，成为益州郡的夷人耆帅，《三国志·蜀书·张裔传》说："耆帅雍闿恩信著于南土。"他曾借助夷人力量反对王朝，杀建宁郡太守正昂，并假夷人"鬼教"缚太守张裔于吴。爨氏祖籍河东郡，迁来滇东后成为建宁郡（治今曲靖）的"方土大姓"。蜀时有"爨习为建伶（今昆阳）令，有违犯之事，李恢坐习免官，太守董和以习方土大姓，寝而不许"。为何不许？就因他已经夷化，有夷人的保护和支持。再如朱提郡的孟氏，原为严道县令和武阳县令，东汉时迁来建宁郡，夷化后亦成为夷人首领。三国时有孟获追随雍闿抗蜀，为"夷汉所服"，当时益州夷不服从雍闿，"闿使孟获说夷叟曰：'官欲得乌狗三百头，膺前尽黑，螨脑三斗，斫木构三丈者三千枚，汝能得不？'夷以为然，皆从闿。"孟获之所以能说服夷叟，是因为他已被夷化为"桀黠能言议屈服种人"的"耆老"。诸葛亮"七纵七擒"孟获之说未必是事实，但"赦获使还"，"获等心服，夷汉亦思反善"的记载，当有所据。

西晋结束三国鼎立的局面，但因"五胡"（匈奴、羯、氐、羌、鲜卑五族）入主中原，晋室东迁，出现南北朝近300年分治对峙的局面，各民族在相互斗争中碰撞、杂居、交流与融合，使南北朝成为我国各民族大分化、大组合、大融合的历史时期。作为这个时期民族大融合的一个有机组成部分，云南各土著民族通过自融及融合汉族移民，逐渐形成一个以爨为名称的新的民族共同体——爨族。

爨族共同体，自东晋永和三年（347年）爨氏统一南中形成，至唐天宝五年（746年）南诏阁罗凤灭爨氏而告终，历时400余年。爨族的形成不仅为南诏的统一奠定了基础，也为段思平建立大理国创造了条件。

四 民族融合与南诏国、大理国：唐、五代、宋时期的云南（618—1254年）

初唐时期，洱海地区部族林立，其中较大者史称"六诏"。《旧唐书·南诏传》说："姚州之西，其先渠帅有六，自号六诏，兵力相埒，各有君长，无统帅。"其中的蒙嶲诏在今漾濞，蒙舍诏居蒙舍川（巍山盆地），邓赕诏在今洱源东南邓川，施浪诏在今洱源北部三营，浪穹诏在今洱源，越析诏在今宾川。蒙舍诏因位居六诏之南而称南诏。南诏王姓蒙，始祖舍龙自哀牢（今云南保山）东迁至蒙舍川。唐贞观二十三年（649年），其王细奴逻以今巍山的陇圩图为都，建"大蒙国"。开元二十六年（738年），唐玄宗授南诏王皮逻阁为特进台登郡王，知沙壶州刺史，赐名归义。后又封他为"云南王"，乃废大蒙国号。天宝九年（750年）阁罗凤与唐绝，复号大蒙国。咸通元年（860年）改国号大礼。史书习用南诏为国名。

南诏蒙氏，传13代，凡250年。后被臣郑买嗣篡位，唐昭宗天复二年（902年），郑买嗣自立，国号大长和（902—927年），历3世传26年，为赵善政所篡，后唐明宗天成三年（928年），赵善政改国号为大天兴（928年），历10月又被杨干贞所篡。天成四年（929年），杨干贞改国号为大义宁（928—937年），在位9年，被段思平逐。后晋天福二年（937年）南诏通海节度段思平，得东爨三十七部之助，建大理国。段思平十四传至段正明，时高氏辅政，正明禅位，群臣拥立高升泰，改国号大中国（1094—1096年）。升泰子泰明遵父遗命还国段氏，立段正淳为帝，俗称后理国。历8世，共157年。元宪宗三年（1253年），忽必烈灭大理。大理国共历22世，315年。

南诏王国之建立，是云南土著民族自融及融合汉族移民的结果，而且是在新的民族大融合中巩固和发展的。推动南诏时期民族大融合的一个重要因素，是南诏进行多次规模空前的强制性大移民。第一次在天宝七年（748年），为阁罗凤所为。樊绰《蛮书》说：阁罗凤"遣昆川城使杨牟利以兵围胁西爨，徙二十余万户于永昌城（今保山市）……是后，自曲、靖州、石城、升麻川、昆川南至龙和以来，荡然兵荒矣。日用（安宁西爨白蛮鬼主）子孙今并在永昌城界内"①。后来阁罗凤又将东爨乌蛮徙居西爨故地。如《元史·地理志·昆阳州》条说："阁罗凤叛唐，令曲缚蛮居之。"《安宁州》条说：阁罗凤令"乌、白蛮迁居"。《弥勒州》条说："些莫徒蛮之裔弥勒得郭甸、巴甸、部笼而居之。故名其部曰弥勒。"《河西县》条说："天宝后没于蛮为步雄部。"第二次在贞元十年（794年），为异牟寻所为。是年异牟寻破掠吐蕃城邑，"收获弄栋城（白蛮），迁于永昌之地"②；同年，破铁桥（在今玉龙县西塔城）西北吐蕃控制的大施赕、小施赕、剑寻赕，迁乌蛮"施、顺、磨些"诸种数万户以实其地（指拓东，今昆明），又迁永昌（今保山）"望苴子、望外喻等千余户分隶城（拓东）傍"③；洱河城邑的河蛮，先被皮逻阁逐往浪诏，后被移往云南东北拓东④；铁桥北的裳人数千户，被徙于云南东北诸川；剑川、邓川的顺蛮及浪穹诏、邓赕诏王族，被置于云南白崖（今弥渡白崖）及永昌（今保山）⑤。被迁徙到西爨白蛮地区的还有金齿蛮。《元史·地

① （唐）樊绰：《蛮书·名类第四》，向达校注，中华书局1962年版，第86页。
② （唐）樊绰：《蛮书·名类第四》"弄栋蛮条"，向达校注，中华书局1962年版，第91页。
③ （唐）樊绰：《蛮书·云南城镇第六·拓东城》，向达校注，中华书局1962年版，第138页。据方国瑜《中国西南历史地理考释》，望苴子，为望蛮军户，望蛮是佤族先民，望蛮外喻部落，可能在今澜沧、西盟、沧源等地。
④ （唐）樊绰：《蛮书·名类第四·河蛮条》，向达校注，中华书局1962年版，第92页。浪诏亦称三浪，为浪蛮诏、施浪诏、邓赕诏之简称。
⑤ （唐）樊绰：《蛮书·名类第四》及《六诏第三》，向达校注，中华书局1962年版，第95页。

理志·金齿宣抚司》说："南诏蒙氏兴，异牟寻破群蛮，尽虏其人，以实云南东北。"所有被迁徙到新地的族类，均与当地原住民族错杂而居，从变服从其俗到互为"婚姻之家"而融为一体。

南诏国的疆域，"东西三千里，南北四千六百里"[1] 的疆域为空间，"东距爨，东南属交趾（今越南北部），西摩伽陀（即婆罗门，指今印度，见《旧唐书·天竺国传》），西北与吐蕃接，南女王（今老挝桑怒）、西南骠（即骠国，今缅甸中部）、北抵益州（指大渡河以北），东北际黔巫（今贵州西北部）"[2]。在这个广大地区，南诏设"十睑"[3]（夷语睑若州）及弄栋（治今姚安）、拓东（治今昆明）、永昌（治今保山）、宁北（治今剑川）、银生（治今景东）、镇西（即丽水，治在今伊洛瓦底江上游地区）、铁桥（治今玉龙县西塔城）七节度及通海（治今通海）、会川（治今四川会理）二都督进行统治[4]，由节度使、都督领之。疆域内各族的迁徙与交融，皆由其统管。

南诏时期的民族融合，是云南历史上空前的民族大融合，是汉文化备受推崇的民族融合，其主要表现是：

第一，被土著融合的汉族人口数量多。白居易《新丰折臂翁》说：唐朝前后征南诏，"千万人无一回"[5]。这个数字不免有夸大，但唐朝四次用兵征南诏，战败后流落云南、融入云南土著的汉人，数量是空前的。《旧唐书·杨国忠传》说："自仲通、李宓再举讨蛮（南诏）之军，其征发皆中国利兵……凡举二十万众，弃之死地，支轮不

---

① （明）倪辂辑：《南诏野史》上卷，光绪庚辰春云南书局刻，第1页a面。

② 《新唐书·南蛮下》卷222上，中华书局1975年版，第6267页。

③ "十睑"为云南睑（治今祥云县云南驿）；白崖睑，即勃弄睑（治今弥渡县红岩）；品澹睑（治今祥云）；邓川睑（治今洱源县邓川）；蒙舍睑（治今巍山）；大厘睑（治今大理喜州）；羊苴睑（治今大理）；蒙秦睑（治今漾濞）；矣和睑（在今洱海东北）；赵川睑（治今下关凤仪）。

④ 参见《新唐书·南诏传》，中华书局1975年版。樊绰，《蛮书·云南城镇第六》所记为八节度：云南、拓东、永昌、宁北（即剑川）、镇西（即丽水）、开南、银生、铁桥。开南、银生（治景东），实为一个。

⑤ （清）彭定求等编：《全唐诗》卷426，中华书局1960年版，第4689页。

还。"又"李宓伐蛮，于龙尾城误，陷军二十万众，今为万人冢"①。二十万之兵，除战死疆场之外，多数被俘后逐渐融入云南土著。南诏攻打巂州（今四川西昌）、成都等地，被俘的汉人数量巨大，亦融入云南土著。如至德元年（756年）南诏攻入越巂，被俘掠的"子女玉帛百里塞途"。唐朝收复越巂后，阁罗凤命长男凤迦异再攻越巂，结果是"越巂再扫，台登涤除，都督见擒，兵士尽虏"②。太和三年（829年），蒙嵯巅"悉众掩邛、戎、巂三州，陷之，入成都，止西郛十日……将还，掠子女工技数万引而南……至大渡河，谓华人（汉人）曰：'此南吾境，尔去国，当哭。'众号恸，赴水死者十三"③。被俘的汉人中，既有三十六巧匠，又有像巂州西泸县令郑回、著名诗人雍陶那样的政治、文化人。"郑回者，本相州人，天宝中举明经，授巂州西泸县令，巂州陷，为所虏。阁罗凤以回有儒学，更名曰蛮利，甚爱重之，命教凤伽异。及异牟寻立，又命教其子寻梦凑（阁劝）。回久为蛮师，凡授学，虽牟寻、梦凑，回得棰挞。故牟寻以下，皆严惮之。蛮谓相为清平官，凡置六人，牟寻以回为清平官，事皆咨之，秉政用事。余清平官五人，事回卑谨，或有过，回辄挞之。"④ 他是《南诏德化碑》的作者，《蛮书·六睑第五》云："太和城中有大碑，阁罗凤清平官王蛮利之文。"郑回更名蛮利，成为南诏王决国事轻重，犹如唐朝宰相那样的重臣，说明他已经夷化。后来还成为当地人民崇拜的土主之一。雍陶，字国铸，成都人，工于辞赋，太和三年（829年）南诏攻入成都，他与数万汉人被掳至云南。他记录汉人被掳入云南的情况，著《哀蜀人为南蛮俘虏》诗五首：一曰《初出成都闻哭声》："但见城池还汉将，岂知佳丽属蛮兵，锦江南渡遥闻哭，尽

---

① 《旧唐书》卷106，中华书局1975年版，第3243页。
② 《南诏德化碑》；又见《旧唐书·南诏传》卷197，中华书局1975年版，第5281页。
③ 《通典》卷187；亦载《旧唐书》卷163《杜元颖传》，中华书局1975年版，第4264页。
④ 《旧唐书·南蛮·西南蛮传》，中华书局1975年版，第5281页。

是离家别国声。"二曰《过大渡河蛮使许之泣望乡国》:"大渡河边蛮亦愁,汉人将渡尽回头,此中剩寄思乡泪,南去应无水北流。"三曰《出清溪关有迟留之意》:"欲出乡关行步迟,此生无复却回时,千冤万恨何人见,唯有空山鸟兽知。"四曰《别嶲州一时恸哭云日为之变色》:"越嶲城南无汉地,伤心从此便为蛮,冤声一恸悲风起,云暗青天日下山。"五曰《入蛮界不许有悲泣之声》:"云南路出陷河西,毒草长青瘴色低,渐近蛮城谁敢哭,一时收泪羡猿啼。"①

在融入南诏土著的汉人中,有不少是唐以前流入云南,但至南诏时才完全被夷化的汉人,如洱海地区被称为白蛮,铁桥(在今玉龙县西塔城)地区被称为裳人的人就是这样。樊绰《蛮书》说,渠敛赵(今下关凤仪)"有大族王、杨、李、赵四姓,皆白蛮也,云是蒲州人,迁徙至此"②。蒲州在山西汾河下游。这些保留汉姓的人不知其迁徙年月。又"河蛮"是白蛮之一,"有数十百部落,大者五六百户,小者二三百户,无大君长,有数十姓,以杨、李、赵、董为名家,各据山川,不相役属。自云其先本汉人,有城郭村邑,弓立矛铤,言语虽小讹舛,大略与中夏同。有文字,颇解阴阳历数"③。其分布六诏皆有,他们聚族而居,在语言、城郭村邑、农业种植等方面尚保有"大略与中夏同"的特征,但他们已不是汉人,而是"蛮",或是尚未完全被夷化的汉人后裔。后被移往拓东,部落被打散,最后在滇东被完全夷化。又"裳人,本汉人也。部落在铁桥北,不知迁徙年月。初袭汉服,后稍参诸戎风俗,迄今朝霞缠头,其余无异,贞元十年(794年),南诏异牟寻领兵攻破吐蕃铁桥节度城,获裳人数千户,悉移于云南东北诸川"④。由于裳人是正融入夷人的汉人,所以有"汉裳蛮"

---

① (清)彭定求等编:《全唐诗》卷518,中华书局1960年版,第5910页。

② (唐)樊绰:《蛮书·六睑第五》,《云南史料丛刊》第二卷,云南大学出版社1998年版,第49页。

③ 梁建方:《西洱河风土记》,《云南史料丛刊》第二卷,云南大学出版社1998年版,第218页。

④ (唐)樊绰:《蛮书·名类第四》,向达校注,中华书局1962年版,第92页。

之称。《新唐书·汉裳蛮传》云："汉裳蛮本汉人，部种在铁桥（今玉龙县西塔城），惟以朝霞缠头，余尚同汉服。"裳人被南诏异牟寻迁往云南东北诸川（今楚雄彝族自治州境内）后，亦最终夷化成土著。

　　第二，汉族的先进文化被大量吸收。汉族的先进生产技术促使南诏生产力发展，使其经济发展水平与内地相埒。其耕作方法、耕作制度、农作物种类，与内地无异。若与"河蛮"的农耕比较，可知这种"与中夏同"的农业生产技术，是由诸如"河蛮"一类的汉族移民传去的。又南诏"蛮地无桑，悉养柘蚕绕树，村邑人家柘林多者数顷，耸干数丈，二月初，蚕已生，三月中茧出，抽丝法稍异中土，精者为纺丝绫，亦织为锦及绢"，但"俗不解织绫罗，自太和三年（829年）蛮贼寇西川，虏掠巧儿及女工非少，如今悉解织绫罗也"。南诏的煮盐技术高，盐产量大，供整个爨区食用。其煮盐技术，虽不见有汉传的记载，但可从昆明（今四川盐源）盐的生产考之。樊绰《蛮书》说："昆明城有大盐池，比陷吐蕃，蕃中不解煮法，以咸池水沃柴上，以火焚柴成炭，即于炭上掠取盐也。真元十年（794年）春，南诏收昆明城，今盐池属南诏，蛮官煮之，如汉法也。""蛮法煮盐，咸有法令"，南诏经营昆明盐池，从煮盐技术到生产管理，无不照搬汉式，估计就是从安宁盐井传去的。代表南诏生产力水平的是钢铁冶炼，以其钢铁所铸的兵器"铎鞘"，锋利无比，"所指无不洞"，而浪剑（南诏剑）"尤精利"，"造剑法，锻生铁，取迸汁，如是者数次烹炼之，剑成即以犀装头，饰以金碧"①。其炼铁铸剑，虽有地方民族特点，但工艺如汉法，为融入土著的汉人工匠所传是不成问题的。汉文化对南诏的影响，还表现在社会生活的诸多方面："衣服略与汉同"；家居住宅"上栋下宇，悉与汉同"；"城池郭邑，皆如汉制"；丧葬"依汉法

---

　　① （唐）樊绰：《蛮书·云南管内物产第七》，向达校注，中华书局1962年版，第204—205页。

为墓，稍富室广栽杉松"；节日"粗与汉同"。①

第三，民族融合是国家统一的基石。南诏与唐、大理国与宋的关系都是以民族融合为基础的，所以尽管因各种原因出现一时的曲折、冲突、分立，但南诏国、大理国作为唐宋中央集权多民族统一国家不可分割的一部分之格局，并未改变。天宝七年（748年），南诏王皮逻阁卒，子阁罗凤立，朝廷命袭云南王。其子凤迦异入朝，授鸿胪少卿，加授上卿兼阳瓜州刺史都知兵马大将。南诏"思竭忠诚，子弟朝不绝书，进献府无余月。谓君臣一德，内外无欺"，阁罗凤自称"万里忠臣"，效忠唐朝。后因不堪王朝的压迫，他北臣吐蕃，发动反对唐朝的战争。吐蕃在"天宝十一载（752年）正月一日于邓川册封阁罗凤为赞普钟南国大诏，授长男凤迦异大瑟瑟告身，都知兵马大将。凡在官僚，宠幸咸被，山河约誓，永固维城，改年为赞普钟元年"②，"号曰东帝，给以金印，蛮谓弟为钟"。③ 二年指赞普钟二年（天宝十二年，753年），唐朝、南诏发生再置姚府之战。（赞普钟）三年（天宝十三年，754年），唐云南郡都督李宓、广府节度何履光进兵西洱河攻南诏，唐兵大败，"血流成川，积尸壅水，三军溃衄，元帅沉江"。（赞普钟）五年（天宝十五年，756年，七月改至德元年）乘安禄山之乱，南诏与吐蕃同陷嶲州，取得"越嶲再扫，台登涤除，都督见擒，兵士尽虏"的战果。（赞普钟）十四年（指广德二年，764年），凤迦异于昆川置拓东城，居二诏，佐镇抚，于是"威慑步头，恩收曲、靖，颁告所及，翕然俯从"，"东爨悉归，步头已成内郡"。④南诏的叛唐给各族人民带来深重的灾难，给国家的统一造成破坏，但民族融合是唐朝与南诏统一的基石，分裂不能持久。南诏的主体民族是汉、夷融合体，这个融合体与中原民族血脉相连，血肉不可分割。

---

① （唐）樊绰：《蛮书·名类第四》，向达校注，中华书局1962年版，第207—216页。
② 转引自方瑜国《云南民族史讲义》，云南人民出版社2013年版，第424页。
③ 《旧唐书·南蛮·云南蛮传》，中华书局1975年版，第5281页。
④ 转引自方瑜国《云南民族史讲义》，云南人民出版社2013年版，第424页。

在南诏土著大量融合汉族人民的历史潮流中，唐王朝对南诏"许赐书而习读，遽降使而交欢，礼待情深，招延意厚；传周公之礼乐，习孔子之诗书"①。牛丛《报南诏坦绰书》说：唐德宗"赐孔子之诗书，颁周公之礼乐，数年之后，蔼有华风，变腥膻蛮貊之邦，为馨香礼乐之域"②。南诏"人知礼乐，本唐风化"③，民族融合促进了民族文化的交融，文化的交融则使民族融合向更高水平更深层次发展，使国家统一的基础更加坚实。因此，在与汉阻绝 42 年之后，于贞元十年（794 年），南诏王异牟寻请"归附圣唐，愿充内属，盟立誓言，永为西南藩屏"。异牟寻去吐蕃所立帝号，请复南诏旧名。他与唐剑南西川节度使巡官崔佐时在点苍山盟誓："愿归清化，誓为汉臣。"④

大理国与宋朝的关系，以土著民族与汉族的民间交融为特色。大理国时期，宋辽、宋金对立，宋王朝与大理国的政治联系相对疏松，历史上有"（宋）太祖鉴唐之祸基于南诏，以玉斧画大渡河曰：'此外非吾有也。'由是，云南三百年不通中国"⑤之说。但历史事实并非如此，郭松年《大理行记》说："宋兴，北有大敌，不暇远略。相与使传往来，通于中国。"杨佐《云南买马记》说：大理国"其地东南距交趾，西北连吐蕃，而旁靠蜀。蜀自唐时常遭南诏难，惟太平兴国（976—983 年）初，首领有白万者，款塞乞内附，我太宗册为云南八国郡王"。政和七年（1117 年）宋徽宗授大理王段和誉为"云南节度使金紫光禄大夫、检校司空、上柱国、大理王"⑥。

---

① （唐）高骈：《大唐剑南西川节度使牒云南诏国牒》，《云南史料丛刊》第二卷，云南大学出版社 1998 年版，第 166 页。

② 牛丛：《报南诏坦绰书》，《云南史料丛刊》第二卷，云南大学出版社 1998 年版，第 163—164 页。

③ 《新唐书·南蛮上》卷 223，中华书局 1975 年版，第 6273 页。

④ 贞元十年（794 年）《云南诏蒙异牟寻与中国誓文》。

⑤ 杨慎：《滇载记》。又《建炎以来系年要录》卷 105 说："艺祖皇帝鉴唐之祸，乃弃越嶲诸郡，以大渡河为界。"又卷 171 说："自皇帝即位之初，指舆地图，弃越嶲不毛之地，画大渡河为界，边民不识兵革垂二百年。"

⑥ 《宋会要辑稿·蕃夷四·大理国》，中华书局 1967 年版，第 7714 页。

大理国推崇内地的儒、佛文化，比南诏更盛。崇宁二年（1103年），段正淳使高泰运奉表入宋，求经籍，得六十九家，药书六十二部。大理国佛教的师僧"往往读儒书，段氏而上，有国家者，设科选士，皆出此辈"[1]。李京《云南志略》说："师僧教童子，多读佛书，少知六经者，段氏而上，选官置吏，皆出此。"[2] 师僧即阿吒力（阿阇梨），是佛教密宗在唐代传入云南后的本土化教派僧人，熟悉密宗咒语法术，习儒书，传《金刚经》和儒家思想文化，在民间有影响，对推动夷、汉融合曾起重要作用。

五　汉族成为主体民族：元、明、清时期的云南（1254—1911 年）

元代以前移入云南的汉族移民，绝大部分已在"汉变夷"的历史演变中融入土著，少数未夷化的，虽尚保有汉族的民族特征，但已不能在元代以后云南汉族移民融合土著中发挥历史作用，成为"夷变汉"的主导者，担当这一主导者的是元代以后大量从内地移入的汉人。

（一）元代的云南汉族

蒙古宪宗三年（1253 年），忽必烈率十万蒙古大军，自甘肃洮（今临潭县）、岷（今岷县）南征，灭大理国，对云南进行军事统治。至元十一年（宋咸淳十年，1274 年）建云南行省，改置路、府、州

---

① （元）郭松年：《大理行记》，（明）陈文修《景泰云南图经志书校注》，云南民族出版社 2002 年版，第 392 页。

② （元）李京：《云南志略辑校》，云南民族出版社 1986 年版，第 53 页。

以统之。① 至元十六年（1279 年）灭南宋后，"命宗王将兵镇边徼襟喉之地"，"置军旅于蛮夷腹心，以控扼之"。② 镇边之军旅名曰镇戍军。在云南的镇戍军由蒙古军、探马赤军、汉军、新附军、爨僰军组成。《元史·兵志》说，至元二十一年（1284 年）十月，"朝廷增兵镇守金齿（治永昌，即今保山），以其地民户刚狠，旧尝以汉军、新附军三千人戍守，今再调探马赤军、蒙古军二千人，令药剌海率赴之"。汉军、新附军皆由内地汉族组成。《经世大典》说："既平中原，发民为卒，曰汉军……既得宋兵，号新附军。……汉军戍南土，亦间厕新附军。"③ 爨僰军由征募的土著爨人、僰人组成。镇戍军"因兵屯田，耕且战"，性质属屯垦军，因皆带有家室，所以有"户军"之称。至元三十年（1293 年），梁王遣使诣云南行省言，以汉军一千人置立屯田。延祐三年（1316 年）壬申冬十月，"调四川军二千人、云南军三千人乌蒙（今昭通）等处屯田"④。除军屯户以外，还有民屯户。军户、民屯户数，各路府有差。据《经世大典·叙录》所载，中庆（路）军屯七百九户，民屯四千一百户，田二万二千五百双；威楚（路）军屯，三百九十九户，民屯一千一百户，田七千一百双。武定路民屯，一百八十户，田七百四十八双。临安路建水州立民屯二千四百八十户，田五千一百双，又曲靖、澄江、仁德三路立屯，万一千户，田九千双。《元史·兵制》说，至元十二年（1275 年）立曲靖路民屯，拘刷所辖州、郡诸色漏籍人户七百四十户立屯，至元十八年续金民一千五百户增入。其所耕之田，官给一千四百八十双，自备已业田三千双。至元十二年（1275 年）立澄江路民屯，所金户与曲靖同，凡一千二百六十户。二十六年（1289 年）立军屯，于爨僰军内

---

① 元朝设置省管理地方，大都（北京）附近的今内蒙古、河北、山东、山西等地直属中书省。另设十个行省分管地方。省下设路、府、州，其下设县。

② 《经世大典·叙录·屯戍》，引自苏天爵编《元文类》卷 40，商务印书馆 1958 年版，第 527 页。

③ 苏天爵编：《元文类》卷 41，商务印书馆 1958 年版，第 545 页。

④ 《元史·仁宗本纪》，中华书局 1976 年版，第 574 页。

金一百六十九户；二十七年复金二百二十六户增入。至元十二年
（1275 年）立仁德府民屯，所金户与澄江同，凡八十户，官给田二百
六十双。二十六年立军屯，金爨僰军四十四户；二十七年（1290 年）
续金五十六户增入，所给田亩四百双，具系军人已业。据方国瑜的研
究，"元代在云南十二处屯田，见于记录，约有屯户二万八千，屯田
四十五万五千亩。其中以民屯占多数，军屯只占少数；又军屯中以爨
僰土军占多数，军屯只占少数，开屯的各种镇戍军都有"①。云南镇戍
军的主体是汉户，次为爨户、僰户，蒙古户、畏吾儿户数量不多。民
屯者多为漏籍户，是内地流寓云南的汉人。由于长期驻屯，汉族军
户、民户落地生根，本土化为云南的汉人。爨僰军户、蒙古军户、畏
吾儿军户，与汉族军户团结共耕，在经济文化上形成生死与共的亲密
关系，通过相互开亲而汉化。未及汉化的部分，到洪武初年，也因明
朝实行的强迫同化政策，而被汉人同化。洪武五年（1372 年），明朝
发布的文告说："令蒙古、色目人氏，既居中国，许与中国人（指汉
人）家结婚姻，不许与本类自相嫁娶，违者男女两家抄没，入官为
奴婢。"②

　　元代开了云南汉族融合爨、僰土著的先河，揭开了汉族在云南作
为一个单一民族发展的历史。人们不禁要问：元以前迁往云南的汉族
移民，为什么都被土著民族所融合？而自元代开始，汉族移民竟能作
为一个单一的民族而发展呢？原因主要有二：其一是汉族移民已成为
左右全省经济发展的主导力量。元朝建立行省，把云南与国家的统一
推进到一个新的发展阶段，为云南构建了与内地一体发展的新平台。
在元朝统治云南的 120 多年中，汉族户军、民屯、商旅始终是经济发
展的中坚，他们大兴水利，改良生产工具，选育良种，使农业生产力

---

　　① 方国瑜著，林超民编：《方国瑜文集》第三辑，云南教育出版社 2003 年版，第
148 页。

　　② 《明会典》卷 20，（台北）新文丰出版公司 1976 年版，第 367 页。

获得巨大提高，人民生活也不断得到改善。《元史·张立道传》说：
"云南之人，由是益富庶。"据《元史·兵志》记载，全省屯户每年
缴纳的税粮为二十七万七千七百一十九石。这是汉晋以来各个历史时
期的汉族移民所不可比拟的。汉族移民对云南经济发展的贡献，不仅
使他们成为云南行省存在和发展的支柱，而且使其对土著民族的凝聚
力、融合力增强，因此，他们不可能再大量融入夷人。其二是儒学在
社会中普遍受到尊崇，汉文化成为左右云南发展的主流文化，东汉以
来，汉文化在云南的传播不绝于史。从东汉章帝元和中（84—86
年），益州太守王阜在云南"始兴学校，渐迁其俗"，到南诏阁罗凤
"不读非圣之书，尝学字人之术"①，"晟罗皮立孔子庙于国中"②，大
理国段正淳崇宁二年（1103 年）"使高泰运奉表入宋求经籍，得六十
九家，药书六十二部"③。到各阶层读儒书蔚然成风，汉文化在云南的
传播日盛一日，却未像元朝那样在学校教育中得到普及。首任云南行
省平章政事赛曲赤，"询父老诸生利国便民之要"，第一次做出的决
定，就是要建学校，兴儒学。《元史·赛典赤传》说，云南"子弟不
知读书，教之拜跪之节，婚姻行媒，死者为之棺椁奠祭，教民播种，
为陂池以备水旱，创建孔子庙，明伦堂，购经史，授学田，由是文风
稍兴。……詹思丁为云南平章时，建孔子庙为学校，拨田五顷，以供
祭祀教养"④。至元二十九年（1292 年）"设云南诸路学校，其教官以
蜀士充之"⑤。是年后，云南各路、府、州、县，大兴建学兴儒之风。
大德元年（1297 年）"改云南行省右丞，下诸郡邑遍立学校"⑥。石屏
州学、河西县儒学、澄江府学、仁德路儒学、武定府儒学等，大致皆
在大德年间（1297—1307 年）问世。此前曾有《元史·张立道传》

---

① 转引自方瑜国《云南民族史讲义》，云南人民出版社 2013 年版，第 424 页。
② 杨慎：《滇载记》，中华书局 1985 年版，第 4 页。
③ （明）倪辂辑：《南诏野史》上卷，光绪庚辰春云南书局刻，第 40 页 a 面。
④ 《元史》卷 125，中华书局 1976 年版，第 3065 页。
⑤ 《元史·世祖本纪》"至元二十九年四月辛卯"，中华书局 1976 年版，第 362 页。
⑥ 《元史·忽辛传》，中华书局 1976 年版，第 3069 页。

"至元二十二年（1285 年），创庙学于建水路"，"立道首建孔子庙，置学舍，劝士人子弟以学，择蜀士之贤者，迎以为弟子师，岁时率诸生行释菜礼，人习礼让，风俗稍变"。① 的记载。建水文庙有至大元年（1308 年）立的《追封孔子圣旨碑》。元代儒学有个重要的特点，就是土著与汉人子弟皆尊孔学儒。大德初年王彦撰的《中庆路重修泮宫记》说："创学宫，举师儒，敦劝诱掖，北人鳞集，爨、僰循理，渐有承平之风。"又泰定年间（1324—1327 年）李源道撰《中庆路学讲堂记》说：设学校、"以栖生徒，使肄业其中，置田以资饩廪，虽爨、僰亦遣子入学，诸生将百五十人"。元朝大兴儒学，取得"垂六十年，吏治文化，埒于中土"的效果。

从以上两个原因分析，元朝移入云南的汉人，不可能再像元代以前那样，由"汉变夷"。元朝统治者之所以奋力推进汉文化，是因为汉文化是反映先进生产力、先进文化的综合体，是国内各民族优秀文化的结晶；在云南行省建立的新的历史条件下，以汉文化为社会的主流文化，是历史的必然选择。由于汉文化在云南社会经济发展中起主导作用，所以自元代开始，移入云南的汉族，就能作为一个单一的民族存在，并能作为一个母体，不断融合原住民族，最终发展为云南的主体民族。

（二）明代的云南汉族

如果说元朝的镇戍军屯田，开了汉族作为一个单一民族在云南持续发展的先河；那么，明朝的卫所屯田，则书写了云南汉多夷少的篇章，揭开了云南土著"渐被华风，服食言语多变其旧，亦皆尚诗书，习礼节，渐与中州齿"② 的民族融合的新页。

明太祖统军定天下，改革元朝的镇戍军屯田制度，从京都至郡

---

① 《元史·张立道传》，中华书局 1976 年版，第 3917 页。
② （明）陈文修：《景泰云南图经志书·风俗》，云南民族出版社 2002 年版，第 3 页。

县，皆立卫所屯田。同时立民屯和商屯。《明史·食货志》说："屯田之制，曰军屯，曰民屯。太祖初立民兵万户府，寓兵于农，其法最善。""其制，移民就宽乡，或召募或罪徙者为民屯，皆领之有司，而军屯则领之卫所。边地三分守城，七分屯种，内地，二分守城，八分屯种。……募盐商于各边开中，谓之商屯。"①

卫所军屯，大约以五千六百人为一卫，由卫指挥使司统领，卫指挥使司设指挥使一人（正三品），指挥同知二人（从三品），金事四人（正四品）；所分正千户所、副千户所、百户所、试百户所。一千一百二十人为千户所，一百一十二人为百户所，设官为数不等，以百户所为例，设总旗二名、小旗十名，"大小联比，以成军"②。卫、所所需之军饷，皆屯田自给。"每军种田五十亩为一分，又或百亩，或七十亩，或三十亩、二十亩不等，军士三分守城，七分屯种；又有二八、四六、一九、中半等例，皆以田土肥瘠、地方冲缓为差。又令少壮者守城，老弱者屯种，余丁多者亦许。"③ 屯军军士皆偕家室，世代世袭。军士所生子弟称军余，或余丁、羡丁、帮丁。军余的任务是供给军士盘缠，每军一佐以余丁三。卫、所军官的子弟称舍丁，舍丁的功能是补公差，递补军士之缺额。

云南卫所屯田始于洪武十五年（1382 年），是年正月，明太祖谕言："今云南既克，必置都司于云南，以统诸军。"卫所由都司管辖。都司是地方军事机构，与承宣布政使司、提刑按察使司合称"三司"。洪武二十三年（1390 年），云南都司领云南左卫（驻今昆明东部）、右卫（驻今昆明西南）、前卫（驻今昆明西南）、临安卫（驻今建水）、曲靖卫（驻今曲靖西部）、金齿卫（驻今保山）、大理卫（驻今大理南部）、洱海卫（驻今祥云东部）、楚雄卫（驻今楚雄东部）等

---

① 《明史·食货志一》，中华书局 1974 年版，第 1883—1885 页。
② 《明史·兵志二》，中华书局 1974 年版，第 2193 页。
③ 《大明会典》卷 18，（台北）新文丰出版公司 1976 年版，第 329 页。

九卫，共有军官一千三十五，士卒八万七千三百七十人。① 如果每军户以三人计算，这一年在云南的军屯汉族人口就达二十六万五千二百一十五人。这个数字未包括后来设置的澜沧、腾冲、大理等十卫及二十二个千户所的数字，按规定编制，官兵人数总共十三万一千四十人（户），若以每户三人计，总人口为三十九万三千一百二十人。这些汉人分别来自江西、浙江、湖广、河南、陕西、山西、四川等省。如洪武十五年（1382 年）三月丁丑，上谕征南将军颍川侯傅友德等："以云南既平，留江西、浙江、湖广、河南四都司兵守之，控制要害。"② 洪武二十年（1387 年）九月乙酉，"调湖广官军五万六千五百六十人征云南"；十月壬戌，"调陕西、山西将士五万六千余人，赴云南听征"；十月丙寅，"诏长兴侯耿炳文，率陕西土军三万三千人往云南屯种听征"。③

洪武二十一年（1388 年）六月癸丑，"命中军都督府发河南祥符等十四卫步骑军一万五千人往征云南"④，随军征讨云南及调往云南听征（即屯种待征）的步骑官兵，多落地生根，逐步本土化为云南的汉族。现以昆明市嵩明县牛栏江镇的把姓为例，洪武十四年，其一世祖把尔功，随征南将军傅友德、副将军蓝玉、沐英平云南，后在云南生息繁衍，成为嵩明县的名门望族。《把氏族谱》说：

> 余族原籍河北省保定府骆驼山人氏，本姓巴，明洪武初，始祖尔功公以把总之职，随征南元帅傅友德、蓝玉、沐英三公平滇，积功至副将衔，镇抚嵩明一带地方，嗣蒙黔国公保奏永镇该地，兼喜该地方风景秀丽，民情淳朴，遂占籍嵩明之白龙乡。当

① 参见《明太祖实录》卷202，"洪武二十三年六月庚辰"，（台北）"中研院"历史语言研究所校印本，第3032 页。

② 《明太祖实录》卷143，（台北）"中研院"历史语言研究所校印本，第2258 页。

③ 以上各条见《明太祖实录》卷185，（台北）"中研院"历史语言研究所校印本，第2777、2788、2789 页。

④ 《明太祖实录》卷191，（台北）"中研院"历史语言研究所校印本，第2880 页。

黔国公保奏始祖时，洪武帝以始祖由把总微职起家，位至专闯，平滇之役，战功尤伟，以朱笔于巴字左旁增添手字，赐姓为把，以示龙幸，而寓不忘厥初之意，故余族姓氏，为万姓族谱等所未载也。①

《把氏族谱》是新近发现的反映明清以来云南汉族历史的典型资料，系民国三十七年（1948 年）九月十日把氏第十二代后裔、白龙乡（今为牛栏江镇）乡长把尚贤所记。把尚贤根据历世家谱及墓碑逐一清理，共列十三代四百一十六人。上马坊村是滇中一个有名的汉族大村落，农牧业经济发达，人口兴旺，文化繁荣，是了解明代汉族移民本土化及卫所屯田推动云南经济社会发展的一面镜子。

民屯是汉族移民寓居云南的载体。"所谓移民就宽乡"，就是招募或罪徒汉族移民进行民屯。洪武十五年（1382 年）九月甲子，明太祖"命天下卫所，凡逃军既获者，谪戍云南"②，这是最早将逃兵送来云南进行民屯的记录。又洪武二十年（1387 年）十月戊午，"诏湖广常德、辰州二府，民三丁以上者，出一丁往屯云南"③。洪武二十二年（1389 年），沐英"携江南、江西人民二百五十余万入滇，给予籽种、资金，区别地亩，分布于临安、曲靖……各郡县。春（指沐英子沐春）镇滇七年（1392—1398 年），再移南京人民三十万"（《滇粹·云南世守黔宁王沐英传附后嗣略》）入云南，这都是招募内地汉人到云南进行民屯的记载。到云南民屯的汉人，总数不详于记录，但从沐英、沐春一次就募集数百万、数十万的数量来看，数量不会比军屯的少。募盐商于各边开中，谓之商屯。所谓开中，即令明初盐商运粮到

---

① 此族谱为云南大学何大勇研究员 2007 年 12 月在嵩明县牛栏江镇上马坊村调查所得。该村是滇中一个有名的汉族聚居重镇，村民大都姓把。为一世祖把尔功、把尔康；二世祖把龙登、把万钰、把龙清、把万镒；三世祖把曰哲、把曰起、把曰规、把曰收、把曰彩、把曰有、把曰升、把曰义……的后裔。

② 《明太祖实录》卷 148，（台北）"中研院"历史语言研究所校印本，第2338 页。

③ 《明太祖实录》卷 186，（台北）"中研院"历史语言研究所校印本，第278 页。

边地入仓，换取盐引，分销各地从中谋利。为使利益最大化，盐商一是招民垦种，就地直接种粮换取盐引；二是招民直接开盐矿，二者都使大批汉族人民从内地移徙到云南来。商人落籍者称客籍，数量也不可胜计。康熙《黑盐井志》说："井地自盐民设官，后有迁徙至者，有宦游及谪戍入籍，有商贸迁而家者。"在大姚县，"时征戍入滇者曰军家，或仕官之后曰官籍，或商贾流寓曰客籍，居近城廓"（康熙《大姚县志·风俗》）。在蒙化府（治今巍山），客籍"皆各省流寓之后及乱后寄籍于蒙者，而豫章巴蜀之人居多。勤贸易、善生财，或居圜圚，或走外彝"（康熙《蒙化府志》）。在景东厅（治今景东），"卫所官兵皆江右人，并江右、川陕、两湖各省之贸易是地者，多家焉"（嘉庆《景东厅志》）。在楚雄府（治今楚雄），内地"汉人有自明初谪戍来者，有宦游寄籍者，有商贾置业入籍者"（康熙《楚雄府志地理志·风俗》）。

以军户、民屯、商屯形式移至云南的汉族，洪武二十六年，为五万九千五百七十六户，二十五万九千二百七十口；至万历六年（1578年），增至十三万五千五百六十户，一百四十七万六千六百九十二口。[①] 这个数字大大超过了云南各少数民族的总人口。实际上，早在明初，夷少汉多的情况在云南就已经形成。如谢肇制《滇略》所说："高皇帝既定滇中，尽徙江右良家闾右以实之，及有罪窜戍者，咸尽室以行，其人土著者少，寄籍者多。"

由于夷少汉多，明代开了土著民族大量融入汉族的先河。特别是在平坝地区，僰人、爨人融入汉族的速度更快。在云南府，"僰人有姓氏……今渐被华风，服食言语多变其旧，亦皆尚诗书，习礼节"[②]。"九隆之地，在昔猡、僰之乡，在今变衣冠之俗，文教日兴，彬彬几埒中土。"（《请加额解疏》）"腾越州虽远阁两江（指澜沧江、怒江），

---

① 参见《明史·地理志》，中华书局1974年版，第1171—1172页。

② （明）陈文修：《景泰云南图经志书·风俗》，云南民族出版社2002年版，第3页。

衣冠文物不异中土。冠婚丧祭，皆遵礼制。"（万历《云南通志》）金齿军民指挥使司（治今保山），"僰人与汉人同风……蒲蛮近城居者咸汉俗，而吉凶之礼，多变其旧"（正德《云南通志》）。"大理，故河蛮域也……迨明郡县其地……中国之名家大姓，又多迁徙于其间，薰陶洗濯，故举平日之语言衣食，悉耻其陋而革之，以游于礼教之域。"（康熙《大理府志·风俗》）因有土著融入，大理土著民族的一些风俗，也被汉族所承继。如一些地区汉人"货用贝""葬用火化""元旦采松毛铺地"，六月二十四日过火把节，"束薪以燎燃之"，"以青布蒙首，体掩羊皮"等，都是从夷人那里继承下来的。在交通不便，夷多汉少的地区，汉人也融入夷人。如丽江"土人皆为么些，国初汉人之戍此者，今皆从其俗也"①。

（三）清代的云南汉族

清代继续实行移民戍边的制度，称绿营兵制。仍募汉人携眷戍边，以镇、协、营分守各地，镇下为协，协下为营，营下为汛，汛下设塘，塘下设哨卡，又称汛塘制度，这种制度既具有明代卫所军屯的特点，又有适应山区戍守的功能。明朝的卫所多集中在平坝，屯种属平坝经济类型。清代的汛塘大量在山区，其屯种属山区经济的类型。汛塘制客观上是适应坝区经济向山区经济的发展而创立的，也是清代统治者为加强对山区民族的统治而采取的严密措施。汛、塘、关、哨、卡，从平地、河谷低地向海拔较高的山区推伸，呈星罗棋布的立体网状。比之明代的卫所分布，汉族向云南移住的空间更大，可开发利用的土地、矿产、森林等资源更多，创造的价值也更大。顺治十八年（1661 年）全省提供税粮的田亩为五百二十一万一千五百一十亩，嘉庆十七年（1812 年）猛增到九百三十一万五千一百五十六亩，猛增的田亩，绝大部分为汛塘汉族屯民所开垦。明代的卫所军屯，多置

---

① 《徐霞客游记》"二月初九日"，吉林大学出版社 2011 年版，第 343 页。

于经济文化相对发达的坝区。清代的汛塘军屯，则多置于经济文化不发达的山区及明代未设卫所的府、州、县，在明代设置过卫所的县，大体每县只置一汛，而在明代未置过卫所军屯的县，则广置汛、塘，如普洱府领一县（宁洱）三厅：思茅、他郎（今墨江）、威远（今景谷）。共设十六汛八十二塘、十五哨。丽江府属丽江县，设十八汛、七十一塘、二十五哨。中甸、维西两厅设八汛、六十塘。开化府（今文山）设十二汛、七十一塘、三十二卡。广南府设二十一汛、七十七塘、六十一卡。广南府设二十一汛、七十七塘、六十一卡。汛、塘、哨、卡的兵卒，依防区的大小配置，且可根据需要随时增减。

清代进入云南的汉族移民，一是汛兵塘卒；二是自发流入开荒为生的所谓"流民"；三是商贾寓居者，移民流向主要是山区和边远府、州、县的土著民族地区。如普洱府，顺治十七年（1660年），设临元镇元江协普洱营。普洱营汛地辽阔，配置汛、塘兵一千名。康熙十六年（721年），增置普威营，配汛兵一千四百名。雍正九年（1731年），云贵总督鄂尔泰又奏请增设一镇三营，配汛兵三千二百人，在元江、普洱、威远（今景东）、车里（今景洪）等处分汛防守（鄂尔泰《请添设普洱流官营制疏》）。根据先后配置的汛兵数字，以每兵户最低三人计算，顺治十七年（1660年）移入普洱营的军家汉人为三千人，康熙六十年（1721年）增至七千二百人；雍正九年（1731年），再增至一万六千八百人，71年中，光从内地移入的军屯人口，就是顺治设营、汛时的16.8倍。

自发流入的汉人，皆内地贫苦农民，他们移居特点是向山区，向边远府州，向兄弟民族区域推进，形式是"携眷依山傍寨，开挖荒土及租种地田"。道光《威远厅志》说："云南地方辽阔，深山密箐未经开垦之区，多有湖南、湖北、四川、贵州穷民往搭寮棚居住，砍树烧山，艺种包谷之类。此等流民，于开化、广南、普洱三府为最多。"道光《广南府志》说："广南向止夷户，不过蛮、獠、沙耳……楚、蜀、黔、粤之民携挈妻孥，风餐露宿而来，视獐乡（指壮族地区）如乐土。故稽烟户不止较当年倍蓰教训而约束之，德威并用，宽兼施。"至临安府者，"依山麓平旷处开凿田园，层层相间，远望如画。至山势峻极，蹑坎而登，有石梯蹬，名曰梯田"（嘉庆《临安府志》）。全省的自发"流民"，总数不见记载，但从零星的记录可知，数量不少。如开化府（治今文山）所属的安平、文山等处，道光三年（1823年）清查，"计客户流民二万四千余户。广南府属宝宁、土富州等处，计客户流民二万二千余户"（《云南督抚稽查流民奏》）。由于"流民"数量多，所以自道光年开始，将其"俱系入于保甲编查，立册给牌"。

因"通商贸易而流寓"云南的汉人，多数是经营店铺，不"归各里乡约附保甲"，"概归客长约束"。《景东厅志》说："（景东）每有数十家村寨处，辄有江西人在彼开铺，熬酒、卖布、重利放债。二三月一换木刻，不过期年，一两之银可至十数两。每酒一壶，换粮食一斗。"除经商之外，入滇开矿的商人也不少。乾隆十一年（1746年），云南总督张允随的一份奏书说："滇省山多田少，在鲜恒产，惟地产五金，不但滇民以为生计，即江、广、黔各省民人，亦多来滇开采。"个旧是汉商云集之地，在那里开采锡矿的汉人很多。《蒙自县志》说："个旧为蒙自一乡，户皆编甲，居皆瓦舍，商贾贸易者十有八九，土著无几。……四方来采者不下数万人，楚人居其七，江右居其三，山、陕次之，别省又次之。"除开采金属矿以外，相当多的汉人是开采盐矿。如在云龙州（今云龙县），"四方汉人慕盐井之利，争趋之，因家焉，久之亦为土著"（康熙《大理府志·风俗》）。

总而言之，清代入滇的汉族移民，对开发云南山区谱写了卓有历史意义的篇章。他们不仅改写了全省山区的民族结构，而且把民族融合的舞台扩展到山区。至清朝后期，许多府、州、县的山区，夷多汉少的局面已发生根本的改变。如普洱府的宁洱县、思茅厅、威远厅、他郎厅，道光十六年（1836年），有屯民、客籍共四万八千五百五十五户，而土著户仅为三万九千九百二十九，汉户超过土著户八千六百二十六户（道光《普洱府志·风俗》）。这个数字未包括夷人汉化的数目。汉人进入山区，因给山区各族带来了先进的生产技术和先进的文化，备受山区土著民族的欢迎。土著民族与他们互通婚姻，在汉族移民人口多的山区，土著民族逐渐融入汉族；在土著民族人口较多的山区，土著民族亦受汉文化的影响，其原有的社会经济文化发生历史性的改变。像景谷那样"夷人渐摩华风，亦知诵读，有入庠序者"的情况几乎遍及全省。

汉族主体地位的确立，不仅推动了元、明、清时期云南经济的快速发展，而且还推动了晚清时期各民族反帝、反封建的斗争。

六 民主主义革命与现代经济勃兴：民国时期的云南（1912—1949 年）

1840 年鸦片战争以后，中国逐渐沦为半殖民地半封建社会。因此，从晚清时期开始，云南各民族为改变国家和民族的命运，就开展了一系列英勇的反帝、反封建斗争。如 1853 年爆发的田以政、普顺义领导的新平哈尼、彝、汉等族起义；1856 年爆发的李文学领导的哀牢山地区的各族人民起义、杜文秀领导的滇西各族人民大起义；1884年苗族首领项崇周领导的苗、瑶、壮、汉等族人民反抗法国入侵者的斗争；1889 年班洪、班老地区各族人民反抗英国入侵者的斗争；1906年傣族首领刀安仁与杨振鸿领导的南起盈江干崖、北至片马的傣、傈僳、景颇、汉等族人民参加的干崖起义；1911 年 1 月爆发的勒墨夺帕（傈僳族）领导的傈僳、景颇、怒等族反对英军入侵片马的斗争；1908 年孙中山派黄明堂、王和顺发动的河口起义等。在滇西各族人民大起义中，杜文秀制定了"连回、汉为一体，竖立义旗，驱逐鞑虏，恢复中华"①的起义纲领。他说："本帅爰举义师，以清妖孽，志在救劫救民，心存安汉安回"②，"但得汉、回一心，以雪国耻，是为至要"③，尤须"三教同心，联为一体"；"窃思滇南一省，回、汉、夷三教杂处"④。他所说的"三教"，泛指云南的回、汉、白、彝、傣、苗、景颇、傈僳、拉祜、哈尼等各民族。为保证义军的民族团结，他采取两条重要措施：一是对"三教"官兵"一视同仁，不准互相凌虐，违者，不拘官兵，从重治罪"⑤，"其治民也，无分汉、回、夷，一以公平处之"⑥。"委镇地方，回、汉同任，招待宾客，回、汉同席"⑦。除委任回族人做高官外，他也委任其他各族人做高官。如授予汉族人李芳园为大翼长、大司寇，范志舒为大司辅，董飞龙为大司略，张遇泰、赵炳南、尹建中等为大将军、军师、大参军、参军；授予白族人姚德胜为大司卫，马荣耀为龙骑大将军、大司勋，赵瑞昌、赵锡昌为大参军；授予彝族人李文学为大司藩，杨仙芝为西略将军，金肇盛、杨荣芝、起才顺为大都督、将军和都督；授予傣族人线子章为抚夷大都督、罕思伦为抚夷大将军；授予哈尼族人田四浪为抚夷将军；授予傈僳族人余龙才为将军；授予满族人奎谱为征西大参军、大司胜，昌柱为大将军。"回之受职者数千，汉之受职者数万（按，汉之受职者中，当包括其他所有云南的土著民族的受职者）。"⑧

---

① 中国史学会主编的中国近代史资料丛刊：《回民起义》（一），神州国光出版社1952年版，第8页。
② 中国史学会主编的中国近代史资料丛刊：《回民起义》（二），神州国光出版社1952年版，第106页。
③ 同上书，第127页。
④ 同上书，第131页。
⑤ 同上书，第118页。
⑥ 同上书，第65页。
⑦ 中国史学会主编的中国近代史资料丛刊：《回民起义》（一），神州国光出版社1952年版，第61页。
⑧ 中国史学会主编的中国近代史资料丛刊：《回民起义》（二），神州国光出版社1952年版，第106—107页。

上述斗争为云南的旧民主主义革命和新民主主义革命积累了经验，奠定了必胜的基础。它们有一个共同的特点，就是以各民族人民的团结为胜利之本。

孙中山是旧民主主义革命的伟大先行者，他领导的辛亥革命，推翻了清政府，结束了 2000 多年的封建君主制。在孙中山的号召和领导下，中国反帝、反封建的资产阶级民主革命高潮迭起。1911 年 10 月 27 日云南爆发腾越起义。起义胜利后，成立了以同盟会员张文光为首的滇西军都督府，傣族义军首领刀安仁任第二都督；10 月 30 日又爆发云南辛亥起义，因此日为农历九月初九。故又称"重九起义"。1911 年 11 月 1 日，云南军都督府成立，蔡锷为都督，军都督府组织大纲，定国名为中华国；定国体为民主共和国体，定本军都督印为大中华国云南军都督之印；定建设主义以联合中国各民族构造统一之国家；改良政治，发达民权，汉、回、蒙古、满、藏、夷、苗各族视同一体。"重九起义"建立的军都督府，是位列独立各省第四的省级政权。

1914 年，袁世凯背弃《约法》，阴谋称帝，并于 1915 年 12 月 12 日发布接受帝位告示，定于 1916 年元旦改中华民国为中华帝国。12 月 25 日，唐继尧、任可澄、蔡锷、戴戡等联名发出通电，宣布云南独立讨袁，这标志着反对袁世凯复辟帝制的护国战争正式爆发，史称"护国云南首义"。蔡锷为护国第一军总司令出兵四川；以李烈钧为护国第二军总司令出兵广西；以唐继尧为护国第三军总司令，机动留守，应援各方。滇军出征所向无敌，赢得"滇军精锐，冠于全国"的赞誉。反袁护国战争粉碎了袁世凯复辟帝制的阴谋，护国战争首发云南，席卷全国，在"反对帝制，维护共和，打到袁世凯"的斗争中业绩辉煌，在中国革命史上意义重大。

辛亥革命后，云南步入现代经济勃兴的进程。1912 年，以支持现代工业发展的富滇银行问世。辛亥革命后的 12 年，昆明官商投资计 77 万余元，其中商办资本 55 万余元，约占官商投资总数的 70%。至 1923 年，昆明有官商企业 70 余家，其使用的现代设备皆从西方国家进口。如 1912 年建的民办昆明石龙坝水电站，发电机购自外国；1920 年官商合建的昆明自来水厂，吸水机购自德国；1922 年建的云南造纸厂，蒸汽机、冲料机、捞料机购自日本。特别要说的是，1910 年滇越铁路全线建成通车，全长 845 公里，云南境内 465 公里，起于昆明，至于河口。从云南海防至昆明设 36 站，轨距宽 1 米。通车初期，年均货运量 10 万吨左右。据蒙自海关统计，铁路通车后，云南省对外贸易额猛增，云南省对外贸易量的 85% 以上由本路运输。1921 年 11 月，中国第一条自主修建，也是第一条民营的个旧至碧色寨的个碧铁路建成通车，全长 73 公里，使用从法国和国内扬子机器厂购买的机车，后又购美国机车 15 辆。个碧铁路营业旺盛，个旧大锡全靠它运出，十数万矿工的粮食、被服、工具及炼锡的木炭也赖其运输供给。滇越铁路、个碧铁路的建成，是云南现代经济勃兴的重要标志，在云南发展史，乃至中国和亚洲发展史上具有重要的意义。

由于资产阶级的软弱性和妥协性，中国反帝、反封建的民主革命任务，没有也不可能在他们的领导下完成。1921 年，中国共产党成立后，在中国共产党的领导下，中国的民主主义革命，由旧民主主义革命变为新民主主义革命，新民主主义革命完成了反帝、反封建、反官僚资本主义的任务，建立了中华人民共和国。

在新民主主义革命时期，中国共产党领导云南各族人民，为建立新民主主义共和国而斗争，革命高潮空前迭起。1935 年至 1936 年，红军两次长征过云南，云南青年积极参加红军，云南人民在粮食等物资上保障了红军的需要。抗日战争时期，云南各族人民，仅在 1938 年开往抗战前线的总兵力就达二十七万人。朱德说："抗战军兴，滇省输送二十万军队于前线，输助物资，贡献于国家民族者尤多。"① 朱德所说的数字，未包括后勤服务的兵力。1938 年 4 月、5 月，云南各族官兵在台儿庄与日军大战，取得毙伤、俘虏日军数万余人的重大胜利。1942 年日寇占领滇西大片国土，云南人民奋起反击日军，并配合正规军在 1945 年初将日寇全部赶出滇西。抗日战争时期，中央机器厂、中央电工器材厂、个旧锡矿、云南钢铁厂、昆湖电厂、明良煤矿、东川铜矿、昆明炼铜厂、昆明化工厂等一批技术先进的企业在云南建立。以昆明为中心建立的有机器业 11 家、冶炼业 6 家、电器业 7 家、化工业 25 家、纺织业 15 家、其他 13 家。中国的第一根电线、第一架望远镜、第一辆组装汽车、第一批用电炉熔炼的钢铁，就是这些企业生产的。到 1945 年年底，云南有注册工厂 226 家，是 1937 年 42 家的 5.38 倍；全省工业资本为 6175.5 万元，按 1937 年币值计算，是 1937 年的 8.23 倍；工人有 2.9 万余人，是 1937 年的 4.9 倍。工业生产增长以 1938 年的指数为 100，到 1943 年则达到 520.41。② 1939—1945 年是"云南工业的极盛时期"③。1945 年昆明爆发反内战、争民主的"一二·一"运动。解放战争时期，在中国共产党的领导下，云南人民开展了广泛的游击战争，潘朔端领导的滇军 184 师在东北起义；曾泽生领导的滇军 60 军在长春起义。在解放大军压境，云南人民游击战争不断胜利的形势下，1949 年 12 月 9 日卢汉在昆明宣布起义，在解放军歼灭国民党残军的形势下，实现了云南的解放。

① 李根源：《朱德致云龙的信》"1938 年 8 月 21 日"，《云南图书馆》1981 年第 3—4 期。

② 参见谢本书《抗战时期：云南现代化进程的重要阶段》，《云南文史》2008 年第 4 期；又见孙代兴、吴宝璋主编《云南抗战争史》（增订本），云南大学出版社 2005 年版，第 226 页。

③ 《缪云台回忆录》，中国文史出版社 1991 年版，第 81 页。

七　云南历史的启示

云南历史是云南各民族共同发展的历史，是与中华各民族治乱与共，共同缔造与发展统一多民族国家的历史。《云南大百科全书·历史卷》是以百科全书体例，介绍云南历史的史学著作，全书给我们的启示，对深刻认识今天，正确走向未来具有重要意义。现择要介绍以下几点。

（一）应继承和发扬民族团结，实现互融和维护国家统一的传统

纵观云南 5000 余年的历史，可用"融合""统一"四字来概括1949 年以前的云南历史发展规律。"融合"是指云南土著民族与内地汉族、土著民族与土著民族的互融，基本形式有自然融合和非自然融合两种。自然融合的基础是自愿、团结、互助、共生、共荣，通过杂居、通婚、物质文化、精神文化、生态文化的互动和渗透，其中一个或几个民族丧失自己的特征，而变成另一个民族。也有经过相互对抗、冲突，而实现的非自然融合，但这与通过民族压迫、民族歧视，强迫被压迫被征服民族放弃自己的民族语言、民族宗教信仰、生活习俗的强迫同化不同。云南历史上民族融合的规律和基本的价值取向主要是以先进的生产力和文化为主导，取优弃旧，实现更新。秦、汉至唐、宋时期移居云南的汉族移民，虽然在历史的长河中被土著所"夷化"，但他们带来的先进生产技术和文化，却引领了土著民族的经济发展和社会进步。土著民族的传统文化也在自身取优弃旧中实现升级，为中华民族文化宝库增添瑰宝。爨族基本上是东爨乌蛮与西爨白蛮，即土著与土著融合及汉人融合于爨人的产物，《爨龙颜碑》《爨宝

子碑》的存在说明，爨族在融合汉族中继承了汉文化。爨族的特点是
"风俗名爨"，但爨俗中亦融进了汉俗。袁嘉谷在《滇绎·爨世家》
中说：爨人"本俗则刀耕火种，喜斗轻死，其时令则腊月为春节"，
"埋殡悉依汉法，为墓，广栽杉松"。由于接受汉族的先进生产技术，
在爨族延袤两千里的三十余部中，"富庶则邑落相望，牛马被野"。

　　"统一"是指云南各族与其他中华各族统一于中国的国土之内，
接受一个中央政府的管辖。云南自秦汉设郡县，成为中国统一政区的
一部分之后，尽管有爨族统治者"恃远擅命，数有土反之虞"，"前后
（宁州）刺史莫能制"，"土民爨瓒，遂窃据一方，国家（北周）遥授
刺史"，南诏阁罗凤在天宝九年（750 年）尽有云南地，号大蒙国，
吐蕃在天宝十一年（752 年）册封他为"赞普钟南国大诏"，"号曰东
帝，给以金印"等曲折、冲突、分裂的情况，但爨氏始终未隔断同中
原王朝的关系，仍以中原王朝年号为正朔；阁罗凤的分裂也不能持
久，贞元十年（794 年）异牟寻复归唐朝，"愿归清化、誓为汉臣"。
为什么融入中国大一统的国家之后，云南各族人民始终反对分裂、坚
持国家统一呢？这是因为民族融合自古以来贯穿云南发展的始终，既
推动了各民族经济文化的发展，人民物质与精神文化水平的提高，又
为国家的统一构造了与内地各民族相互离不开的血脉。

（二）应继承和发扬"重农""治水"的历史传统

　　云南自古以来就"重农"，力促农业的发展。战国时，楚国庄蹻
开滇之所以成功，靠的就是"重农"，他以发展"滇池地方三百里，
旁平地，肥饶数千（十）里"的农业为基础治理滇国。秦、汉在云南
成功置吏设郡，也是以发展农业为支柱的。先后任朱提郡（治今昭
通）、益州郡（治今昆明）的太守文齐，因重视农业而名著青史。在
朱提郡，文齐"穿龙池、溉稻田，为民兴利"；在益州郡，他"造起
陂池，开通灌溉，垦田二千余顷"（《华阳国志·南中志》）。三国时，

诸葛亮也以发展农业为安定"南中"、平定天下的国策。他把建宁郡治从滇池县（治今晋宁）移到味县（今曲靖），并大开屯田，味县因此具有"屯下"的称呼；经过"屯田"兴农，建宁郡一跃而发展成为"南中"的政治、经济、文化中心。与此同时，诸葛亮还令李恢将永昌郡的"濮民数千落"移民到今楚雄地区从事农耕，濮民"徙居平地，建城邑，务农桑"，社会获得了长足的进步。唐朝时期，南诏国重视农耕技术的开拓，牛耕农业发展到一个更高的阶段；稻麦复种制与江南先进农业地区相埒；不违农时的农耕制度得以创立；保护水土流失的梯田农业，使山区农业生态步入人地共生的循环系统。樊绰在《蛮书》卷七中说："蛮治山田，殊为精好。"《南诏德化碑》说：其"高原为稻黍之田，疏决陂池，下隰树园林之业。易贫成富，徙有之无，家绕五亩之桑，国贮九年之廪"。

元朝实行"安业力农"政策，在中央设立"劝农司"，各省设立"劝农使"，并颁发《农桑辑要》，推广农业技术，"招怀生民"。为扩大滇池地区的灌溉面积，消除水旱灾害，云南行中书省平章政事赛典赤，云南"劝农使"张立道，向元世祖忽必烈提出治理滇池的方案，并力而行之。他们把治理滇池的工程分为上、中、下三段，在上段疏浚盘龙江，建松花坝水库；在中段疏浚盘龙江、金汁河、银汁河、马料河、宝象河、海源河等河道，将疏河、筑堤、建坝、修涵、泄洪及适时放水或闭水融为一体。又开岔河十二条，地河七十二条；在下段疏浚海口河，以解决洪水季节宣泄不畅的问题。公元1273年，张立道率丁夫两千人，用了三年时间，清除了海口河到石龙坝、龙王庙一带河道的积沙和淤泥，又整治了海口河内的鸡心、螺壳、牛舌等处险滩，清理了螳螂川、普渡河至金沙江的河道。其中海口至平地哨约十公里的一段河床，在清除淤泥的基础上挖低，以利湖水宣泄，在海口修建三座大型石闸，共二十一孔，以控制滇池水位，石闸保存至今。

明朝时期，云南"重农"的特点是开展军、民、商屯田，扩大耕地面积。“军屯”用以养兵，所谓“养兵百万，不费百姓一粒米”；“民屯”用以安民，鼓励无地和少地的农民开垦田地。从洪武中后期开始，到正德五年（1510 年），云南军屯的数字从四十三万五千多亩，扩大到一百二十七万六千多亩，121 年中，仅军事屯田的面积就扩大到 3 倍。

清朝时期，云南“重农”的特点是开发山区，大力推广适宜山区生态环境的玉蜀黍和马铃薯的种植，以解决山区少数民族的生存问题，使山区和坝区人民安居共处。云南巡抚吴其濬在其所著的《植物名实图考》中说：“玉蜀黍，《云南志》曰玉麦，山民恃以活命”；“阳芋，滇、黔有之，疗饥救荒，贫民之储”。清代云南“重农”和开发山区的一个特点是，十分珍惜及合理利用每寸土地，对耕地、林地、牧地、湿地、矿产地进行有序的开发利用和保护。为保护林地，政府对入山“搭寮棚居住，砍树烧山，艺种包谷”的“流民”进行严格的管理。自道光年开始，云南将乱开乱砍的“流民”“俱系入保甲编查，立册给牌”。面对因人口增长而对土地需求增大的矛盾，则在合理利用土地的原则下，对荒地进行有限制的开发。如在临安府（治在今建水），只准“流民”“依山麓平旷处开凿田园。……至山势峻极，蹑坎而登”。结果使山区出现耕田“层层相间，远望如画”（嘉庆《临安府志》）的图景。

水是生命、生物存在的自然基础，更是农业经济的命脉。“重农必须重水”，云南历史上有治理和改造水环境的优良传统。如在元朝治理滇池的基础上，明朝、清朝又相继启动大规模的滇池治理工程。明朝正德年间“云南巡抚陈金，役军队夫卒数万，浚其泄处，于是池水顿落数丈，得池旁腴田数千顷，夷、汉利之”（正德《云南志》）。清代康熙、雍正、乾隆、道光时期，又对滇池进行了九次治理。其中雍正三年（1725 年）云贵总督鄂尔泰、云南巡抚张允随、水利道副使黄士杰领导的一次治理，成效最为显著。清代建立的滇池管理制度和河道的岁修制度，曾经被作为云南重农治水的范例。云贵总督鄂尔泰的《修浚海口六河疏》，云南巡抚王继文的《请修河坝疏》，云南水利道副使黄士杰的《六河总分图说》，孙髯翁的《盘龙江水利图说》，都是这个时期出现的治水名著。其中黄士杰的《六河总分图说》具有较大的理论和实践意义，是当时的设计理念和施工方案的总结，具有长远的科学技术价值。

明、清时期，云南的重农治水是全省性的，几乎各县都有治水兴农而载入史册的史事。如以今石林县为例，该县大可村的治水碑文说："民以耕为本，耕以水为先。"明嘉靖二十二年（1534 年），该县邹国玺倡筑鱼池堰，开东山沟、小乐台旧沟，引黑龙潭水灌溉；明神宗十三年（1585 年），跃宝山村民张爱普、毕季礼等六人，又"穿十二丈岩岭，筑丈八高之石闸灌溉万顷，泽被万民"①。

（三）应继承和发扬云南着力发展现代工业，推进工业现代化的传统

云南发展现代工业，是从清代末年开始的。在清末 30 多年间，云南兴办现代工业的投资为 383 万元又 315 万两，其中民间投资约占 50%，辛亥革命后的 12 年，昆明的官商投资计 77 万余元，其中商办资本 55 万余元，约占官商投资总数的 70%。1904—1923 年，昆明兴办官商企业 70 余家②，其使用的现代设备皆从西方国家进口。如 1904 年开办的蒙自官商公司（1909 年改名个旧锡务公司），采炼大锡出口，选矿和冶炼的机器、机具 70 余件，运矿铁车 150 辆，空运索道 8000 米，都从西方国家购进；1912 年建的民办昆明石龙坝水电站，发电机当也购自外国；1921 年建的商办云鑫工厂，生产铜、铝片，电动碾压机购自英国；另一家叫华兴机械厂的，车床、转床、磨光机等

① 何耀华总主编：《云南通史·月湖碑序》，中国社会科学出版社 2011 年版，（序文）第 12 页。
② 云南近代史编写组：《云南近代史》，云南人民出版社 1993 年版，第 166 页。

购自美国；1920 年官商合建的昆明自来水厂，吸水机购自法国；1922 年建立的商办云南造纸厂，蒸汽机、冲料机、捞料机，皆购自日本；1923 年商办的延陵糖果有限公司，以电为动力，用西方技术与方法生产糖果。[1] 抗日战争时期，中央机器厂、中央电工器材厂、个旧锡矿、云南钢铁厂、昆湖电厂、明良煤矿、东川铜矿、昆明炼铜厂、昆明化工厂等一批技术先进的企业在云南建立。以昆明为中心建立的有机器业 11 家、冶炼业 6 家、电器业 7 家、化工业 25 家、纺织业 15 家、其他 13 家。中国的第一根电线、第一架望远镜、第一辆组装汽车、第一批用电炉熔炼的钢铁，就是这些企业生产的。到 1945 年年底，云南有注册工厂 226 家，是 1937 年 42 家的 5.38 倍；全省工业资本为 6175.5 万元，按 1937 年币值计算，是 1937 年的 8.23 倍；工人有 2.9 万余人，是 1937 年的 4.9 倍。工业生产增长以 1938 年的指数为 100，到 1943 年则达到 520.41。[2] 1939—1945 年是"云南工业的极盛时期"[3]。

尽管清末以来的云南现代工业规模小、层次低，而且因蒋介石发动内战而遭到窒息，但它说明：云南人发展现代化工业，是百折不挠的。

（四）应继承和发扬以教育为先导，推动社会、经济、文化发展的传统

早在东汉章帝元和年中（84—86 年），时任益州太守的王阜就在云南"始兴起学校"，以发展教育推进社会的进步，使社会"渐迁其俗"[4]。万历《云南通志》卷八《学校志》说，云南府和

---

① 云南近代史编写组编：《云南近代史》，云南人民出版社 1993 年版，第 163—166 页。

② 参见谢本书《抗战时期：云南现代化进程的重要阶段》，《云南文史》2008 年第 4 期。又见孙代兴、吴宝璋主编《云南抗战争史》（增订本），云南大学出版社 2005 年版，第 226 页。

③ 《缪云台回忆录》，中国文史出版社 1991 年版，第 81 页。

④ 《后汉书·西南夷列传》，中华书局 1965 年版，第 2847 页。

大理府的学校皆建于汉章帝元和二年（85 年），即王阜任益州太守时。王阜是蜀郡人，"少好经学"，"受《韩诗》""窃书诵尽日"，"侍谋童子传授业，声闻多里"。学校教育、社会教育，为汉、晋时期云南实施科举制度奠定了良好的基础。土著民族，包括夷化了的汉人，有很多是那个时期的中举者、文辞著称者或大儒。如孟孝琚"十二随官，受《韩诗》，兼通《孝经》二卷"[1]。又《爨宝子碑》有"别驾举秀才"之语。[2]《华阳国志·大同志》说：太康三年（282 年），益州郡"皆举秀才、廉良"。爨龙颜"举义熙十年（414 年）秀才"[3]。南诏王"晟罗皮立孔子庙于国中"[4]，后理国主段正淳重教育，"使高泰运奉表入宋求经籍"[5]。元朝时，云南行省首任平章政事赛典赤以发展学校教育、社会教育为治滇的根基。《元史·赛典赤·詹思丁传》说："云南俗无礼义……子弟不知读书，赛典赤……创建孔子庙、明伦堂，购经史，授学业，由是文风稍兴。""赛典赤建孔子庙为学校。"[6] 泰定间（1324—1327 年），中庆路（治今昆明）设学校"以栖生徒，使肄业其中，置田以资饩廪，虽爨（今彝族）、僰（今白族）亦遣子入学，诸生将百五十人"（《中庆路学讲堂记》）。明、清时期是云南学校教育、社会教育快速发展的时期。洪武十七年（1384 年），明太祖命云南增设学校，"县级设书院，乡级设乡塾"。随着学校数量的增多，云南英才辈出。安宁籍人杨一清（1454—

---

① 《孟孝琚碑》。方国瑜考证，此碑立于永元八年（96 年）。光绪二十七年（1901 年）7 月，出土于昭通城东十里之白泥井。今存昭通一中内。

② 《爨宝子碑》，为"晋故振威将军建宁太守爨府郡之碑"，刻于东晋大亨四年（即义熙元年，405 年）。乾隆四十三年（1778 年），出土于曲靖城南 70 里的杨旗田。今存曲靖一中内。

③ 《爨龙颜碑》。爨龙颜为宋龙骧将军，镇蛮校尉、宁州刺史。该碑立于宋大明二年（458 年），今存陆良县东南 20 里之贞元堡。

④ 杨慎：《滇载记》，中华书局 1985 年版，第 4 页。

⑤ （明）倪辂：《南诏野史》上卷，光绪庚辰春云南书局刻，第 40 页 a 面。

⑥ 《元史·赛典赤·詹思丁传》，中华书局 1976 年版，第 3069 页。

1530 年），成化八年（1472 年）举进士，历官右都御史，吏、户、兵部尚书，武英殿、华盖殿大学士，两次出任内阁首辅。其文辞学理高深，著有奏议三十卷、《石淙类稿》四十五卷、诗二十卷（《明史·艺文志·别集类》）。保山人张志淳（1457—1538年），亦举成化进士，历官吏部主事、太常寺少卿、户部右侍郎，著有《南园漫录》十卷。大理白族人李元阳（1479—1580 年），举嘉靖进士，所著《大理府志》《云南通志》皆堪称传世佳作。清代的云南学校教育"沿明旧"，但在康熙"致治之道，首重人才，储养之源，由于学校"（《清圣祖实录》）的治政思想启导下，又有大的发展。清代云南强化科举取士制度如内地省区，"得人之盛，远轶前代"（《清史稿·选举志三》），数量不仅比明代多，而且科举类别比明代全。光绪二十八年（1902 年）云南建立高等学堂，各府、州、县普建中学、小学。高等学堂后来发展为两级师范学堂，其中的优级培养中学教员，初级培养小学教员。1902 年后又建方言（学英、法文）、东文（学日文）、政法、工矿、农业、工业、蚕桑、商业、铁路、武备、陆军讲武等学堂。陆军讲武学堂宣统元年（1909 年）重建，后发展为国内外有重要影响的武官培养基地。

（五）应继承和发扬以科技创新引领云南繁荣发展的传统

还在遥远的上古时代，云南居民就对"百谷自生"的普通野生稻不断进行驯化和品种改良，使云南成为世人公认的亚洲栽培稻的起源地之一。在元谋大墩子母系氏族社会晚期新石器时代文化遗址中出土的三个陶罐中有粳稻碳化物，就是他们对野生稻进行驯化栽培的物证。除了通过驯化，培育出许多不同类型的稻谷品种之外，他们还创造出有利于人地生态系统良性循环的稻作梯田法，引领了祖国内地的梯田农耕。

特别需要论及的是，以镍为主要元素的铜、镍合金产品白铜，其合金技术曾独占世界的鳌头。铜、镍元素可以无限固熔，形成连续固熔体。把镍熔入红铜，含量超过 16% 以上时，合金色泽就会洁白如白银。熔炼铜、镍的温度须高达 1300—1400℃，技术难度极高。白铜硬度强，耐蚀性高，色彩美观，延展性好，古时用以制造饰品、生活用具及铸币。现代广泛用于造船、石油、化工、建筑、电力、仪器仪表、医疗器械制作等工业。云南是铜、镍合金技术的原创地，这里生产的白铜被专称为"云白铜"。关于"云白铜"生产的年代，晋人常璩《华阳国志·南中志》说：朱提郡（治今昭通）的堂螂县（今会泽、巧家、东川）"出银、铅、白铜"。该书著于东晋永和三年（347 年），但云南生产白铜并非始于此时。秦、汉时期，大夏国（今阿富汗）就已用白铜铸造货币，其白铜的镍含量高达 20%。从合金成分、色泽、形状分析，史家认为，该国的白铜是从云南运去的。据此，至少可以说，在秦、汉时期，云南的铜、镍合金技术，就已经辉耀于世界。唐、宋时期，"云白铜"进一步被贩往西亚、南亚各国，波斯（今伊朗）人称它为"中国石"。16 世纪后，英国东印度公司将它从广州贩往欧洲。欧洲人以粤语"白铜"一词的译音，称其为 pakeong 或 petong。法国人杜霍尔德在 1735 年出版的《中华帝国全志》中写道："最特别的铜是白铜，其色彩和银一样，只有中国才有，也只见于云南省。"1775 年英国出版的《年纪》曾记述英国东印度公司驻广州商人勃烈将"云白铜"发回英国的情况："去年夏季，有船从中国驶抵英伦，他（勃烈）又附寄了他自云南得来的白铜……目的是为了要在英国从事实验和仿造这种中国白铜。"1882 年，英国爱丁堡大学化学师菲孚，发表他关于"云白铜"合金成分的报告："铜 40.4%、镍 31.6%、锌 25.4%、铁 2.6%。"该报告说，当时英国还没有人知道应如何才能仿制这种中国白铜。

过了一年，德国的海宁格尔兄弟仿制"云白铜"成功，并将这种合金改名为"德国银"或"镍银"。从此，西方开始进行大规模的工业化生产，"德国银"于是取代了云白铜所占据的国际市场。①

　　总而言之，云南历史留给我们的启示，取之不尽、用之不竭，希望广大读者能从中受益。

2013 年 7 月 5 日

---

　　① 云南历史的启示部分（三）、（四）、（五）参见何耀华总主编《云南通史》"秦光荣序二"，中国社会科学出版社 2011 年版，（序文）第 5 页。

《云南大百科全书》
历史卷的编目问题

自 2010 年 6 月 11 日《云南大百科全书》历史分卷编委会召开编纂工作会议，至今已年余。历史卷坚持以邓小平理论、"三个代表"重要思想和科学发展观为指导，在广泛收集历史文献，吸收前人研究成果的基础上，进行选目和编目。

根据我设计的历史卷条目框架结构图，历史卷按远古至战国、秦汉、三国两晋南北朝隋、唐宋、元明、清朝、民国七个历史时期，每个时期又按族类与王国、政治、经济、社会、文化、生态、科技教育、宗教、史事、史籍、文物、人物等 12 个大类共 75 个亚类设目。现已编出 5994 个条目，其中特大条 31，占 5%；大条 188，占 10%；中条 1740，占 50%；小条 3897，占 30%，参见条 101，占 5%。存在的问题是，图片结构设计和编目至今尚未进行。我去曲靖、陆良、师宗、罗平、泸西、路南进行历史文物的考察及田间访问，深深感到，云南数千年的历史文化，不仅记录在历史文献中，埋藏在地下，而且大条沉积在城市、乡村和村民的现实生活中，做好图片的内容结构设计与编目，编好文字条目是同等重要的。过去的一年，我们没有做这件工作，说明我们对这个问题缺乏足够的重视。

从上述拟定的条目中，我有两点体会。

（一）条目的选择和命名必须坚持历史价值、知识价值和现实价值的统一

如《明会典》说，洪武五年（1372 年），明朝发布文告："令蒙古人、色目人氏、既居中国，许与中国人（指汉人）家结婚姻，不许与本类自相嫁娶，违者男女两家抄没，入官为奴婢。"从历史的客观存在说，这条史料可以设两个独立的条目："许与汉人家结婚姻"及"不许本类自相嫁娶"，但从元明以来云南存在的民族大融合这个历史实际和设条是否有利于今天的民族大团结来看，我们以"许与汉人家结婚姻"立目。

（二）设立条目应坚持创新

如"南方丝绸之路"这个条目，我主张用"南方丝路文化"或"南方丝路文化申遗"来设目。"南方丝绸之路"这个条目，只要介绍公元前四世纪存在的蜀身毒道这条路线本身即可，而"南方丝路文化"则不仅要介绍这条道路的本身，而且要介绍这条道路上的物质文化和民族文化等。

丝路文化首先是物流文化，如云南丝绸、云白铜、云南野生驯化稻、云南古茶等的生产及向南亚、东南亚、西南亚的输出；其次是民族文化，这条古道居住着云南藏缅语诸族的先民，在物流带动人流的作用下，大批云南各族的先民曾迁移到印度的北比哈尔、北孟加拉、东孟加拉、阿萨姆、那加兰、曼尼普尔等邦，至今印度的东喜马拉雅民族尚保有云南藏缅语族诸民族的文化。通过这条丝路，古代印度居民也有不少迁来云南。云南的上座部佛教、藏传佛教、阿吒力教等，大多是印度佛教文化沉淀或融入云南文化中的产物。将"南方丝路文化"或"南方丝路文化申遗"作为条目，可以为实践"桥头堡战略"增添助力。我的这个建议，人民网已在 2011 年 6 月 14 日挂网做了报道。

2011 年 6 月 30 日

南方陆上丝绸之路的
历史与文化

中华民族伟大复兴的浪潮，正把我国西南推向中国向南亚、东南亚、西亚、东非开放的前沿。这个地区有 50 多个国家，近 30 亿人口，不仅具有与我国合作发展的巨大潜力，而且也是我国通往欧洲的亚欧第三大陆桥的载体。南方陆上丝绸之路是中国丝绸之路的一个组成部分，其开通的时间最早，历史最悠久。沿线地区自然资源富集，历史文化积淀丰厚。在我国实施对外开放西进战略，建立丝绸之路经济带和孟、中、印、缅经济走廊的今天，研究南方丝绸之路具有重要的现实意义。

一　南方陆上丝绸之路开通的时间

南方丝绸之路，历史上有蜀身毒道、蜀天竺道、蜀印度道之称。"身毒"一名始见于《史记·大宛列传》，因西汉元狩元年（前 122 年）张骞出使大夏（今阿富汗北部）归来，向汉武帝说大夏人称印度为身毒，而被司马迁记入《史记》；东汉至隋时期，根据《后汉书·西域传》"天竺国，一名身毒，在月氏之东南数千里，俗与月氏同"的记载，"身毒"被改称为"天竺"；唐以后又根据玄奘《大唐西域记》卷二"天竺之称，异议纠纷，旧云'身毒'，或曰贤豆，今从正音，宜云印度"之记载，又改称印度。

著名的中西交通史研究者张星烺引王嘉《拾遗记》说："周成王之世，有旃涂国、祗因国、燃丘国来献方物，老子撰《道德经》，有浮提国人相助。《庄子·山木篇》有建德国。似皆指印度而言。"周成王为西周（前1100—前770年）周武王之子，其时代约为公元前十一世纪末至十世纪初。这说明有记载的中印两国交往，可上溯至公元前十一世纪的周朝。季羡林说："在乔底厘耶所著《治国安邦术》里有产生在脂那（即china）的成捆丝的话，乔底厘耶据说生于公元前四世纪，是孔雀王朝月护王的侍臣。据此迟至公元前四世纪，中国丝必已输入印度。"张星烺又引德国学者雅各比引证旃罗笈多王朝史家卡蒂亚"脂那（指中国）产丝及纽带，商人常贩至印度"的记载，来说明同样的观点。公元前四世纪的印度史诗《摩诃婆罗多》《罗摩衍那》也有"中国丝"的记载。这说明南方丝绸之路的开通，最晚不会晚于公元前四世纪的观点是可信的。

早期中国的丝绸输往印度，不是从西北或海上丝路，因为西北和海上丝绸之路，是西汉武帝时（前140—前87年）才开通的，而南方丝绸之路则早已存在。从长沙马王堆战国墓出土的琉璃珠和云南出土的梵字瓦及文献记录来看，早期从中国输往印度的，还有青铜、白铜、铁、瓷等制品，以白铜为例，《华阳国志·南中志》说，朱提郡（治今云南昭通）的堂螂县（今会泽、巧家、东川）"出银、铅、白铜"。据百度百科提供的资料，公元前170年，大夏国（今阿富汗）就已用白铜铸造潘塔列昂王币，其白铜中的镍含量高达20%。从合金成分、色泽、形状分析，史家认为，该国的白铜是从云南经印度运去的。印度输往中国的有琉璃、琥珀、玛瑙、香料、药材等。1955年4月5日，新华社报道说："云南省经过三年多的文物普查，进一步证实了公元前三世纪从四川经云南通印度的西南丝路的存在。"

南方丝绸之路的遗迹　　　　　　行进在丝路上的马帮

注：来自林泉编著《重返来昆明》。

二　南方丝绸之路的开通是印度与中国古代文明 频繁交流的历史必然

印度文明又称印度河文化，印度河文化（前 2500—前 1750 年）以有发达的水利灌溉、计划缜密的街道、公共浴室、砖造楼房、排水系统等极具现代观念之都市设计要素而著称。1921 年、1922 年，印度考古学家在印度河流域发掘出莫汗佐达罗、哈巴拉两座古城，就属这个时期的文明遗迹。公元前 2000 余年，雅利安人越过兴都库什山脉，侵入印度河上游的五河地区，并进入恒河流域，征服土著，建立种姓制度，将社会分为四个等级：婆罗门（祭司）、刹帝利（王族）、吠舍（商人、农人）、首陀罗（奴隶）。

这个时期相当于我国的夏（前 2205—前 1766 年）、商（前 1766—前 1122 年）时期，传说禹传子启，建立了夏代。早在禹之前约黄帝、尧、舜时代，皇帝就开发了利用水井灌溉，建造车船、铜镜、房屋等的技术。传说他建立了市场，制定了法律、礼仪，社会经济文化都有空前的发展。至夏、商时代，农业、手工业、商业都比印度河文明发展水平要高，公元前 2100 年至公元前 500 年是中国的青铜时代，商代的青铜制作高度发达，且有了文字。

公元前600—前500 年（相当于我国春秋时期），印度的婆罗门教日渐衰微，释迦牟尼创立佛教，以革婆罗门教的腐败，并打破种姓制度而组成教团，当时中印度西苏纳加王朝兴起，至阿阇（泛指僧）世王时，君摩揭陀国（恒河中游强权），佛教受到阿阇世王保护，盛行于印度。这个时期是中国儒家学说勃兴的时期，相传孔子（前551—前479 年）有弟子三千，著名者有七十余人，他整理《诗》《书》等古代文献，删改鲁国史官记录的《春秋》，编成我国第一部编年史，《论语》一书载其言行。大约佛教在印度兴起时，中国创立了儒学或儒教。

公元前 327 年始，希腊马其顿国王亚历山大大帝入侵印度。占有印度河北部的平原之地。出身孔雀家族的印度难陀部族的青年旃陀罗笈多领导人民平定北印度，以摩揭陀国的华氏城（今巴特纳市）为首都，建立孔雀王朝。他开拓与希腊间之交通，融合印度、希腊文明，创立著名的"希腊印度式艺术"。公元前 268 年，其孙阿育王即位，统一了全印度，并大力推广佛教，派佛教法师至各国弘法，形成佛教隆盛时代。这个时期相当于我国的战国时期。孟子（前 372—前 289 年）是这一时期中国儒家文化的代表，他受业于孔子的孙子，以孔子传人自居，提出"民贵君轻""施仁政"等思想，主张恢复西周时代的井田制。

中、印两大古老文明在漫长的发展中不可能不发生交流。《纪古滇说集》《滇史》说，周宣王时（前 827—前 782 年），"西天竺阿育王有神骧一匹……一纵直奔东向而去，三子各领部众相与追逐……至滇之东山……西山……北野……王……遣舅氏神明统兵以应援。将归，不期哀牢夷君主阻兵塞道，而不复返矣……遂归滇各主其山。哀牢国，永昌郡（治今保山）也"。这个传说虽然不尽可信，但它是数千年来一直流传至今，为中、印史家所共同重视的口头传承，是有参考价值的资料。印度与中国的交流，夏、商、周至汉武帝开通西北丝绸之路以前，都是通过缅甸而至中国的。缅甸史家貌丁昂的《缅甸史》引《缅甸编年史》，说古印度王子来缅甸所建的太公城（在今抹谷附近）建于公元前850年。另外两座上缅甸的古城哈林伊和佩塔诺

南方丝路上的剑川石宝山石窟
（采自《大理文博》总第7期）

米（此城的遗物碳测定年代距今2000年）。英人哈威《缅甸史》说："阿婆醯罗娑与释迦族人来自印度妙德城，纪元前850年建太公城。"上述三座古城，既是印度早期与缅甸进行交流的产物，也是为进行与中国的交流而建的。由于这条中、缅、印交流古道的畅通，有些政治、文化交流也通过这条道路来进行。如《后汉书·南蛮西南夷列传·哀牢传》说："安帝永宁元年（120年），掸国王雍由调复遣使者诣阙朝贺，献乐及幻人，能变化吐火，自肢

解，易牛马头。又善跳丸，数乃至千。自言我海西人。海西即大秦也。"冯承均《中国南洋交通史》说："掸国地处上缅甸，其来也，或遵陆路而非循海。""所献大秦幻人疑是南天竺之幻人，盖南天竺一名，即《法显传》之'达亲'"，天竺幻术自掸国经云南献给东汉王朝，走的就是这条道路。东汉时也有印度僧人从此道来华，如摄摩腾（迦叶

南方丝路五尺道上的铜都会泽
（采自卞伯泽《会泽文化之旅会馆文化》）

摩腾）和他的同伴可能通过伊洛瓦底江上游河谷到达云南。在二世纪

至三世纪，有二十多个僧人通过四川、云南到印度。笈多王朝为他们建立了一座庙宇叫支那寺。道宣《释迦方志·游历篇》卷五说："南朝宋元嘉中，冀州沙门慧睿又游蜀之西界，至南天竺。"这是南朝时中国僧人经云南至印度的记载。另外，《太平御览》引用咸通时（860—873年）一个三藏和尚经过成都的例子，他表示要从云南经相邻的北印度路线回印度的愿望。

三　南方陆上丝绸之路的走向

昆明（滇国之都、西汉益州郡治）是南方丝绸之路的中心和枢纽。在我国境内，从其经青蛉（今大姚）、弄栋（今姚安）、三绛（今会理西南）、邛都（今西昌），沿灵光道至蜀（今成都），此其一；其二是经朱提（今昭通）至僰道（今宜宾）；其三是出东北经夜郎国（治今安顺）和巴国（治今重庆），这是一些史家认为楚将庄蹻"将兵循江上，略巴、蜀、黔中西"来滇的路线；其四是东出且兰国（今黔东黄平一带）之北，沿沅水至楚都荆州，这是另一些史家认定的庄蹻"泝沅水，出且兰以伐夜郎"而至滇的路线，不管庄蹻是"循江上"还是"泝沅水"，都说明当时的滇国之都与楚都有畅通的交通线；其五是南经句町国（治今广南）而达邕（今南宁）。

南方丝路上叶榆出土的陶器单耳罐（战国）

从滇至身毒（印度），是西经叶榆（今大理）、嶲唐（今云龙）、永昌（今保山）、滇越（今腾冲）至缅甸的密支那，再北上至葡萄，向西入印度的萨地亚、提斯浦尔、高哈蒂（印度古国迦摩缕波的首都），终点是摩揭陀国的首都华氏城。南方丝绸之路在印度被称为"阿萨姆—缅甸路线"或"阿萨姆—昆明路线"。一位研究印、中古代交通的印度学者说："这条古代印度通往中国的阿萨姆—缅甸路线，始自印度的古都华氏城、经过瞻婆（巴加尔普尔）、羯朱嗢祇罗（拉吉玛哈尔）、奔那伐弹那（北孟加拉）、直到阿萨姆的迦摩缕波（高

祥云出土铜犎牛（战国）

哈蒂）。从阿萨姆至缅甸，古代如同现在，有三条：第一条沿布拉马普特拉河至帕特开山口，直到上缅甸；第二条通过曼尼普尔，直到钦敦江河谷；第三条是通过阿拉干，直到伊洛瓦底江河谷。所有这些路线会合于八莫附近的缅甸边境，然后继续翻越崇山峻岭，到云南府及昆明盆地，昆明是中国南部省份中的主要城市。八莫和密支那作为印度与中国之间的链环，是相当重要的贸易中心。在布拉马普特拉河谷内，人们从水、陆两路，通过萨地亚、格比利、高哈蒂、提斯浦尔进行旅行，高哈蒂是古代强大的迦摩缕波国的首都，其东接缅甸贸易路线，西连印度有繁荣的商业及水、陆两路货物的转运中心。在阿萨姆从提斯浦尔、帕尔巴蒂亚、北高哈蒂、戈拉加特、迪马普尔到布拉马普特拉河南北两岸更东的地区，有广阔的遗迹分布，展现了古印度东北地区一幅繁荣壮观的光辉图景。这样的繁荣，可以推测出印度与中国有活跃的贸易。"

南方丝绸之路的终点或起点，之所以是古印度摩揭陀国的首都华氏城，说明它在印度政治、经济发展中占有重要的地位。印度的孔雀王朝开拓印度与希腊交通，创建"希腊印度式艺术"，以及阿育王即位后摩揭陀国把佛教推向世界，都和有这条路线与中国进行活跃的贸

易分不开。

在中国境内，南方丝绸之路有多个起点，这些起点有一个共同的特征，即都是中国蚕丝的生产中心。考察一下我国蚕丝的源流，对认识南方丝路的多元起始点是很有必要的。1926 年，考古学家在山西夏县西阴村的仰韶文化层，出土一个人工切下的半个茧壳。茧比蚕小，据说是野生在桑树上的桑蚕，但经台北"故宫博物院"将此茧壳放大，知其是长江下游野生绢丝虫的一种。仰韶文化期（公元前 4000 年左右），华北地区气候温和，所以那时山西有野生绢丝虫吐的丝是可能的。如果这还不足为信的话，那江苏吴兴县钱山漾良渚文化第四层出土的平面绢织品则可证明早在公元前 3000 年，中国就有丝织品的生产。"根据《书经》《诗经》或《史记》等古文献记载，现在的山东、河南是绢的主要产地。但是最近从长江流域的汉墓和楚墓里发现大量的绢制品，可知自古以来绢产于从淮河流域到长江流域一带。"①《管子·小匡》说：楚国"贡丝于周室。湖北江陵、湖南长沙楚墓中出土大量的丝制品。长沙五里牌 406 号战国墓出土绸、绢残片。长沙马王堆汉墓中出土一件素纱禅衣，薄如蝉翼，衣长 128 厘米，袖长 190 厘米"。把都荆州作为南方丝绸之路长江流域的起点之一，是不成问题的。楚将庄蹻开滇，就是因为有南方丝路的商道存在，其所率两万楚兵，才能顺利到达滇国。以成都为中心的四川盆地，以重庆为中心的巴国地区，以宜宾为中心的川南及滇东北地区，以保山为中心的滇西地区，也是古代南方养蚕和产丝及丝织品的中心地区。当时养的蚕有一种为柞蚕，柞蚕是一种昆虫，比后来家养的蚕大，幼虫全身长有褐色长毛，柞蚕吃栎树上的叶子，吐的丝是丝织品的重要原料。《蚕书》说："柘叶饲蚕为丝。"《天工开物》卷上《叶料》条说："又有柘叶三种，以济桑叶之穷。柘叶，浙中不经见，川中最多。"柘叶可喂蚕。唐人樊绰《蛮书》说："蛮地无桑，悉养柘

---

① ［日］佐佐木高明：《照叶树林文化之路》，云南大学出版社 1998 年版，第 80 页。

蚕绕树。村邑人家，柘林多者数顷，笪于数丈。"这说明直至南诏时期，滇西地区养柘蚕的习俗还很盛。据《华阳国志·巴志》记载，地处今渝、鄂、湘、黔结合部地区的巴国，西周时期就发展到"桑蚕（丝）、麻、纻……皆纳贡之"的发展阶段。春秋战国时期的哀牢国（治今保山），《华阳国志·南中志》说："其地东西三千里，南北四千六百里"，"土地沃腴，有黄金、光珠、琥珀、翡翠、孔雀、犀、象、桑蚕、绵绢（坚韧的丝织品）、采帛文绣……有梧桐木，其华柔如丝，民绩以为布，幅广五尺以还，洁白不受污，俗名桐华布，以覆亡人，然后服之及卖与人；有兰干细布，兰干僚人纻（指苎麻织的布）也，织成文如绫锦（有彩色花纹的丝织品）……宜五谷，出铜、锡"。输往印度的"中国丝"，相当一部分是哀牢国的手工纺织产品。将巴（治今重庆）、蜀（治成都）、僰道（治宜宾）、哀牢（治今保山）作为南方丝路的起点也是不成问题的。我认为，由于起点存在的多元，历史上将这条路叫作"蜀身毒道"是不够准确的，应该把滇国之都作为这条路的共同起点，将它叫作"滇身毒道"。

四 余论

在结束本文之前，尚有下列三点需要论及。

（1）中国南方各民族是南方陆上丝绸之路的主要开拓者和经营者。以云南为例，早在新石器时代，云南少数民族先民就发展了较好的农业、手工业。农业以野生稻和野生绢丝虫的驯化、培育为代表。由于气候湿润温和，各地森林中有各种各样的作茧昆虫，西南各少数民族的远古先民，采各种天然虫茧抽丝，经过不断选择和培育，从众多绢丝虫中选定蚕进行饲养，并以其丝进行绢（质地薄而坚韧的丝织品）的生产。《华阳国志·南中志》所载春秋战国时期哀牢国的"桑蚕、绵绢、采帛文绣"，绝大多数当是用当地人生产的蚕丝制作的。这些当地的蚕丝，与来自蜀、巴、楚、滇等国的丝和丝织品，就呈公元前四世纪以前输往印度的中国丝和丝织品就云南而论，晋宁石塞山出土的4000多件青铜器中，有一号墓中出土的一铜鼓形贮贝器盖上，铸铜俑18人，沿边坐着纺织者，从右起，有2人在纺织，不用纺轮而以手捻之，次为6个纺织者，各用原始的腰机而织。最后一人右旁置一案，案上有织成的布二匹，案中间置有光滑形圆如卵石的石器一个，大概为最后加工把布磨光之用。这些人都向着奴隶主而坐，而奴隶主则坐于上首短梢上，双目炯炯，似在监视织布者。其周围为侍候之人……其前一人跪于地，左肩是一大布袋，似在向奴隶主有所禀述，这大概是管理者。这个场面是从纺织到织成成品的全过程。其中包括管理者、监视者。这不是一种家庭作业，因其中有七八种不同民族的服装，而是一个纺织作坊。生产者分属七八个民族，其中有滇族。滇族而外，每族仅一人。这一个图案说明，早在春秋时期，滇国就有手工作坊式的纺织业。这种纺织业出现的一个重要原因，当是适应中、印丝及其制品贸易的需要。

（2）南方丝绸之路不仅是中、印进行经济贸易的物流通道，而且是民族迁徙的走廊。在丝绸等输印度的同时，云南藏缅语族先民不断移入印度，印度居民也大量移入云南印。云南移入的被称为博多人。博多人一度在北比哈尔、北孟加拉、东孟加拉和布拉马普特拉河流域形成一个牢固的蒙古人种集团，遍布阿萨姆、那加兰、曼尼普尔、梅加瓦地等邦的卡查里是一个庞大的博多人集团，他们赋予阿萨姆居民特殊的蒙古人气质。谷格那加人传说，他们从前住在中国的云南省。在几百年前，中国发生了大饥荒，他们经由缅甸逃荒到那加山定居下来，直到今天，他们唱的一支民歌还有这样的歌词："我的第一个祖国是中国。"堂库尔那加人说，他们的祖先是由两个勇敢的兄弟自世界的东方带来的，他们要寻找一个地方定居，由于长途劳累，要找一个地方歇息，他们找到了一个地方，但很快感到气候炎热，遍地是毒虫，决定另找一个地方，他们将这个队伍分为两个部分，哥哥那尔加，率一部分向东南方推进，弟弟的队伍在平原定居下来，这就是曼尼普尔谷地。哥哥率领的队伍，到那加山区定居下来。这个传说中讲到的来自世界的东方，很可能就是古代中国的云南。

从中国移入印度的藏缅语族的先民，一部分接受了印度教，与印度的达罗毗荼人、雅利安人混血，形成雅利安—蒙古人种，但他们至今仍保存云南藏缅语族人的文化。而另一部分未与雅利安人混血，称为印度东喜马拉雅民族的人，至今还保存云南藏缅语族各民族的生产生活习俗。这些与中国民族有渊源关系的印度民族，为中、印两国人民之间的友好交往，构建了一根割不断的种族亲族的血缘纽带。南方丝绸之路的历史地位和现实价值，通过这根纽带，使人们认识得更清楚。

（3）南方丝绸之路是中、印两国人民数千年友谊的结晶。1951年1月26日，毛泽东应邀出席印度驻华大使潘尼迦举行的印度国庆庆祝会，在会上致辞说："印度民族是伟大的民族，印度人民是很好的人民。中国、印度这两个民族和两国人民之间的友谊，几千年以来是很好的。今天庆祝印度的国庆节日，我们希望中国和印度两个民族继续团结起来，为和平而努力。全世界人民都需要和平，只有少数人要战争。印度、中国、苏联及其他一切爱好和平的国家和人民团结起来，为远东和平、为全世界的和平而努力。"李克强说，中、印是"天然伙伴"，他还引了季羡林"天造地设"的话，来说明中、印之间的伙伴关系是天造地设的。毛泽东和李克强的论断，为中、印之间今天和未来深化合作指明了方向。几千年来，中、印两国和两国人民之间的友谊，将会像丝绸之路一样万古长青，随着我国实施的建设丝绸之路经济带的国家大战略的推进，南方丝绸之路必将沿着现代化的道路向前发展，为促进中、印两国和两国人民之间的传统友谊，为促进亚洲和世界的和平发展做出新的贡献。

2014 年 9 月 11 日

樊绰的《云南志》和向达的《蛮书校注》

　　樊绰撰《云南志》十卷，是唐代记载云南史事最重要的书，从该书和别的记载，知道樊绰于咸通三年（862年）二月，随安南经略使蔡袭至安南都护府（治今越南河内）。经过一年的争战，于咸通四年二月离开安南，他在安南的一年中，为帮助蔡袭了解南诏的情况，进行调查研究，收集前人记录及亲身访问所得，写成此书。他说："臣去年正月二十九日，已录蛮界程途及山川、城镇、六诏始末、诸种名数、风俗条教、土宜物产、六睑名号、连接诸蕃，共纂录成十卷，于安南郡州江口，附襄州节度押衙张守忠进献。"这里提及的就是这本书。书中记载他耳闻目睹的事不多，大都出自贞元十年（794年）前后的记录。其中卷一由戎州（今宜宾）至拓东（今昆明）路程；卷末由拓东至南诏的路程，为贞元十年南诏册立使袁滋的行程记录。卷四屡记南诏破吐蕃迁徙各族人口，为袁滋至南诏以前事。故可推知，此书中大部分材料是樊绰录自袁滋的《云南记》。这部《云南记》是袁滋至南诏册封异牟寻时所作，但袁滋仅在云南停留十日，往返旅行约两月，而《云南记》有五卷，除他所写旅程记以外，还有极其丰富的南诏史事，这些记载，当录自南诏文臣已纂成之地方志书，又被樊绰录在《云南志》里，因此樊绰之书保留了研究云南古代史的第一手资料。

　　《云南志》的内容丰富，记载云南境内的道路、山川、城镇、社会经济、政治区划、民族、语言及风俗等社会生活的方方面面，其中尤详于洱海地区的情况。从所记的材料看来，南诏在西南广大区域内，发展成为一个较大的行政单位。该书卷六载，南诏疆域有云南、拓东、永昌、宁北、镇西及开南银生等节度，贞元十年，又设铁桥节度。上述七节度所辖的区域，包括今云南全省、川南、黔西的一部分。这是从秦、汉时期以来作为一个单位而发展起来的。

那时，南诏成为一个较大的行政单位，但不脱离祖国版图。南诏自始是祖国领土不可分割的一部分，南诏皮逻阁统一洱海地区的其他五诏，是得到唐朝支持的，且六诏统一后，南诏屡遣使入朝，如该书卷三所记："当高宗时（650—683年），遣首领数诣京师朝参，皆得名见，赏锦袍锦袖紫袍"，"当天后时（685—704年），逻盛入朝"，"天宝四载（745年），阁罗凤长男凤伽异入朝宿卫，授鸿胪少卿"。据该书卷三所记，唐朝亦屡加封南诏各世主为云南王。如"皮逻阁立，朝廷授特进台登郡王，知沙壶州刺史，赐名归义"，"阁罗凤立，朝廷册袭云南王"，又如"贞元十年，以尚书祠部郎中兼御史中丞袁滋，持节册南诏异牟寻为云南王，为西南之藩屏"。南诏各世主也每以"赤心归国""世为唐臣"表示臣属于唐。这种称臣关系，不是由于南诏统治者的主观愿望决定的，主要是由于自古以来云南就是祖国领土不可分割的一部分，自古以来云南就和祖国内地发生了密切的经济文化交流，共同的经济发展要求决定了政治上必然结成不可分割的整体。由于南诏与祖国内地经济、文化的频繁交流，南诏时期各族社会生产力获得巨大的发展，农业上，水利灌溉尤其发达。如卷七载，"蛮治山田，殊为精好"，"浇田皆用源泉，水旱无损"。记其耕田技术是，"每耕田用三尺犁，格长丈余，两牛相去七八尺，一佃人前牵牛，一佃人持按犁辕，一佃人秉牛"。这种耕作技术无疑是受了中原地区的二牛三夫的耦犁耕田法的影响。所谓山田，即梯田。在手工业、矿业方面，亦受中原地区的影响而得到发展。当时南诏的纺丝织锦业极精，其技术就是从四川传入的。卷七中记载："自太和三年

（829 年）蛮贼寇西川，虏掠巧儿及女工非少，如今悉解织绫罗也。"又记其采盐业是"安宁城中皆石盐井，深八十尺……贞元十年，南诏攻昆明城，今盐池属南诏，蛮官煮之，如汉法也"。在房屋建筑方面，也受到汉族建筑的影响，如卷八所记"上栋下宇，悉与汉同"；在语言文字方面，则直接借用了汉字，南诏知识分子读的书也是儒书，不但有如郑回一样的大批汉族知识分子到洱海地区为官教书，而且在贞元以后五十多年中，南诏还派了大批知识分子到成都学习，直接吸收汉族的先进文化。文字方面，南诏德化碑就是唐代的骈体文。诗歌亦是内地的五言诗。这种密切的经济文化交流，是祖国历史发展的产物。是由我国各族人民共同努力实现的。外国侵略者鼓噪所谓南诏是"独立国家"，阴谋破坏我国的统一和各民族之间的血肉关系，今略举樊绰《云南志》所记载的史事，就可以粉碎他们的阴谋。

《云南志》卷四中，还记载了南诏境内二十多种民族的特征及其相互间的友好关系，各族的社会经济文化虽然发展不平衡，但仍以洱海地区为中心，结成一个较大的单位。这也是由南诏境内各民族的相依共生和经济文化的密切交流所决定的。各族人民休戚相关，互通婚姻，如卷四记"异牟寻母，独锦蛮之女也，牟寻之姑，亦嫁独锦蛮，独锦蛮之女为牟寻妻"。又记"青蛉蛮，衣服言语与蒙舍略同"；"顺蛮，本乌蛮种类，初与施蛮部落参居剑、共诸川，男女风俗与施蛮略同"。汉族与南诏境内各民族及南诏境内各民族之间的友好关系，正确地说明了我国民族团结的历史特点。

该书从唐代一直有抄本流传，书名曾有《蛮书》之称，但宋以后大都称《云南志》。如宋晁公武郡斋诸书志、元李京《云南志略序》、明初程本立《云南西行记》都有记载。入明初以来，不闻收藏此书，只保存在《永乐大典》里，称为《云南史记》，清乾隆年间开四库馆，从《永乐大典》辑出。由于当时封建统治阶级民族歧视的立场，改题为《蛮书》。这是诬蔑之词，它既是云南地方志书，故称《云南志》才名副其实。

该书的校注工作，辑出以后，刻在聚珍板丛书中，后有四种刻本，流传很广，也经过很多人的校释，如卢文弨、沈曾植和昆明李永清（子廉）都做过，取得一些成绩。北京大学的向达教授，抗战期间在云南也做过本书的校注，今在昆明有他当时校注的抄本。

最近向先生整理旧稿，以他丰富的隋唐史知识，对本书又做了精细的校勘和注释，题作《蛮书校注》，由中华书局出版。经过向先生的整理，成为顺畅可读的新本，他的校勘很精，如卷一记石门路，"闭石门，量行馆"一句，与上下文语意相违，殊不可晓，向先生依据今云南大关县豆沙关袁滋的摩崖题名末段的"开路置驿"一句，将原句改正为"开石门，置行馆"，这就使读者疑难冰释了。又如卷二昆池条，原本有"昆池（即滇池）在拓东城西，南百余里，四十五里"，这句话讲不通，向先生依照李永清的校注，将原句改正为"昆池在拓东城西，南北百余里，东西四十五里"。诸如此种，充分体现了向先生校注的优点。

但向先生也有疏忽之处，如原本卷七有"犀出越赕（今腾冲），高丽其人以陷阱取之"一句，向先生校改为"犀出越赕、丽水。其人以陷阱取之"。向先生说："丽水，原本作高丽，高丽在海东，未闻出犀，此处之高丽，当系由丽水而误，因改。"向先生忽略了该书卷二有"高黎贡山在永昌（今保山）西""高丽共上雪"等记载，以此，可考其原本"高丽其人"，乃是"高黎共人"之误。在校勘学中，每遇因音近形似之误，此当为一例也。又如卷一安宁城条，原本作"安宁城，后汉元鼎二年（应为后汉建武十九年，元鼎西汉武帝纪年），伏波将军马援立铜柱定疆界之所，去交趾（今越南河内）城池四十八日程"。此与史实相矛盾，马援从未到过安宁城，反之，马援在后汉光武帝建武十九年（43年）定交趾，故此条应将安宁城与交趾城互换位置，但向先生未予校注也。又如卷八人家所居条记述南诏的房屋建筑，其楼阁"脚高数丈"，据本卷记载，南诏"一尺，汉一尺三寸也"，故"脚高数丈"当是"脚高数尺"之误，但向先生没有改正。

云南古文献资料流传至今的很少，樊绰《云南志》是最可宝贵的一种，久经传抄翻刻，错漏不可解的也多，经向先生整理，有助于读此书，略为涉论以做介绍。

1963 年 1 月 2 日于云南大学

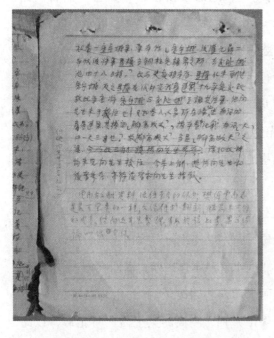

这篇底稿左边和文末有国瑜先生批改的手迹

附记：

这是我在云南大学历史系读中国民族史硕士课程，治滇史的一篇习作，题目是指导教师方国瑜先生提出的，当时向达的《蛮书校注》由中华书局出版，向先生寄书来请他指正写书评。国瑜师转给我要我完成。经过一个月对向先生大著的苦读深思，深感向先生的校注是科学而天衣无缝的，我的能力和水平很难完成国瑜师的重托。但是科学研究是无止境的，我必须从他的书中寻找到不足，而后做出一分为二的评论。世上无难事，只怕用心人，又过了数十日，我终于写出了一篇评论初稿交给国瑜师，国瑜师看后对我说："您才读研一，就能写出这样的文稿，今后可在文献学与校勘学方面多学习提高。这篇稿子我做了些修改，可寄向先生一阅。"寄北大交向先生看后，向先生在复信中以"后生可畏"四个字作答。两位先生的教诲使我永生不忘。国瑜师对拙稿的批改是十分认真的，具有师教的示范意义。我一直把它置于案头，不时体验他的学术思想和治学育人精神。1983 年 12 月 24 日，国瑜师因脑溢血在昆明病逝，我因痛失良师而无限哀伤。感到安慰的是，云南大学校长杨光俊同志向我传达省方国瑜治丧委员会的意见，要我为省治丧委员会撰写一篇悼词。因化悲痛为力量，化感谢恩师之情为动力，我撰写的悼词很快就获得了通过。今天，是国瑜师逝世三十二年的纪念日，我把这篇他教我学步，而留下他的学术思想和手迹的文稿发表出来，以作为对恩师的纪念。

2015 年 12 月 24 日

"云白铜"：引领世界铜镍合金技术约2000年的云南科技产品

  有色金属合金，是反映云南各族人民善于科技创新的一组璀璨夺目的光环。早在商代至西汉末期的云南青铜时代，他们就生产出技术含量高超的青铜器。剑川海门口、祥云大波那、楚雄万家坝等地出土的青铜器遗物就是这样。剑川海门口遗址的年代为距今 3285 ± 155 年。遗址中出土的铜钺、铜斧、铜刀，含铜量 60% 以上，含锡量 10% 左右。

  特别需要论及的是，以镍为主要元素的铜、镍合金产品白铜，其合金技术曾独占世界的鳌头。铜、镍元素可以无限固熔，形成连续固熔体。把镍熔入红铜，含量超过 16% 以上时，合金色泽就会洁白如白银。熔炼铜、镍的温度须高达 1300—1400℃，技术难度极高。白铜硬度强，耐蚀性高，色彩美观，延展性好，古时用以制造饰品、生活用具及铸币。现代广泛用于造船、石油、化工、建筑、电力、仪器仪表、医疗器械制作等工业。云南是铜、镍合金技术的原创地，这里生产的白铜被专称为"云白铜"。关于"云白铜"生产的年代，晋人常璩《华阳国志·南中志》说：朱提郡（治今昭通）的堂螂县（今会泽、巧家、东川）"出银、铅、白铜"。该书著于东晋永和三年（347年），但云南生产白铜并非始于此时。据百度百科提供的资料，秦、汉时期，大夏国（今阿富汗）就已用白铜铸造货币，其白铜的镍含量高达 20%。从合金成分、色泽、形状分析，史家认为，该国的白铜是从云南运去的。据此，至少可以说，在秦汉时期，云南的铜、镍合金技术，就已经辉耀于世界。唐宋时期，"云白铜"进一步被贩往西亚、南亚各国，波斯（今伊朗）人称它为"中国石"。16 世纪后，英国东印度公司将它从广州贩往欧洲。欧洲人以粤语"白铜"一词的译音，称其为 pakeong 或 petong。法国人杜霍尔德在 1735 年出版的《中华帝国全志》中写道："最特别的铜是白铜，其色彩和银一样，只有中国才有，也只见于云南省。"1775 年英国出版的《年纪》曾记述英国东印度公司驻广州商人勃烈将"云白铜"发回英国的情况："去年夏季，有船从中国驶抵英伦，他（勃烈）又附寄了他自云南得来的白铜……目的是为了要在英国从事实验和仿造这种中国白铜。"1882 年，英国爱丁堡大学化学师菲孚，发表他关于"云白铜"合金成分的报告："铜 40.4%、镍 31.6%、锌 25.4%、铁 2.6%。"该报告说，当时英国还没有人知道如何才能仿制这种中国白铜。过了一年，德国的海宁格尔兄弟仿制"云白铜"成功，并将这种合金改名为"德国银"或"镍银"。从此，西方开始进行大规模的工业化生产，"德国银"于是取代了"云白铜"所占据的国际市场。"云白铜"的生产发展说明，云南各族人民历史上是善于科技创新的人民。

重教育：云南历史发展的基本经验

　　早在东汉章帝元和年中（84—86 年），时任益州太守的王阜就在云南"始兴起学校"，以发展教育推进社会的进步，使社会"渐迁其俗"①。万历《云南通志》卷八《学校志》说，云南府和大理府的学校皆建于汉章帝元和二年（85 年），即王阜任益州太守时。王阜是蜀郡人，"少好经学"，"受《韩诗》""窃书诵尽日"，"侍谋童子传授业，声闻多里"，他廉政无私，身体力行倡导以树立道德为中心的社会教育，为县令，"政治肃清，举县畏惮，吏民向化"。他任益州郡太守时，"边郡吏多放纵"，他"以法绳正，吏民不敢犯禁，政教清静，百姓安业"②。学校教育、社会教育，为汉、晋时期云南实施科举制度奠定了良好的基础。土著民族，包括夷化了的汉人，有很多是那个时期的中举者、文辞著称者或大儒。如孟孝琚"十二随官，受《韩诗》，兼通《孝经》二卷"③。又《爨宝子碑》有"别驾举秀才"之语。④《华阳国志·大同志》说：太康三年（282 年），益州郡"皆举秀才、廉良"。爨龙颜"举义熙十年（414 年）秀才"⑤。南诏王"晟罗皮立

---

① 《后汉书·西南夷列传》，中华书局 1965 年版，第 2847 页。
② 《东观汉记校注·王阜传》，中州古籍出版社 1987 年版，第 500 页。
③ 《孟孝琚碑》。方国瑜考证，此碑立于永元八年（96 年）。光绪二十七年（1901 年）7 月，出土于昭通城东十里之白泥井。今存昭通一中内。
④ 《爨宝子碑》，为"晋故振威将军建宁太守爨府郡之碑"，刻于东晋大亨四年（即义熙元年，405 年）。乾隆四十三年（1778 年），出土于曲靖城南 70 里之杨旗田。今存曲靖一中内。
⑤ 《爨龙颜碑》。爨龙颜为宋龙骧将军，镇蛮校尉、宁州刺史。该碑立于宋大明二年（458 年），今存陆良县东南 20 里之贞元堡。

孔子庙于国中"①，后理国主段正淳重教育，"使高泰运奉表入宋求经籍"②。元朝时，云南行省首任平章政事赛典赤以发展学校教育、社会教育为治滇的根基。《元史·赛典赤·詹思丁传》说："云南俗无礼义……子弟不知读书，赛典赤……创建孔子庙、明伦堂，购经史，授学业，由是文风稍兴。""赛典赤建孔子庙为学校。"③ 泰定间（1324—1327 年），中庆路（治今昆明）设学校"以栖生徒，使肄业其中，置田以资饩廪，虽爨（今彝族）、僰（今白族）亦遣子入学，诸生将百五十人"（《中庆路学讲堂记》）。明、清时期是云南学校教育、社会教育快速发展的时期。洪武十七年（1384 年），明太祖命云南增设学校，"县级设书院，乡级设乡塾"。随着学校数量的增多，云南英才辈出。安宁籍人杨一清（1454—1530 年），成化八年（1472 年）举进士，历官右都御史，吏、户、兵部尚书、武英殿、华盖殿大学士，两次出任内阁首辅。其文辞学理高深，著有奏议三十卷、《石淙类稿》四十五卷、诗二十卷（《明史·艺文志·别集类》）。保山人张志淳（1457—1538 年），亦举成化进士，历官吏部主事、太常寺少卿、户部右侍郎，著有《南园漫录》十卷。大理白族人李元阳（1479—1580 年），举嘉靖进士，所著《大理府志》《云南通志》皆堪称传世佳作。清代的云南学校教育"沿明旧"，但在康熙"致治之道，首重人才，储养之源，由于学校"（《清圣祖实录》）的治政思想启导下，又有大的发展。清代云南强化科举取士制度如内地省区，"得人之盛，远轶前代"（《清史稿·选举志三》），数量不仅比明代多，而且科举类别比明代全。其中洱源白族人王崧（1752—1837 年），嘉庆四年（1799 年）进士，官山西武乡县令，编有《道光云南志抄》及《云南备征志》二十一卷。弥渡人师范（1751—1811 年），嘉庆六年

---

① 杨慎：《滇载记》，中华书局 1985 年版，第 4 页。

② （明）倪辂辑：《南诏野史》上卷，光绪庚辰春云南书局刻，第 40 页 a 面。

③ 《元史·赛典赤·詹思丁传》，中华书局 1976 年版，第 3069 页。

（1801 年）中举，官安徽望江县令。著书百余卷，其中《滇系》四十卷为云南史志名著。石屏人袁嘉谷（1872—1937 年），光绪二十九年（1903 年）中经济特科进士第一名，人称"特科状元"，授翰林院编修，官浙提学，兼署布政使，著有《卧雪堂文集》《卧雪堂诗集》《滇绎》等名著。光绪二十八年（1902 年）云南建立高等学堂，各府、州、县普建中学、小学。高等学堂后来发展为两级师范学堂，其中的优级培养中学教员，初级培养小学教员。1902 年后又建方言（学英、法文）、东文（学日文）、政法、工矿、农业、工业、蚕桑、商业、铁路、武备、陆军讲武等学堂。陆军讲武学堂宣统元年（1909 年）重建，后发展为国内外有重要影响的武官培养基地。

大量史事说明，发展教育是贯穿数千年云南社会发展史的一条主线。历史启示我们：教育是社会进步的源泉、动力和保证。记取这一历史的启示，对今天发展现代国民教育，实施国家发展的核心战略，是有重要意义的。

重农、治水、不违农时：
云南农业经济的优良传统

　　重农、治水、不违农时是云南历史上力促农业发展的优良传统。

　　战国时，楚国庄蹻开滇之所以成功，靠的就是"重农"，他以发展"滇池地方三百里，旁平地，肥饶数千里"的农业为基础而建立滇国。秦、汉在云南成功置吏设郡，也是以发展农业为支柱的。先后任朱提郡（治在今昭通）、益州郡（治在今昆明）的太守文齐，因重视农业而名留青史。在朱提郡，文齐"穿龙池、溉稻田，为民兴利"；在益州郡，他"造起陂池，开通灌溉，垦田二千余顷"（《华阳国志·南中志》）。三国时，诸葛亮也以发展农业为安定"南中"、平定天下的国策。他把建宁郡治从滇池县（治在今晋宁）移到味县（今曲靖），并大开屯田，使味县具有"屯下"的称呼；经过"屯田"兴农，建宁郡一跃而发展成为南中的政治、经济、文化中心。与此同时，诸葛亮还令李恢将永昌郡（今保山市和德宏地区）的"濮民数千落"移民到今楚雄地区从事农耕，濮民"徙居平地，建城邑，务农桑"，社会获得了长足的进步。唐朝时期，南诏国重视农耕技术的开拓，牛耕农业发展到一个更高的阶段；稻麦复种制与江南先进农业地区相埒；不违农时的农耕制度得以创立；保护水土流失的梯田农业，使山区农业生态步入人地共生的循环系统。樊绰在《蛮书》卷七中说：大理等地"每耕田用三尺犁，格长丈余，两牛相去七八尺，一佃人前牵牛，一佃人持按犁辕，一佃人乘耒"。

元朝实行"安业力农"的政策，在中央设立"劝农司"，在各省设立"劝农使"，并颁发《农桑辑要》，推广农业技术，"招怀生民"。为扩大滇池地区的灌溉面积，消除水旱灾害，云南行中书省平章政事（省长）赛典赤，云南"劝农使"张立道，向元世祖忽必烈提出治理滇池的方案，并力而行之，他们把治理滇池的工程分为上、中、下三段，在上段疏浚盘龙江，建松花坝水库；在中段疏浚盘龙江、金汁河、银汁河、马料河、宝象河、海源河等河道，将疏河、筑堤、建坝、修涵、泄洪及适时放水或闭水融为一体。又开岔河十二条，地河七十二条；在下段疏浚海口河，以解决洪水季节宣泄不畅的问题。公元1273年，劝农使张立道率丁夫两千人，用了三年时间，清除了海口河到石龙坝、龙王庙一带河道的积沙和淤泥，又整治了海口河内的鸡心、螺壳、牛舌等处险滩，清理了螳螂川、普渡河至金沙江的河道。其中海口至平地哨约十公里的一段河床，在清除淤泥的基础上挖低，以利湖水宣泄，在海口修建三座大型石闸，共二十一孔，以控制滇池水位，石闸至今保存完好。

明朝时期，云南"重农"的特点是开展军、民、商屯田，扩大耕地面积。"军屯"用以养兵，所谓"养兵百万，不费百姓一粒米"；"民屯"用以安民，鼓励无地和少地的农民开垦田地。从洪武中后期开始，到正德五年（1510年），云南军屯的数字从四十三万五千多亩，扩大到一百二十七万六千多亩，121年中，仅军事屯田的面积就扩大到3倍。

清朝时期，云南"重农"的特点是开发山区，大力推广适宜山区生态环境的玉蜀黍和马铃薯的种植，以解决山区少数民族的生存问题，使山区和坝区人民安居共处。云南巡抚吴其濬在其所著《植物名实图考》中说："玉蜀黍，《云南志》曰玉麦，山民恃以活命"；"阳芋，滇、黔有之，疗饥救荒，贫民之储"。清代云南"重农"和开发山区的一个特点是，十分珍惜及合理利用每寸土地，对耕地、林地、牧地、湿地、矿产地进行有序的开发利用和保护。为保护林地，政府对入山"搭寮棚居住，砍树烧山，艺种包谷"的"流民"进行严格的管理。自道光年开始，云南将乱开乱砍的"流民""俱系入保甲编查，立册给牌"。面对因人口增长而对土地需求增大的矛盾，则在合理利用土地的原则下，对荒地进行有限制的开发。如在临安府（治在今建水），只准"流民""依山麓平旷处开凿田园。……至山势峻极，蹑坎而登"。结果使山区出现耕田"层层相间，远望如画"（嘉庆《临安府志）的图景。

水是生命、生物存在的自然基础，更是农业经济的命脉。"重农必须重水"，这是云南历史留给我们的重要启示。水资源的补给靠大气降水，赋存形式为地表水、地下水、土壤水。通过大气降水，它以自然循环的形式逐年更新。云南由于受季风的影响，降水主要集中在夏季，大气降水量及地表水之赋存远远不能满足天然生态、人工生态两大系统的需要，缺水的矛盾突出。而降水季节的过分集中，使水资源的大部变为洪水径流量，这不仅引起春旱夏涝，而且造成江河的汛期洪水和非汛期的枯水，降水量年际间的剧烈变化，更造成江河的特大洪水和农业区的严重枯水；为了发展农业，克服水资源短缺和旱涝灾害，云南历史上有治理和改造水环境的优良传统。如在元朝治理滇池的基础上，明朝、清朝又相继启动大规模的滇池治理工程。明朝正德年间"云南巡抚陈金，役军队夫卒数万，浚其泄处，于是池水顿落数丈，得池旁腴田数千顷，夷、汉利之"（正德《云南志》）。清代康熙、雍正、乾隆、道光时期，又对滇池进行了九次治理。其中雍正三年（1725年）云贵总督鄂尔泰、云南巡抚张允隋、水利道副使黄士杰领导的一次治理，成效最为显著。清代建立的滇池管理制度和河道的岁修制度，曾经被作为云南重农治水的范例。云贵总督鄂尔泰的《修浚海口六河疏》，云南巡抚王继文的《请修河坝疏》，云南水利道副使黄士杰的《六河总分图说》，孙髯翁的《盘龙江水利图说》，都是这个时期出现的治水名著。其中黄士杰的

《六河总分图说》具有较大的理论和实践意义，是当时的设计理念和施工方案的总结，具有长远的科学技术价值。

明、清云南的重农治水是全省性的，几乎各县都有因治水兴农而载入史册的史事。如以今石林县为例，该县大可村的治水碑文说："民以耕为本，耕以水为先。"明嘉靖二十二年（1534年），该县邹国玺倡筑鱼池堰，开东山沟、小乐台旧沟，引黑龙潭水灌溉；明神宗十三年（1585年），跃宝山村民张爱普、毕季礼等六人，又"穿十二丈岩岭，筑丈八高之石闸灌溉万顷，泽被万民"（《月湖碑序》）。

不违农时是农业生存者自来坚持的生产原则。南诏时期，樊绰《蛮书》卷七说：滇中地区，"土俗唯业水田。种麻豆黍稷，不过町疃。水田每年一熟。从八月获稻，至十一月十二月之交，便于稻田种大麦，三月四月即熟。收大麦后还种粳稻。小麦即于冈陵种之，十二月下旬已抽节，如三月小麦与大麦同时收刈"。又说："蛮治山田，殊为精好。"《南诏德化碑》说：其"高原为稻黍之田，疏决陂池，下隰树园林之业。易贫成富，徙有之无，家绕五亩之桑，国贮九年之廪"。鸦片战争以后，西方帝国主义侵略我国，清廷拙于应付，订下各种不平等条约，云南坠入半封建半殖民地的深渊。农业一蹶不振，灾害肆虐，"省城一带洪水暴起，田园庐舍，一夕荡然"。"迤东迤南，赤地千里，人民之困于饥馑者，不下数百万。"（《云南杂志选辑》）辛亥革命后，云南军都督府在蔡锷的都督下成立农林局，调查土宜、水利、气候、荒地，推动农业发展，但因半封建半殖民地社会性质的制约，农业生产停滞不前，农村的贫困面貌无改变。

云南历史发展告诉我们：农业兴，百业兴，农业遭到破坏，则百业衰落，人民无以为生，社会无以为稳。邓小平说："总结历史是为了开辟未来。"① 我们应把云南重农、治水、不违农时的优良传统世世代代坚持下去。

---

① 《邓小平文选》第3卷，人民出版社1989年版，第271页。

云南多民族格局的形成

云南少数民族的渊源及历史演变根据出土文物和考古研究证明，早在远古时期，云南就有人类在此繁衍生息。距今 170 万年前的元谋人化石和石器的出土，以及早期智人昭通人、晚期智人蒙自人、昆明人、西畴人、姚关人化石及其遗物的发现，均说明自远古时代开始，云南就有人类的生活与生产活动，并创造了具有本土特色的旧石器时代文化。云南新石器时代文化遗址、遗物的出土，进一步说明，早在新石器时期以及其后的各个历史发展时期，云南本土先民，就与先后进入云南地域内的各民族先民不断发生融合或分化，如与黄河中下游的华夏族先民、中国西北的氐羌族先民、中国东南的濮越族先民，以及东南亚半岛的孟高棉民族先民，进行密切的交往，相互发生大交流、大融合和大分化，不断融合、分化出新的部落和部族，形成新的民族共同体。许多经济、文化互异的部落、部族，不仅从原始氏族中产生，而且在后续的发展中不断出现新的族群、族别。

一　夏、商、周至秦汉时期的族群与族别

云南古代的民族先民部落与部族，中国史籍上早有记载。据《史记·西南夷列传》载："南夷君长以什数，夜郎最大；其西靡莫之属

以什数，滇最大……此皆魋结耕田邑聚；其外，西自同师（今保山）以东，北至叶榆（今大理），名为嶲、昆明，皆编发，随畜迁徙，无常处，无君长。"除滇、嶲、昆明以外，史籍中早期出现的部落或部族，还有叟、和蛮、西僰、哀牢、句町、僚、濮、越、苞满、旄牛夷、白狼夷、越裳、滇越、掸、鸠僚等。其中，滇、叟、和蛮主要活动在滇池地区；嶲、昆明在洱海地区；西僰在今昭通市及毗邻地区，《史记·司马相如传》说："西僰之长，常效职贡。"哀牢在今保山及毗邻之地，《后汉书·西南夷列传》说，其王"九隆死，世世相承"。九隆，当为公元前三百年东周时代的人物；句町在今文山及毗邻地区。《华阳国志·南中志》说："句町县，故句町国"，"置自濮王，姓毋，汉时受封迄今"。濮、越分布广及全省，杜预《春秋释例·土地名》说："建宁郡南有濮夷，濮夷无君长总统，各以邑落自聚，故称百濮。"越人史称百越，《华阳国志·南中志》说："南中在昔盖夷、越之地。"秦汉时期，史籍中出现苞满的记载，主要从中南半岛迁入永昌郡内，《史记·司马相如传》说："定筰存邛，略斯榆，举苞满。"旄牛夷、白狼夷为从西北迁徙来的氐羌分支，主要在金沙江流域和雅砻江流域广泛分布。越裳、滇越、掸、鸠僚，均从中国东南百越中的骆越分化出来，成为文化特征相同的掸泰民族群体。

二　三国至唐、五代、宋时期的族群、族别

据唐代樊绰《蛮书》记载，先期史籍中曾出现的族群、族别，三国至唐、宋时期又分别发展演变为爨蛮（包括东爨乌蛮、西爨白蛮）、徙莫祇蛮、和泥蛮、施蛮、顺蛮、么些蛮、古宗蛮、锅锉蛮、寻传蛮、裸形蛮、金齿蛮、银齿蛮、茫蛮、扑子蛮、望蛮等部族与族别。

东爨乌蛮，是分布最广、人数最多、内部最复杂、不断处于融合分化中的族群，主要分布于今昭通等滇东北地区。

西爨白蛮因在爨氏家族统治的偏西地区而得名，主要分布在曲靖、昆明一带，受汉族文化影响较大。

唐代中期，巍山地区乌蛮建立地方部落政权蒙舍诏。在唐王朝支持下，蒙舍诏统一洱海地区六诏，建立南诏国地方政权。唐天宝年间，南诏兼并西爨，将滇中20余万户白蛮迁至滇西大理、保山一带。此后，南诏国与唐王朝爆发"天宝战争"，俘虏十几万汉族将士。"安史之乱"又使朝廷无暇顾及西南边疆，南诏便四处征战扩展势力，西略骠国（今缅甸）、两陷安南（今越南）、掠邕州（今广西南宁）、攻黔州、四攻成都，掳掠了包括汉族在内的数十万各族民众。这些民众与当地民族融合、分化后，南诏末、大理国初期形成史籍中称为"洱滨人""白蛮""白子""白人""民家"新的民族共同体。

唐、宋时期属"邛笮五夷"部的"寻传蛮"，元、明时期史籍称"峨昌""莪昌"，出现于滇东，后居滇中，分为东、西两部分：东部分布于澜沧江及金沙江以东泸水地区，明、清时期融入当地民族之中；西部则分布于今怒江州片马、古浪、岗房一带，后分化为"裸形蛮"的部族，唐代西迁至今缅甸克钦邦一带，发展成为景颇族的载瓦支系。

唐、宋时期，史籍称鸠僚为"金齿""茫蛮""白衣"等，主要从百越中的骆越发展而来，从越裳、滇越、掸、鸠僚发展而形成文化特征相同的掸泰民族群体。

秦、汉时期，文献称为"越""濮越""僚"等，均出自百越中的骆越支系。隋、唐时期，称为"俚""僚""布云""都云""仲夷"等。

东汉初年，将苞满族系众多部落群体纳入永昌郡范围，统称为闽濮。汉、晋时期，朴子蛮、望蛮从闽濮中分化出来，为孟高棉语族的部族。其中，朴子蛮分布于滇南、滇西和澜沧江西岸一线，望蛮则主要分布于澜沧江西北地区。

南北朝时期，从僰族、叟族和昆明族中分化出徙莫祗蛮，介于乌蛮与白蛮之间，史籍中称为"白罗罗撒摩都"，主要分布于曲靖、昆明、楚雄、红河一带，为东方乌蛮三十七部之一。

唐、宋时期，"旄牛夷""白狼夷"在史籍中已较少出现而改为"摩沙夷""磨些蛮"。

唐、宋时期，和蛮从乌蛮中分化出来。乌蛮语称山区为"和"，和蛮即居住在半山区的民族群体。主要分布分为两大片：东部分布在今滇东南的红河、文山两州，西部则与乌蛮、白蛮杂居。元代，和蛮被写为"禾泥""斡泥"。

三国至唐代，唐代汉文献称为"昆明诸种"的"锅锉蛮"部，活动于今永胜、姚安、巍山一带，宋代聚居巍山、弥渡之间。唐初，被史家称为施蛮、顺蛮，主要活动于今云南剑川、鹤庆、丽江一带，唐中叶被南诏迁至今祥云、弥渡红岩等地。

公元 7 世纪以前，史籍中称为"西蕃""巴苴"的部落部族，是当时西昌地区的主要民族之一。蒙古进军大理时，一支加入蒙古军进入云南，在今宁蒗、丽江（今古城区、玉龙县）、维西、兰坪、永胜县一带定居下来。

从内地进入滇东北的华夏族先民，通过与当地族群通婚等方式，"夷化"融入当地民族尤其是僰族之中，后形成南中大姓并建立"爨"氏为主体的地方政权。

三 元、明、清、民国时期出现的族群与族别

除历代延续下来的族群族别外，这一时期也有不少是新出现的。如么些、力些（施蛮、顺蛮）、怒、俅、古宗、西番、百夷、蒲人、

佤、崩龙、哈剌、倮黑、攸乐、遮西、罗罗、白人、窝泥、苗、瑶、僚、侬人、沙人、土人、仲家、蒙古、回等，是这一时期有代表性的族群和族别。

么些由秦汉时期的旄牛夷、白狼夷和唐、宋时期的摩沙夷、磨些蛮发展演化而来；力些即施蛮、顺蛮，主要居住在丽江等川滇交界区域，后形成"栗粟"；元明史籍中，陆续出现"僧耆""庐鹿蛮""潞蛮"的记载，主要活动在怒江、独龙江一带；活动于迪庆一带的"吐蕃"族群，元、明、清史籍中称为"西番""古宗"等不同称呼；元初跟随蒙古军队进入云南丽江地区的"西蕃""巴苴"，明、清史籍称为"西番"；唐、宋称"金齿""茫蛮""白衣"等以骆越为主体的百越民族群体，元、明、清时期被称为"百夷""摆衣"。其中，分布滇南和滇西南的称"金齿""白衣"，分布在西双版纳的部分又称为"茫蛮"；元、明史籍中的朴子蛮，被记为"蒲蛮""蒲人"。蒲人主要聚居在今德宏州、临沧市和保山市地区的部分地区。清代史籍中，蒲蛮改称为"崩龙"，主要聚居在今西双版纳州、临沧市和普洱市部分地区；唐、宋时期的望蛮，元代不见于史籍，明代才又改变为"古剌""哈剌""卡佤"，主要居住在今云南普洱市、临沧市、保山市和西双版纳州部分地区；锅锉蛮，清代迁徙至临沧、普洱地区，史籍称为"倮黑"，"果葱""苦葱""苦宗""苦聪"是"倮黑"支系；清朝史籍中，始出现"三撮毛"的记载，因其头发留中、左、右三撮而得名，主要居住于普洱市以及滇西边境各县；"寻传""裸形蛮"，元、明载瓦支和浪速支自称"峨昌""莪昌"，明史称"羯些""遮些（西）""结些"等，民国称为"山头族"，称景颇支为"大山"，载瓦支为"小山"。

南诏、大理时期，以乌蛮为主体分化出"鹿卢蛮"。元朝，"鹿卢"被译写为"罗罗"，逐渐成为各地具有近亲关系族群的共同称呼。

唐、宋时期的和蛮，在元代被写为"禾泥""斡泥"。明代，文献中又改为"窝泥""和泥""倭泥"。

苗族是中国古老的民族。尽管南诏时期就有苗族先民迁入滇东南，但绝大部分是元、明、清时期从贵州、广西、重庆等地迁徙到云南，主要分布在滇东北昭通、东川、曲靖和滇东南文山等地区。

瑶族与苗族同出于武陵蛮。魏晋南北朝、隋唐时期，史籍称"莫徭"。苗、瑶分化后，苗族分布偏北，向西迁移进入云贵川；瑶族则分布偏南，向南、西南深入广东、广西、云南、贵州。

夏、商时期，史籍有关于濮、滇濮、句町、濮人的记载。商、周以后，史称夷越（骆越）、滇、句町。三国至隋唐时期，又称僚、溪峒蛮僚、鸠僚、侬人、沙人、土僚。

元宪宗三年（1253 年），忽必烈率军征云南，为首批进入云南的蒙古族。元朝，建立云南行中书省，又有大批蒙古族人来云南屯垦戍边落籍。

汉晋及唐代，史籍记载云南与西域诸国进行商贸活动，云南已有回族先民和清真寺存在。元宪宗三年（1253 年），忽必烈率军征云南，军中将士除蒙古人外还有西域回族人，部分将士留居下来。元代，设云南行省，中亚布哈拉人赛典赤·詹思丁任平章政事，其后裔在云南繁衍生息。明洪武十四年（1381 年），明军平定云南，回族人沐英镇守云南。明朝，在云南实行军屯、民屯、商屯和三征麓川，一些回族军士及民众进入云南并定居下来。回族与汉族等民族通婚，普遍采用汉名汉姓，聚族而居，最终形成回族。

先秦时期，云南就有华夏先民活动的记载。公元前三世纪，楚国将领庄蹻率兵入滇称王，是历史记载中进入云南数量较多的一次内地移民。秦朝开筑"五尺道"，修路工大多是来自内地的汉族先民。汉朝对西南夷地区实施屯田政策，汉族移民大批进入云南，沿商道一线的汉族移民居住区开始形成。西汉末至东汉初，定居云南的汉族逐渐夷化为"南中大姓"，两晋时期成立爨氏地方政权。公元七世纪，南诏与唐王朝之间爆发"天宝战争",唐军被俘的十几万汉族将士被融入当地。此后,南诏四处征战,掳掠了几十万汉族人口进入洱海地区。元代以前,汉族人口数量较少,大多被"夷化",基本无保持汉族特征的民族共同体。元朝,汉族开始有规模地进入云南,大多保留了汉族民族特征,成为云南最早的汉族人口。明朝,通过军屯、民屯、商屯以及迁移中土大姓实滇等一系列手段,近百万汉族入滇,汉族人口第一次超过了其他民族,成为云南的主体民族。

四 关于云南各民族源流的研究

对云南各民族渊源的研究,学术界主要有"土著说""非土著说"两种。前者认为,云南的古代土著民族,系土生土长,是纯土著;后者认为,云南各民族先民,除古代土著民族以外,均从外地迁来,不是来自西北的氐羌族群,就是来自东南的百越族群,以及来自东南亚半岛的苞满族群,或来自湘、川、鄂西、黔东南的苗、瑶族系。由于民族是一个动态、不断发展变化的群体,其渊源不可能是单一的原生体,只可能是多元的融合体。由于西北的氐羌人、东南的百越人、东南亚的苞满人,大量融合于云南土著,所以学术界常用羌系、越系、苞满系来划分云南的土著民族。前述第一个时期,即夏、商、周至秦汉时期出现的滇、嶲、昆明、叟、僰、哀牢;第二、第三个时期,即三国至唐、五代、宋和元、明、清、民国时期的爨蛮、徙莫祇蛮、和泥蛮(窝泥)、施蛮、顺蛮、么些蛮、锅锉蛮(倮黑)、寻传蛮(哦昌)、遮西蛮、裸形蛮、望蛮(哈剌)、古宗、西番、罗罗、白人、倮黑、伖、力些、怒等,为氐羌系;百濮、百越、句町、百夷、僚、金齿、银齿、茫蛮等,为百越系(濮人后融入越人);蒲蛮、望蛮、扑子蛮、哈剌、崩龙等，为苞满系。尽管学术界对云南古代民族渊源有不同的看法，但将滇、嶲、昆明、叟、西爨、哀牢、爨、徙莫祇、罗罗视为今彝族的先民；将和泥蛮视为哈尼族的先民；将白人视为今白族的先民；将百越、百濮、僚、句町、侬人、沙人、土人、仲家视为今壮族、布依族、水族的先民；将茫蛮、百夷、金齿蛮、银齿蛮视为今傣族的先民；将么些视为今纳西族的先民；将锅锉（倮黑）视为今拉祜族的先民；将施蛮、顺蛮、力些视为今傈僳族的先民；将寻传（峨昌）视为今阿昌族的先民；将裸形蛮、遮西蛮视为今景颇族的先民；将古宗视为今藏族的先民；将西番视为今普米族的先民；将俅人视为今独龙族的先民；将怒人视为今怒族的先民；将苞满、蒲蛮、扑子蛮、望蛮（哈剌）视为今布朗族（濮曼）、德昂族（濮龙）、佤族（濮饶）的先民；将攸乐视为今基诺族的先民，是符合历史实际的。

另外，云南的蒙古族、回族是元朝进入云南的；满族是元、明、清时期进入云南；苗族、瑶族是元、明、清时期先后从湘、黔、川、鄂西等省迁入的。汉族进入云南的历史悠久，先秦时期就有华夏族先民的记载。但元代以前，汉族先民主要是"夷化"融入当地土著民族之中。元代及之后，开始有保留汉族文化特征的群体并形成独立的聚居区，成为云南最早的汉族。明代，通过军屯、民屯、商屯和大规模移民，汉族人口第一次超过当地其他民族，成为云南的主体民族。

2014 年 8 月 5 日

云南土著民族的民俗

一　么些、栗些、怒、古宗、西番诸族

（一）么些

　　么些为今纳西族先民。正德《云南志》说："所居用园木纵横相架，层面高之，至十八尺，即加桁，覆以板，石压其上，房内四面皆施床榻，中置火炉，用铁练刳木甑炊爨其上。"其地好畜牛羊，产名马。"男女无少长，出入常带大小二刀，以锋利为尚，大者长三尺许，小者长尺许，富贵者刀错以金银，系饰以砗磲等物。"永乐十六年（1418 年），丽江、兰坪地区开始建学校，推广汉文化。当时"云南诸土官知诗书，好礼守义，以丽江木氏为首"（《明史·土司传》）。汉族文化的推广促进了么些政治经济的发展。"万历间（1573—1620年），丽江土知府木氏渐强，日率么些兵攻吐蕃，吐蕃建碉楼数百以御，维西之六村、喇普、其宗皆要害，拒守尤固。木氏以巨木作碓曳以击碉，碉悉崩，遂取各要地，屠其民而徙么些戍焉，自奔子栏以北皆降。于是，自维西及中甸、巴塘、里塘，木氏皆有之。"（光绪《续云南通志稿》）在学习推广汉文化的同时，以么些人"迹专象形，人则图人，物则图物"（《维西闻见录》）为代表的东巴传统文化，也得

到了快速发展。由于么些人的社会经济发展不平衡，许多地方的么些人至清代仍保有元、明时期的民俗。雍正《云南通志》说："今丽江之夷，总称么些，而永北、禄丰亦皆有其类。……男子以绳缠头，耳戴绿珠，妇人布冠。好畜牛羊，勇厉善骑射，挟短刀。……俗俭约，饮食疏薄。岁暮，竞杀牛羊相邀请，一客不至，则为深耻。正月五日，登山祭天。人死，以竹簊舁至山下，无贵贱皆焚之。"

（二）栗些

栗些为今傈僳族先民。道光《云南通志》引《皇朝职贡图》："傈僳，相传楚庄蹻开滇时便有此种，无部落，散居姚安、大理、永昌等府。其居六库山谷者在诸夷中为最悍，其居赤石崖金江边地与永江连界者，依树木岩穴，迁徙无常。男人裹头，衣麻布，披毡衫，佩短刀，善用弩，发无虚矢。妇女短衣长裙，跣足，负竹筐出入，种荞稗，随地输赋。"北胜州（今永胜）的"栗些居山林，无室屋，不事产业（农业），常带药箭弓弩，猎取禽兽。其妇人则掘取草木之根以给日食。岁输官者惟皮张"（《景泰云南图经志书》）。云龙州的"栗些衣麻布直撒衣，披以毡衫，以毳为带束其腰，妇女裹白麻布衣。善用弩，发无虚矢，每令其妇负小木盾径三四寸者前行，自后发矢中其盾，而妇无伤，以此制服西番"（天启《滇志》）。

（三）怒

"怒"为今怒族先民。主要分布在今福贡、贡山、兰坪、维西地区。天启《滇志》卷三十说：怒人，"男子发用绳束，高七八寸，妇人结布于发。其俗大抵刚狠好杀"。雍正《云南通志》说："鹤庆府维西边外，过怒江十余日，有野夷名怒子……于本朝雍正八年（1730年），相率到维西，将虎皮二十张、山驴皮十张、麻布三十方、黄蜡八十斛充贡，愿永为年例。"余庆远《维西闻见录》："怒子居怒江内，界连康普、叶枝、阿墩之间，迤南地名罗麦基，接连缅甸，素号野夷。男女披发，面刺青文。首勒红藤，麻布短衣。男着袴，女以裙，俱跣。覆竹为屋，编竹为垣。谷产黍、麦，蔬产薯蓣及芋，猎禽兽以佐食。无盐，无马、骡，无盗，路不拾遗。非御虎豹，外户可不扃。人精为竹器，织红文麻布，么些不远千里往购之。"

（四）古宗

古宗，今云南藏族先民。披长毡裳，种蔓菁、麦稗（青稞）（天启《滇志》）。康熙《云南通志》："古宗，西番之别种。滇之西北与吐蕃接壤，流入境内，丽江、鹤庆有之。"道光《云南通志》引《皇朝职贡图》："古宗乃西番别种，先为吐蕃部落，与滇西北接壤，流入鹤庆、丽江、景东三府，土流兼辖，与民（指汉族）杂居，男子戴红缨黄皮帽，耳缀银环，衣花褐，佩刀系囊，着皮靴。妇人辫发，以珊瑚、银豆为饰，着五色布衣裙，披花褐于背，足履革靴。种青稞，牧牛马为生。颇知礼法。输赋唯谨。"

（五）西番

西番为今普米族先民。居永宁（今宁蒗）、北胜（今永胜）、浪蕖（今宁蒗），其俗"佩刀披毡，无室屋，夏则山巅，冬则平野以居，畜多牛马，有草则住，无草则移，初无定所"（《景泰云南图经志书》），尚处在随水草而居的游牧经济阶段。天启《滇志》说：其族"有缅字（藏文）经，以叶书之"。道光《云南通志》引《皇朝职贡图》："西番本滇西北檄外夷，又名巴苴，流入永北、丽江二府。居深山，聚族而处。男子辫发，戴黑皮帽，麻布短衣，披毡单，以藤缠左肘，跣足，佩刀，伐竹为生，不通汉语，妇女辫发，缀以玛瑙砗磲，亦衣麻披毡，系过膝筒裙，跣足。地种荞麦。纳粮。"

二　百夷、蒲人、峨昌、哈刺、倮黑、基诺、遮些诸族

（一）百夷

百夷为今傣族的先民。元朝时称"金齿百夷"；明朝时称百夷。居今德宏地区的称大百夷；西双版纳地区的称小百夷。清朝时百夷写作"摆夷"，大百夷称"旱摆夷"，小百夷称"水摆夷"。关于百夷的分布，元人李京《云南志略》说："西南之蛮，百夷最盛，北接吐蕃，南抵交趾，风俗大概相同。"（《云南志略》，载涵芬楼《说郛》）又明代钱古训、李思聪《百夷传说》："百夷，即麓川平缅也。地在云南之西南，东接景东府，东南接车里（今西双版纳），南至八百媳妇（今泰国北部之清迈、清莱府），西南至缅甸（今缅甸曼德勒地区），西连戛里（今缅甸钦敦江流域地区），西北连西天古刺（今印度阿萨姆邦），北接西番（今西藏），东北接永昌（今保山）。"

元朝时，金齿百夷的风俗如下：

> 记识无文字，刻木为约。酋长死，非其子孙自立者，众共击之。男子纹身，去髭须鬓眉睫，以赤白土傅面彩绘，束发，衣赤黑衣，蹑绣履，带镜，呼痛之声曰阿也韦。绝类中国优人。不事稼穑，唯护养小儿。……妇女去眉睫，不施脂粉，发分两髻，衣文锦衣，联缀珂贝为饰，尽力农事，勤苦不辍，及产方得少暇，既产即抱子浴于江，归付其父。……风土下湿上热，多起竹楼，居濒江，一日十浴，父母昆弟惭耻不拘，有疾不服药，惟以姜盐注鼻中。……攻城破栅，不杀其主，全家逐去，不然，囚之至死。嫁娶不分宗族，不重处女。……女子红帕首，余发下垂。未

嫁而死，所通之男人持一幡相送，幡至百者为绝美。父母哭曰：女爱者众，何期夭耶！交易五日一集，旦则妇人为市，日中男子为市，以毡、布、茶、盐互相贸易。地多桑柘，四时皆蚕。金裹两齿谓之金齿蛮，漆其齿者谓之漆齿蛮，文其面者谓之绣面蛮，绣其足者谓之花脚蛮，彩绘分撮其发者谓之花角蛮。[①]

明朝时，据钱古训、李思聪《百夷传》记载：

其俗男贵女贱，虽小民视其妻如奴仆，耕、织、贸易、差徭之类皆系之，非疾病，虽老不得少息。公廨与民居无异。虽宣慰府亦楼房数十而已。制甚鄙猥以草覆之，无陶瓦之设。头目、小民皆以竹为楼。

无城池可守，惟因高山为砦而已。无陶瓦之房，无仓廪之积，无租赋之输。每年于秋冬收成后，遣亲信往各甸计房屋征金银，谓之取差发；每房一间输银一两或二三两。

虽贵为把事、叨孟，见宣慰莫敢仰视。凡有问对，则膝行以前，三步一拜，退亦如之，贱见贵，少见长皆然。侍贵人之侧，或过其前，必躬身而趋。筵宴则贵人上坐，僚属厮役列坐于下。无中国文字，小事则刻竹木为契，大事则书缅字（老傣文）为檄，无文案可稽，刑名无律可守。

凡生子，贵者以水浴于家，贱者则浴于河，三日后以子授其夫，耕织自若。头目有妻百数，婢亦数百人，少者不下数十。虽庶民亦有十数妻者，无妻妾之分，无嫉妒之嫌。

男子皆衣长衫，宽襦而无裙，官民皆髡首跣足，有不髡者，则酋长杀之，不跣足者，则众皆嗤之，曰妇人也，非百夷种类也。妇人则绾独髻于脑后，以白布裹之，不施脂粉，身穿窄袖白

---

① （元）李京：《云南志略辑校·诸夷风俗》，王叔武校注，云南民族出版社1986年版，第86页。

布衫，皂布桶裙，白行缠，跣足，贵者以锦绣为筒裙，其制作甚陋。

父母亡，不用僧道，祭则用妇人祝于尸前，诸亲戚邻人各持酒物于丧家，聚少年百数人，饮酒作乐，歌舞达旦，谓之娱尸；妇人群聚击碓杵为戏，数日而后葬。葬则亲者一人持火及刀前导，送至葬所，以板数片如马槽之状瘗之，其人平生所用器皿、盔甲、戈盾之类，坏之以悬墓侧而自去，后绝无祭扫之礼也。又有死三日之后，命女巫刹生祭送，谓遣之远去，不使复还家也。①

（二）蒲人

蒲人为今布朗、德昂族先民。道光《云南通志》引《皇朝职贡图》说："蒲人即蒲蛮……元泰定间……以土酋猛氏为知府，明朝因之。宣德中改土归流。今顺宁（驻今凤庆）、澄江、镇源、普洱、楚雄、永昌、景东等七府皆有此种。"《顺宁郡志余钞》："蒲人穿麻布衣，女子用青布裹头，戴箬帽，耳戴大银环或铜圈……婚娶无礼文，惟长幼跳踏。吹芦笙为孔雀舞。……住山寨茅屋中……多刻木记数。"

蒲人事耕锄，所种荞麦、棉花、黑豆。知汉语，通贸易。永昌府（驻今保山）蒲蛮"咸慕汉俗，而吉凶之礼多变其旧"（谢肇淛《滇略》）。居澜沧江以西的蒲人，其俗与永昌府城近郊的不同。"其性勇健，髻插弩箭，兵不离身，以采猎为务。骑马不用鞍，跣足，驰走如飞。男子出外，妇人杜门绝客，禁杵臼，静坐以待其至。有罪无分轻重，酋长皆杀之。有战斗，杀犬分肉为令，击木为号，讲和则斫牛为誓，刻木为信。争酋长位则父子兄弟相攻，邻里不救，受贿乃救。"（《景泰云南图经志书》）

---

① （明）钱古训撰：《百夷传校注》，江应樑校注，云南人民出版社1980年版，第149—151页。

（三）峨昌

峨昌为今阿昌族先民。"耐寒畏暑，喜燥恶湿，好居高山，刀耕火种，形貌紫黑。妇女以红藤为腰饰，嗜酒，背负不担。弗择污秽，览禽兽虫豸，皆生啖之。采野葛成衣。乘酋长管束。"（万历《云南通志》）道光《云南通志》引《皇朝职贡图》："峨昌以喇为姓，大理、永昌二府有此种。无部落，杂居山谷间，性畏暑湿。男子束发裹头，衣青蓝短衣，披布单。妇女裹头，长衣无襦，胫系花褶而跣足。刀耕火种，畜牧纺织为生。……婚聘用牛马，祭以犬，占，用竹三十枝，如菁茎。然地产麻、葛，输税。"

（四）哈剌

哈剌为今佤族先民。"哈剌蛮者，有名无姓，服食相类蒲蛮，而性则柔懦，惧官府，巢居山中，刀耕火种，多旱谷。男子间有剃发者，俱戴笋箨笠。"明代佤族先民支系繁多。有古剌、哈杜、哈瓦等不同称谓。《百夷传》说："古剌，男女色黑尤甚，男子衣服装饰类哈剌，以白布为套衣。"明朱孟震《西南夷风土记》说："古剌……男戴黑皮盔，女蓬头大眼，见之可畏。"天启《滇志》卷三十说："古剌，种类略同哈杜，亦类哈剌，居山，言语不通。"

（五）倮黑、基诺

倮黑为今拉祜族先民。倮黑为拉祜的同音异写。始见于清代之文献。康熙《楚雄府志》卷一说："倮黑，居深箐，择丛篁蔽日处结茅而居，遇有死者，不殓不葬，停尸而去，另择居焉。"雍正《云南通志》说："倮黑顺宁有之，亦蒲、僰之异派，其俗与僰人不甚相远。……勤于耕作，妇人任力，男子出猎，多居山箐间。"

倮黑中有一部分自称基诺，是今天基诺族的先民。道光《普洱府志》说："三撮毛，即倮黑派。其俗与摆夷不甚相远，思茅有之，男穿麻布短衣裤，女穿麻布短衣桶裙。……发留中、左、右三撮。以武侯（诸葛亮）曾至其地，中为武侯留；左为阿爹留；右为阿嫫留……以捕猎取野物为食。男耕作，妇女任力。"

（六）遮西

遮西为今景颇族先民。道光《云南通志》引《伯麟图说》云：遮西，"男女皆穿耳，性奢，彩衣盘旋，饮食必精洁，善用火器及弩。永昌府属有之"。

三　白人、罗罗、窝泥诸族

（一）白人

白人自称"白子"，为今白族先民。聚居于大理府。散居于云南府（驻今昆明）、临安府（驻今建水）、曲靖府、开化府（驻今文山）、楚雄府、姚安府、永昌府（驻今保山）、永北府（驻今永胜）、丽江府。散居的白人"居处与（汉）民相杂，风俗衣食，悉仿齐民（指汉族），有读书应试者，亦有缠头跣足，衣短衣披羊皮者，又称民家子，岁输赋税"（道光《云南通志》引《皇朝职贡图》）。大理府的白人"有僰字，善夷语（指白语），信佛事巫，常持斋诵经。然性勤俭，力田，颇读书，习社教，通仕籍，与汉人无异"（乾隆《赵州志》）。万历《云南通志》说："家无贫富皆有佛堂，少长手念珠，一岁之中，斋戒居半。……阿阇黎僧，有室家，能诵咒制龙。大理原有罗刹邪龙为患，观音以神力闭之于上阳溪洞中，传留咒术以厌之。今有阿吒力僧纲司云。"

（二）罗罗

罗罗为今彝族的先民。元代李京《云南志略》记录元代罗罗人之风俗甚详。如下：

> 罗罗即乌蛮也。男子椎髻，摘去须髯，或髡其发。左右佩双刀，喜斗好杀，父子昆弟之间，一言不下，则兵刃相接，以轻死为勇。……妇人披发，衣布衣，贵者锦缘，贱者披羊皮，乘马则并足横坐。室女耳穿大环，剪发齐眉，裙不过膝。男女无贵贱皆披毡跣足，首面经年不洗。夫妇之礼，昼不相见，夜同寝。子生十岁，不得见其父。妻妾不相妒忌。虽贵，床无褥，松花铺地，惟一毡一席而已。嫁娶尚舅家，无可匹者方许别娶。有疾不识医药，惟用男巫，号曰大奚婆，以鸡骨占吉凶，酋长左右，斯须不可阙，事无巨细皆决之。凡娶妇，必先与大奚婆通，次则诸房昆弟皆舞之，谓之和睦，后方与其夫成婚。昆弟有一人不如此者，则为不义，反相为恶。正妻曰耐德，非耐德所生，不得继父之位。若耐德无子，或有子未及娶而死者，则为娶妻，诸人皆得乱，有所生，则为已死之男女。如酋长无继嗣，则立妻女为酋长。妇人无女侍，惟男子十数奉左右，皆私之。酋长死，以豹皮裹尸而焚，葬其骨于山，非骨肉莫知其处，葬毕，用七宝偶人，藏之高楼，盗取邻境贵人之首以祭，如不得，则不能祭。祭祀时，亲戚毕至，宰杀牛羊动以千数，少者不下数百。每岁以腊月春节，竖长竿，横设一木，左右各坐一人，以互相起落为戏。多养义士，名苴可，厚瞻之，遇战斗，视死如归。善造坚甲利刃，有价值数十马者。标枪劲弩，置毒矢末，沾血而死。[①]

----

① （元）李京：《云南志略辑校·诸夷风俗》，王叔武校注，云南民族出版社 1986 年版，第 89 页。

罗罗人有黑白之分，黑者为贵，白者为贱。道光《云南通志稿》引《皇朝职贡图》说："白罗罗于夷种为贱，云南等府及开化、景东皆有之，一名撒马都，又称为洒摩。其部落贡税与黑罗罗同。居处依山箐，或居村落。男子以布蒙首，衣短衣，胸挂绣囊，着革履。妇女椎髻，蒙以青蓝布，缀海贝、锡铃为饰，缠足着履。勤于耕作。婚姻以牛马纳聘。祭用五月，插山榛三百枝于门，诵经罗拜。有占卜则投麦于水，验其浮沉。其言语、饮食、输赋税均类齐民。"

自明代开始，罗罗人用自己的文字（爨文或韪书）进行祭祀和记录历史文化，形成彝、汉文并重的历史格局。禄劝县城西北十五里法泥则村出现的彝、汉文摩崖是这一历史格局出现的标志。该摩崖在掌鸠河畔，高数丈，上刻彝、汉文文章多篇和土长凤英的勒功诗。当地人称其为镌字岩。1983 年云南省人民政府公布为第二批重点文物保护单位。康熙《禄劝州志》卷上云："镌字岩，在州北二十里法泥则村旁，一名红崖峡。山崖巉峭，下临掌鸠（河），凤氏世系刻上。"又民国《禄劝县志》卷十二云："镌字岩石刻……昔凤氏专土，叙其家世官爵，磨岩数丈，书深刻。一方题曰《凤公世系序》，自宋淳熙起至明嘉靖癸巳止，则禄劝知州徐进也；一方题曰《武定军民府土官知府凤世袭脚色》，则凤英之世次履历也；一方为爨书（老彝文），不可辨；疑翻汉文而成之者也；一方题诗一章，颂凤世守（即凤英）之功。又有大字题壁者几处，唯山水之间，武溪胜景八字颇佳，题名隐隐见王元翰字。"

《凤公世系序》为嘉靖十二年（1533 年）徐进题，内容为叙述罗婺部酋长阿历被大理国段氏封为罗婺部长至明嘉靖十二年，十四代十七世的史事。《武定军民府土官知府凤世袭脚色》，全文详细地叙述了凤英的曾祖母商胜归明以后，直到凤英本人共一百三十年间，历代土知府受命袭位，赴京朝觐、进贡、受封、受赏等情况。① 彝文摩崖与上述二刻并列，内容非"翻汉文而成"，为"凤阿维与凤来玉二人所刻。主要记述凤土知府家庭盛衰史。先记述了凤家的来历，谓凤家起初是从东方黄海迁来，先在白马山住了七代，并在那里做过一次大斋。后又迁到昆明的石牌寺，在这里住时，打制了石牌寺的石柱并用石板铺了一条普箕大路。后来，凤家的子孙不娘阿桌与杰朵阿卧又修造了一座昆明城"②。

（三）窝泥

窝泥为今哈尼族先民。道光《云南通志》引《皇朝职贡图》："窝泥本和泥蛮之裔，南诏蒙氏置威远赕，称和泥为因远部，明置元江府。东至元江，南至车里，西至威远，北至思陀，皆和泥种，今云南、临安、景东、镇源、元江五府皆有之。其人深居山中……编麦秸为帽，以火草布及麻布为衣，男女皆短衫长裤。耕山牧豕，纳粮赋。常入市贸易，亦有与齐民杂处村寨者。其俗，女适人，以藤束膝下为别，娶妇数年无子则逐之。祭祀宴会击鼓，吹芦笙为乐。"

窝泥有黑白之分。道光《云南通志》引《宁洱县采访》：白窝泥"服饰尚白，身挂海贝，耳坠大环。所居上楼下屋，人住楼上，畜楼下，名曰掌子房。以耕种为生，土产花猪，家家多畜养之钲"。又引《他郎厅志》：墨江的窝泥"性情淳朴，男勤稼穑，女事纺绩。虽出山入市，跬步之间，口衔烟袋，背负竹笼，或盛货，或盛柴。左手以圆木小槌，安以铁锥，怀内竹筒，装裹绵条，右手掀裙，将铁锥于右腿肉上擦捽。左手高伸，使绵于铁锥上团团旋转，堆垛成纱，谓之捽线。至心喜时，口唱山歌，名曰倒板腔，亦娓娓可听也"。

① 何耀华：《武定凤氏本末笺证》（云南民族出版社 1986 年版）收录《凤公世系》及《武定军民府土官知府凤氏世袭脚色》两文。
② 张传玺：《云南武定、禄劝两县彝族碑记、雕刻与祖筒》，《文物》1960 年第 6 期。

窝泥人普遍耕种梯田。嘉庆《临安府志》说："依山麓平旷处，开凿田园，层层相间，远望如画。至山势峻急，蹑坎而登，有石梯磴，名曰梯田。水源高者，通以略杓，数里不断。"

四　苗、瑶、土僚与土人诸族

（一）苗人

苗人在云南全省多有分布。自称蒙、蒙豆、蒙星、蒙瓜等，他称以服饰之色不同而有白苗、青苗、花苗等称。道光《云南通志》引《镇雄州志》："苗人四境皆有，好山居。男女任力，刀耕火种，以供食用。服饰俱不甚异，色尚青、白，以彩线织文于布为衣，男女皆然。婚姻不先媒妁，每于岁正，择地树芭蕉一株，集群少，吹芦笙，月下婆娑歌舞，各择所配，名曰扎山。两意谐和，男女归告父母，始通媒焉。以牛、马、布匹为聘，嫁娶迎送亦以人多为荣。葬有棺无敛，祭宰羊，击高额鼓，以为哭奠之节。三年内不食盐，不莳蒜。性忠朴。居寨不论人户多寡，皆立乡老，事争曲直，必从乡老判决，乃鸣于官。为人佣田，事所尊如父母。不喜争斗。见城市衣冠（指见到他族的官吏），辄惊避。此则诸苗性情风俗之略同者。"

东川府的苗人"树栅为墙，削树皮为壁，编叶为瓦"。被迫为"爨（罗罗人）、僰（白人）服役"或"佣佃"（乾隆《东川府志》）。

苗人以"古歌"，包括开天辟地歌、枫木歌、洪水滔天歌、跋山涉水歌，叙述自己的历史。古歌为五言问答体，共8000行。

苗人信仰基督教。1905年，英国传教士潘乐德与苗人杨雅各、汉人李斯提等设计了一套拼写苗语滇东北次方言的字母，翻译出版了

《新约全书》。每个字由一个大写字母和一个小写字母组成。大写字母表示声母，是字的主体；小写字母表示韵母，写在大写字母上方、右上角、右侧、右下角，以位置表示声调变换，识字者限于信教苗人。

（二）瑶人

瑶人分布于广南、开化（今文山）、临安、普洱等府。乾隆《开化府志》说："多处深山"，"男女皆知书（汉字标瑶语音的书）"。《他郎厅志》说，墨江的瑶人在山区"开垦耕种"，"俟田稍熟，又迁别所开垦如前"（民国《墨江县志稿》引道光《他郎厅志》）。

（三）土僚与土人

土僚、土人皆为今壮族的先民。

道光《云南通志》引《皇朝职贡图》说："土僚，一名土佬，亦名山子。相传为鸠僚种，亦滇中乌蛮之一，从蜀、黔、粤西之交流入滇境，散居临安、澄江、广西、广南、开化、昭通等府，与齐民（汉人）杂居，男子首裹青帨，着麻布衣，常负竹笼，盛酒食，入市贸易。妇女高髻红巾，缝花布方幅于短褐。其治生最勤，生子置水中浮则养之，沉则弃之，今俗亦渐革矣。"

康熙《云南通志》说："土人在武定府境。男衣絮袄，腰束皮索，饥则紧缚之。系刀弩。妇披羊皮毡毳。姻亲以牛、羊、刀、甲为聘，新妇披发见舅姑。性刚烈，不能华言。有争者告天，煮沸汤投物，以手提之，屈则糜烂，直者无恙。耕田弋山。寅、午、戌日入城交易。"

云南土著民族的宗教

一 毕摩教

（一）名称

毕摩教以罗罗人（今彝族先民）的祭司毕摩而得名。毕摩是彝语音译，因方言不同，又写作必磨、邦祃、白马、白末、布慕、比目、白毛、呗耄等。① 道光《云南通志》引《宣威州志》说：黑罗罗，"病不医药，用必磨翻书扣算病者生年及获病日期……祀祷之"。道光《云南通志·爨蛮》说："巫号大觋嬎，或曰邦马，或曰白马。"《昭通县志稿》说："（夷）有白末能识夷字，读夷语，凡其族婚葬，应延其咒经。"毕摩教是罗罗人固有宗教文化体系或宗教现象的统称。尽管人们对"原始宗教"这个词语提出种种的质疑，但将毕摩教定性为原始宗教还是比较准确、科学的。因为"原始"这个词语在这里的含义并不是"落后"或"后进"的意思，而是表示"最初"或"发

---

① 也有根据意译的不同写法，而称为奚婆、巫嬎、鬼师的，如元代李京《云南志略·诸夷风俗·罗罗》说："有疾不识医药，惟用男巫，号曰大奚婆。"明《景泰云南图经志书·曲靖府》说："土人称巫师曰大奚婆。"万历《云南通志》说：爨蛮"疾不识医药，惟用男巫，号曰大巫嬎"。

端""肇始"的时间概念。将"原始宗教"视为人类一切宗教的发端，或某个群体、某个民族起始阶段的宗教现象，是不成问题的。在"元谋人"的故乡，元谋大墩子和宾川白羊村遗址出土的新石器时代墓葬，说明云南远古居民的宗教观念，已导致他们在远古时就产生了一定的宗教行为。大墩子的墓葬分土坑葬和瓮棺葬两种。前者为成人墓，后者为儿童墓。成人墓的葬式有断肢葬（将死者的上肢或下肢砍断，倒置于下胸腹部或盆骨的两侧）、仰身直肢葬、侧身葬、屈肢葬等。在两座俯仰身直肢葬的墓中发现石镞十余枚；另一座母子合葬墓中发现石镞一枚。有一墓存有随葬的石锛一件，牙饰品一枚。儿童瓮棺墓共发掘 17 座，瓮为陶制，高 50—60 厘米；钻有直径 1.5—2 厘米的圆孔 1—3 个，饰有篮纹、划纹、弦纹和附加堆纹。瓮棺全部成行排列于宅屋附近。随葬品有陶罐、陶壶、石斧、骨镯等。① 宾川白羊村发掘的墓葬共 24 座，均为竖穴土坑墓，其中 16 座为无头葬，一次葬的 10 座，内有无头骨架 23 具；二次葬的 6 座，均为无头葬。这个遗址中有瓮棺葬 10 座。② 从以上墓葬可以看出：云南远古居民在新石器时代已经有了复杂的灵魂不死观念。他们对死者遗体的种种处置方法，都是针对死者的灵魂而做出的。断肢葬的用意是将死者的灵魂砍死，使之不祟祸于人。这些被砍断尸体的死者，可能是凶犯或暴死者。石锛、牙饰品等随葬物的放入，意在表示对死者的祭奠，以使他们不死的灵魂有工具和饰品可以使用。瓮棺葬的位置体现出对小孩灵魂的体贴与爱护，瓮棺上的圆形小孔是为不死的灵魂提供的出入孔道。这与西安半坡村出土的 70 多座儿童瓮棺葬相同。研究半坡村新石器时代墓葬的考古学家认为，瓮棺上的小孔是原始宗教信仰的表现。人们认为儿女肉体虽死，但灵魂不灭，因此才给他（她）的灵魂留出一个出入的孔道。宾川白羊村的二次葬墓，是将骨骼堆放在一起

---

① 云南省博物馆：《元谋大墩子新石器时代遗址》，《考古学报》1977 年第 1 期。
② 云南省博物馆：《云南宾川白羊村遗址》，《考古学报》1981 年第 3 期。

埋葬，这种葬俗的产生，是基于这样一种观念：认为人的血肉是人间的，只有等肉体腐烂，将骨骼埋葬，死者的灵魂才能进入鬼魂世界。从墓葬中出土的随葬品可知，当时已有灵魂崇拜的仪式和法术。石锛、牙饰品、陶罐、陶壶、石斧、骨镯等随葬物，也是在一种复杂的宗教观念驱使下才放入的，放入时必然做过祈祷和跪拜等简单的仪式，或者做过其他的敬尸法术。同样，砍断死者的上肢、下肢时，也必然举行过某些法术和仪式。否则，人们就无法沟通与死者灵魂的联系。宾川白羊村的无头葬，是死者被砍了头后葬入的，说明当时已经出现了猎头祭祀的习俗。他们的头可能是在械斗中被敌对氏族的人猎去，也可能因是美鬓髯者被异族或本族人砍去头颅。因为猎头者的氏族相信，敌首或美鬓髯者之首具有神力，用它进行祭祀，可使村落和氏族兴盛。

从以上考古资料可知，彝族先民的原始宗教产生于原始时代或史前时代。元、明、清时期乃至现代的毕摩教，是彝族先民原始时代宗教的遗留和发展的片断。

（二）崇拜对象

毕摩教的宗教观念是万物有灵论或泛灵论。崇拜的基本种类有自然崇拜、图腾崇拜、鬼神崇拜和祖先崇拜，现以其自然崇拜进行抽样剖析。

1. 天崇拜

道光《云南通志·爨蛮》条说："民间皆祭天，为台三阶以祷。"《临安府志·爨蛮》："以六月二十四日为节，十二月二十四日为年。至期，搭松棚以敬天祭祖，长幼皆严肃，无敢哗者。"又该书"罗婺"条引《大理府志》说："腊则宰豚，登山顶以祀天神。"爨文经典《献酒经》说："天神是阿父，地神是阿母。"据调查弥勒西山等地的彝村，逢腊月祭天神。而武定、禄劝等地的彝村则在山林中建屋供奉天神。其天神的神位以竹筒制作，长约四寸，一端削尖，中贮竹节草根，草上以红白色丝线缠羊毛少许，并入米十数粒，与其他的四个神供在一起，每逢节日进行祭献。历史上宁蒗小凉山罗罗人男子额前顶皆留一块方形的头发，编成一个小辫，用头帕竖立包着，直指蓝天，据说人们以其为天神的代表，认为它能主宰自己的一切吉凶祸福，故谓之"天菩萨"，严禁他人戏弄或不慎触摸，否则即认为触犯了天神，被触者必遭凶遇，而被触者因此必与之拼命搏斗。即便是在冤家械斗中处于敌对的双方，胜利者亦不能摸弄对方俘虏的"天菩萨"。按社会习惯法的规定，违者须出一二百两银子作为礼赔，不然，就要将触摸者的那个手指砍去。

2. 地崇拜

道光《云南通志·白罗罗》引《开化府志》说："白罗罗……耕毕，合家携酒馔郊外，祭土神后，长者盘坐，幼者跪敬酒食，一若宾客，相饮者然。"又引《伯麟图说》："奚卜（即毕摩）能为农祭田祖，以纸囊盛螟蝗，白羊负之，令童子送之境外。云南府属有之。"地崇拜一直延续到近现代。巍山母沙科一带的彝族，逢农历正月初一祭地母，彝语称祭米斯。祭法是以一树枝代表米斯，敬献以鸡血和鸡毛，祈地母保佑丰收。[①] 昆明西山区谷律一带彝族，逢农历二月撒秧时祭田神，携腊肉、猪心、酒、饭等祭品至秧田边，对秧田焚香祈祷，撒些祭品到田中求地母保佑秧出得齐，长得壮。祭毕才下种。景东、武定、禄劝等县彝族，逢农历六月二十四日祭天公地母，或合村杀猪宰羊共祭，或以户为单位，在地中立树枝，或以土块搭一小楼，杀鸡敬祭，烧香祈祷，祈地神保佑五谷丰登。永仁县迤计厂的彝族，农历六月二十四日祭地神，称为"青苗大会"，祭费由各户分摊。另

---

① 中国科学院民族研究所云南民族调查组、云南省民族研究所：《云南彝族社会历史调查》，1963 年。

外，弥勒西山的彝族阿细人，逢农历九月择日祭地神，杀白公鸡祭地。①

3. 水崇拜

元、明、清以来对水的崇拜也一直延续到现代。爨文《献酒经》有"水神鸭以祭"的记载，指的就是对水的崇拜。在景东罗罗人的神谱当中，水神居于重要的地位，据说是主宰田地不受水旱之灾。寻甸等地罗罗人举行作斋祭祖大典时，要同时祭水神，做法是在斋期的最后一天举行驮水仪式，由毕摩念经，把一只带角的雄壮绵羊赶到水源去，并在水边祈祷水神供给族人圣洁之水，而后把水驮回来进行供祭。平时，他们视此水源为"神泉"或"神井"，严禁人畜进行糟蹋。在武定、禄劝一带，过去作斋亦要选斋场附近的长流水，由同宗之人用竹筒贮回祭祀。同宗人视取水处为护佑本宗水神之所在地，并以其为同宗的标志，而与他宗相区别。② 在昆明西山区谷律一带的彝村，凡立夏前不下雨，村人便要出钱买一对鸡和两只羊，去泉水旺盛的地方祭水。祭法是先用烧红的木炭放入冷水中，以蒸腾的热气驱除鸡、羊身上的邪秽，而后宰杀，并煮熟供在水边。同时，砍三叉形的松枝一根，蘸点鸡血，捆二撮鸡、羊毛，插在水边，供以酒饭，点香磕头，求水神降雨。③

彝族所盛行的龙崇拜，就其内容而言，实际上是水崇拜的一种，故许多地方把龙神作为水神来祭。如弥勒西山的阿细人，以水塘或龙潭为龙神的象征，逢农历三月合村杀肥猪祭祀。昆明西山谷律一带的彝族，称祭龙为"下铜牌"。每年农历五月下一次，由村中长老主祭，

① 中国科学院民族研究所云南民族调查组、云南省民族研究所：《云南彝族社会历史调查》，1963 年。

② 马学良：《从倮罗氏族名称中所见的图腾制度》，《边政公论》（第 6 卷）1947 年第 4 期。

③ 董绍禹：《昆明西山区谷律公社核桃箐彝族宗教信仰调查》，中国社会科学院世界宗教研究所昆明工作站、云南省民族研究所民族宗教研究室印，1981 年。

地点在泉水边。祭时全村老幼云集祭场，点三尺余长的高香，对水叩头烧纸祷告，并由主祭者将铜牌拴在一青年潜水者的颈上，令他潜入水底，将其放入出水口，铜牌有手掌大，上刻"恭请龙王降雨"诸字。若此祭祀后三五日内降了大雨，村人须再至泉边烧香磕头，潜水者再将铜牌取回，用红布包起来供次年用。谷律以东大勒姐、小勒姐、妥基、大兴、北门等村的白彝，逢农历三月的第一个龙日祭龙，村人在龙潭边共杀一头猪，向龙潭水供肉、酒、菜、饭，磕头点香烧纸。景东太忠地区的彝族，以农历正月十五日为祭龙节，马街子、多衣树、基麻林、尼期佐、白虎门、小河等寨，各户平均出猪、鸡共祭，以求不受水旱之灾。

4. 石崇拜

民国《石屏县志》卷四十引《明一统志》说：石屏"有汉人而染土俗者，如拜木、石、供家堂之类"。所谓拜石，即指对石头的崇拜。又爨文《献酒经》所谓"石神黄焦焦"，指的也是对石头的崇拜。元、明、清时期罗罗人的石崇拜也一直延续到现代。云南弥勒西山的彝族阿细人，每逢农历十月祭石神。该区攀枝邑的彝族，以村边的三大巨石为石神的代表进行祭祀，祭时打牲。昆明西山区谷律乡的小河口村，路边有一只红沙石的石狮，彝民认为是石神的象征，逢年三十晚，村民端三碗饭、一碗酒、一碗茶去那里祭祀，祭者对其烧香、烧纸、叩头，并将钱纸贴在狮头狮身之上。初一、初二还要再用糯米粑粑去供奉。目的是求家人清吉平安。[1] 祭石神的彝区很多，但祭的目的不大一样。景东太忠地区的彝族认为石神主玉米、瓜菜不被偷盗，故祭石的目的是防御庄稼被人偷盗。峨山县太和村的彝族，认为石神主宰生育儿女，祭石在于促育。

---

[1] 雷宏安：《昆明西山区谷律、团结公社彝族宗教调查》，中国社科院世界宗教所昆明工作站印，1981年。本文有关谷律公社、团结公社的材料，均依据此篇调查报告。

5. 山崇拜

罗罗人元、明、清时期延续着古代祭山传统，祭山也一直延续下来。如巍山彝族，每逢农历二月初八、六月二十五日和腊月三十祭山神。其中二月初八为地区性的山神会，村中老幼一起上山共祭。景东彝族二月初八祭山，亦名"山神会"，村人上山集，遍地烧香、磕头和祷告。弥勒西山彝族阿细人的村寨都建有一简陋的山神庙，并以石头或树枝为山神的象征供于庙内，每逢农历四月初一杀鸡进行祭献，祈山神保村寨兴旺。石林撒尼人村寨，亦建有山神庙，形式为一小茅屋。庙中供石块作为山神的代表。村人不时前往祭献。永仁迤计厂，彝民称祭山为"祭山伯"，须合村共祭、共祷山神免除自然灾害。在沪西的阿盈里，彝族逢农历正月初三祭山，由老牧人、牧童向有牛、羊的人家募米、肉、蒜、辣椒等食物，到山林中祭献，祈山神庇佑牛、羊不遭兽害。在昆明西山区谷律一带，彝族农历正月初一、六月初六两次祭山。正月初一以户为单位祭，斋饭上撒红糖、插青松毛。家人烧三炷香，磕三个头，而后祷告说："山神老爷，我用斋饭来祭你，请你保佑我家人丁兴旺。"六月初六以村为单位祭，称为"祭密奢"。当地彝谚说："山神不开口，老虎不食人。""祭密奢"旨在防人畜不受豺狼虎豹的侵害。当地彝村也都建有一个山神庙，用土坯砌成，顶覆瓦片，内置石碑一块，上刻男女神像一对，一男神头戴圆顶帽。石像之前置一石香炉。祭祀时，全村在山神庙共杀一头猪献祭。除举行村祭之外，平日村民家人有病，就带鸡蛋来庙里叫魂。猎手出猎，先带酒肉来此祭拜，以求山神允许打山中野兽而不降罪。新娘回门，亦常与新郎携酒、菜前来祭献，求山神降福。昆明西山区团结公社大、小勒姐一带的白彝。一年祭山两次，一次在农历二月初八，另一次在农历八月中属马日或猴日，需杀一头猪、四五对鸡，地点在山神庙，每家去一人，念《山神经》，烧香、磕头、祈祷。

6. 火崇拜

火崇拜是自远古相沿下来的自然崇拜之一，元、明、清时期尤盛，且一直延续下来。农历六月二十四日是彝族古老的祭火节，俗称火把节。这天夜晚，彝民皆以松木为燎，先在家中各处照耀，持火把挨家挨户走，边走边向火撒松香，以驱除村中的邪魔。而后，大家共持火把照田，占岁丰收，扑灭虫害。最后，将火把插于村中或村前村后的宽阔地带，各人回家取事先准备好的酒肉饭菜来祭火。巍山彝族农历正月初一祭火，称祭火龙太子。永仁迤计厂彝族正月初二或初三举村祭火，名曰开"火神会"。沪西县阿盈里的彝族，农历正月初一和六月二十四日祭火塘，饭前，家庭主妇选一块最肥的肉，投进烈火熊熊的火塘之中，以祈求火神不降火灾。宁蒗小凉山彝族视锅庄为火神之所在，严禁人畜触踏或跨越。

7. 日、月等崇拜

元、明、清时期的日、月崇拜也源于远古，又延续至近现代。昆明西山区大、小勒姐等村的白彝，每逢农历冬月十九日举行太阳会，村人到山神庙中去祭"太阳菩萨"。祭时，用五色纸旗写"太阳菩萨"几个字，念《太阳经》七遍。供品上需雕类似太阳的"莲花"图案。祭者人人敬香磕头，喃喃诵求太阳神保佑的祷词。

当地彝村逢三月十三日举行"太阴会"，时间为该晚月光放白时，祭者为老年妇女。地点亦在山神庙，须用黄纸写上"太阴菩萨"的字样，供以油炸荞丝、豆腐片、洋芋片、饭、糕点、果品等素食和水果，而后念《太阴经》七遍和《太阳经》三遍。人人敬香磕头。中秋之夜，还要举行拜月，做法是家家户户在月光下陈放祭品，中央放香油灯一盏，点十二炷香（闰年点十三炷）。老幼对月叩头，三跪九叩，祈月神保家人清吉平安。

另外，景东等地的彝族有对路神、桥神、雷神、羊神、玉麦神、荞神等的崇拜。他们认为：路神、桥神主病，雷神主死亡，羊神主瘟疫，玉麦神、荞神主该种作物的丰歉。故不断对这些自然物进行敬祭。又永善、兴隆等地的彝族崇拜野猪神"牛的白斯"、老鹰神"党格白诺"。

（三）祭司毕摩

毕摩是罗罗人原始宗教（毕摩教）的祭司。最早的毕摩是罗罗人先民父系氏族公社时代的祭司和酋长。据贵州彝文典籍《帝王世纪》记载，最早的祭司称为密阿叠（即密阿典），出现在彝族始祖希母遮的第二十九世裔孙武老撮之时，当原始父系氏族公社时期。彝族学者罗文笔在《帝王世纪·序》中说，就在这时，"上帝差下一祭司密阿叠者，他来兴奠祭，造文字，立典章，设律科，文化初开，礼仪始备"①。那时，人们崇拜图腾和妖鬼，武老撮生子十二个，有十一个以妖鬼、虎、猴、熊、蛇、蛙、虾、鸡、犬、树木、鸟、蚱为自己的图腾名号。祭司即是人们崇拜图腾和妖鬼的产物。当时的一切祭祀都是以氏族、部落为单位进行的，因此，祭司实际上是由氏族、部落的酋长担任。也就是说，最早的毕摩就是氏族部落的首领。

在彝族先民的宗教观念中，万事万物和一切社会现象，都有神灵在主宰，都是各种神灵（或鬼怪）意志的体现。因此，他们总是祈求于神灵，求救于神灵，酬谢于神灵。怎样才能有效地和各种各样的神灵打交道呢？他们认为毕摩是人神之间的媒介，只要通过毕摩与神灵交往，一切就能如愿。因此毕摩能施行各种神术或法术去与神灵交往，有在社区主持祭祀、进行禳解崇祸、占验吉凶、主持祖盟及神判的各种职能。

（四）用于祭祀的经典

毕摩教的经书皆爨文（老彝文）写成，俗称"彝经"。明人刘文征在天启《滇志·爨蛮》中说："有彝经，皆爨字，状类蝌蚪，精者知天象，断阴晴。"师范《滇系·杂载》说："汉时（当为唐时之误）纳垢酋之后阿畸者，为马龙州人，弃职隐山谷，撰爨字如蝌蚪，二年

---

① 丁文江：《爨文丛刻》甲编，上海商务印书馆 1931 年版。

始成，字母千八百有奇，夷人号为书祖。"① 彝文典籍《西南彝志·勿阿纳家的叙述》说："恒本阿鲁创始供奉祖先，发明了天地根源，创制彝族的象形文字。"又该书《阿底氏起源的叙述》称："创造文字的伊阿伍，聪明无比，能天文地理。……不论彝族掌权或汉族掌权，都一一记载，明明朗朗如满天星斗，伊阿伍造的书很多，都是有始有终。"罗文笔《帝王世纪·序》认为，彝文系"祭司密阿叠所造"。其《说文·序例》亦说：是书"始于密阿叠所造，中于博耿先知所述，终于冉冉一义所赞……于汉光武时，我主阿长侯阿基实守此约，相传六十余代"。以上传说和文献材料虽不尽可信，但它至少可以说明彝文和彝经产生的时代是相当早的，而且创造者不止一人。从已发现的最早的彝文实物来看，云南禄劝的《镌字岩彝文摩崖》刻于嘉靖十二年（1533 年），武定县的《凤诏碑》刻于嘉靖十三年（1534 年），贵州大方县的《千岁衢碑》刻于嘉靖二十五年（1546 年）。这些碑文说明，彝文和彝经的产生最迟不会晚于明代。

"彝经"有颂扬毕摩用的《比补特衣》，背诵家谱用的《初痴特衣》，超度祖先用的《灵木特衣》，咒骂疯病鬼用的《努的特衣》和诅咒用的《尼布特衣》，有进祖灵祠堂念的《至侯素》，作红白事念的《纪侯素》，换灵牌念的《皮斋素》，驱鬼念的《子头素》，祭奠祖灵念的《皮书素》和进行年算用的《尼哈扎素》等。1931 年，丁文江收《千岁衢碑记》和彝文碑《说文》、《帝王世纪》（人类历史）、《献酒经》、《解冤经》（上下卷）、《天路指明》《权神经》《夷人做道场用经》《玄通大书》《武定罗婺夷占吉凶书》等十部彝经，请贵州大方彝族著名学者罗文笔将其中的八篇译成汉文，合编成《爨文丛刻》（甲编），1931 年由上海商务印书馆印行。1935 年，民族学家杨成志在昆明等地区收集到一百三十部，依内容将其分为献祭、祈祷、酬愿、作斋、禳袚、动植物与无生物经咒、咒术技法、婚姻和生产、

---

① 该文见于何砚《清一统志》、杜端《爨人阿轲论》及《新编云南志》卷 9。

丧葬祭祖、农业、火神、雷神、龙王、李老君、占卜、历史与传说十六类。1947年，民族语文学家马学良在武定、寻甸等地收得彝经二千余册，并依内容将其祭祀用经分为作斋经、作祭经、百解经、除祟经、占卜经（包括膀卜经、鸡骨卜经、签卜经、占梦经）五类。①

祭祀经在"彝经"中占的比重极大，集中反映了毕摩教的意识形态。其所祭的神不但包括各种自然神，而且包括各种社会神。社会诸神中有文神、武神、交易神、猎神、农务神、福神、财神、倚荣神等。

《爨文丛刻·献酒经》祈祷自然神、交易神、农神、猎神的祷词说：

> 神神十二神，酒献到座前。天神是阿父，地神是阿母。原神银幕穿，野神金帐围，树神白皎皎，石神黄焦焦，岩神乌鸦翅，水神鸭以祭，露神露浓浓，雨神雨淋淋，光神光明明，雾神雾沉沉，坑神气薰薰。

> 买卖交易神，献酒及他阿，到了明后日，城市四方面，买时和卖时，人说已便成，人己皆言正，言来道价真，人说已买好，银与金买好，钱与米买好，十行都会成。

> 农务之总神，献酒及他啊，过了些日子，到耕耘之日，山耕不遇风，原耕不失露。土边蛇不屈，田外鼠不窜。护神好来护，禾秀蝗不害。守神好来守，见守雀不临。田大秧不费，工人腰不疼。禾长就出穗，出穗就结谷，结谷就成实，收割就逢晴，簸净遇风力，大仓满，小仓盈。

> 猎虞的总神，献酒及他啊，过了些日子，猎取去之日，高山

---

① 参见马学良《倮族的巫师呗耄和天书》，《边政公论》1947年第6卷第1期。

安窠弓，窠弓猛虎中；石下扯套索，套索套合了；大弩发应机，天空火箭似。枪刀快得好，猎者手应成。威弓饮血气，伙伴吃脂肉，虎豹箭中伤，麋鹿落网内。猎官手摇摇，左手张银弓，右手搭金箭，树上莺，云霄鹰已中。

二 本主教、阿吒力教

（一）本主教

"本主"是白人崇拜的村寨保护神或社神。一村或数村供奉一个本主。白语称本主为"武增"，意为"本地之主神"。本主常有"景帝""皇帝""灵帝"等封号。自然物（如苍山神）、祖先、英雄（如杜朝选、段赤诚）、帝王将相（如段思平、段宗榜、郑回、李宓）等都可奉为本主。本主庙供奉着本主及其家属、侍从的像。这些像用泥塑或用香木雕成，凡供有本主的地方，每年举行两次本主庙会，一次在春节或正月初，另一次是本主的诞辰或忌日，按请本主、迎本主、祭神、娱神的程序进行。迎本主须用彩轿抬木雕或泥塑的本主及其家属像，打着大红伞和日、月、龙、凤旌旗，敲锣打鼓地进行。沿途人家要设香案恭迎。庙会期间要唱大本曲、"吹吹腔"，打霸王鞭、舞龙舞狮，请巫师唱巫歌，以祈求风调雨顺，五谷丰登，村人清吉、平安。大理的"绕三灵"是代表各村本主共同朝拜"五百神王"的祭神会。平日，村民多有自发到本主庙磕头敬香，求本主护佑，祈消灾免难的。

（二）阿吒力教

　　方国瑜说："唐宋间传至云南之佛教，当不止一宗派。有阿吒力者，瑜伽秘密宗也。蒙段时期，此宗盛传。"[①] 唐、宋时传入大理后，瑜伽阿吒力教逐渐本土化，而在明代发展为具有白人特点的宗教。阿吒力（又作阿阇黎）教瑜伽，亦称"大乘有宗"，与中观等派并为印度大乘佛教的两大派别。明代白人接受汉文化，"阐瑜伽教，演秘密法"，兴阿吒力教是一大特征。"洪武之初，太祖屡建法会于南京蒋山，超度元末死难人物。洪武五年（1372 年）的广荐佛会，太祖亲临烧香，最后并命轨范师行瑜伽焰口施食之法（宋濂《蒋山广荐佛会记》）。其后忏法广泛流行。举行忏法仪式，成为僧侣的职业。僧侣以赴应世俗之请而作佛事的，称为应赴僧。这些僧人行瑜伽三密行法，又称为瑜伽教僧，略称教僧。洪武十五年（1382 年）制定佛寺禅、讲、教三宗制度，并于南京能仁寺开设应供道场，令京城内外大小应赴寺院僧人集中学习，作成一定佛事科仪，洪武十六年（1383 年），由僧录司颁行。"[②] 慧琳、希麟《一切经音义》卷三十说："阿遮利耶，梵语也，唐云轨范师，或云受教师，旧曰阿阇黎，讹也。"又卷二十一云："阇黎。又云阿阇黎一羯么，二威仪，三依止，四受经，五十戒阇黎，西域又有君持阇黎也。"阿阇黎意为轨范师，以轨则仪范，依法教授弟子。明太祖命轨范师引瑜伽。焰口之法，就是要推行瑜伽阿阇黎教。洪武十五年（1382 年），明太祖谕言："今云南既克，必置都司于云南，以统诸军。"明王朝置云南都司，先后将大量汉人自内地移入云南进行卫所军事屯田及民屯、商屯。洪武二十三年（1390 年），云南都司所领的九个卫所中，包括大理卫（驻今大理南

---

　　① 方国瑜：《云南佛教之阿吒力派二、三事》，《方国瑜文集》（第三辑），云南教育出版社 2001 年版，第 583 页。
　　② 林子青：《忏法》，中国佛教协会编《中国佛教》（二），知识出版社 1980 年版，第 391 页。

部)、洱海卫（驻今祥云东部），九个卫所的汉人总数达二十六万五千二百多人，移入的汉人当有僧人，这些僧人将明太祖在南京蒋山弘扬传瑜伽的圣义传入云南，进一步使瑜伽阿吒力教白人化，是毋庸置疑的。

大理的阿吒力僧人杨畅奎，在所抄藏的《斋醮各榜》经书的封皮中，题有"应佛缁流如玉存"的字样，"如玉"是杨畅奎的法名。[①]"应佛缁流"就是应佛僧，即洪武时僧侣以赴应世俗之请而作佛事的应赴僧。2000 年年底，出席在昆明晋宁举办的一场由云南十方僧、应赴僧和阿吒力僧共同举行的水陆法会的人，都会立刻得出应赴僧与阿吒力僧五百年前是一家的结论。[②] 阿吒力教所传的是瑜伽经典，光绪癸巳年（1893 年）大吕月重刊的《瑜伽焰口科范》所载之《瑜伽焰口施食集要序》说：

> 昔世尊为一大事因缘出现于世，普愿众生超脱生死，入般涅槃，以一音演说，四十九年，分五乘八教，且瑜伽设八教之一也。
>
> 瑜伽竺国语，此翻相应，密部之总名也。约而言之，手结密印，口诵真言，意专观想，身与口协，口与意符，意与身会，三业相应，故曰瑜伽。扩而广之，即与密部中乘境行果所有诸法，亦莫不相应也。焰口者，因阿难尊发起，文中已载，不赘。有不空法师述为《瑜伽集要》，后云栖大师重加参订，实小异大同，繁文未尽削去。夫利济幽冥者，惟戌亥之时，过此则鬼神不得食，虚延时刻而无实功矣！
>
> 康熙癸酉年间（1693 年），叶榆（指大理）十九峰下若寂义者，为资三有，发广大心，与上善人重梓流通，使名山古刹，到

---

① 张锡禄：《大理白族佛教密宗》，第 342 页。
② 侯冲：《云南阿吒力教经典研究》，中国书籍出版社 2008 年版，第 333 页。

处有本，所谓幽冥并利。因兵燹后，法道辘轲，凡经书印板，概为灰烬，今后进之学无本可稽，其误入迷途而弗得其传者，皆由此矣。

壬辰（1892年）仲春，鹤阳龙华诸山结期说戒。一日，有心印法雨上座于丈室中偕余相语：云栖《瑜伽集要》，大板罕得见闻，若不重修，后来威仪越度。余亦常忧是书绝不可而缺废也，遂同两序，勿论老参新戒，各趁其力，随心助缘，以裨益后学，利济幽显。时标山法雨禅师，念报四恩，恢然出众，为之倡首。解制毕，即回，鸠工庀材，到处扣钵。名山甚重其事，成斯善举也。

今圆告成，命余为序。余曰：佛在性中作，定于身外求。凡登瑜伽显密之座，六度齐修，开定慧法施之门，三业俱净，放先明上细之理。时常洁己身心，六根纯熟，左以慧方愿力智，右以施戒忍进禅，手印相交，心胸透澈，无有疑虑，方不愧拨云见日，开门见山。不然，雁咎匪少。但得洞底水清，自然枝头果熟。若果印咒观道，令一切众生远离颠倒，则共悟无生，除一切苦而自他俱利云耳。

时光绪癸巳之夷则月佛欢喜日龙山乞士慧明昌礼和南谨识芘湖居士柳堂杨士求书。①

这篇序言载大理府浪穹县（今洱源）城北际楞寺藏板《瑜伽焰口科范》。它反映了瑜伽派佛教在大理白人地区本土化的情况，有重要的资料价值。阿吒力僧习儒书，传瑜伽经典，为人驱邪禳灾，在明、清时期颇受推崇。

---

① 侯冲：《云南阿吒力教经典研究》，中国书籍出版社2008年版，第120—121页。

三　东巴教、达巴教

东巴教、达巴教因祭司曰东巴、达巴而得名。前者是么些人，后者是摩梭人固有宗教体系或宗教现象的统称。

（一）东巴教

东巴教源于纳西族先民新石器时代的万物有灵信仰，及对大自然和非自然物的崇拜。在他们的观念中，天、地、水、星、风、山、火、雷电和农事、猎事、牧事、战事、交易、殉情等都有神灵在主宰，只有进行祭献才能得到诸神的护佑。

祭天是东巴教的主要祭祀之一，分布在不同区域的么些人都要祭天。东巴经《祭天·崇邦飒》说：

> 天，天不祭呀不高阔，祭天之后，丽恩（按，么些人始祖）才能安身立命。天神是祖老阿普，是日出月出之天，是养十八颗明星之天。是会给以光明和温暖之天，是会给以黑暗和寒冷的天，是会给以刮风下雨的天，是会施放冰雹黑霜的天。

所以对天要进行祭拜。这部经书关于祭天的神话说："么些始祖崇仁丽恩和夫人策恒布白命二人，从天上迁回到人间后，因不懂祭天礼仪，三年没有生育子女，只好派使者回到天上探听求问，才知道其缘由，于是举行祭天礼仪，酬谢两位天神（岳祖和母舅），才生育儿女，生下三个儿子，变成藏、么些、白等三个民族。"① 在长期的祭天

① 吴大吉、何耀华总主编：《中国各民族原始宗教资料集成》，中国社会科学出版社2000年版，第43—45页。

活动中，各个村寨都有自己的祭天群体及祭天坛。祭天的仪式和内容各地大致相同。现以丽江下长水古许村为例，该村祭天群有 22 户，祭天从农历正月初九开始，第一天举行祭树神、祭米箩神、祭寨神仪式；第二天（初十）举行点大香仪式；第三天在祭天坛献牲猪，这是祭天活动的主祭日，祭司东巴念《祭天·献牲经》说："阿纳贡，蒙培金，主人祭天神呀断祸根，夏天洪水流深谷；男子搭毡棚，女人生铁火，吃洁饭，喝净水，住长丽恩寨，立在坝子中，夜宿村之旁……"念完，举行熟献仪式，把煮好的全猪放入大木盆中，向四尊天神敬献酒、肉、饭、汤各一碗，共十六碗，四位长老到祭天坛下跪敬酒，东巴用高亢洪亮的声音再诵《祭天·熟饭经》。祈求天神保佑，风调雨顺，农牧丰收，人丁兴旺。整个祭天仪式规范村民的思想行为，增进村民之间，村民与大自然生态环境之间的友好、和谐。祭祀经中有不得在水源地屠宰牲畜；不得随意抛弃死禽死畜于野外；不得随意挖土采石；不得在生活用的水源地洗涤污物；不得随意毁林开荒等的内容。

东巴教的祭祀经典为东巴经，用么些图画象形文字写成，可分为祭风、消灾、求寿、开丧、超荐、祭龙王、口舌经、零杂经等 12 类。

（二）达巴教

达巴教是摩梭人的传统宗教，祭司曰达巴，以万物有灵论为立教的基础。其经典用图画示意，称为"天书"。共 32 个图画文字写成。达巴与巫师比喳不同，比喳无图形文字之经书，是只靠神灵附体来驱鬼、送魂、治病的巫术。达巴是世袭的，比喳则以是否有神灵附体而产生。达巴说，世间有"八百神，三千鬼"，"天上有三十三神，地上有二十八鬼"。在达巴的神灵系统中，天神、山神、水神、女神是其祭祀的主体神。达巴教受藏族苯教的影响较大，其祖师与东巴教的一样，都是西藏苯教的祖师丁巴什罗。

四　藏传佛教

藏传佛教传入滇西北地区的时间比较早，但唐调露二年（680年），吐蕃在今丽江塔城置神川节度府，至天宝十年（751年），南诏降于吐蕃的前后，是藏传佛教大量传入滇西北古宗、么些、白人、摩梭等部族、部落的时期。中甸五境乡的"仓巴寺"遗址，就是这个时期宁玛派（红教）居士仓巴留下的。清康熙年间，宁玛派寺院德钦东竹林寺由7个小寺合并建成。

南宋绍熙三年（1192年），噶举派（白教）卓滚热清（1148—1217年）在建塘建立中甸藏区第一座白教寺院。明朝时期，噶玛噶举派因纳西族木氏土司的扶持，在滇西北得到巨大的发展。万历至天启年间，丽江土知府木增主持刻印藏文《大藏经》108卷（史称丽江—理塘版《甘珠尔》），这不仅是藏族历史，而且是云南历史上的一件大事。噶玛噶举派在中甸建立的佛寺有大宝寺、康司寺、甲夏寺等25座。噶举派祖师大宝法王、二宝法王因明末清初格鲁巴派（黄教）盛起，到丽江避难，使该派在丽江又得到大的发展。康熙至道光的180多年中，噶玛噶举派在维西建立了达摩、寿国、兰经、太平苑四座寺院；在贡山县建立了普化寺；在丽江县建立了福国、指云、文峰、普济、玉峰、灵照、吉星、兴化八座寺院。

元朝时期，萨迦派（花教）亦传入云南，在中甸、德钦、宁蒗等地发展，元世祖至元十三年（1276年），在宁蒗永宁狮子山下建立的萨迦寺，就是摩梭人和普米族先民信奉花教建立的寺院。

明代后期，格鲁派（黄教）三世达赖索南嘉措，于万历八年（1580年），应丽江木氏的邀请，赴木氏辖区巴塘、理塘传教，建理塘寺。理塘寺的影响所及达中甸、丽江一带。据说藏历第十一绕回阴土羊年（康熙十八年，1679 年）前后，达赖五世掌教期间，僧侣不守戒律，俗民不守清规，藏区灾害横发，七年庄稼无收，众生坠入苦海，两位政教领袖问卜，决定在中甸修建格鲁派大寺。五世达赖促成康熙帝批准，大寺于康熙二十年（1681 年）建成，五世达赖赐名"噶丹松赞林"，"噶丹"表示对黄教创始人宗喀巴所建的第一座黄教寺院噶丹寺的传承，"松赞林"意为天界三神游戏之地。经过藏族人民捐资出力多次扩建，松赞林寺布局层叠而上，仿拉萨的布达拉宫。

五　南传上座部佛教

印度佛教有大乘和南传上座部之分。前者为后期佛教，后者为早期佛教。大乘自称能运载无量众生，从生死大河之此岸，达到菩提涅槃之彼岸。它贬称早期佛教为"小乘"，早期佛教不接受这个贬称，自称"上座部佛教"。"上座者"，"首座"也，即居于首座的佛教。在向东亚、南亚各国传播的过程中，大乘由帕米尔高原传入我国，由我国再传至朝鲜、日本、越南，所以大乘有北传佛教之称；上座部佛教则自印度南传至斯里兰卡，从斯里兰卡再传至泰国、缅甸、老挝、柬埔寨及我国云南的百夷地区，所以"上座部佛教"有南传佛教之称，合起来就称为"南传上座部佛教"。大乘和上座部的不同之点在于：上座部把释迦视为教主，追求实现个人的自我解脱；大乘则主张三世十方有无数佛，追求大慈大悲，普度众生。南传上座部佛教传入云南百夷地区的时间，当在明初。《明史·麓川土司传》说："初，平缅（今德宏地区）俗不好佛，有僧至自云南（指昆明），善为因果报应说，伦发信之。"伦发即思伦发，《明史·土司传》说："洪武十五年（1382），大兵下云南……土蛮思伦发惧，遂降，因置平缅宣慰司，以伦发为宣慰使。"民族史学家尤中认为："既有至自云南者，必然也有至自缅甸者，则思伦发时，今德宏地区始传入佛教。"① 明代钱古训、李思聪《百夷传》说：百夷"无中国文字（指汉字），小事则刻竹木为契，大事则书缅字为檄，无文案可稽"。所谓"缅字"，即是佛教传入百夷地区后，百夷人模仿缅文创造出来用于书写佛经的"老傣文"。元人李京《云南志略》记元朝时期的百夷"记识无文字，刻木为约"，这与明朝时百夷"大事则书缅字为檄"不同，从有无缅字可说明，元朝时佛教尚未传入百夷地区，而明朝时则已传入。

南传上座部佛教的主要经典是《阿含经》。此教传入云南后，今傣、布朗、德昂、阿昌诸族的先民都虔诚信仰。这些民族的村寨大多建佛寺，供奉释迦教主，信众以各种形式到佛寺赕佛，奉献各种祭祀财物，如"赕帕"，是每对夫妻向寺院捐赠袈裟用布；"赕好轮瓦"，是每户秋收后向寺院捐赠稻谷；"赕坦木"，是向寺院捐赠佛经。村寨的赕佛活动由祭司"布占"主持。净居把斋节即关门节（傣历九月十五日至十二月十五日）期间，信众要以食物、鲜花、银币赕佛，七天小赕一次。

六　伊斯兰教

元、明、清是伊斯兰教在云南传播和发展最兴盛的时期。

说唐、宋时伊斯兰教传入南诏、大理国，这大致已不成问题。大理的穆斯林有"教门起于唐天宝"之说；大理的回族杜姓认为他们是

---

① 尤中：《云南民族史》（修订本），云南大学西南边疆民族历史研究所编印，1985年，第146页。

唐天宝战争中被南诏俘虏的御史杜光庭之后，杜光庭是回族，是他把伊斯兰教传入大理。又马颖生在《云南回族文物》一文中说："云南回民是波斯、大食阿拉伯国家的商人。早在 7 世纪中叶，他们就到南诏洱海地区进行商业贸易活动，带来了伊斯兰教和阿拉伯文化。"①

元朝是伊斯兰教大量传入和在云南空前发展的时期。蒙古宪宗三年（1253 年），忽必烈率十万蒙古大军南征，灭大理国，忽必烈以兀良合台率蒙古、回族军镇戍云南，回族人通过军屯、民屯、商屯的方式与汉族和云南土著各族杂居，共同开发云南边疆，为伊斯兰教进一步在全省传播奠定了基础。至元十一年（1274 年），大理城的西门清真寺建立。② 巍山县永建乡回辉登村清真寺亦建于元代。建水清真古寺为元皇庆年间（1312—1313 年）建。至元十一年（1274 年）建云南行省，忽必烈以回族人赛典赤·詹思丁为平章政事（省长），赛典赤在省治鄯阐（昆明）创建了十二所清真寺。③ 其中，尚有正义路的南城清真寺和金碧路的永宁寺一直保存至今。通海纳家营的清真寺建于至元二十七年（1290 年）。

洪武五年（1372 年），明朝发布文告说："令蒙古、色目（即回族人）人氏，既居中国，许与中国人（指汉人）家结婚姻，不许与本类自相嫁娶，违者男女两家抄没，入官为奴婢。"（《明会典》）这个文告既促进了回族人与汉人之间的相互融合，又促进了回族人与云南土著民族的相互融合。民族融合为伊斯兰教在云南的传播创造了新的历史条件，因此，明代是伊斯兰教在云南进一步发展的时期。禄丰罗川乡的三家村清真寺建于明成化九年（1473 年）；开远大庄清真寺建于万历年间（1573—1620 年）；个旧市沙甸镇的清真大寺建于万历十五年（1587 年）。这些清真寺的建立，都为明朝云南伊斯兰教的发展

---

① 此文载《云南回族社会历史调查》（四），云南人民出版社 1988 年版。
② 关兴祖：《大理州伊斯兰教概况》，《大理方志通讯》1987 年第 1 期。
③ 《盘龙区志》，云南人民出版社 1998 年版，第 726 页。

树立了里程碑。

清代，伊斯兰教在云南又有新的发展，以清真寺的建立和发展来说，雍正八年（1730 年），鲁甸桃源乡拖姑村清真大寺建立，占地约 6 亩，由朝真殿、唤醒楼、南北箱房、后亭、照壁、水房等组成，四合院式布局，寺内有清乾隆年间的匾额。昆明庆云街的迤西公清真寺（又称崇尚清真寺）建于光绪十年（1884 年）。应该指出，鉴证清代伊斯兰教发展的一件盛事，是对年久失修或损毁的清真古寺进行重建、扩建，如同治十年（1871 年），对崇祯时毁于兵乱的禄书三家村清真寺进行重建；光绪二十三年（1897 年）对同治末年毁于兵火的巍山回辉登清真寺进行重建。清嘉庆年间对开远大庄清真寺择址另建。乾隆二十八年（1763 年）对个旧沙甸的清真大寺进行扩建，道光二年（1822 年）又进行翻修。清真寺的兴建、重建、扩建，都是进一步推动伊斯兰教发展的盛举。

七　天主教、基督教在云南土著民族中的传播①

清代是基督教传入云南的时期。光绪七年（1881 年），基督教（新教）内地会传入大理。光绪二十四年（1898 年），法国天主教司铎伍安寿在怒江地区传教，在贡山白哈罗、茶兰等地修建天主教堂，600 多傈僳、怒等族人入教。光绪二十九年（1903 年），内地会英籍牧师党居仁在昆明武成路中和巷设立基督教内地会云南总部，并在滇西、滇北设传教区传教。同治十一年（1872 年），德钦阿墩子天主堂建立。光绪六年（1880 年）维西县小维西天主堂兴建。光绪三十年（1904 年），维西县城保和镇十字堂（天主教）建立。宣统元年

---

① 基督教传入云南的时间在晚期，为便于了解，特在此章中加以介绍。

(1909 年)，德钦县茨中村天主教堂建立。

经过 19 世纪末 20 世纪前半期的发展，天主教、基督教的传播几乎遍及全省。土著民族中傈僳、怒、苗、彝、纳西等信教人数较多，以怒江地区为例，到 1949 年，天主教及基督教内地会、神召会、浸礼会等教派在贡山、泸水、福贡、兰坪 4 县大都建有教堂，4 县共有教堂 213 所，有教徒 2 万多人，占傈僳、怒族人口的 19.3%。其中神职人员 700 多人。这些神职人员分为四等：一是密鲁扒（教会会长），每县有一个正会长，几个副会长，4 个县共有正、副会长 8 人。会长是专业神职人员，主要依靠教徒奉献的"上帝粮"为生；二是马扒（传教士），4 县共有 45 人，也是专业神职人员，他们大多数是由外国传教士一手培养的傈僳族贫苦子弟和孤儿；三是密枝扒（管事），多数是村寨头人，4 县共有密枝扒 255 人；四是瓦克括扒（礼拜执事），4 个县共有 426 人。①

滇中地区的禄劝、武定、寻甸等彝、苗、傈僳等族，入教的人数也比较多，武定撒颇山、禄劝撒营盘都建有影响较大的苗、彝等族的基督教堂。撒营盘还有外国传教士建立的西南神学院。

① 《傈僳族简史》，云南民族出版社 1983 年版，第 66—68 页。

云南土著民族的社会制度

一 氏族制和奴隶制

（一）独龙、基诺、佤、景颇、德昂、傈僳、怒诸族先民的原始氏族制

怒江流域的傈僳、怒、独龙诸族的先民，社会经济文化发展十分缓慢，元、明时期，其原始氏族制仍未见解体之端倪。以贡山县的独龙族为例，该族明代称为"俅"或"曲"，《元·统一志·丽江路》称为"撬"。从事刀耕火种的农业；采集、狩猎在经济生活中还占有较大的比重。"俅人居澜沧江大雪山外，系鹤庆、丽江西域外野夷。其居处结草为庐，或以树皮覆之。男子披发，着麻布短衣裤，跣足。妇耳缀铜环，衣亦麻布……更有居山岩中者，衣木叶，茹毛饮血，宛然太古之民。"（道光《云南通志》引《皇朝职贡图》）"女子有纹面习俗"，"头面鼻梁两颧上下唇，均刺花纹"，满脸皆以刺刺小孔，涂以黑色，便成花纹以为美观。独龙族人常被察瓦龙的封建农奴主"掠卖为奴"，察瓦龙土千户"定以牛买人，每一人黄牛给予三条，牦牛只给二条，勒令上江百姓，领牛为之买人，以充奴婢，百姓畏其霸恶，不敢不依，辗转购置，直至狄子、脱落各江，以此各江百姓，受

其笼络，只图有牛享众，不顾欠债日多，迨受逼迫，强悍者每将懦弱者一家大小捉交察蛮，以偿牛价，或杀其强壮，捉其弱小以偿。此等事无岁无之，无月无之，尤为各江第一惨状"①。有一部分不堪奴役逃往缅甸北部克钦邦最北端的独龙人，长期保留着传统的习惯："深居简出，长期穴居窑洞或是在深山密林里移动……"②

与原始经济相适应，他们的社会组织是原始氏族制。其氏族由一个五代以上祖先组成的血缘集团组成。一个父系祖先的直系后代组成的血缘集团为一个家庭公社。一个氏族包含若干个家庭公社，一个家庭公社包括两三个以父家长为主的大家庭公社，大家庭下面是小家庭。一个家庭公社共居于一间大而长的房屋内。氏族之间以物易物，刻木结绳记事。独龙族的氏族称为"尼柔"，家庭公社称为"其拉"，大家庭称"宗"，小家庭称为"卡尔信"。一个"其拉"构成一个自然村，村长（即家长）称"卡桑"。每个"其拉"共有山林、猎场、鱼塘、耕地、祭祀场。土地共耕，平均分配。"卡桑"的职能是领导生产，主持祭祀，排解纠纷，指挥作战，但仍参加劳动生产。一个大家庭中有几个火塘，每个火塘为一个小家庭。大家庭由主妇管理。各火塘轮流煮饭，煮好后由主妇平均分食。氏族中没有私有观念和私有财产。因此，其氏族保有原始社会组织的完整结构和特征。

基诺族直至20世纪50年代还保留着一个父系氏族几代人共居于一间大竹楼里的习俗，这种竹楼叫"长房"。进门处有一个象征氏族的总火塘，在整个长房中排列着若干小火塘，每个火塘代表一个小家庭，火塘两边便是各个小家庭的住处。长房有一个年长的男性族长，称为"着勒"。各个小家庭有自己的家庭经济，土地共耕，平均分配，

---

① 夏瑚：《怒俅边隘详情》，载方国瑜主编《云南史料丛刊》第15卷，云南人民出版社1990年版。

② 孟达：《缅甸的独龙族》，《民族译丛》1981年第5期。

小家庭独立消费。一个长房如果男性死绝没有"着勒",便要将房子拆除,妇女改嫁或回娘家。

(二) 宁蒗摩棱人的母系氏族制

宁蒗摩梭人元、明以来一直保存母系氏族时代男不娶、女不嫁的母系家庭制度。成年男女之间只有"阿注"的概念,不知何谓婚姻。"阿注"为摩梭语,汉语意为朋友。男女之间的结合是男子夜晚走访女阿注,在女家与其同宿,翌晨又返回母亲的家里进行劳动与生活。男女双方不组织共同的家庭,无共同的经济生活。双方之间的同宿只要彼此同意即可,一旦一方不愿意,"阿注"关系即自动解除。阿注关系唯一的戒律是禁止同一母系血统的成员结合。平均每人一生结交的阿注为六七人。多者达十人甚至数十人,但大都在一定时期内有一个较稳定的阿注,又有一个至两个短期或临时的阿注。延至 20 世纪50 年代,建立这种阿注关系的人大约还占成年人的78%。在这种制度下,家庭成员的血统依母系计算,财产按母系继承,家庭内部全是母系成员。女子所生子女为家庭成员,男子在外结交阿注所生子女为另一个母系家庭的成员。祖母、母亲及姐妹是家庭的中心。子女最亲的是母亲,其次是母亲的姐妹和兄弟(舅父),他们对母亲的姐妹都称母亲(爱梅),对舅父的阿注亦称"爱梅",对母亲的兄弟和母亲的阿注,都称"阿屋"(舅父)。

(三) 宁蒗、华坪地区彝族先民的奴隶制

宁蒗、华坪一带的彝族先民儸儸,清代以来一直盛行奴隶制度。全体社会成员被分为黑彝、曲诺、阿加、呷西四个不同的等级。黑彝为奴隶主,大约占总人口的7%。他们占有全部的土地、牲畜、工具和所有社会成员的人身;拥有世袭统治特权,自认为是天生的贵族,自视血统高贵,以"黑骨头"自居。他们的财产,主要是以有多少

"娃子"来表示。"娃子"是奴隶的别称,多为掳来的汉人,也有从市场买来的,"黑骨头"辖区内有买卖娃子的市场。训练成熟而又忠顺的男女娃子,主子将他们配偶结合,为主子生育娃子。因为他们生下来的子女仍是娃子。这些小娃子长大成人去掳来的新娃子,就成了"娃子"的"娃子",所以娃子有贵贱之别。"黑骨头"严禁与"白骨头"结婚,怕污了他们的血统。黑骨头的统治地位不因其经济的破产而改变,即使破产成为"乾黑彝"也不能降为"白骨头"。被统治的"白骨头"富裕了,也不能升为黑彝,故彝谚说:"山羊是山羊,绵羊是绵羊;山羊变不了绵羊,绵羊变不了山羊。"曲诺大约占总人口的50%,因其人身被黑彝主子所占有,他们必须为主子提供各种奴隶式的负担和劳役,为主子打冤家,并承担各种强拉硬派。主子可以买卖、抵押或以他们作赌注。阿加约占总人口的33%,人身完全为黑彝所占有,是奴隶主田间劳动和奴隶再生产的承担者,奴隶主对他们有生、杀、予、夺之权。呷西约占总人口的10%,被蓄养在主子家中,是典型的奴隶,主子可以任意杀害或买卖。掳掠奴隶是这个地区突出的社会问题,汉族、纳西、普米、傈僳、白、傣等民族是被掳掠的对象,彝族各部落之间亦经常打冤家以掳掠对方的人口做奴隶。被掳者要是逃跑,就要被砍断手脚,直至抛岩、上吊、挖心处死。

二 滇西北藏、纳西、白、普米、傈僳等族
先民的封建领主制

(一) 封建领主制和地主制的界定

封建领主制和地主制是封建生产关系的两种类型,还是相互连接的两个不同发展阶段,学术界至今尚存有不同的看法。恩格斯说:

"英国农奴制度的逐渐消灭，形成人类众多的自由农民、小地主或佃农阶级。"① 根据这一论断及我国一些少数民族在中华人民共和国建立以前的社会发展状况，地主制应是领主制之后的一个发展阶段。

在领主制阶段，由于国王的封授，土地为领主所占有，并依封职的高低呈阶梯式的等级占有结构。领主没有对土地的最后支配权，不能把这种土地当作他们私人意志的"专有领域"而任意出卖或转赠。这是因为，国王不是将土地赠予他们，而是仅仅作为俸禄田而授予他们终生使用，而且，授予是有一定条件的，倘若违背了这些条件，便以收回相惩罚。甚至在不违背国王附加条件的情况下，王室也可随时将它收回。因此，恩格斯指出，领主的占有地，"在任何情况之下都是一种职田"②。在这种土地占有制的基础之下，统治关系是占有的基本关系，领主在占有领地的同时，亦占有领地上的生产者：农奴。为了维持领主制度，领主将自己占有的土地，分一些给农奴作为份地，将农奴束缚在土地之上，终年为自己提供各种繁重的生产劳役和杂役。

在地主制阶段，土地所有制形态不再具有职田的性质，地主即土地的私有主，对土地具有支配权，但不能占有生产者，只能迫使生产者佃农租种自己的土地，自己不劳动，依靠剥削地租为生。佃农（佃户）一般没有土地或只有很少的土地，他们佃种地主的土地，被迫将收获的四成、五成、六成、七成甚至八成以上的实物交给地主作为地租，自己过着十分贫困的生活。比之农奴，佃农有较多的自由，少数的还可以通过购置土地而成为地主。

明代云南土著民族的封建领主制，是以封建领主（即农奴主）土官统治为特征的。

---

① ［德］恩格斯：《论封建社会的解体及资产阶级的发展》，《历史问题译丛》1953 年第 6 期。

② ［德］恩格斯：《法兰克时代》，《马克思恩格斯全集》第 19 卷，人民出版社 1956 年版，第 551 页。

土司制即土官土司制度，是中国封建统治者对少数民族的一种特殊统治方式。这种制度有悠久的历史，《明史·土司传》说："西南诸蛮……历代以来，自相君长，原其为王朝役使，自周武王时，孟津大会，而庸、蜀、羌、微、卢、彭诸蛮皆与焉。及楚庄王滇，而秦开五尺道置吏，沿及汉武，置都尉县属，仍令保土，此即土官土吏之所始耶。迨有明踵元故事，大为恢拓，分别司郡州县，额以赋役，听我驱调，而法始备矣。"土司制官职分文、武两类，文职由吏部铨委，称土知府、土知州、土知县等；武职属兵部管辖，由兵部武选司任命，称宣慰使、宣抚使、安抚使、招讨使等。文武皆择各族酋长担任，品秩尊卑有差，均为世袭。袭替皆赴阙受职，亲领诰敕、印章、金银符等"统摄其部"之证物。世袭时嫡庶不得越序。无子者准弟袭，族无可袭者或妻或婿为众信服者可许袭。土官不论文职武职，都是封建农奴主。

（二）藏族先民"古宗"地区的封建领主制

自元、明以来，滇西北大都为土官土司统治区，明、清时期虽进行改流，但因三江并流等地区各民族社会经济多处于原始状态，清统治者以"三江之外宜土不宜流，三江之内宜流不宜土"（嘉靖《大理府志·地理志》）为原则，使三江并流等地区的土司制延续下来。明朝时期称云南的藏族先民为"古宗"。天启《滇志》卷三十说："古宗，西番之别种。滇之西北与吐蕃（今西藏）接壤，流入境内，丽江、鹤庆皆有之。"明代中甸、丽江地区的"古宗"分别受西藏农奴主政权和丽江土官的管辖。土官和迪庆、宁蒗地区的寺院僧侣贵族是两大农奴主，人数约占总人口的1%。两大农奴主几乎占有全部的土地，并占有总人口87%的生产者农奴的人身。据1950年的一项统计，中甸县上四境耕地65807亩，其中土司官地59568亩，占90.5%；寺院领地6049亩，占9.2%；私有地190亩，占0.3%，也就是说，中甸土地总量的 99.7% 为农奴主所有。农奴主以"份地"（每份 7—12 架，每架 3 亩）的形式把土地分配给农奴耕作，不许农奴自由迁动，将其束缚在土地之上，农奴主对农奴的主要剥削有三项：一是必须向农奴主缴纳粮食收获物的 30% 作为实物地租（官租）；二是必须自带耕畜、农具为农奴主耕种官庄地，谓曰"支乌拉"（服劳役）；三是必须提供各种各样的礼金礼物。三项剥削占农奴实际收入的 60%。

建塘地区（今香格里拉），明代由西藏农奴主政权派员进行农奴制的统治。清康熙五十一年（1712 年），西藏停止委派建塘官员，任命本地土官管理。分中甸为 5 个宗卡（热乌）、17 个德卡（德乌）。由松氏任武官迪巴，腊咱家族的金堂七林任文官迪巴，取代藏委宗本，总领全境 7700 户，下属宗卡分为 5 个神翁，各分管 660 户；德卡分设 17 个德本，各分管 60 户。迪巴、神翁、德本三级土司土官职务法定为世袭，共 24 员土司土官。清代雍正初改土归流，在当地实行"土流并存"之政策，在委派流官管理全境的同时，土司员额不变，但将 5 个宗卡改为五境。将迪巴改为土守备，神翁改称土千总，德本改称土把总。改世袭制为承袭制，守备缺额从千总中拔补，千总缺额从把总中拔补，把总缺额，由土司子女或能服众者中拔补。松赞林寺有特殊之武力，地方民政设施须先经八老僧会议裁决，流官县长方能行之。权威最高的民团指挥为僧人，其对中央王朝之德威最忠诚。土官亦须受寺院僧侣领主之节制。

宁蒗（永宁）地区古宗人的封建领主为永宁土知府阿氏。其先为元永宁土知州卜都各吉。洪武十六年（1303 年）授土知州。永乐四年（1406 年）升土知府，命土官知州各吉八合为知府，领长剌次和、瓦鲁之、革甸、香罗四长官司。末任土知府为阿民拉（1949 年继兄职）。阿氏因王朝的封赐不但占有辖区内的全部土地，也占有土地上的生产者农奴。

（三）"么些"（纳西族先民）的封建领主制

么些为纳西族先民，该地区的农奴主是丽江土知府木氏。宋理宗宝祐元年（1253年），元世祖忽必烈征大理，丽江么些土酋阿琮、阿良迎兵助征，元授给茶罕章管民官。至元八年（1271年）置茶罕章宣慰司，封宣慰使，"越析郡（今云南宾川县北）、柏兴府（今四川盐源）、永宁府（今宁蒗）、北胜府（今永胜）、澉渠州（今宁蒗县）、罗罗斯（今四川西昌）、白狼（在今四川盐源）……处地方，无不管束"（《木氏宦谱·阿琮、阿良传》）。元朝末年，阿甲阿得任丽江宣抚司副使。洪武七年（1384年）阿甲阿保归附明朝，赐姓木，因名木得。次年赐任丽江世袭土官知府。正德四年（1509年）进攻吐蕃地区，维西、中甸、阿墩子（今德钦）及四川之巴塘、理塘皆被其占领，木氏被称为"姜杰布斯南绕登"，意为纳西人的皇帝——"木天王"。至明末，木氏统治势力达到北部四川的巴塘、理塘及西藏的查木多（今昌都）一带，西部达到今缅甸的恩梅开江一带。木土司在府域内有大小14个庄园，官庄田24顷53亩（折合2453亩），皆为肥田沃土。官庄田由农奴耕种，收获物全部上交领主木氏。土司下有酋长、通判、千夫长、把子、头目，分别占有辖区内的土地，强迫农奴耕种。清朝雍正元年（1723），丽江土知府改为流官知府，原所设的流官通制改由土官木氏出任。

（四）兰坪地区白族先民的封建领主制

兰坪地区"白子"（今白族先民）的封建农奴主为兰州土知州罗氏。元至元十二年（1275年），在今兰坪县置兰州，封"白子"酋长罗克为土知州，隶丽江茶罕章宣慰司。其辖地"东至鹤庆军民府剑川州一百里，南至剑川弥沙井盐课司六十里，西至西番宝郎山二百六十里，北至西番界二百里，东北到通安州二百五十里，东南到云龙州四百五十里，西南到云龙州四百五十里，西北到西番界二百五十里"（《景泰云南图经志书》）。以今地名而论，其辖区为今兰坪、洱源、维西、泸水、福贡等县的全部或大部地方。罗氏占有全辖地内的所有土地，并对土地上的生产者进行农奴制的剥削压迫。

（五）维西、六库地区傈僳族先民的封建领主制

维西地区的土长为康普土千总禾氏。《维西县志稿》说："土职中以女千总禾娘裔为尚，禾字从木。据土人说，丽江木土守委人辖维西，于木上加撇为禾，以示区别，即禾娘之先也。今阿墩子土千总禾姓，叶枝土千总王姓（王姓祖先原姓禾，因入赘王家改姓王），皆其后裔也。"其地"二三百户或百余户，或数十户一头目。建设时，地大户繁者为土千总、把总为头人，次为乡约，次为火头，皆各子其民，子继弟及，世守莫易，称为'木瓜'，犹华言官也，对之称为'那哈'，犹华言主也。所属么些，见皆跪拜，奉物及对则屈一膝……有不率，头目鞭笞之。农时，助头目工三日。谷将熟，取其青者蒸而舂脱粟，曰'扁米'，家献二三升，腊奉鸡米。元日，头目以酒饭劳之"（《维西见闻录》）。清雍正五年（1727年），改临西为维西县，由康普土千总禾娘管理，同年维西改土归流，下属土官受制于流官通判而分治维西全境，康普禾氏由统维西全境变为只管康普、叶枝等地。后康普土司向怒江以西扩展，贡山、福贡北部及独龙江地区的傈僳、怒、独龙等族归附。自此之后，土职喃珠、叶枝土千总王氏加授菖蒲桶土弁（菖蒲桶即今贡山）及临城、吉岔、桥头土把总，先后管辖今贡山、福贡和独龙江及恩梅开江上游地区。

六库地区傈僳族的土官，一为土巡捕段氏。万历四十八年（1620年）委任，清嘉庆十五年（1810年）置土千总，以段履仁为土千总，其后子孙承袭。二为老窝土千总段氏。其先为云龙土知州。明万历四十八年（1620年）改流，准在边远地区老窝设土目衙门。清乾隆十

七年（1752年），兵部颁给怒、澜二江土千总札付，管辖怒江两岸大兴地、秤戛一带傈僳族。三为卯照土千总段氏。清嘉庆十二年（1807年）授职，管辖地域为"东至老窝，南联鲁掌、登埂，西至雪山顶外傈僳野人地，北至秤戛老窝地"（《云南矿政考》）。四为登埂土千总段氏。清乾隆十二年（1747年）授职。其辖地"东接六库，南接练地，西逾高黎贡山与腾冲接茨竹左抚夷界，北至帕地河……片马五寨亦在辖境"①。五为鲁掌土千总荣氏。清乾隆十二年（1747年）授职。驻鲁掌。辖地"东南接登埂，西至浪粟野人地，北至直上、治堵、罗雪山"②。土官皆为封建领主，对其辖地的生产者进行的是农奴制的奴役。

三　滇西南傣族、哈尼族和滇东北彝族先民的封建领主制

（一）西双版纳傣族先民的封建领主制

西双版纳，傣语称"勐泐"或"勐乃"。明洪武十七年（1384年），王朝封其酋长刀坎为车里宣慰司宣慰使。由于王朝的封赐，西双版纳全部土地为车里宣慰使，即"召片领"所占有。傣语所谓"喃召领召"，说的就是"水和土都是官家的"，所谓官家，指的就是"召片领"。"召片领"下辖三十余个"勐"的行政单位。各勐的统治者由"召片领"分封其宗室勋戚担任，称为"召勐"，亦称勐土司。按封地的大小，召勐有"纳先龙"（大十万田）、"纳勐龙"（大万田）等大小之分，召片领和召勐把封疆内的土地一分为三：一部分作为自

---

① 《兰坪盐业的历史和现状》，《怒江文史资料选辑》第13辑，第121页。
② 《杨玉科研究资料辑录》，《怒江文史资料选辑》第13辑，第1页。

己的私庄，俗称宣慰田或勐土司田。据都龙掌《杂记》一书记载，历史上"召片领"在景洪坝子的曼洒、曼洪、曼景蚌、曼听、曼广、曼朗、曼别、曼共、曼侬冯、曼景们、曼暖典等寨共有宣慰田 11950 纳。宣慰田概由农奴耕种，由农奴偿付劳役地租及实物地租。

另一部分是作为属官（波朗、村寨头人）的俸禄田，称波朗田、头人田。其特点是认职不认人，谁当波朗、头人谁占有。波朗田占景洪全勐土地总数的 40% 左右，全由农奴耕种，农奴需上缴收获物的 40% 作为官租（即交领主的地租）。

再一部分作为农民的份地，称为寨公田或寨田。这份土地有"米纳把哈"的说法，意为"有这份田就必须挑起负担担子"，为"召片领"服各种劳役，提交劳役地租。提供劳役以村寨为单位进行，因劳役分配的不同，西双版纳有养马寨、轿子寨、鼓手寨、脂粉寨、灯油寨、守坟寨等按不同劳役而命名的村寨。

西双版纳封建领主制自元、明、清时期兴盛以来，至近代后期逐渐发生向地主制经济的转化。这种转化是从领主土地所有制向地主私有制转化开始的，转化沿着三条不同的路径进行。

1. 王土转化为农民的私土

其产生多是出于在田边小块荒地上开荒。这种农民私有的土地称为"纳辛"和"纳哈滚"，其数量发展至 20 世纪 50 年代初期占西双版纳全部耕地面积的 28% 左右。

"纳辛"意为私田，分属于"召庄""傣勐""滚很召"三个不同的社会等级，由于前一等级和后两等级所属的"纳辛"在私有的程度上有所不同，故"傣勐"和"滚很召"的"纳辛"又称为"纳多很"，意为自己的田。"纳多很"的特点是不参加体现领主占有的抽补调整，可以世代承袭及进行租典和买卖。如景洪曼纽寨的波依喊，将"纳辛"10 纳，卖给同寨的鲜波更，得半开 10 元；又曼菲竜的波香甩，卖给布在满 10 纳，得半开 30 元；波埃而拢卖给妹丙 10 纳，得半开 40 元；康郎喊卖给纳得 10 纳，得半开 25 元。据调查，"纳多很"出现的时间不长，傣勐寨曼暖典的"纳多很"至 20 世纪 50 年代不过才延续了三代，叭竜、波撒、召鲊拉的都是在他们的祖父手上才开垦出来的，一般的是只延续了两代，短的才几年。

属于"召庄"等级的"纳辛"，私有程度比"纳多很"高，特点是可以自由买卖。其私有性不但不受封建领主法律的约束和限制，而且还受到它的保护。马克思说："私有财产的权利（任意使用和支配的权利）是随心所欲地处理什物的权利。……私有财产的真正基础，即占有，是一个事实，是不可解释的事实，而不是权利，只是由于社会赋予实际占有以法律的规定，实际占有才具有合法占有的性质，才具有私有财产的性质。"① 从法律对它的承认和保护来说，它是从领主占有地上分演出来的一种私有化程度很高的专有地段。

"纳哈滚"意为家族田，数量比"纳辛"为多。如景洪有 1356 亩，占该版纳总耕地的 4.46%。家族田的支配权属于家族长，村寨头人无权干预。也就是说，这是一种独立在领主占有地之外的一种以家族为单位的私有地。家族田的继承权属于家族三代以内的血亲成员。对其租佃、典当和买卖都可以，但须在家族内部进行。考察一下家族的大小，我们发现，这里的傣族家族一般都不大，如家族田占全寨耕地总面积 70% 的景洪曼播寨，全寨 16 户，分属于 7 个家族，最大的鲊忠家族有 4 户，叭温喊与布比两个家族只有各 2 户，而岩温喊、妹孟竜两个家族则各仅只有 1 户。就岩温喊、妹孟竜两家而言，家族田实际上已演变为以户为单位的私有田地。

"纳辛""纳哈滚"等农民小私有地的出现，在"普天之下，莫非王土"的封建领主社会中，具有划时代的意义。由于它们的出现，土地的买卖和集中成为可能，一些人因可能购置大量的土地而变为地

---

① 《黑格尔法哲学批判》，《马克思恩格斯全集》第 1 卷，人民出版社 1956 年版，第 382 页。

主，而另一些人会因丧失土地而沦为地主的佃农。西双版纳傣族的情况说明，农奴私有地的出现是领主制走向瓦解的标志，这个社会中最先出现的一些地主，就是从农奴私有地上产生出来的。在农奴私有地出现以前，出于"水和土都是召片领的"，社会中根本没有发生过任何买卖土地的现象，也没有出租土地、依靠剥削地租为生的地主，可是在这之后，买卖土地的情况就发生了，地主和佃户的剥削关系因此而产生了出来。上文所述的所买而进行出租的地，买的就是农奴的小私有地。

"纳多很"和"纳哈滚"在买卖时是要受到一定限制的，如"纳多很"不能卖出寨子。"纳哈滚"不能卖出家族。它们的私有性质，也还没有得到法律的正式承认，但不能因此就否认这类私田的私有性质。这是因为每一种新的所有制形式，在开始出现的时候，都不仅要受到旧的形式的阻碍，而且要受到旧的政治设施的阻碍，新的所有制形式只有经过长期的斗争，才能排除对于自己的限制和种种的阻碍，并最终取得合法的地位。因此，不能以实际存在的某些限制和封建领主的法律是否承认来否定上述两种土地的私有性。

2. "职田"转化为私田

"职田"即"薪俸田"，是封建统治者授给属官作为薪俸来源的一种土地。在西双版纳傣族领主社会中，"职田"有"宣慰田""勐土司田""波朗田""头人田"诸种。由于宣慰使和各勐土司的官职是世袭的，故"宣慰田""勐土司田"为世袭田。"波朗田""头人田"不能世袭，其特点是"跟着官职走，谁当波朗、头人谁占有"。其实，"宣慰田""勐土司田"也是跟着官职走的，一旦王朝进行"改土归流"，宣慰及其属下的土司也就不能再占有。

在生产力提高和商品货币经济日益发展的情况下，领主把从农奴身上榨来的一部分剩余产品变为商品，这使他们越来越把土地视为珍宝，并为谋取更多的土地而施展各种伎俩。于是，"职田"出现了扩大的趋势。据都竜掌《杂记》一书记载，约在傣历五四二年，即明景泰元年（1450 年），"召竜法"（天朝皇帝）封"召片领"为车里宣慰使时，规定他在景洪坝子的世袭宣慰田为 11950 纳（约合 3000 亩）。但这个数字在新中国成立前发生了变化，"召片领"利用政治特权夺取了一些田。如曼竜匡寨的宣慰田（纳召片领）1000 纳，就是他从曼中海寨夺来的。有一次，"召片领"到曼中海、曼景兰寨吃鱼，遗失了金马鞍，乃强令两寨赔还，曼竜匡的老叭（头人）出面调解，由曼景兰出钱及曼中海出田 1000 纳进行赔偿。又如宣慰街附近名为"纳永"的 1000 纳宣慰田，是勐永土司（召片领之子）强迫勐永地区的农奴来为他开垦的。勐土司、波朗、头人等扩大"职田"的步子比宣慰的还要大。其手段亦是凭借政治特权兼并农奴的份地。景洪大波朗怀朗庄主，曾窃走曼达寨的土地册，私自进行窜改，夺取景达寨租给曼养里寨的土地 140 纳；曼浓坎寨原有农奴份地寨田 500 纳，波朗（召孟刚）的官田（纳干）140 纳，新中国成立前 11 年召孟刚令人对曼浓坎寨说："500 纳是官田，140 纳是寨田。"曼浓坎寨群众不依，召孟刚说："你们说不是，可去召竜那扁处看'囊丝'（记载土地的簿子，因召竜那扁管附近的山）。"看后真如其说。召孟刚于是夺得曼浓坎寨的农奴份地 340 纳。原来，这个簿子是召孟刚勾结召竜那扁假造的。更有甚者，一些领主对农奴份地的兼并，是不加掩饰地进行赤裸裸的霸占，如曼迈竜寨的头人叭竜，霸占曼暖典退还该寨的寨田 70 纳。农民波岩永死去，其私田 100 亩亦为叭竜所霸占；又如曼暖典寨叭竜，以抽给波朗为借口，将 300 纳农奴份地据为己有。除上述外，有的是强迫农奴进行开荒，以扩大自己的"职田"，如曼达寨头人叭荷哈，强迫农奴为自己开垦了三十多纳的田。根据傣族封建领主政权的法规，凡开荒之地，"熟荒三年、生荒五年"，到期并入"寨公田"，即并入召片领和各勐的领地，但是，在地权越来越重要的情况之下，中小领主及农奴都不执行这样的规定。

"职田"的自发增加是与"职田"私有化的进程紧密相连的，在商品货币经济的作用下，中小领主不满足于对"职田"的占有，指望获得世袭的可以随心所欲进行支配的地权。"召片领"的一些远亲，或通过自由开垦取得私有土地；或凭借与"召片领"的亲戚关系，在从领主统治集团中游离出来以后，继续占有"职田"，使它们形成"召庄"所属的"纳辛"（私田）。与此同时，一些波朗也利用自己的政治权势，将"职田"在实际上变成自己世代世袭的私产，一些头人对"薪俸田"进行抵押、出租，甚至买卖，使头人田也逐渐转化成为体现自己意志的私有地段。

由于"职田"向私田的转化及统治者利用政治特权兼并农奴的份地，头人和群众占有土地的数量悬殊，如景洪曼暖典寨，8 户头人，占有"寨田"420 纳、"波朗田"191 纳、"头人田"420 纳、私田190 纳，每户平均占有 152.6 纳；45 户群众占有寨田的 2650 纳，"波朗田"1147 纳、私田 369 纳，每户平均仅占有 77.5 纳，约是头人一半。在曼景傣寨，每户头人平均占有 134.1 纳，而每户群众平均只占有 37.4 纳，头人是群众的 3.5 倍。在地的质量上，头人占有的土地比群众的质优，单位面积产量高。如曼暖典头人叭竜 100 纳的土地，产量为 200 挑，而群众老五 100 纳的土地，仅产 120 挑。占地多的头人，或雇工，或出租进行剥削，或二者皆兼，结果都使自己转化而成为地主。曼暖典出现的两户地主和两户富农，都是从领主头人转化而来的。

中小领主向地主阶级的转化，主要不是通过土地买卖来进行，而是利用超经济的政治特权来实现。一方面，他们利用这种政治特权，与上层领主做斗争，将"职田"转变为私田；另一方面，又利用政治特权，兼并农奴的份地，以实现土地的集中，并迫使丧失份地的农奴变成佃种他们的土地的佃农。

3. "份地"转化为私有地

份地制度的存在是封建农奴制生产关系存在和发展的基础。在西双版纳，"召片领"划给农奴的份地，占全部耕地面积的58%。傣语称为"纳曼"或"纳火尾"，意为"负担田"。因其使用是由村寨头人代表"召片领"按户平分给农奴，分配形式保留着农村公社时代由村寨头人按户平分土地的特点，所以又称为"寨田"或"寨公田"。领种这种份地的农奴，必须以村寨为单位，为召片领或勐土司提供生产劳役或非生产性的杂役。如景洪的曼暖典、曼纽、曼模曼、曼景兰等寨的农奴，必须用自己的耕牛、农具为"召片领"耕种私庄田，收获物全归"召片领"；曼东老、曼南、曼喝勐三寨，必须为"召片领"点灯；曼列寨必须为其养象；曼醒、曼岛两寨，必须为"召片领"养马；曼洒寨必须为其舂米……在提供生产劳役和各种杂役的情况下，农奴份地上的产品归农奴享用。当然，领主这样做并不是要保证农奴的生活资料，而是要保证自己的劳动人手。

份地制度存在的必要条件，是自然经济在社会经济生活中占统治地位，农业和手工业紧密结合，未出现可以引起生产者两极分化的商品货币经济。由于自然经济被破坏，社会生产结构和社会阶级结构发生新的变化，份地制度开始走向瓦解，如景洪曼广竜、曼广卖、曼景栋三寨，20世纪50年代共有131户，有16户已从份地上分离出来，其中以帮工和进行副业为生的8户，出租土地为生的4户，出租份地转以经商的2户，铁匠、小商贩各1户。仍困着于份地之上的115户，也还继续发生着分化，其中有15户兼营酿酒卖酒，2户兼营制银器，4户兼营缝纫，4户兼营屠宰，1户兼营烧瓦，1户兼营木工。随着商品货币经济的发展，他们势必还要从份地上分离出来。

就份地制度的整个瓦解而言，其实质是由领主占有转化为地主和小农私有。在西双版纳，农奴份地私有化主要表现有三：一是中小领主不断将份地攫为私有，使份地的均平性遭到破坏。如在景洪的曼暖典寨，由头人转化而来的4户地主、富农，共占有寨田220纳，每户平均为55纳，一般群众每户平均只有50纳。在蛮买寨，由于份地均平性的破坏，占全寨总户不到 6% 的 5 户地主、富农，占有全村 17% 的土地，每户平均占有 250 纳，占地最少的 1 户，仅占有 25 纳，完全丧失份地的 2 户，其中 1 户沦为地主的雇农，另一户转而靠牛租为生。[①] 二是农奴通过典当自己的份地，在一定程度上把份地转变为自己可以进行支配的私产。如新中国成立前 15 年，曼暖典寨的暖典波板告，因无牛和缺乏劳动力，以 5 纳田当给曼景傣寨的岩康印，当价为每年 5 元半开；又康朗奔将 50 纳进行典当，每年当价为 10 元半开，当了 5 年共得 50 元；曼广卖的岩燕将田当给富农岩拉，当价为 40 元半开。在戛栋、戛洒等 17 个村，当出的份地多达 260 纳。典当关系虽然还处于初期，当期不长，当价不高，当期届满不经取赎就可以收回。但典当的发生不是偶然的。在领主的统治下，由于"水和土都是召片领的"，故份地绝对不允许典当。典当一经发生，就意味着农奴对份地取得了一定程度的支配权，而这正标志着份地由领主占有向生产者私有的转化。三是头人和农奴通过出租份地，进一步把份地转化为私有。在 20 世纪 50 年代前的西双版纳农奴制社会中，对份地的租佃是很普遍的。其形式有二：第一是集体租佃，如景洪曼广竜寨曼哈勐寨租入寨田 550 纳，租额有 100 纳 30 挑和 70 纳 20 挑两种。在曼洪地区，除陇会的 6 寨以外，其余 11 个傣勐寨都出租寨田。其中曼达寨出租给曼贯、曼景、曼南龙、曼磨锡等七寨的数目多达 467 亩，头人具有租出、夺佃、加租等方面的专有支配权。租额表面上是拿来为全寨，但实际上大部分为头人所私吞。地租的占有是土地所有权由以实现的经济形态，头人在出租寨田中私吞地租的事实，说明寨田正部分地沦为头人的私田。第二是单户出租。出租者有两种情况：一是出租者为占地较多的头人和富户，通过出租，他们不但攫取地租，而且把租入者中的一部分变为自己的佃户，使自己转化为地主；二是出租者

---

① 参见中央访问团第二分团编《车里县概况》，《普洱区资料之六》，1951 年，第 8—10 页。

为缺乏耕牛、农具、生产资本，对份地已丧失独立经营的贫户。这种出租与前一种完全不同，他们不是为了攫取地租，而是要摆脱领主加于自己身上的剥削负担，但事与愿违，他们在出租了份地之后，即沦为一无所有的短工或长工，变为地主的雇农。租入者也有两种情况：一是租入者为牛多、劳力多的头人、富户，其租入份地的实质是兼并份地；二是租入者为份地量少质劣的富户，其租入份地，则是为了补充自己份地之不足，但其结果是使他们成为地主。富农的佃户。不管是集体出租还是单户出租，其剥削形式都不再以劳役地租为主，而是转以实物地租为主，并兼以采取货币地租。劳役地租、实物地租、货币地租都是封建土地所有权由以实现的经济形态，其更替反映了封建社会生产力的发展。劳役地租是以劳动生产力的不发展和劳动方式的原始性为基础的。在领主制阶段，封建领主只能以这种地租形式作为其剥削的主要形式。实物地租逐步占据主要，在一定程度上反映了领主制经济向地主制经济的过渡。头人、富户及其他一些份地出租者攫取地租的事实，说明份地进一步被转化成了私有的土地。

从以上可以看出：（1）封建领主土地占有制的瓦解，是以地主土地所有制产生和发展为内容的；封建社会的发展是从领主制走向地主制。（2）领主土地占有制向地主土地所有制的转化，是以社会生产力的发展和商品货币经济对自然经济的破坏为前提的。领主土地占有制与地主土地所有制的根本区别在于，前者为占有而后者为私有。领主土地占有制被破坏的途径有三：第一，农民小土地私有制的发展，即由于生产者自发开荒，封建大领地被不断分割为农民的小私有地。第二，中小领主的"职田"转化为私田。第三，农奴份地转化为私有地。（3）地主阶级最初是由中小领主转化而来的，引起这一转化的是不可抗拒的商品货币经济规律的作用。中小领主兼并土地的手段主要不是通过土地买卖，而是利用政治特权进行超经济的掠夺，同时也通过典入和租入进行掠取。

（二）德宏地区"百夷"（傣族先民）的封建领主制

明代百夷的分布地区很广，主要分布在今德宏州与红河州的南部。湾甸（今昌宁南部）、大侯（今云县）、勐缅（今临沧）、勐勐（今双江）、景东、镇沅、马龙他郎甸（今墨江、新平）、元江、临安东南部（今文山、马兰）等州、府也有分布。明代百夷地区的社会经济形式为封建领主制。明王朝分封各地土长为大小不等的土官。土官（领主）占有辖区内的全部土地和生产者农奴的人身。钱古训、李思聪的《百夷传》说："其下称宣慰曰昭，犹中国（按，指汉族）称主人也；其官属刀孟、昭录、昭刚之类，总率有差。刀孟总统政事，兼领军民，多者总数十万人，少者不下数万，昭录亦万余人，赏罚皆任其意。昭刚千人，昭百百人，昭哈斯五十人，昭准十余人，皆刀孟之属也。又有昭录令，遇有调遣，则统数千人以行。其近侍各立者，亦领人户数百，皆听其使令。大小各有份地，任其徭役。令食其所赋，取之无制，用之无节。"

（三）红河哈尼族地区的封建领主制

明朝和泥（哈尼族先民）主要分布在红河南岸及今文山、江城、墨江等地。洪武十五年（1382年），明朝在红河南岸地区，今红河县境设思陀、落恐、左能、瓦渣、溪处五个长官司，又设教化三部（在今文山县、纽兀，在江城和墨江之间）长官司，封各部土长为长官，思陀长官司辖区内的农奴有千余户，其余四个长官司，辖区内农奴只有五六百户。担任长官司长官的封建领主占有辖区内的全部土地和土地上的生产者农奴。领主占有的土地以份地的形式交给农奴耕种，农奴按年向领主交官租。由于沐英家族把红河南部十五勐之地圈为"沐氏勋庄"，土官将官租的一部分作为贡纳交给沐氏。

（四）昭通、镇雄、东川等地彝族先民的封建领主制

洪武十五年（1382年），明朝在昭通设置乌蒙军民府，封原土长实哲任世袭土知府，后改用汉姓为禄姓。在镇雄设置芒部军民府，封陇氏为世袭土知府，在东川设东川军民府，由土官姑胜古为土知府，各土知府占有辖区内45%的土地，并将其作为份地交给农奴耕种，让其缴纳官租，并服各种劳役。这一带封建领主对农奴的压迫奴役是十分残酷的。天启《滇志》说：“部夷称酋，必曰撒颇，夷言主人也。诸夷（按指奴隶主）果于杀戮，每杀人，止付二卒携持至野外，掘一坑，集其亲知泣别，痛饮彻夜，昧爽，乃斩其头，推坑中复命。更使二卒勘之。乃许其家收葬。虽素昵者，欲杀则杀之，其家人莫敢怨憝。”

四 明代罗婺部乌蛮的封建领主制

（一）罗婺部的兴起及明朝对其土长的封赐

1. 罗婺部的兴起

罗婺，又作罗武、罗午、罗舞、罗胡、鲁屋、罗羽、劳羽等，原为部落酋长名。《元史·地理志》云：“武定路，段氏时使乌蛮阿历治纳夷昵共龙城于共甸，又筑城名曰易龙，其裔孙法瓦浸盛，以远祖罗婺为部名。”继而又作为民族之名。天启《滇志》卷三十说：“罗婺，本武定种，古因为部名。又称罗武，今俗又称罗舞。姚安、永宁（今宁浪）、罗次皆有之。男子髻束高顶，戴笠披毡，衣火草布，其草得于山中，缉而织之，粗恶而坚致，或市之省城（昆明）为囊橐以盛米

具。妇女辫发两绺垂肩，杂以砗磲缨络，方领黑衣，长裙跣足。居山林高埠，牧养为业。有房屋，无床榻以松叶藉地而卧。婚姻庆事，结松棚为宴会。葬用火化。腰刀长枪，行坐不释，嗜酒酣斗。"《景泰云南图经志书》卷四楚雄府云："有罗舞蛮者，又名罗胡，居山林高阜处，以牧养为业。男子髻束高顶，戴深笠，状如小伞，披毡衫衣，窄袖开挎，腰系细皮，辫长索，或红或黑。足穿皮履，毡为行缠。妇女方领黑衣长裙，下缘缕文，披发跣足。所居有房屋，无床榻，以松毛铺地而卧焉。"道光《云南通志·种人志·罗婺》引《皇朝职贡图》说："罗婺，自宋时大理段氏立罗武部长，至元、明俱辖于土司。嘉靖中改归流官，其部落流入云南、大理、楚雄、姚安、永昌、景东等七府居多。在山林高阜藉地寝处。男子挽发戴笠，短衣披毡衫，佩刀跣足，耕种输税，妇人辫发垂肩，饰以珠石，短衣长裙，皆染皂色。其地产火草，绩而为布，理粗质坚，衣服之余，或贸于市。"引旧《云南通志》说："罗武，俗又称罗午，本武定种，古以名郡，今楚雄、姚安、永北、罗次皆有之。"引《景东厅志》说：罗婺"性黠，亦务种植，好屠宰，女大耳圈，著短衣，裙用密褶，垂缬于边，用铜钏，以宽布袱缀海贝覆其首"。引《楚雄府志》说：罗婺"状类猓猡，犷诈好讼，有书字，女不著袴，系筒裙，衣不开胸襟，从首领而袏之"。引《广通县志》云："畏痘疹，村邻有出者，即移远去。妇辫发数道，围绕缠头，耳坠铜环，形如铃，有下坠及肩者。"引《定远县志》说：罗婺，"其性愚朴，居山中，住草房，种苦荞杂粮而食之。男子缠头跣足，女子织毛布为衣，裹头用布，下缀缨花，腰着桶裙，手绾铜镯，居家亦知有礼"。引《姚州志》说：罗婺"类猓猡而顽，亦甚贫苦，畏法多疑，遇事则窜"。引《元谋县志》说：罗婺"蓄发不蓄须，逢仇则相屠"。引《师宗州志》说：罗婺"无姓氏，性凶悍，多为穿窬，多用弩弓"。引《新平县志》说：罗婺，"在哀牢山上，性顽健，冬夏衣皮"。引《大理府志》说：罗婺，"喜山居，知伦礼，颇有华风，富者周贫，耕者助力，饶荞牲畜，岁春烹宰牛羊，召亲戚会食，歌笑为乐。腊则宰猪，登山顶以祭天神，暇则射腊，凡蔓、青、笋、蕨之属，悉乾而储之，以备荒年，羊皮毡被，秽恶不可近，语非重译不能通"。

乾隆《农部琐录》是研究清代罗婺部史事最重要的资料，该书卷十二云：

> 罗婺，又称罗午……按此即乌蛮也，在本处（禄劝）谓黑罗罗，徙他处为罗婺。盖罗婺者，乌蛮之远祖，居禄劝幸邱山，故其种因以为名。

> 其俗男子挽发，以布带束之。耳圈双环，披毡佩刀。妇人头蒙方尺青巾，以红绿珠杂海贝琏珠为饰，着筒裙，手戴象圈，跣足。在夷为贵种。凡土官营长皆黑罗罗也。土官服虽华，不脱夷习。其妇以彩缯缠首，戴金银大耳环。服锦绮，曳地尺余，然披黑羊皮于背，饰以金银铃索。

> 男事耕牧，高岗硗陇，必火种之，顾不善治水田。所收荞稗无嘉种。其畜马羊，多者以谷量。女子能织羊毛为布。植木于地，维经于木，跣足坐地，贯杼而纬之，最巧捷。幅宽五六寸，染之似厕。

> 其富者辄推为土司，雄制一方。耕其地者，直呼为百姓。土司过必跪谒。奉茶烟必跪进，或炮豚，虽不食必供之，其极重则具马镯，不然即逐之。每曰："汝烧山吃水在我家，何敢抗我。"

> 其婚姻犹诸夷，兄死妻嫂，尝有一妇而递为兄弟四五人之妻者。妇拥夫赀，不欲他嫁。则招夫，谓之上门郎，能专制，所有亲族不得过问。

> 其耕山，男女和歌相答，似江南田歌。所居多为楼。楼下煤熏，黑逾勤漆，其光可鉴。扫地必择日，粪秽丛积，不俟日不敢拼除。贵宾至，以松叶席地，自门径至堂室，履之青滑可爱。贵

者屋以瓦，次则板，次则茅。如汉俗，不大远。

多有姓氏，其同姓者，不必亲种类，或久居相爱，即结为同姓，叙伯仲。

死以火化，同诸夷惟神主或以金银叶为之，葬于一处，或高冈之上，叙昭穆次第，并无坟塚，惟指悬崖曰："此吾祖茔。"有侵之，亦控诉纷纭。

值冬节，歌舞宣淫。而平素，弟妇见兄公，必肃立低头。不敢仰视，其谨如此。

然富者多聘汉儒为师，习六艺，补博士弟子。次则学为吏典。衣服冠带如汉仪，讳言其夷。丧葬多如汉礼。禄劝四大土司，撒甸之常，他颇之张，半果之鲁，汤郎之金，或举于乡，或由廪贡，或补诸生，皆累世相承……

夷性畏鬼，多禁忌。有效汉葬，而裔不昌，群诮之，复以夷法葬。其焚尸也，贵者裹以虎皮，贱者以羊皮。执役者必其百姓。其市以牛街、狗街。其约以木刻，大略与诸夷不相远云。

又道光《浪穹县志》卷十一："罗武，在荞后里黑惠江西岸沿山而居，户口颇多。……衣食寒俭，能耐贫苦，披毡，衣麻，包头跣足，性怯懦，耻为盗。"道光《昆阳州志》卷五云："罗武，其种类多聚处不杂，州境惟罗武哨及大小罗武二村，离州治二十里，其人性直，耻盗。"雍正《师宗州志》卷下《土司考附种人》说："罗武倮罗，无姓氏，服饰婚丧与黑倮罗同。……槟榔洞、六灰里、豆温乡有之。"

总而言之，罗婺部是南诏时期东方三十七蛮部之一。元、明、清时代称黑爨或黑罗罗，为今天彝族的先民，其部族之核心在今武定、禄劝。而族众则遍布于滇中、滇西、滇东地区。

罗婺部兴起于大理国建国时期。南宋孝宗淳熙时（1174—1189年），有阿而（即阿历）能服其众，被大理国主段氏举为罗婺部长。

其子矣袱时，罗婺部发展为三十七部中最有实力的部落，"雄冠三十七部"。四传至矣格，遇元世祖征云南，"矣格首先归附，授罗婺万户侯，将仁德、于矢二部统入本部，名为北路，升矣格为北路土官总管"。又经郡则、安邦，七传至安慈，得"以功授武德将军，赐龙虎符金牌，兼管云南行中书省参政"。八传至弄积，"以功升兼管八百司元帅，加升亚中大夫"，强大到能"兼制全滇"的地步。

2. 明朝对罗婺部土长的封赐

洪武十五年（1382年）正月，明军征云南抵达昆明，罗婺部土长商胜将金牌印信交给千户徐某，自运米千石，开通道路，至金马山接济大军，而后回本府，招谕人民。十六年（1383年）遣阿额、黑次、曲里、使迷、赵寺贡马二十匹，七月亲身入觐，获"授中顺大夫、武定军民府土官知府，锡之世袭诰命"。经海积、萨周，十二传至商智，诏赐其"诰命中顺大夫"。经阿宁，十四传至矣本，"诰授中宪大夫"。经金甸，十六传至阿英（即凤英），"奉例赐姓凤，帝宠之甚，晋中宪大夫。赠其母索则，妻索国俱为恭人"。弘治十五年（1502年），征贵州普安，"以功进云南布政司右参政"。正德二年（1506年）"征师宗豆温乡，功尤伟，赐尽忠报国金带一具"。

自宋淳祐十二年（1252年），矣格升北路土官总管，至嘉靖十二年（1533年）的281年间，中央王朝屡封罗婺部土长官爵名号，元朝所封的有北路土官总管、罗武路土官总管、武定路军民府土官总管、云南行中书省参政、武德将军、亚中大夫；明朝封的有武定军民府土官知府、云南布政司右参政、中顺大夫、中宪大夫、亚中大夫等。其间罗婺部土长朝觐不绝，贡使往返不断，且屡受明王朝厚赐。

（二）罗婺部的封建领主制

领主"专土"与主奴关系。就社会经济的发展言之，如果说宋末以前罗婺部尚处在以牧业为主要生产部门，"其民多散居林谷，不事耕作"的话，那么，宋末以至元、明时期则不如此。据《元史·地理志》追述，段氏使阿历治纳咦睨共龙城于共甸，又筑城名曰易龙（今禄劝云龙）。阿历（阿而）能在幸邱山筑易龙城，如果社会经济仍以牧业为主要生产部门，那是不可能的。阿而子矣袜雄冠三十七部，明军入云南时，商胜能"自运米千石"至金马山接济大军；平凤朝文之乱后，瞿氏与凤昭能"招抚良善万有七千，出粟千石，给济复业"，都说明罗婺部的社会经济已发展到了一个新的阶段，建立在这种经济基础上的社会生产关系，是封建领主制，阿而、矣袜、矣格、安慈、弄积、商胜、商智、凤英、瞿氏等都是封建领主，而不是奴隶主。由领主制的经济基础所决定，元、明中央王朝在罗婺部推行的是以"凤氏专土"为特征的封建领主制度。

"凤氏专土"，设"曲觉三人分管地方；庶古三人管理庄田；更资三人管理喇误（'喇误'者，钱粮之畸零也，指受理租谷和劳役）；一应调遣，各领步兵从征；'扯墨'（掌刑法）一人，管六班快手；管家十二人管庄田租谷，皆头目也，借土衙之势索取，夷民畏之如虎"（乾隆《农部琐录》）。所谓的"庄田"，就是王朝封授给凤氏的封建领地。在凤氏土长的封建领主制的统治下，统治关系是占有和被占有的关系。即领主在占有领地的同时，亦占有领地上的生产者——农奴。为了维持领主制度，凤氏将自己占有的土地，分一些给农奴作为份地，将农奴束缚在土地之上，迫使他们终年为自己提供各种繁重的生产劳役和杂役。天启《滇志》说："每酋长有庆事，令头目入村寨，计丁而派之，游行所至，合寨为供，邻寨数十里内者，皆以鸡黍馈，无以应诛求，往往潜出他境，劫掠所得，酋长头目私分之。"关于领主对农奴的剥削，《圣武纪·雍正西南夷改流记》载领主上交的"其钱粮不过三百余两，而取于下者百倍。一年四小派，三年一大派，小派计钱，大派计两。土司一取子妇，则土民三载不敢婚。土民有罪被杀，其亲族尚出垫刀数十舍，终身无见天日之期。东川虽已改流三十载，仍为土目盘踞，文武长寓省城，膏腴四百里无人敢垦"。这种占有和被占有的人身依附关系，形式表现为"主"与"民"（百姓）的关系，《武定凤氏本末》说："夷人愚而恋主"，"瞿氏与（凤）昭率众自省城回，武定蛮民相顾惊喜曰：'我主故在也，咸投凤昭降。'"所谓"主"，就是占有生产者人身的封建领主凤氏，所谓"民"，（百姓）就是人身属于领主凤氏占有的农奴。这种"主"与"民"的占有和被占有的关系，在政治上是靠封建领主的武装及其土府政权统治机构来维持的，故檀萃在《武定凤氏本末》中说，对于凤氏主子的各种苛派，"民畏之如虎"，甚至不得不"甘为盗贼劫掠以应其求"。

凤氏对农奴进行的封建领主制的剥削奴役，直到 20 世纪 50 年代，还延存在武定慕莲、禄劝、富民等土司马头统治的地区，其奴役剥削的情况如下。

（1）土官（封建领主）将一部分农村变为"奴仆村"，把村里的全体农民作为自己的奴仆。慕莲土司除在劳役上由内四甲的农民耕种私庄田，外四甲地区负责放哨守卫及各村都要做的一般杂役之外，对于某些民族、某些村子还确定了一些特殊的任务：支卧村、尼拉沟村（甘彝族）为土司春米，吹唢呐，要五哨鞭；罗纪夏（傈僳族）村，为土司家抬轿；甲腊沟、万宗铺（黑彝族）村，为土司家守灵；万拉、上普黑、罗能、一都摩等十个小村，土官家有红、白事时，负责烧饭做菜。

（2）领主通过各种杂派进行剥削奴役。外四甲官租与劳役极重的支卧村，过年时要派两人去土司家叩头，并要带去新麻二十市斤，新鸡（大的）十二只，绿豆一斗两升，烟一斤，作为礼物。罗能和岩脚两个小村，过年时要出新鸡四十只，每只一两斤重；蒜八十斤，黄豆、花豆共八斗，酒八十斤，草烟四十把，送给土司家。

（3）领主对农奴进行敲诈勒索。1920 年贫农凤鹤堂（黑彝族）有四亩荒田，出租给一户农民开垦耕种，土司说是他的地皮，向凤鹤堂家强索 1200 元（麻票），当时可买包谷约 1344 斤。凤家无法，只有将田抵价给富农张自发来赔偿；又如中农凤耀堂（黑彝族）的田边有许多大树遮住太阳，他砍了其中三棵，土司派人大骂上门，罚他赔偿黄牛两头，大米三石，酒三十斤，盐巴三十斤。贫农王朝臣（黑彝族），因砍了点树枝编篱笆，被罚一只羊（三十斤重），一斤酒，十二元（可买谷六斗）。

（4）打杀农民。中农凤在山，因土司派他的工，他迟到了一会儿，就被打死。凤在山死后家中遗有老母、妻子和一个仅七个月的儿子，土司不仅不赔偿，还来催官租（按指须缴纳给领主的田租），至第八年，凤家已欠官租 1.89 石，土司派人硬把凤家仅有的一头母牛牵走抵账。①

（三）封建领主对"改土归流"的反抗

由于明代在云南推行卫所屯田制度，大批汉族人民由内地迁入罗婺地区，给罗婺人民传来了先进的文化和生产技术，使这个地区的社会经济在明代中叶有了较大的发展。弘治元年（1488 年），土官凤英袭职后，以"四礼正家，一经教子，开辟田野，教民稼穑"，所谓"四礼"，指的就是内地汉族中所有的封建道德规范；"一经"即"儒经"，指传统的儒家思想；"教民稼穑"，就是教给彝族人民汉族的先进生产技术。农业、手工业生产的快速发展，最终导致了封建领主土官制的解体及流官制度的建立。

罗婺部土官制度的解体和流官制度的建立，是在凤氏封建领主的强烈反抗中进行的。从明嘉靖七年（1528 年）至明末，凤氏反对以流官代替土官，或图谋恢复土官制度的叛乱有五次。

第一次是嘉靖七年（1528 年），凤朝文发动的反抗。凤朝文是武

---

① 以上四项见张传玺、杨万全等《武定县万德区万宗铺村彝族社会历史调查》，《云南彝族社会历史调查》，1963 年。

定土知府凤昭之叔。在他发动反抗的头一年，寻甸土酋安铨不堪于流官知府马性鲁的压迫奴役，率众攻嵩明等处，凤朝文自感于武定改流之威胁，于次年自厂江拥兵响应安铨，攻禄劝、武定陷之，杀同知袁俸、知州秦健等十三人，并与安铨联兵两万直指省城，屯于城西北门外，焚军民房屋。明朝以右都御史伍文定为兵部尚书，提督川、湖军务，调四镇土、汉官军讨之。

第二次是嘉靖四十四年（1565年），凤继祖为巩固土官制争袭武定土知府而发动的反抗战争。凤继祖大发兵围府城，攻和曲、禄劝等州县。巡抚敖宗庆讨之。凤继祖潜奔四川会理州，阴结姚州土官高钦、高钧及易门土官王一心等进行反攻。新抚吕光询命金事张泽督兵由寻甸进讨，被围遇害，吕光询乃移黔、蜀官兵四道并进会剿。凤继祖久困绝粮，其党惧，遂斩凤继祖乞降。高钦、高钧、王一心俱被诛。事定后改土设流，择凤索林支属凤思尧授府经历。

第三次是隆庆三年（1569年），凤历反对改土归流。凤历系凤思尧父，"凤思尧授府经历，彝人之赴府者，必潜往拜谒思尧如主"。凤历以其子凤思尧不得知府怨，阴结四川七州及水西宣慰使安国亨谋作乱。隆庆三年（1569年）凤历聚众，称思尧知府，夜袭郡城。后为知府刘宗寅击溃。凤历被诛。

第四次是万历三十五年（1607年），凤阿克、郑举谋恢复土官制的叛乱。郑举为武定人，富于财，流官知府陈典以廉访禁举，举置金于鱼腹馈典获免。已而复收之，郑举恶其无厌，乃纠土目阿克陷武定，杀指挥金守仁等男妇四百余人。时陈典正在省城，郑举等乃拥推官白明通，以兵随其后向省城进发，要求以冠带印信给阿克。围城三日，当事不能制，缒印与之，举等方去攻禄丰，禄丰知县苏梦旸力战死。次年六月，诸路兵至，斩其家属十一名。举等逃东川，官兵追及之，东川土官禄哲缚举、克献军前，余党郑文、郑宗舜就擒。阿克等八人被送京师，磔于市。

凤阿克、郑举的叛乱，除图谋恢复土官制度的原因之外，也折射出流官政权在罗婺部掠夺贡金、榷税的严重性。万历三十六年（1608年）四月，工科右给事中王元翰认为，凤阿克等头目发动的反抗，也与统治者掠夺贡金、榷税分不开。他说："（凤）阿克小丑，一旦猖獗，地方破坏，生灵戮惨，不可胜言……若夫招乱之由，则以滇中贿赂公行，阘茸成政，其为害者，莫如贡金榷税两者。是以室室空虚，人人思乱。闻会城焚劫之日，纵火之人，盖有不尽出于贼手者，离心结怨，使贼酋借为师名，即二贼（指凤阿克、郑举）扑灭，而虐政不除。滇之为滇，未可知也。"这样的议论，还见于万历三十四年八月云南巡抚陈用宾的上疏，该"疏"云："税使杨荣以掊夺取祸，今荣死而税犹在也。滇省无商，从民取盈，急之则变乱又作，且国家最重之征，莫过云南输金一事。陛下知此五千之金，岁入内帑者，公私之费几何，臣简阅案牍，布政司岁给金值三万二千两，民间贴买，亦如其数，计亦十年，滇力当竭。若加征无已，窃恐金税两穷。则如滇民勉力输金，又不得不罢税也，伏望皇仁罢税首从滇始，次第以及天下。"（《万历实录》）所谓"五千之金"，即规定由云南上缴给朝廷的五千两金子。成化九年（1473年），明宪宗命令云南布政司在"差发银""赃罚银"内拨银购买黄金五百两进贡。这个数字不断增加，嘉靖十三年（1534年）为两千两，至万历二十年（1592年）则为五千两。万历三十七年（1609年）七月，"云南抚臣之请暂免滇中贡金也。按臣邓渼复言：滇中所产，止铜锡矿砂，金非自有之赋。二千两之派，始自嘉靖十三年（1534年），非祖宗之制也，五千两之加，始自万历二十年（1592年），非肃宗皇帝之旧也。今民穷财尽，即不敢望全蠲，乞以嘉靖年间为例"（《万历实录》）。

第五次是天启二年（1622年），凤阿歹、张世臣之乱。是时，沾益土妇设科土目补鲊、奈科、李贤、期曲等叛，陷各堡卫，凤阿歹与土目张世臣率禄劝、东川等地夷人千余，攻陷禄劝的他颇、补知二堡，进攻武定。东川、沾益土酋与之呼应，共同陷城邑。天启四年（1624 年）新抚阁洪学平之。

以上五次反抗的起因虽然不完全相同，但其目的都是要巩固或恢复土官的统治。然而，在地主制封建生产关系确立和发展的情况下，属于农奴制上层建筑的土官制度，已经失去了它赖以存在的基础，加上王朝的力量强大，这些反抗都只能以失败告终。

明朝通过"改土归流"，加强了在云南土著民族地区的统治，除少数边远地区和社会经济发育程度低下的山区之外，"土流并制"的体制被内地化的流官统治所取代，封建领主制被封建地主制所取代。封建地主变为新兴的地主，农奴变为自由农民或佃农。在地主制阶段，地主即土地的私有主，对土地具有支配权，但不能占有生产者，只能迫使从农奴制中解放出来的生产者佃农，租种自己的土地，自己不劳动，依靠剥削地租为生。佃农（佃户）没有土地或只有很少的土地，他们佃种地主的土地，被迫向地主缴纳地租。比之农奴，佃农有较多的自由，少数的还可以购买土地而成为地主。罗婺部地区"改土归流"以后，佃农受到封建官僚和新兴地主的剥削奴役。

（1）封建官僚和新兴地主横征田赋、地租。嘉靖四年（1525 年），明王朝以应天府溧阳县进士马性鲁任寻甸府流官知府，马性鲁为向罗婺部夷人征收田赋，不惜系安氏（土知府）余孽安铨及其妻入狱，并裸挞其妻。封建官僚地主为获得地租，大肆兼并掠夺农民的土地。如万历末年的云南总兵官沐昌柞就霸占民田八千余顷。"万历三十九年（1611 年）二月……云南抚按奏，镇臣沐昌柞田，自钦赐外，多至八千余顷，横征暴敛，以致庄户劫掠公行，该镇庇之，滇民如在水火，宜归并有司征收，明国法以甦民困。"据万历《云南志·赋役志》记载，万历初年，云南布政司征收的田赋总数为夏税麦三万六千一十九石六斗一升七合，秋粮米一十万六千九百九十九石一斗八升九合二抄四圭。这个数字是洪武二十六年（1393 年）征收的夏税麦一万八千七百三十石、秋粮米五万八千三百四十九石的一倍。其增加的部分多来自改设流官后变贡纳制剥削为赋税制剥削的原土官统治地区，而且是靠采用马性鲁系捕土酋入狱及裸挞其妇那样的强迫手段来实现。

（2）封建官僚和新兴地主进行敲诈勒索。檀萃在《武定凤氏本末》中说，武定流官知府陈典，以火头"郑举（罗婺部土官凤阿克属下之马头）富于财……假廉访禁举，（郑）举置金鱼腹馈典，乃已。已复收之，如是再四，举恶其无厌，阴畜异谋，而管甸马一龙、马化龙等侵夺诸夷，有司不为理，诸夷咸怨。举乃趁此与凤阿克号召诸夷反"。又说，武定改流后，"管甸通火……指一科十，鱼肉弗厌"。马一龙、马化龙是新兴于夷区的官僚地主，其侵夺诸夷事见云南巡抚周嘉谟的一份奏疏。该"奏疏"说，马化龙，其先为凤氏仆，改土设流以后，化龙等遂世占田庄，积成巨富。素把持府、州，拨置启衅。禄劝黄知州从马化龙、马一龙管征环州二十七马钱粮，将旧额每年二钱，增加至七钱（《万历实录》）。像陈典、马一龙、马化龙这样的勒索，明代中叶以后遍及云南内地所有土著民族地区。何孟春《复永昌府治疏》说：明代中叶以后，"广占夷田以为官庄，大取夷财以供费用。然名目尚少，犹可支持，相承到今，日增月盛，典马典军，费以万计。磕头见面，亦要数千，过江籽粒等钱，无时得了；白米马料等项，无日不征；加以跟官小人，百样生事，害人积棍，一时纵横取索；椎髓剥肉，倡言不恤。夷民畏死，不敢不从。由是强者为盗，弱者远逃"。

（3）封建官僚和新兴地主阶级进行的剥削。檀萃在《武定凤氏本末》中引云南巡按周懋相《条议兵食疏》说：罗婺部改流，"奸商黠民，移居其寨，侵占田土，倍索利息，稍不当意，罗告撼词，不才有司，乘之以上下其手，左右其袒，彼夷民视城市如陷阱，见差役即魂消。宿怨深怒，郁结而不可解矣！一夫疾呼，诸蛮响应，其势然矣！"

云南土著民族的文字与文献

一　么些图画象形文字及典籍

明代居住在丽江、中甸、维西、永胜等地的"么些""摩沙"人自称"么西"（今为纳西族先民），么西有一种图画象形文字，兼有表意和表音成分，为祭师东巴创造和传承，所以又称东巴文。总字数有1300多个，么西语称为"木迹石迹""斯究鲁究"（意为木石的记号）。日本著名语言学家西田龙雄称其为"活着的象形文字"。特点是象形文字、图画文字并存。文字的发展规律是从图画文字到象形文字到表意文字，所以东巴文是世界上留存至今，尚有人能够识读，并用以书写、交际的最古老的文字。学者认为它比苏美乐和巴比伦的楔形文字，古埃及的圣书文字，中美洲的玛雅文字和我国的甲骨文字更原始和古老。用此种文字彩色书写的东巴经共有1400多种、2万多卷。其中大约有1000卷流存在美国国会图书馆和哈佛大学燕京学院。有2000卷流存在德国，是其前总理阿登纳批准从罗马东方学研究所买去的。大英博物馆和曼彻斯特图书馆有250卷。中国台湾地区有1000多卷，为李霖灿教授所收集。

东巴经被认为是了解纳西族古代社会的百科全书，天文、历法、医药、历史、地理等诸多学科的知识应有尽有。从20世纪初，美国、德国、荷兰、法国、意大利、瑞士、西班牙等国的学者纷纷深入丽江，开始对东巴文化进行研究。美国学者洛克观察研究了30年，成为一代宗师。自巴克的《么西研究》1913年问世开始，洛克的《中国西南古纳西王国》、左拉特的《一个被遗忘的王国》先后问世，揭开了东巴文化的奥秘。日本学者在最近十多年中形成了引人注目的研究阵容，并取得了成就，其特点是以文字学为先锋，神话学为中坚，以宗教学、民族学为两翼。西田龙雄、山田胜美的文字研究；伊藤清司、君岛久子的神话研究；斋藤次郎的宗教研究、生明庆二的音乐研究，都取得可喜成果。20世纪80年代初期，美国学者洛克编写《纳西英语百科词典》两卷，1963年、1974年中国台湾将这两种词典合为一本再版重印。20世纪80年代初，纳西族著名古文字学家方国瑜教授编《纳西象形文字谱》，由云南人民出版社出版。东巴经的内容丰富，具有美学、文学、历史、哲学和某些自然科学的价值。

用么些图画象形文书写的典籍，图形复杂美丽。李霖灿在《东巴经典艺术论》一文中说："纳西象形文字的经典给人的印象只有一个字：美，一种满纸鸟兽虫鱼的洪荒太古之美。"

就它的文学价值而论，从对《董埃孰埃》《鲁般鲁饶》《崇般突》三部经典的品味中，就可感受到它的文学价值。《董埃孰埃》（黑白战争）说：

　　白部落董有灿烂的白太阳、白月亮、白星辰，其地光明。黑部落孰只有黑太阳、黑月亮、黑星辰，其地无光。黑部落派走兽飞禽偷盗白部落的日、月、星辰未果，黑部落王子安生米吾又陷入白部落之边境陷阱，死于非命。黑部落为给王子报仇，大动干戈，攻陷白部落。白部落酋长夫妇及王子四散躲避，黑部落派公主格拉茨姆施美人计去擒白部落王子，公主裸体沐浴于湖边，口咏情歌，藏于湖底的白部落王子情不自禁，出湖与之谈爱，黑部落公主将其引诱至黑部落境内，俯首就擒。但二人在这过程中假戏成真，坠入爱河，二人在黑部落中生下双胞胎姐弟。但白部落王子终被黑部落酋长所杀。黑部落公主恸哭刑场送别，求刽子手别毁了王子美丽的脸容。白部落为给王子复仇，养精蓄锐，大举反击，攻陷黑部落，杀死黑部落酋长全家。

全诗反映了古代部落之间所进行的血亲复仇战争、血亲至上观念和光明战胜黑暗的思想。学术界将这部典籍誉为"南方民族杰出的战争史诗"。

《鲁般鲁饶》（殉情青年牧人的故事）是爱情悲剧史诗。一群在高山放牧的青年男女不愿听从父母的包办婚姻，群体去寻找美丽的自然乐园殉情。女主人公开美久命金等待情人牛古羽勒排的到来，但久盼不至，她托乌鸦带口信给情人父母倾诉恋情，遭情人父母拒绝，朱古羽勒排受制于自己的父母，不能前来与她相会，她又托乌鸦带口信给他，但仍未能盼到他的到来。她形单影孤，神伤心碎，欲自尽殉情，但绿树清波、蓝天白岩都映出她美丽的面容，使她留恋人生，不忍死去。但住在爱之乐园的爱神呼唤她："人间太苦了，找到早饭又没晚饭：成天挤奶劳作，却衣食无着；你的眼睛太痛苦了，快到这里来看鲜花绿草；你的脚太痛苦了，快来这里踏如茵芳草，你的手太痛苦了，快到这里来织云霞锦缎；你的身太痛苦了，快到这里来乘坐白云白凤，在青青的山间漫游……"爱神又派无数的飞禽走兽来迎接她，幻化出天地间各种生物成双成对殉情的景象。开美久命金最后在高原草地一棵树上自缢而死。其情人最后亦引火自焚殉情。这首长诗反映出么些人因文化变迁而引起的矛盾冲突，特别是包办婚姻习俗方面的矛盾冲突。史诗要求女子保持贞操的观念十分突出。史诗也反映出么些人对生命永恒、青春永恒的理想世界的向往。其所歌咏的爱之乐园充满大自然牧歌情调。如"红虎当坐骑，白鹿当耕牛，野鸡当晨鸡，日、月、星辰当明灯，绿草为铺盖"等描述，与东巴古典文学作品讴歌大自然的情调一脉相承。

《崇般突》是创世神话史诗。么些人始祖崇仁利恩九兄弟七姐妹相婚配，天地不悦，导致洪水暴发，人类灭绝，只余崇仁利恩孑然一身。崇仁利恩遇天神女衬红褒白命一见钟情，上天求婚。天神不想叫女儿嫁与凡人，九出难题，尽为崇仁利恩克服。天神无奈，允婚，夫妇从天上迁徙至人间，历尽艰辛，最后繁衍出藏族、纳西族、白族三兄弟。

与东巴象形文字及经书相联系的东巴绘画（木牌画、纸排画、卷轴画），在中国文化宝库中占有很高的地位。其卷轴画类似藏族的唐卡，其中，《神路图》长 15—20 米，内容博大，是东巴绘画艺术的珍品。

么些图画象形文字的起源，有前殷商说、唐宋说、元明说诸种，不管是哪一种说，都说明它的产生源远流长。但明代是其发展的辉煌时代。云南省社会科学院丽江东巴文化研究院已公开出版了《纳西东巴古籍译注全集》100 卷。

二　爨文及爨文典籍

"爨"字，明代为罗罗人的族称，《景泰云南图经志书》卷二说："罗罗，一名爨，而有黑白之分，黑爨贵、白爨贱。"天启《滇志》卷三十说："爨蛮之名，相沿已久，其种类甚多，有号卢鹿蛮者，今讹为罗罗。""爨文"又称"韪书""罗文"或"倮文"，是罗罗人的古文字。道光《云南通志·爨蛮》说："有夷经，皆爨字，状类蝌蚪，精者，能知天象，断阴晴。""爨字为纳垢（此部落在今马龙）酋阿轲所撰，凡一千八百四十有奇，名之曰韪书。"（康熙《蒙自县志》及雍正《临安府志》《马龙州志》）明朝时"凡官长（土官）有所征发，则用木刻。其制：楔木形似鱼而书其事，彝民奉行惟谨"。民间"有所贸易，亦用木刻书爨字于上"（康熙《蒙自县志》）。

《后汉书·南蛮西南夷传》笮都夷条有白狼王所作的《远夷乐德歌》诗三章，汉译以外又用汉字注明原来的"夷音"，丁文江在《爨文丛刻》自序中，认为白狼文就是爨文的前身。其说似可成立。这说明古彝文在两汉以前就已存在。爨字笔画简化，无初期象形文字的书法形式，表意字和同义假借字多，而且字数较多，仅明代云南武定土知府凤昭刻印的爨文经典《劝善经》，就有 2.2 万余字。现今发现的爨文金石资料，最早的为"明成化钟铭文"和刻于嘉靖十二年（1533年）、十三年（1534 年）、二十五年（1546 年）的禄劝《镌字岩彝文摩崖》、武定《凤昭碑》和贵州大方县的《千岁衢碑》。

爨文典籍卷帙浩繁，早期有用竹片锤碎一端，蘸鸡血或木炭锅烟等写在木板上，用竹条将左边缝合，以黑布为经皮，由左至右捆成一捆，装入皮包珍藏的；后期有用棉布或棉纸制成本子，用墨笔写的。爨文经典多五言句，有音韵，比喻生动，便于背诵、记忆。内容有祭祀用经、占卜经、律历、谱牒、伦理、历史、神话、医药、音乐、译著等多种。除去部分糟粕之外，大多具有重要的历史文化价值。

《梅葛》是爨文史诗，共有 5175 行，由《创世》《造物》《婚事》《恋歌》《丧葬》五部分组成。《创世》说："古时宇宙混沌，没有天，没有地：天神的五个儿子造天，天被雷打通；派四个女儿造地，地被地震震塌：天神补天，用虎骨来撑天，虎骨来担地；用虎的左眼做太阳，右眼做月亮：虎须做阳光，虎牙做星星；虎油做云彩，虎气做雾；虎腹做大海，虎血做海水；虎肠做江河，虎肋骨做道路：虎皮做地平，虎毛做森林和草地；虎肺做铜，虎脾做锡……天地间万物由虎变，万事由虎生。"唱词充满无穷的想象力，逻辑严密，寓意深刻，唱出了罗罗人对天、地、日、月、星辰、云雾、海洋、江河、森林、草地等大自然生态的友好感情及对铜、锡等人类创造的物质文明的珍重。《梅葛》与古希腊史诗、印度史诗不同，是史诗的活化石，直到今天民间仍以口头传唱的形式广为流传。汉文本由云南省民族民间文学楚雄调查队搜集翻译整理，1978 年由云南人民出版社出版。

《齐书苏》是一本在双柏县民间发现的彝文手抄医药典籍，成书于明代嘉靖四十五年（1566 年），比李时珍的《本草纲目》早 12 年。《齐书苏》的汉意为"配药方的书"。该书载可治 56 种病症的 87 个药方，274 味药，其中植物类药 160 味，动物类药 94 味，矿物类药 12 味，其他类药 8 味。

由于彝文经典的科学、历史、文化价值高，1852 年，法国人首先把其中的《宇宙源流》译成法文，并于 1898 年用法文、彝文对照形式出版。1905 年又出版了用法文、彝文对照的《法倮字典》，1909 年重印第二版。20 世纪 30 年代，地质地理学家丁文江在贵州收集、主编贵州大方县彝族老人罗文笔翻译的《彝文丛刻》；民族学家杨成志、马学良继之对云南的彝文经典进行收集、翻译。马学良在武定、禄劝、寻甸收集到两千多卷，分藏于"中研院"历史语言研究所、北京图书馆和南开大学图书馆。20 世纪 50 年代以来，贵州毕节、云南禄劝、四川凉山和中央民族学院的彝文翻译组翻译近万册彝文经典。目前出版的彝文典籍有《增补彝文丛刻》《西南彝志》《阿诗玛》《勒俄特衣》等。《阿诗玛》还被译成美、英、法、德、俄、日等多种外文出版。

在云南彝区流传而发掘于贵州大方县的《西南彝志》（《哎哺啥额》）被誉为"彝族的百科全书"。该书大约成书于清初，作者姓氏无考，全书共二十六卷，有彝文三十七万余字、四百多个分类题目，全面地记载了彝族的社会历史、哲学、文学、天文学以及生产、生活等方面的知识。《年算书》记载了二十八个星宿中的二十六个，是预报农时季节用的。

三　白文及白文文献

　　"白子"是明、清时代今白族先民的自称。白子有一种用汉字记白语发音，音义不同于汉文的白文。历史学家石锺（钟）健曾考察白文《邓川段信苴宝摩崖》，在其所著《大理喜洲访碑记》中说："1. 白文流行的时期，大概在段氏总管的后期，到明景泰年间正是最盛行的时期；2. 白文初创时期，当在段氏后理国。最晚当在段氏总管的初期；3. 借用汉字记载在民家（指白子）口语的书最初或由读汉书困难的人所发明，后来成为社会上一般人普通使用的文字；4. 第一次叙述民家人历史的白史，也是用这种文字写成的。"又云："白文就是当时白人所用的文字。这种文字十之八九借用汉字。新奇之字不过占十分之一二，在语法上，则与汉文稍有不同，不过是借汉字来写他们的口语罢了。"①

　　白文被用以作祭文、写白曲底本、作碑刻和为密宗佛经作批注。明代杨慎（升庵）修《滇载记》，求南诏、大理国图经，所得《白古通玄峰年运志》，就是用白文写的。杨慎因谪居永昌（保山）40 余年，熟悉其语，乃将此文译之收入《滇载记》。万历《云南通志·南诏始末》即录自此文。现今可看到的白文碑刻有明洪武二年（1370年）描述捐田建寺的《段信苴宝碑》，景泰元年（1450 年）杨黼所作的《词记山花·咏苍洱境碑》，景泰四年（1453 年）的《故善士杨宗墓碑》等。《词记山花·咏苍洱境碑》是白文碑刻的杰作，作者"杨黼，云南太和人。生成、弘间，通五经，尤好释典……注《孝经》数万言，引证群书极博"（查继佐《罪惟录·杨黼传》）。杨黼在此碑中

---

　　①　徐嘉瑞：《大理古代文化史稿》，中华书局 1978 年版，第 386 页。

运用白子民歌七七七五或三七一五（头三句七个字，末一句五个字）句式的山花体，描述了苍洱美丽风光和佛家思想。现录两节如下（左行是碑文，右行是译文）：

苍洱境锵玩不饱　　苍山洱海美境游不尽

造化工迹在阿物　　自然造化的功绩真神奇

南北金锁把天关　　金锁般的南北天险

镇青龙白虎　　　　有青龙白虎镇守

山侵河处河镜倾　　山影倒映在清澈的海里，河面倾斜，

河侵山处山岭绕　　海水沐浴着葱绿的山影，山岭汤漾，

平面雪十八溪　　　十八条溪水屏风似的自苍山倾泻下来，

补东洱九曲　　　　对衬东海的九个海湾

　　此碑文为白语调查组译注，载大理白族自治州 1957 年 3 月《文化通讯》，白语调查组在说明中说："这块山花碑有人认为是块'白文碑'，根据我们的初步判断，文字并不是白文。……这是用汉字的音或意所写成的白族语文的碑，通篇可以用白语念通，而现在会念这块碑的白族已经没有几人了。"[1] 所言该碑"文字不是白文"，而是用汉字的音或意所写成的"白族语文的碑"，比较准确地说明了"白文"的性质和特点。

　　1956 年，民族学家费孝通在大理凤仪镇东南 15 里的北汤天村法藏寺发现了 3000 多册佛经，其中有南诏、大理国时期的写本 20 多卷，其余是宋、元及其以后的作品，虽皆为汉文写本，但用白文作批注。又剑川县杨建鸿藏的《瑜伽焰口填充》的叹亡魂词为白词。现摘录如下片段：

---

　　① 此山花碑存大理市作邑乡庆洞庄圣源寺，共 20 节，520 字。徐嘉瑞：《大理古代文化史稿》，中华书局 1978 年版，第 429 页。

佛宝白词

鸣化千声哭口爹，魂魄去则使方那，

　　木常初守门鱼利，阿斗替扬种。

破不开是无常关，架不弥恼衣后脚，

　　今夜追荐超度扬，再相见子得。

法宝白词

千千思自心恼病，口爹在自阿麻董，

　　阿时木常初叫字，生可声利面。

千金担子使斗当，千事万事使斗管，

　　口爹安摆不想字，有情没说处。

僧宝白词

坐人初要行礼恼，礼恼阿行争阿使，

　　阿时本常初叫自，抱佛脚利面。

有黄金利替自闲，寻炼丹利没处寻，

　　十王脚恼他点名，去了初不见。①

四　傣泐文与贝叶经

今云南傣族有傣泐文（西双版纳傣文），通行于西双版纳和孟连等县傣族地区；傣那文（德宏傣文）通行于德宏及保山、腾冲、景东、景谷、临沧、沧源、双江、耿马、镇康等县傣族地区；傣绷

---

① 侯冲：《云南阿吒力教经典研究》，中国书籍出版社 2008 年版，第 126—128 页。

文通行于瑞丽县及澜沧县傣族地区；傣端文（金平傣文）通行于金平县傣族地区。四种文字均为拼音文字，源于古印度婆罗米字母，与泰文、缅文、柬埔寨文及老挝文同属一个系统，字序自左而右横书，行序自上而下接行，但各地的形体结构有所不同。傣泐文、傣绷文为圆形字母，傣那文为方形字母，金平傣文方圆兼备，并有一些尖角形字母。傣泐文约创制于13世纪，傣那文创制于其后，金平傣文又晚一些。最早的一本傣泐文著作《论傣族诗歌》写于万历四十二年（1614年，即傣历九七六年）。把傣泐文用铁笔刻写在棕榈类木本植物贝多罗树的叶子上，称为贝叶经。傣绷文也有贝叶经，但数量少。最早的贝叶经是清嘉庆五年（1800年），即傣历一一六二年刻的《玛哈瓦戛经》，现藏于中国历史博物馆。据说西双版纳的佛寺共有500多座，保存的贝叶经有5万多册8.4万多卷。长篇贝叶经故事共有40多部，长篇贝叶经叙事长诗有500多部，二者篇幅皆宏大，有的长达150万字。所写的故事情节曲折而复杂，人物栩栩如生。

如《祝佐妈赖》共13卷，写在836面贝叶上，每页刻1500字，全书共有125.4万字，完整而深入地写了国王帕雅维选达腊对上座部佛教的虔诚信仰。

《兰嘎西贺》（十头魔王）反映教派斗争，长达4万多行。由于贝叶经典籍全面记述百夷的历史、法律道德、神话传说、天文历法、祭祀经典、占卜问卦、医药方子、农田水利、手工技艺等方面的知识，是研究百夷和今天傣族文化的百科全书，所以被称为贝叶文化。勐海县档案馆保存贝叶经200多册，已翻译70多册，内容是记载傣族民间故事和傣医傣药的，其贝叶经所存的傣医药方，光治感冒的就多达7种。

贝叶经的制作是将当地盛产的一种贝叶树叶片切割整齐，3—5片卷成一卷捆好，放入锅内煮。煮后用细砂擦洗干净，晒干，放入特制的木架里压平，再装订成匣。制作贝叶经专门有两片木尺为标准，木尺长约一市尺五寸，宽约四寸，在距木尺的两端约半市尺处钻上两个小孔，把一片片晒干压平的贝叶紧紧夹在两片木尺中间，500—600 片贝叶为一匣，用线捆紧，再用快刀把边修光滑。在刻写之前，先用线弓弹出淡淡的墨线，再用特制的铁笔照弹好的墨线刻写经文。刻好后，还要用植物油掺锅底灰拌和，用布蘸着涂抹，字迹就会清晰而不易褪色。装订成册后，在边上涂上金粉和红、黑漆加以保护和装饰，使其成为可永久保存的珍品。①

五 古壮字和《布洛陀经诗》

元、明、清时期，云南的依人、沙人、土僚为今壮族先民。其主体在广西。云南的广南府、土富州（今富宁）、临安府的教化三部长官司（今文山、马关）、阿迷州（今开远）、广西府（今泸西、师宗、弥勒、邱北）也有分布。唐、宋以来，壮族知识分子模仿汉字创造出方块古壮字，用以记述本族的史事和信仰。宋人范成大在《桂海虞衡志》中说："边远俗陋，牒诉卷约，专用土俗书，桂林诸邑皆然。"所言"土俗书"，即用古壮字撰写。古壮字由象形字、会意字、形声字、借汉字音字四类组成，共有 8900 多个。

《布洛陀经诗》是用古壮字撰写的。此书广泛流传于广西红水河、左江、右江、龙江及云贵南、北盘江流域的壮、布依族地区。在各地搜集到的 22 个手抄本中，最多的一本有 12 章，2300 多行，由序歌、造天地、造人、造万物、造土官皇帝、造文字历书、伦理道德、祈祷还愿等篇章构成，是研究壮族原始宗教和壮族古代社会文化历史的重

---

① 参见毛福民《我看到了，中国贝叶经》，《云南档案》2009 年第 4 期。

要文献。《布洛陀经诗》在元、明、清时期的使用非常普及。壮族逢喜庆吉祥之事，都要请祭司来唱布洛陀创造天地万物、造福民间的篇章；遇到不吉之事，也要请祭司来用它驱鬼神恶魔。因其唱词是民歌，所以在民间也广为传唱。1991 年 9 月，广西人民出版社出版了张声震主编的《布洛陀经诗译注》。

滇西北的自然与人文生态

一　自然环境

（一）地形

　　滇西北之主要地域，包括迪庆藏族自治州、怒江傈僳族怒族自治州、丽江地区、大理白族自治州，总面积为 89248 平方千米。地势北高南低，迪庆州平均海拔 3380 米，海拔 3000 米以上的地域占全州总面积的 53%，滇藏交界处的梅里雪山卡格博峰海拔 6740 米，为云南的最高峰；最低海拔 1480 米，高低相差 5260 米。怒江州平均海拔 2324.5 米，最高海拔 4649 米，最低 738 米，相差 3911 米。丽江地区平均海拔 5596 米，最低 1015 米，相差 4581 米。大理州平均海拔 2149 米，最高 4298 米，最低 730 米，相差 3568 米。

　　滇西北为康藏高原之一角，绝大部分为金沙江、澜沧江、怒江流域的横断山脉地区，又称三大峡谷地带。由于大雪山、沙鲁里山（滇境内称玉龙山）、宁静山（滇境内称云岭、点苍山）、怒山、高黎贡山等由北向南走势，横断东西交通，故称横断山脉，这在亚洲山系中是特殊的体系。约自北纬 31 度以南，金沙江、澜沧江、怒江三大川流并肩行列，奔向南下，迨至北纬 28 度左右，三江并流区合占之宽度不过50里，即平距50里之内，至北纬27度稍南，金沙江分向东流，至宜宾后为长江，在上海注入东海；及至25度以南，澜沧江则渐趋东南流，下游称湄公河，至越南之胡志明市入南中国海；怒江则渐趋西南流，至缅甸之毛淡棉入印度洋，其下游称萨尔温江。三江并流之区，万山重叠，雪岭对峙，深谷中陷，山耸峡窄，岭谷高差恒达2000米左右，有"深陷下蚀地带"之称，为世界其他各洲罕见，系东亚地理上之一大奇迹也。

三江峡谷之地形特式，同为地堑式之深沟纵谷。澜沧江谷之地势最为逼窄直贯。金沙江河身宽约160米，澜沧江与怒江之江宽仅120米左右，逼窄处仅容水道，宽展处两岸河床耕地，亦鲜过1里。三江两岭之最紧接处，徒步或轻简之背负者，一星期或旬日之行程，即可横越。河床海拔，在北纬27.8度之间一段，金沙江约2100米，澜沧江约1900米，怒江约1600米。分水岭之岭顶，海拔均在4000米以上，平坦如背，多沼泥，似为冰川蚀湖之遗迹。除积雪山顶之外，有高原、山腰、谷底和盆地四种地带。高原地带的海拔约在5000米以上。山腰地带呈台地层叠，海拔为3000米至5000米，岩块状呈梭形，为片岩、板岩、灰岩、花岗岩及其他火成岩之碎片。岩片中杂有之黄土成分皆为沃土，其质仅次于冲积土，因土质较松，宜于植物生长。其地形大多呈50°至70°之倾斜。谷底地带狭深，为河水切割而成，河流两岸极少冲积平原，常常是岩石裸露，寸草不生，人口稀薄。地质构造复杂，岩层之倾斜亦剧，雨季常有泥石流之患，村庄可旦夕变为废墟，这是沿谷底低地居民少之地理原因。此种地形之造成，系在地质史上，一度已达壮年末期，后以地壳上升，侵蚀基面提高，河流之下刻加剧而形成，上部为壮年末期地形，下部则是少年期地形。盆地数量不多，以剑川、洱源、大理、巍山、宾川、祥云、弥渡为著，民殷物阜，赖为农业经济发展之本。

（二）气候

横断山脉三江并流地区的气候，皆受纵贯山脉及河川之影响。川藏高原东缘之贡嘎岭及小相岭阻住了东南季风，巴塘、理塘间之大山以及丽江之玉龙雪山，更使太平洋之东南季风无法深入；印度洋之西南季风，虽可沿亚森密大平原而达于西藏高原之东南角，但由于迈立开、恩梅开江源头之大雪山之遏阻，故难于深入此一地带。伊洛瓦底江与怒江之分水岭——高黎贡山，其高峰克尼君普峰海拔 6500 余米，为西南季风之第一道屏障；怒江与澜沧江之分水岭——碧罗雪山（怒山山脉），主峰为康库普，其南为多格拉、宗主拉及雪拉诸峰，海拔皆在 4000 米以上，其北之泰美岭，南北数千余里，形成西南季风之第二道屏障。西南季风之水汽，因此高岭之遏阻，而上升凝结为雨雪。北纬 28°以上，远望皑皑岭脊，有"雨屏"之称。澜沧江峡谷为一大地堑，最为逼窄，隐伏于两面高山之中，西南季风越岭而过，几无远洋水汽之降落。澜沧江与金沙江之分水岭为雪山山脉，主峰为白马山，岭顶石骨嶙峋，海拔在四五千米以上，因西来之水汽，为前山所先夺，吹达此岭，已甚干弱。此山至秋冬，山中积雪，耀眼夺目，异彩精奇，与澜沧江西岸终年积雪的梅里雪山遥相辉映，成为天下奇观。其他诸峰，均已无复终年积雪状态，金沙江河谷隐伏其东，更不能再受印度洋季风之影响。海拔高度与湿度有关，海拔在 4000 米以上者，湿度逐渐增高，为最高雨水之地带；海拔为 4000 米至 5000 米，这一地带为森林地带。又因受山谷之影响，夏季雨水，多于深夜及清晨降落。海拔愈高，温度愈低，海拔为 4000 米至 6000 米，湿度相当大，如高山草原地带沼泽遍布，然普通之一般农作物，因低温限制而不能生长。

金沙江、澜沧江、怒江流经的横断山脉地区，与其邻接的中甸高原，海拔 3400 米，是高寒草地气候。峡谷之内，皆干燥。澜沧江之谷中，耐旱性之金刚树、仙人掌等植物特别滋生。各江边虽皆有农作，但因少雨而不丰。每条江分水岭之顶为高山气候，其耸出云霄4000米至5000米以上，自麓及顶，渐由阔叶林到针叶林再到仅有苔藓滋生之顶或终年积雪之恒寒峰气候带，概而言之，自谷底到山巅，气候呈垂直变化，谷底是热带气候，再上是亚热带气候、亚寒带气候和寒带气候。因此这个地区有"一山有四季""十里不同天""山高一丈，大不一样"之说。英人华金栋（F. Kinsdon Ward）曾将澜沧江与怒江分水岭植物树林之层次，按气候之不同分为五带：（1）山麓为羊齿类极盛之丰草、松树及山踯躅之类杂生于其中；（2）其上为针叶及落叶树与小灌木之混合林，并多高大之山踯躅，实多竹林；（3）桦树与赤杨之丛林，而杂草滋生于林下；（4）亚尔帕（Alpine）之高山牧场；（5）亚尔帕之高山草甸，更上则为雪顶。此岭之澜沧江一面，乃背风面，故显干湿，且融雪之期较早，植物品类极少。怒江之迎风一面，植物层次大致相同，唯多新艳之花草。

若自北而南之纵向观察，横断山谷之气候，则南北差异极大。以澜沧江而论，上自昌都（海拔3340米），下至维西（海拔1820米），上下游海拔相差1520米，上段为著名之"干燥峡谷"：山坡荒凉，土石硗瘠，有类沙漠。杨乍以上，仅有旱谷杂粮，康库普雪峰附近，有晚熟之青稞，改中以下，始见水稻，而叶枝、康普一带，有澜沧江边谷仓之称，此段被称为峡谷区之"雨带"。因此，自北而南，一般需经历高寒草原至干旱谷地再至水稻田带之变化。北纬28°10′以北，即怒江菖江草蒲桶（今山）以北、澜沧江白杨乍以北，金沙江自奔子栏以北，沿江皆为干旱之气候带，怒江自魁内塘以下，澜沧江自茨中以下，金沙江自奔子栏以下为有水生长之"雨带"。

（三）地质、土壤

三江流域横断山脉地区之地质，有最古之岩层为寒武纪，最新之岩层为白垩纪，其他各时代之岩层均有之。（1）寒武纪之岩层下部为紫页岩与石灰岩薄层交互组成，多变质成片岩，或作紫色或作绿色；中部为石灰岩，夹燧石薄层组成；上部为紫页岩，夹薄层灰岩组成。此纪岩石，在三江并流地带皆有之，其特点是坚硬，极耐风化，褶皱极多。（2）奥陶纪为黄灰色之石灰岩与青色石灰岩交互组成，上部稍带矽质，现龟裂纹，其中常夹红色灰岩。此种岩石、褶皱特甚，未见化石。（3）志留纪岩石多为灰色之页岩及黑灰色之页岩，中含笔石化石，全厚约 800 米。（4）二叠纪岩石几乎为石灰岩，仅在中部有薄层页岩。在灰岩之上，有玄武岩一层。（5）三叠纪岩石亦系石灰岩所组成，极易风化。（6）侏罗纪岩多为厚层砂岩。（7）白垩纪岩层分为二部。下部为红色页岩及黏土层，上部为硬砂岩，砖红色。（8）花岗石多出露于金沙江、澜沧江、怒江之畔，侵入于二叠纪石灰岩内，非古生代物，但未与其他时代岩层接触，故其侵入之确切时代，尚难决定。横断山区地形之突起，多系断层而成，与地质关系极大，如二叠纪之石灰岩，成高山时，则峰峦陡峭，壁立千尺，攀登不易，又侵蚀过甚则成为平地，甚至陷落成湖泊；侏罗纪之砂岩，构成平坦而连续之脉，其页岩易于风化而成平坦之斜坡地；白垩纪地层，较软而形成丘陵地，极便耕作。

由石灰岩风化所成之土壤多为黏壤，若有水而为稻田，则极为肥美，无水而为旱地，则土层浅薄，土瘠而蓄水力不强，不能耐旱，极难耕种，故此种土壤，在平地则为沃土。其关键全在地形坡度是否宜于雨水之停积及土壤之保存。由砂岩所成之土壤，带沙质，多在山地，渗水力弱，蓄水力大，为极好之森林土。其层次分明，表土多带灰色，心土多作黄褐色，为种植杂粮之良土，不宜种稻。由页岩所成之土，多为黏壤，土厚而渗水力良好，土质疏松，土层界线不明，多含腐殖质及微菌，极为肥沃，若为平坝则宜种稻，若为山地，则为种植杂粮之上土。此种土壤，分布极广，凡志留纪及白垩纪分布之区皆是。在高山地上，由石灰岩所存之土极为瘦瘠，故视一山之是否适宜于农耕，当视其山上之石灰岩之多少也。因石灰岩风化后，即溶解于水，难成为土壤，且风化后残余之岩石，零星散播于地上，妨碍耕作。

三江流域横断山脉地区之土壤，大约可以分为五类：（1）丘陵土，三江沿岸皆有之，分布在海拔1000米左右，其排水良好，渗水力强，腐殖质虽多被洗刷，但土中动物遗质特多，宜种稻及各种杂粮，凡此丘陵土之上，人口众多。（2）坡地土，皆分布于高山两侧，其高度海拔在3000米左右。因气候较冷，腐殖质不易失去，适宜种植杂粮，此种土壤分布极广，因其富于腐殖质，故多不施肥，收获仍然良好。此种土壤，除一部分为森林覆盖之外，多系荒地而待开发。（3）高原土，为高地上平原及高山凹地中之土壤，土壤极厚，含微菌及腐殖质极多，土层极鲜明，表土带灰色，心土带黄色，土质为黏土，排水不良，宜于种稻。（4）草原土，皆布于高山之顶，多在海拔3000米至4000米以上，状如泥炭。高山地多平坦，积水成潦，沮洳潮湿，极适牧草之滋生。此种土质，虽为肥美，然以其位置太高，气候太寒，不适农作，为牧畜之最好场所。（5）沙土，在三大峡谷之北纬28°10′以北，由于地处干燥峡谷，土石硗瘠，有类沙漠，溯江而上，极少有村落及耕地。

二　经济环境

（一）农业

横断山脉地区之农业，以气候之不同，大约可分为亚热带作物区、二半山和部分高山区和高寒山区三类。亚热带作物区的纬度比较低，海拔在1300米以下，盛产水稻、麦、玉米、甘蔗、烤烟等作物，水稻一年可以两熟。二半山和部分高山区，海拔为1800米至2500

米，主要作物为玉米、洋芋、荞子、燕麦及豆类。经济作物有胡麻、山油菜、兰花子、春油菜等；高寒山区海拔为 2500 米至 4000 米，主要作物为玉米、苦荞、燕麦，洋芋较少量；海拔在 4000 米以上之地带，作物主要为青稞。青稞即裸大麦，亦称裸麦、米麦、元麦等，是三江流域高寒地带的大宗作物。一般于 3—5 月播种，7—9 月收割。

（二）牧业

横断山脉地区有丰富的草场资源，草场类型一为灌木草丛类草场，分布在海拔 2000 米至 2800 米的地区；二是森林类草场，亦分布在海拔 2000 米以上的地区；三是高山草场，分布在海拔 4000 米以上的高山地带。高山草场可放养牦牛，其余草场可放养黄牛、骡、马、绵羊、山羊等牲畜。

牦牛，叫声似猪，亦称猪声牛，其体矮身健，毛厚而长，特别是下腹、尾部、肩、股、胁等处，长毛密生，使其睡卧冰雪而不觉寒冷。牦牛蹄质坚实，在空气稀薄的高山峻岭地区善于驮运，被称为"高原之舟"；乳含脂率高，可炼酥油。笔者在中甸考察，访得一头牦牛一年可产酥油 15—25 市斤；其毛可纺线织裙；其油是藏族人民最喜爱的食品；其皮可卖给公司作为皮革工业的原料，由于其全身是宝，经济价值高，故几乎每户藏族都养有牦牛。在当地藏族的四大牲畜中，牦牛的比重占 40%。

（三）林业

三江并流之横断山区是我国重要的林业资源宝库之一。主要之林木，一为冷杉。冷杉产于海拔 2500 米至 3000 米的地带，因生长迅速之故，产量甚多，常用作建筑材料，其纹理直行，结构细致，质轻松，含树脂极少，是造纸之良好材料。二为云杉。其木质坚韧，内含油脂，为极好之建筑材料及板片料。三为铁杉。其纹理直行，结构中等，是重要之建筑材料。四为松柏。富香气，颇坚硬，为建筑良材。五为云南松。此种分布极广，金沙江、澜沧江、怒江均有大面积之分布，为我国重要之建筑材料，三大峡谷区分布着众多的原始森林。云南松是其主要之林木，此系亚热带之针叶林。除云南松以外，尚有华山松、杉木、云南油杉等。

在三江流域的亚热带山地，还产油茶、油桐、卷子、核桃、板栗、蜡虫树、漆树、棕榈、慈竹、斑生等众多的经济林木。

（四）药材

横断山脉素有"西南药库"之称，中草药资源十分丰富。丽江地区已查明的中药材有 2000 多种，占国家药典所列的 1/3 以上；怒江州有 356 种，其中植物药有 314 种。兹举以下数种略作介绍。

（1）天麻，兰科赤前属多年生草本，根部入药，有补益健脑之功，产地多在竹林或杂木林中，采掘期在芒种至夏至节间，金沙江流域之滇东北各县所产药材，此为大宗，其价值较为昂贵。（2）贝母，百合科贝母属宿根草本，地下鳞茎入药，用治肺病有奇效，价值昂贵，产横断山脉地区各处之高山草原中，初春时即可掘取。叶细披针形，高三四寸，其地下茎烘干后为粉白色卵圆形小块。（3）当归，属伞形科，根部入药，治妇科有奇效，横断山脉地区纬度偏南地带皆有所产。（4）党参，属桔梗科，根部入药，为补剂。（5）黄芩，唇形科属，根部入药。（6）黄蘗皮，芸香科，树皮入药。（7）黄连，属毛茛科，根部及地下茎入药。（8）牛膝，属苋科，根茎叶入药。（9）柴胡，屑伞形科，根叶均入药。（10）玉竹，属百合科，根部入药。产高山草原中。（11）秦艽，属爵床科，根部入药，产高山草原中。（12）瓜蒌，属葫芦科，果实入药，产金沙江、澜沧江、怒江沿岸各地。（13）虫草，俗称冬虫夏草。形状半似虫子半似草茎，是菌种寄生于鳞翅目蝙蝠幼草体内，使虫子致死而成。产于海拔 3700 米至 5000 米的高山草甸上。向来被当作补精壮髓、保肺益肾的神药，价格极为昂贵。

（五）珍贵动物

三江并流的横断山脉地区有"动物王国"之称，动物种类极为繁多。有兽类、鸟类、爬行类、两栖类、鱼类。其中猕猴、短尾猴、黑熊、鼬獾、猞猁獾、猪獾、水獭、大灵猫、小灵猫、豹猫、金豹、雪豹、赤狐、貉、斑羚、岩羊、草兔、野猪、獐子、赤麂、毛冠鹿、水鹿和鬣羚等四处可见。

特别珍贵的动物有：（1）小熊猫，遍布于横断山脉地区，其栖息处的植被为针叶林、针阔混交林。（2）獐子，生活在海拔 1000 米至 3500 米的山地，栖息在针叶林中。贝睾丸附近之腺体为名贵之药品，名麝香。（3）鬣羚，海拔 1000 米至 4000 米以内的山地均有分布，植被为针叶林或针阔混交林，多岩石的杂灌木林。（4）牛羚，冬春季分布在海拔 1500 米至 2000 米之沟谷，夏季则迁至 3000 米以上之高山草甸地带。（5）马鹿，栖于横断山脉之针阔混交林中或高山森林和草原地带，三五成群，偶尔上百成群。（6）猴类，滇金丝猴特别名贵。（7）熊，是一种为害农作物极甚之兽，分布极为普遍，但熊胆是一种名贵之药物。

三 历史发展进程

（一）民族文化走廊及茶马古道

滇西北的大理、宾川、鹤庆、洱源、祥云、云龙、永胜、维西等县，曾发现数以十计的新石器时代遗址。洱海西岸点苍山脚下的马龙遗址和维西戈登村遗址最引人注目。马龙遗址发现有方、圆两种半地穴式房屋、房内灶和椭圆形窖穴。遗址中的陶器为手制、轮制的夹砂罐、碗、盆、钵和纺轮。石器有刃部磨制精细的斧、刀等。维四县戈登村遗址在金沙江支流腊普河东岸，曾出土磨光的圆柱形石斧、长方形单孔石刀及火砂灰褐陶侈口罐、单耳罐。滇西北新石器文化的特征，类似黄河中上游的仰韶文化、齐家文化。与西藏昌都卡若遗址的文化遗物相比，可知仰韶文化、齐家文化是以昌都南下来影响滇西北地区，或者说，早在公元前 2000 年左右，三江并流地区就是一个北连甘、青、藏、川的文化交融带，是甘、青、藏、川、滇民族南下北徙的大走廊的一部分，费孝通教授称其为"藏彝走廊"。远古至秦汉时期，众多的西北氐羌游牧部落"附落而南"，从这条大走廊迁徙到云南各地，唐永隆元年（680 年），吐蕃由此走廊南下降西洱河（洱海）地区各部落。天宝十一年（752 年），吐蕃弃隶缩赞王室再一次从此走廊南下洱海地区，册封南诏王阁罗凤为赞普钟南国大诏。蒙古宪宗三年（1253 年），忽必烈率十万蒙古大军，自甘肃洮（今临潭县）、岷（今岷县）南征大理，其西路军兀良合台部沿这一走廊，经理塘、乡城、中甸至苍洱，创下了中国军事交通史上的一大奇迹；青藏高原民族以牛羊肉和青稞为主食，而其热非茶莫消，非茶不解。故滇茶是藏族人民必不可少的饮料；而藏族地区所产之马，体健力强，为云南各民族所需。因此，唐、宋以至元、明、清时期，这条走廊就是藏汉等民族进行茶马贸易的古道。

1940 年，地理学家李式金、严德一等一行五人，自西宁下玉树，由玉树至昌都，由昌都到阿墩子（今德钦），由阿墩子经中甸而达大理。对茶马古道进行实足踏寻。他们在《青、康、滇万尺高原上之路线探查》（《交通建设季刊》第 4 期）一文中，由昌都至大理的路线说："昌都居澜沧江上游两大支流杂楚河与囊木楚河会流之口，由昌都至云南之阿墩子（今德钦），有两路可通。一是过杂楚河上之四川桥后，沿澜沧江东岸经察雅、宁静、盐井，而至阿墩子，此路俗称四川大道；二是过木楚河上之云南桥，沿澜沧江西岸行两日，然后越澜、怒分水岭，走入怒江之一支流儒溪河岸行半月，仍越此分水岭之南部，回至澜沧江岸，过溜索桥而至阿墩子，此路俗称云南大道（云南省入藏之路线在儒溪之北端分路），至完全沿澜沧江河岸而行之路行，按中外地图，前人鲜有走过者。据询当地民族，沿江路线，非不可通。乃因江边多悬崖深沟，小道捷径仅容单人步行，不适马骑通过云云。……由云南大道入滇，乃于七月二十六日至昌都，八月二十一日抵阿墩子。沿途所经系横断山脉中之峡谷区。北区在东经97°—99°，北纬31°—27°，适当横断山脉中之三大峡谷区：此区形如"W"字，谷形逼窄，两岸山坡陡峭，侧溪皆悬注，云南入藏商道，经越数谷，迤逦北上，凿壁架栈，勉通单骑，迎面则多无法让道，路多横切山腰，下临深谷，两岸雪岭夹峙，如穿甬道窄衢，不但倚仰心悸，亦多丛林蔽天。峡谷之中，河岸阶地，以及侧溪冲积丘上，皆有村落耕地，因地势渐南渐低，农作种类渐繁，惟在阿墩以上，仅有青稞小麦，但耕地狭窄，本地产销尚不足以自给。至阿墩子后，已入云南省境，重视汉人礼俗，一切已较方便。……阿墩子与大理之间，丽江为商业枢纽，在滇西北之交通位置至为重要。决定经过维西县，沿澜沧江举行数目，察看三四百里之水势，过维西谷，沿金沙江行百里。……计八月二十日离阿墩子，九月十六日到达大理。"

这条古道的艰险，在世界上是罕见的，以丽江至中甸一段为例，奇险十二栏干山，悬崖峭壁插入天际，古道缘悬岩腰际，迂回而过，共有十二曲折。过去，行人到此，莫不股栗心乞，不但不敢俯视涧底，更不敢仰望岩巅，只能屏息敛气，鱼贯而行。由于行人至此皆祈求观音护佑，崖顶有"观音崖"或"普陀崖"之称。清康熙六年（1721年），江苏人杜昌丁过此，在《藏行纪程》中描述道："十二栏干为中甸要道，路止尺许，连折十二层而上。两骑相遇，则于山腰脊告避，俟过方行。高插天，俯视山沟深万丈，丽江雪山，巍然对峙。古木苍崖，目不绝赏，然绝险为平生未历。"清乾隆十三年（1748年），山西雁门张秉彝在中甸红石哨摩崖题诗，记述了古道的实情："问君何故不乘舆，乱石崚嶒路崎岖。问君何故不乘马，回环曲曲接太虚。谁能攀援不费力，枝头小鸟树头狙。……百尺危崖势如坠，千层翠磴带露滑等闲不敢回头望，深不见底足趑趄。……"字里行间所流露的惊悸异常真切。前人在这条路上所经历的艰险已非今人所能想象。今天，滇藏公路变天堑为通途；大理至丽江高速公路2013年通车；昆明至丽江、大理、中甸的空中航线已将大批中外游客送入秘境。滇西北的历史进程正向现代化的征程迈进。

（二）大理：514年的政治经济文化中心

现今滇西北地区的中心城市大理，在唐、宋时期是今天云南广大地区的政治、经济、文化中心，作为南诏国、大理国的京都，时间长达514年。

八世纪中叶，大理洱海地区部落林立，大的有六部，称六诏，"各擅山川，不相役属"。蒙诏、蒙舍诏在今巍山盆地，邓赕诏在今邓川，施浪诏在今邓川与洱源之间，浪穹诏在今洱源，越析诏在今宾川。蒙舍诏因位居六诏之最南部，所以又称南诏。南诏王姓蒙，始祖舍龙自哀牢（今云南保山市）东迁至蒙舍川（巍山盆地）。

唐贞观二十三年（649年），其王细奴逻建"大蒙"政权。开元二十六年（738年），唐玄宗封南诏王皮逻阁为台登郡王。开元二十五年（737年），皮逻阁在唐朝的支持下攻占白族先民"河蛮"居住的太和城（今大理县太和村）。次年，唐廷封他为云南王，赐名蒙归义。皮逻阁在唐的支持下灭越析、邓赕、浪穹、施浪四诏，统一了洱源地区。开元二十七年（739年），皮逻阁迁都于太和城，建立南诏国，"太和城北去阳苴咩城（今大理）一十五里。巷陌皆垒石为之，高丈余，连延数里不断"（《蛮书·六赕第五》）。大和城即太和城。"夷语山陂陀为和，故谓大和。"（《新唐书·南诏传》）太和城遗址在今大理县太和村。"阁逻凤叛唐归吐蕃，立碑国门外。"（胡蔚本《南诏野史》）此碑即"南诏德化碑"，立于大历三年（776 年），高 4.02 米，宽 2.27 米，厚 0.58 米，碑文说南诏叛唐，臣于吐蕃为不得已，表明与唐友好的愿望。"我上世之奉中国，累封赏，后嗣容归之。若唐使者至，可指碑澡袚吾罪。"（《新唐书·南蛮传》）此碑为全国重点保护文物，现在立于今太和村西里许之山坡上。太和城只筑南北城墙，南城墙西起五指山北，北城墙西起苍山佛顶峰。至今两城墙遗迹清晰可辨。残留至今最高的一段城墙高 3 米，是用土夯筑的。公元 747 年，在佛顶峰顶修一小城，称金刚城（据说因唐僧送《金刚经》至，故名），为皇室的又一居址。自开元二十七年（739 年）至大历十四年（779 年），太和城作为南诏之京都，历时 40 年。

皮逻阁统一六诏，打破了各部自立状态，使各部经济交流在一个更大的空间、更高的层次上进行，洱源地区的生产力迅速发展到一个与内地水平大体相当的阶段。代表当时生产力发展水平的是钢铁冶炼。用此种钢铁所制的剑"铎鞘"，锋利无比，"所击无不洞"（《新唐书，南诏传》）。当时的农耕方式为"二牛三夫"，即"用三尺犁，格长丈余，两牛相去七八尺，一佃人前牵牛，一佃人持按犁辕，一佃人秉禾"（《蛮书》卷七）。其种山田山地的技术，"殊为精好"（《蛮书》卷七）。其所建"城池郭邑皆如汉制"（《蛮书》卷六）。崇圣寺千寻塔，拓东城（今昆明）的东寺塔，西寺塔都是南诏建筑水平的典型代表，这些塔与内地塔相比，如出一辙。当时建立的拓东城（今昆明）、云南城（今祥云）、永昌城（今保山）、银生城（在今景谷一带）等一批城镇，反映了南诏经济的发展水平。在当时建的城镇中，尤以国都阳苴咩城的建筑富有风格。

阳苴咩城作为广大地域的政治、经济、文化中心，南诏前期在它的附近区域筑了众多的城，如龙口城（今大理上关）、龙尾城（今下关市）、垅圩图山城（距今巍山县城西北 20 千米）、古城村城（在巍山县庙衡乡古城村东）、邓川城（在今洱源县右所乡）、白崖城（今弥渡县红岩乡）等。

阳苴咩（《新唐书》写作羊苴咩，《资治通鉴》写作"苴咩城"），又名大理城、紫禁城，唐代宗广德二年（764 年），南诏第五主阁罗凤筑。关于它的地理位置，胡三省在上引《资治通鉴》异牟寻"筑苴咩城"下注说："自泸州南渡泸水（金沙江）六百五十里至苴咩城。旧史：阳苴咩城，南去大和城十余里。东北至城都二千四百里，去云南城三百里。"薛能《闻官军破古浪》诗："越嶲通游客，苴咩闹聚蚊。"又《西县途中》："野色坐肥羊，乡仪捣散茶，梯航经杜宇，烽火彻苴咩。"（《全唐诗·闻官军破吉浪戎小而固虑史氏遗忽》）阳苴咩城遗址在今大理县三塔寺附近，城周约 15 里，南北城门之间，有一大道相连。其城墙，西起苍山中和峰，东至今大理城西北角。残存部分约长 1 公里，最高处 4—5 米。樊绰的《蛮书》记载："阳苴咩城，南诏大衙门。上重楼，左右又有阶道，高二丈余，以青石为磴。楼前方二三里，南北城门相对，大和往来通衢也。从楼下门行三百步至第二重门，门屋五间。两行门楼相对，并清平官大军将六曹长宅也。入第二重门，行二百余步，至第三重门。门列戟，上有重楼。入门是屏墙，又行一百余步，至大厅，阶高丈余。重屋制如蛛网，架空无柱。两边皆有门楼。下临清池。大厅后小厅，小厅后即南诏宅也。客馆在门楼外东南二里。馆前有亭，亭临方池，周回七里，水深数丈，鱼鳖悉有。"

开元二十七年（739 年）后，南诏及其后的大长和国（903—928 年）、大天兴国（仅十个月）、大义宁国（929—937 年）、大理国（937—1253 年）均以大理为政治、经济、文化中心，在 514 年中一直主导滇西北的发展。

（三）新中国成立前三江并流地区的土司制

土司制即土官土司制度，是中国封建统治者对少数民族的一种特殊统治方式。这种制度有悠久的历史，《明史·土司传》说："西南诸蛮……历代以来，自相君长，原其为王朝役使，自周武王时，孟津大会，而庸、蜀、羌、微、卢、彭诸蛮皆与焉。及楚庄王滇，而秦开五尺道置吏，沿及汉武，置都尉县属，仍令保保，此即土官土吏之所始耶。迨有明踵元故事，大为恢拓，分别司郡州县，额以赋役，听我驱调，而法始备矣。"土制官职分文武两类，文职由吏部铨委，称土知府、土知州、土知县等；武职属兵部管辖，由兵部武选司任命，称宣慰仲、宣抚使、安抚使、招讨使等。文武皆择各族酋长担任，品秩尊卑有差，均为世袭。袭替皆赴阙受职，亲领诰敕、印章、金银符等"统摄其部"之证物。世袭时嫡庶不得越序。无子者准弟袭，族无可袭者或妻或婿为众信服者可许袭。

认识滇西北地区的历史文化，必须了解其主要土司的治域和史事。自元、明以来至民国时期，滇西北大都为土官土司统治区，明、清时期虽进行改流，但因三江并流地区各民族社会经济多处于原始状态，清统治者以"三江之外宜土不宜流，三江之内宜流不宜土"（嘉靖《大理府志·地理志》）为原则，使三江并流地区土司制延续下来，直到新中国成立时才改变。

1. 丽江土知府木氏

宋理宗宝祐元年（1253年），元世祖忽必烈征大理，丽江纳西族部酋阿琮、阿良迎兵助征，元授给茶罕章管民官。至元八年（1271年）置茶罕章宣慰司，封宣慰使，"越析郡（今云南宾川县北）、柏兴府（今四川盐源）、永宁府（今宁蒗永宁乡）、北胜府（今永胜县）、蒗渠州（今四川西昌）、白狼（在四川盐源境）、木、夷仍等处地方，无不管束"（《本氏宦谱·阿琮、阿良传》）。元朝末年，阿甲阿得任丽江宣抚司副使，洪武十五年（1382 年）归附明朝，赐姓木，因名木得。次年赐任丽江世袭土官知府。正德四年（1509 年）进攻吐蕃地区，维西、中甸、阿墩子（德钦）及四川之巴塘、理塘皆被其占领，木氏被称为"姜杰布斯南绕登"，意为纳西人的皇帝——"木天王"。至明末，木氏统治势力达到北部四川的巴塘、理塘，西藏的查木多（昌都）一带，西部达到今缅甸的恩梅开江一带。清朝雍正元年（1273 年），丽江土知府改为流官知府，原所设的流官通制改由土官木氏出任。木氏土通制一直世袭到民国时代。

2. 永宁土知府阿氏

其先为元永宁土知州卜都各吉（藏族），洪武十六年（1383 年）授土知州。永乐四年（1406 年）升土知府，命土官知州各吉八合为知府，领长剌次和、瓦鲁之、革甸、香罗四长官司。末任土知府为阿民拉，1948 年继兄职。府域之内，清代还封有摩梭土官木术凹土百户、耳挖沟土目、瓦尾土目。至 20 世纪 40 年代永宁设治局辖浪（宁蒗）、永宁两土司地，浪蕖土司已式微，汉人乡长可操实权。永宁则土司年幼，土府由总管与堪布代行管理。堪布曾求学西藏，游历印度、中国香港，颇有识见。总管则仗上代威权，亦称皆足智多谋。外间多知有永宁阿总管，土司犹在其次也。但因大权分属于外来设治局，局长有时亦能左右之行使其政权。

3. 兰州土知州罗氏

元至元十二年（1275 年），在今兰坪县置兰州，封部族酋长罗克（白族）为土知州，隶丽江茶罕章宣慰司。其辖地"东至鹤庆军民府剑川州一百里，南至剑川弥沙井盐课司六十里，西至西番宝郎山二百六十里，北至西番界二百里，东北到通安州二百五十里，东南到云龙州四百五十里，西南到云龙州四百五十里，西北到西番界二百五十里"（《景泰云南图经志书》）。以今地名而论，其辖区为今兰坪、洱源、维西、泸水、福贡等县的全部或大部地方。民国元年（1911

年），云南陆军第二师师长李根源发起开拓怒江，建立殖边委员会。此时，兰州土知州已衰弱为土舍。兰州土舍罗梧秀被委任为殖边委员，土司衙门迁往兔峨村。1949 年，罗梧秀之子参加革命，后任兔峨乡政府主席。

4. 维西康普土千总禾氏

《维西县志稿》说："土职中以女千总禾娘裔为尚，禾字从木。据土人说，丽江木土守委人辖维西，于木上加撇为禾，以示区别，即禾娘之先也。今阿墩子土千总禾姓，叶枝土千总王姓（王姓祖先原姓禾，因入赘王家改姓王），禾姓皆其后裔也。"清雍正五年（1727年），改临西为维西县，由康普土千总禾娘管理，同年维西改土归流，下属土官受制于流官通判而分治维西全境，康普禾氏由统维西全境变为只管康普、叶枝等地。后康普土司向怒江以西扩展，贡山、福贡北部及独龙江地区的傈僳、怒、独龙等族归附。自此之后，土职喃珠、叶枝土千总王氏（加授菖蒲桶土弁，菖蒲桶即今贡山）及临城、吉岔、桥头土把总，先后管辖今贡山、福贡和独龙江及恩梅开江上游地区。直至民国初年殖边队进驻怒江，土制才告终结。维西土制，余庆远《维西见闻录》说："二三百户或百余户，或数十户一头目。建设时，地大户繁者为土千总、把总，为头人，次为乡约，次为火头，皆各子其民，子继弟及，世守莫易，称为'木瓜'，犹华言官也，对之称为'那哈'，犹华言也。所属么些，见皆跪拜，奉物及对则屈一膝……有不率，头目鞭笞之。农时，助头目工三日。谷将熟，取其青者蒸而舂脱粟曰'扁米'，家献二三升，腊奉鸡米。元日，头目以酒饭劳之。"

5. 阿墩子土千总禾氏

清嘉庆七年（1802 年）后，禾良斗被封为阿墩子土千总，辖"东至察利坡，接壤川界一百里，南至南路卡，接壤叶枝二百四十里，西至叙工村，接壤西藏二百里，北至必用功村，接壤川界二百里"。

6. 中甸土司松氏

清康熙五十一年（1712 年），西藏停止委派中甸官员，任命本地土司管理。分中甸为 5 个宗卡（热乌）、17 个德卡（德乌）。由松氏任武官迪巴，腊咱家族的金堂七林任文官迪巴，取代藏委宗本，总领全境7700 户，下属宗卡分为 5 个神翁，各分管 660 户；德卡分设 17 个德本，各分管 60 户。迪巴、神翁、德本三级土司土官职务法定为世袭，共24 员土司土官。雍正初改土归流，中甸实行"土流并存"之政策，在委派流官管理全境的同时，土司员额不变，但将 5 个宗卡改为五境。将迪巴改为土守备，神翁改称土千总，德本改称土把总。改世袭制为承袭制，守备缺额从千总中拔补，千总缺额从把总中拔补，把总缺额，由土司子女或能服众者中拔补（《中华人民共和国地方志丛书·中甸县志》）。松赞林寺有特殊之武力，地方民政设施须先经八老僧会议裁决，流官县长方能行之。权威最高的民团指挥为僧人，其对中央王朝之德威最忠诚。土官亦须受寺院之节制。

7. 泸水诸土司

（1）六库土巡捕段氏，万历四十八年（1620 年）委任，清嘉庆十五年（1810 年）置土千总，以段履仁为土千总，其后子孙承袭，至民国二十一年（1932 年）段承经袭职，泸水解放后，段承经曾任泸水县副县长。（2）老窝土千总段氏。其先为云龙土知州。明万历四十八年（1620 年）改流，准在边远地区老窝设土目衙门。清乾隆十七年（1752 年），兵部颁给怒、澜二江土千总札付，管辖怒江两岸大兴地、秤戛一带的傈僳族。末代土千总段承恭在新中国成立后曾任泸水县第四届政协委员。（3）卯照土千总段氏。清嘉庆十二年（1807年）授职，管辖地域为"东至老窝、南联鲁掌、登埂，西至雪山顶外傈僳野人地，北至秤戛老窝地"（《云南矿政考》）。其末代土司段庚华，新中国建立后任怒江州政协委员。（4）登埂土千总段氏。清乾隆十二年（1747 年）授职，直袭职到泸水县人民政府建立时。其辖地

"东接六库，南接练地，西逾高黎贡山与腾冲接茨竹左抚夷界，北至帕地河……片马五寨亦在辖境"（《兰坪盐业的历史和现状》）。

（5）鲁掌土千总茶氏。清乾隆十二年（1747年）授职，驻鲁掌。末代茶光周，新中国成立后任怒江州政协委员，辖区"东南接登埂，西至浪杰野人地，北至直上、治堵、罗雪山"（《杨玉科研究资料辑录》）。

（原载吴良镛主编《西北人居环境可持续发展计划研究》，云南大学出版社2000年版）

论20世纪40年代云南丽江的"工合"运动

　　1937年，日本军国主义发动臭名昭著的侵华战争，伟大的新西兰国际主义战士路易·艾黎大声疾呼，要中国人民自愿组织起来，成立一切归社员所有，自选领导人，自主经营，自负盈亏的工业生产合作社（简称"工合"），以生产促救亡，为抗日战争做贡献。1938年，中国工业合作协会在武汉成立，这是中国工合运动的全国性领导机构。在中国共产党和宋庆龄等爱国人士的支持下，2000多个工业生产合作社在全国雨后春笋般建立起来，30多万入社者走入中国工合运动的行列。

　　作为中华国威国力高扬的一根威力无比的杠杆，工合一开始就显示出强大的生命力。丽江是中国工合运动崛起最快的区域之一。20世纪40年代初期，中国工业合作协会派俄罗斯人顾彼得（Peter Gout-tart）至丽江成立工合事务所，在顾彼得的推动下，丽江先后建立了纺织、印染、缝纫、刺绣、皮革、制铁、制钢、木器、造纸、陶瓷、饮食等36个工业合作社。这些合作企业的生产经营规模较小，但好管理，效益高，迅速发展成为丽江经济的支柱产业。黄山街棉毛纺织染、龙泉皮革、龙头山造纸等生产合作社，在当时丽江形成可以左右地方经济的乡镇企业。据1991年12月统计，全县有工合性质的乡镇企业60个，占全县工业企业总数的82.2%，工业总产值4629万元，占全县工业总产值的51.4%。

丽江工合快速成长的一个主因是工合经济因素本身。这种经济在保存了古典社会主义经济公平的基本特征和集体保障优点的同时，大量吸取了资本主义对促进生产力发展的效率优点和众多的有益经验，从而使合作经济的固有优势性得到了良好的发挥。工合企业具有投资少、风险小，为贫困地区的农民力所能及，生产分工小而专、供销协作大而全，靠市场驱动，而不是依行政机构的指挥而动，没有官僚主义指挥所带来的弊端和庞大经费开支的重负，工人的积极性和负责精神来自利益驱动原则和主人翁的意识等优点。它使部分长期依附于自给自足经济的城乡居民变成工商业的经营者和企业的主人，从而使相当一部分城乡居民的社会地位、物质生活、精神风貌出现了新的格局。

在中国改革开放和实现现代化的大潮中，工合的经济模式越来越引起学者的兴趣，有关工合的研究日益增加，研究水平不断提高。研究结果表明，工合是中国传统的低发展地区的农村实现工业化的一种最经济、最简便、最有效的发展模式，是中国农村快速走向现代化的一条最好的途径。

1991年7月，云南省社会科学院与加拿大温哥华西门弗雷泽大学国际交流中心，在多次研究和实地考察的基础上，共同提出"云南丽江工合的历史演变及发展前景"的研究课题。课题的目标和宗旨是，为开拓丽江多领域、多产业、多层次的工合企业及为其国际合作进行可行性研究；探讨与开发工合经济息息相关的历史经验、教育、文化、科技、生态环境保护、丽江与加拿大的合作及发挥妇女在工合中的作用等问题，为工合的发展提供有益的借鉴。国家科委国际合作司和云南省科委国际合作处对此项研究十分赞赏，批准纳入国际合作范畴，由加拿大国际发展中心提供经费资助。

为实现上述目标，课题组首先总览有关的文献资料，然后对20世纪40年代丽江工合的当事人、现今乡镇企业的领导和地县政府官员进行访谈；最后是进行实地考察和调研，探讨建立新的工合企业的必要性和可能性。参加考察的中国学者 8 人，加拿大学者 6 人。大家不避烈日和艰险，穿过金沙江峡谷，横跨丽江诸峰，具体考察了 14 个乡镇和 28 个企业和单位。他们步入纳西族、白族、傈僳族、彝族、藏族、普米族的村寨，走进少数民族村民的住宅，与他们同吃同住，询问他们的经济生活、知识技能及创办工合企业的投资环境等，边访问考察边做记录。最终形成的调查报告，主要就是根据访问记录整理写成的。加拿大学者写的调查成果有待此征求意见稿定稿后再收入。

在本征求意见稿即将付梓的时候，谨对给本项研究以大力帮助和支持的丽江地委、行署，丽江县委、县人民政府和各乡镇领导和所有提供材料的同志表示衷心的感谢。

[原载何耀华主编、郭大烈副主编《云南丽江"工合"的演变和发展前景——发展丽江工业合作社调查报告》（中加联合研究项目），1992 年云南省社会科学院中加联合课题组印]

关于重建 40 年代丽江民间
合作社的研究

　　20 世纪三四十年代在中国兴起的工业合作社运动，是当时中华国力国威高扬的一根杠杆，其历史经验值得借鉴。

　　1937 年日本军国主义发动侵华战争，伟大的新西兰国际主义战士路易·艾黎号召中国人民自愿组织起来，成立一切归社员所有，自选领导人，自主经营，自负盈亏的工业生产合作社（简称"工合"），以生产促救亡，为抗日战争做贡献。1938 年，在中国共产党和宋庆龄等爱国人士的支持下，中国"工合"运动的全国性领导机构创立了在中国建"工合"的模式，丽江县建立丽江县民间合作总社、丽江县民间互助储金合作总社、玉龙村玉峰旅游服务合作社、宏文村粮油加工消费合作社、白华民俗文化旅游服务合作社五个合作经济组织。从 1991 年开始云南社会科学院与加拿大西门大学，就在国家科委、省科委和丽江地、县领导大力支持下，开展重建丽江民间合作社研究，1992 年我率领云南社会科学院的学者和丽江县和白沙乡的领导赴加拿大考察。在温哥华地区的乡村和夏洛特皇后岛等地，对该国的农村合作社进行了一个月的考察。我们在考察中深受教益和启发，回国后就着手在抗战时期丽江民间合作社的基础上，重新复合与创新丽江的民间合作社。1993 年 6 月，成立丽江县民间合作总社。1994 年 12 月，经丽江地区行署批准成立国际丽江合作发展研究中心。

　　该机构成立以来，在省社会科学院指导下，在地、县直接领导下，大力开展民间文化交流，包括接待近 30 批国外学者约 200 人（其中加拿大 25 批 160 人）到丽江民族地区考察，与县博物馆、仁和民族中小学建立固定关系，加方邀请两个单位于 1998 年访问加拿大；同时举办了 4 期培训班，开办了水果加工厂、粮油加工厂等民间股份合作社。丽江被列为中国国际工合的联系点。1997 年在北京召开的纪念路易·艾黎 100 周年诞辰大会上，丽江合作社及社长和笑春，分获集体和个人金奖，在国内外产生了广泛的影响。1993 年年初，设在北京的中国"工合"国际委员会派乔治·比恩先生和加中友好协会理事温登尔·莱特克利夫先生专程到云南省社会科学院了解此项研究的进展情况，提出加强双方联系与合作的建议。1993 年 4 月 24 日，加拿大合作社协会负责国际事务的亚洲地区主任罗比·图勒斯专程到昆明与省社会科学院何耀华院长，丽江县委书记和明远等座谈，并商定了具体的合作计划。

1993 年 9 月，加拿大卑斯省印第安部落合作社代表、加拿大卑斯省信用合作总社代表、中国香港互助储金合作社代表来丽江，就 20 世纪 40 年代丽江"工合"的经验及其在今天的应用进行了座谈。加拿大卑斯省信用合作社基金会决定提供 2500 加元资助丽江县贫困山区的黎明中学、拉巴支小学和仁和小学，为当地合作社经济的发展培养人才，并决定为拉巴支村培训一名医生。加拿大卑斯省印第安斯坎切斯特部落为丽江合作社投了资，并提出与丽江一个合作社建立畜牧业交流合作关系的建议。加拿大夏洛特皇后岛市博物馆争取近年内在夏洛特皇后岛市及加拿大西部各大城市举办"纳西族文化展"，以扩大纳西族在加拿大的影响，为纳西经济、文化的发展铺路。加拿大卑斯省一些印第安部落代表访问丽江回国后，在本部落博物馆、学校宣传介绍丽江，并开展为丽江贫困山区学校购买器材的捐款活动。

（原载《云南社科要报》总第 2 期 1994 年 2 月 6 日）

路南民族关系的历史和现状

　　1991 年年初，中国社会科学院科研局局级秘书高德同志，要我组建一个课题组，对国家拟议中开展的"全国少数民族现状与发展调查"进行试点，我深感这是一项重托，表示愿意全力进行。调查提纲报出之后，国家社会科学基金会办公室于 1991 年 4 月 29 日发来通知，批准正式立项。通过一年多的田野调查和文献资料的综合研究，整个调查取得了预期的进展。现将其中有关民族关系的历史和现状的初步成果刊登于此，希望得到路南各民族干部群众和专家学者的指正。

一　路南少数民族族别、族称、分布及历史源流

　　1949 年中华人民共和国成立前，路南县的少数民族种类和称谓众多。民国《路南县志》说："撒尼，在城北十五里路美邑，又在东南三四十里之大湾箐（在今板桥乡）、大色多（在今板桥乡）、蓑衣山、小豆黑村等处（在今维则乡）；墨槎，在城东八里东海子、三十里舍色等处；阿细，在城东南八十里凤凰山（在今弥勒县境）、黑泥村（今海泥村）等处；阿折在城东四十里宜政村、六十里黑尼村等处；子君、零星杂处；白夷，在桃家箐（在今板桥乡）、秧草凹（在今鹿阜镇）等村；黑夷、乾夷，俱零星杂处；撒梅约数十村；阿尼、沙

人、土老、侬人俱零星杂处。"撒尼、墨槎、阿细、阿折、子君、白夷、黑夷、乾夷、撒梅皆为不同的彝族支系；沙人、土老、侬人为壮族支系。

据 1992 年人口普查，在全县总人口 206606 人中，汉族 139375 人，占 67.46%；彝族 66096 人，占 31.99%；苗族 437 人，占 0.2%；壮族 314 人，占 0.15%；另外还有白、哈尼、瑶、傈僳、回、佤、布依、满、水、拉祜、傣、藏等民族 390 人，占 0.19%。

汉族主要居住在鹿阜和路美邑、北大村、大可、板桥等乡镇，一部分在山区半山区的圭山、维则、西街口、亩竹箐、石林等乡镇与彝族杂居。

彝族有撒尼、阿细、黑彝、白彝、彝青和阿彝子等多种支系。撒尼人口最多，占全县彝族人口的 95% 以上。唐朝时，路南为黑爨蛮落蒙部所据，筑城名撒吕，号落蒙部。撒尼之名即源于撒吕。撒尼集中分布于圭山、维则、亩竹箐、西街口、石林、路美邑、北大村等乡镇的海邑、糯黑、和合、额冲衣、海宜、乍龙、你邑、宜政、昨黑、亩竹箐、矣维哨、小板田、格渣、糯衣、紫处、尼则、蓑衣山、宜普勒、给宜、发块、哑巴山、雨布衣、小村、老挖、五棵树、蒲草、巴茅等村。

阿细，自称"阿细泼"（意为阿细人），主要聚居在板桥乡的下昌水洞村和撒尼居住圭山南部与弥勒县接壤的乍龙、改赋、当甸、左溪等村寨。黑彝，撒尼人称其为"乃斯"。

在土司土目统治时期，撒尼、白彝、彝青、阿彝子等支系的农户，全都是黑彝的佃户。黑彝自命高贵，过去不与这些支系的彝族人通婚，黑彝住在亩竹箐、格渣、红路口、石字等村。彝青，自称"阿灵泼"，他称"干彝"，因"干彝"带有贬义，1950 年后才改称彝青。彝青是因经济贫困从黑彝中分化出来的一个支系，人口仅 100 多人。其居住地为圭山乡的雨美堵村。白彝分布在板桥乡的岩子脚、结胜和路美邑乡的小卜所村，少数在坝区与汉族杂居。

苗族自称"果雄""蒙""蒙碑""蒙能"，他称"花苗"。撒尼人称其为"招杯"（意为守灵时有通夜烧松明习俗的人）。苗族居住在北大村乡的大塘子、密寨；圭山乡的糯头、下部龙和大可乡的树密寨。

壮族自称"沙"。主要居住于路美邑乡小华坡村和圭山乡普拉河办事处的下部龙村。

路南自古有人类居住。1961 年 1 月，中国科学院古脊椎动物与古人类研究所的专家在县城鹿阜镇的红土坡、山冲和板桥乡的青山口、小依马伴、羊脚迹、白石岭、马料河等处，发现旧石器遗址，采集到石刀、石核 20 多件。1984 年又在板桥乡挖出石核 3 件和尖状器、利削器各 1 件，石制器 7 件。在石林风景区环林公路东南 300 米处发现古崖画两处，画面有人头、杂耍、祭舞、狩猎、星月图等。专家认为，除部分为晚期作品外，大都为造型古朴的早期作品，所画人物与广西左江崖画的形象极为相似，是原始时代路南土著的文化遗存。旧石器遗存和崖画说明，路南彝族的祖先从远古时代起就在路南生息繁衍。在漫长的历史发展中，有来自祖国西北的氐羌人和来自内地的汉人不断与之融合，形成今天路南彝族的主体"撒尼"。圭山乡的撒尼人赵、方、李诸姓之口承家谱说，他们的祖先从南京柳树湾经陆良迁入圭山。撒尼人昂、赵、金、毕、李、普、黄、高、张、何、杨等姓也有他们的祖先明朝时自南京来的说法。这个说法是有历史根据的，因为明朝推行卫所屯田制度，大批汉人从内地迁来云南，这些汉人有相当一部分融合到路南少数民族中去，成为撒尼人。

路南苗族非远古土著居民，迁入路南的年代亦不算久远。民国《路南县志·风俗》说："路南向无苗人，自前清光绪初年，始由昭通移入十余家，至今成为土著矣！其种类有独角苗，男女皆梳髻于前，以花布缠之，其形如角；有木梳苗，男女插一木梳于发，故以其状名之。"石林镇大塘子村的苗族，就认为他们是光绪年间（1875—1908年）从云南昭通迁来的。糯斗和下部龙两村的苗族迁来的时间较早，是清朝咸丰年间（1851—1861 年）从贵州石峰寨迁到弥勒县的毕寨黑村，从毕寨黑再迁来路南圭山的。

路南的壮族也不是土著。他们中的一部分是在清初从云南文山迁入罗平县的九龙河、黄泥河，1924 年因特大霜灾及不堪国民党的抓兵派款，从罗平迁来路南。另一部分（王姓、龙姓）是清初从凯里迁到罗平，后从罗平再迁来路南。第三部分（吴姓、郎姓、赵姓、侬姓）是从广西迁到罗平，而后再迁来路南的圭山。

路南是秦汉以来中央王朝"移民实边"的重点地区。由于与当地民族通婚，"变服从其俗"，早期移入的汉人已融合于当地少数民族。洪武十五年（1382 年），明朝在今昆明、路南一带置前卫，推行卫所屯田制度，二千六百二十七名汉族官兵被移入路南进行屯垦。屯军携带家室，世代为军，"三分守城，七分屯田"。若每一军户以四人计算，明初在路南的汉人有一万余人。路南的卜所（在路美邑乡）、占屯（石林乡属）、大屯（鹿阜镇）、小屯、堡子（在今路美邑乡）、口子哨、大哨、高石哨、石板哨（在今石林镇）、老母哨、水塘铺（在北大村乡）、土官哨（在今圭山乡）、革泥哨（在今圭山乡改赋村）、青山哨（在今板桥青山口）、北山哨（在今路美邑乡）等地，都是因汉族军人住垦而得名的。除军屯以外，明朝招募内地汉人，或罪徙内地汉人到边疆地区屯垦，谓之民屯，"募盐商于各边开中，谓之商屯"。因民屯、商屯旅居路南的汉族人数也不少。

清代推行汛塘制度，以千总、把总、外委所统率的绿营兵（汉族）驻防地为汛地，汛地下之防地为塘。路南的大哨塘、红坡塘、小哨塘、骂革塘、马旧村塘、北山塘、蓑衣山塘等地区，都有汉族汛兵塘卒驻守。明朝的屯军屯民也好，清朝的汛兵塘卒也好，历史上都落籍路南，成为路南汉族最早迁来的部分。

路南汉族主要分布在坝区的鹿阜镇和路美邑、板桥等乡。有一部分在圭山、尾则、亩竹箐、西街口等山区、半山区乡与彝族、壮族、苗族杂居。这个分布大体与明代的屯军和清代的汛塘兵分布相同。

二 路南彝汉民族的历史关系

路南圭山乡南部曾出土青铜制的铜戈、铜刀，铜戈上的花纹与殷商时代的铜戈花纹相似，这说明早在殷商时代，路南与祖国内地就有了密切的联系。1979 年，在小村和跃宝山之间发现汉五铢钱两公斤，这是汉武帝元鼎六年（前 111 年）在其路南置县后进入路南的汉族留下的遗物。武德元年（626 年），唐高祖在路南置新丰县，属郎州。蒙古宪宗先在此地置万户府，宪宗三年（1253 年）改设路南州，隶澄江路，明、清时属澄江府。

伴随着郡县的设立，汉族大量被迁移到路南来，并不断与彝族融合，汉族与当地民族通婚称"遑耶"，"与夷至厚者谓之百世遑耶"，"恩若骨肉"（《华阳国志·南中志》），汉人融合于少数民族，其特点是汉族失去自己的民族特征，但先进的汉文化传统并未完成消失。如大明元年（457 年）在路南毗邻的陆良县立的南朝宋龙骧将军护镇蛮校尉宁州刺史邛都县侯爨使君之碑，东晋义熙元年（405 年）在曲靖立的爨宝子碑，碑文皆为汉字，其书法遒劲，书法家以其为碑刻之冠。又路南县发现的唐、宋以后自中原传入的"牛角制象""竹制牛""铜驴"等遗物，都是汉族先进的牛耕生产技术与文化长期保留的明证。历史说明，汉族与彝族的历史关系是融合、互助、交流的关系。历史上路南彝族不会制作铁质工具，铁质工具几乎全是迁入彝区的汉族铁匠制造的。这种情况直到 1951 年还是这样。据当年中央民族访问团第二分团在维则村的调查，该村历史上最早的铁匠是一位姓陈的汉族，陈铁匠迁走后，又有一位姓李的汉族铁匠迁来。李铁匠共有五间铺面，雇了一伙计，加上他的儿子共三人打铁。一年从县城买废铁4000斤作原料，方圆15里以内撒尼人用的锄头、镰刀、弯刀、斧子都是他家打制的。该村的撒尼人说："如果没有汉人来打制铁农具，他们使用木头做的，就不会有今天的文明。"另外，木工、烧砖瓦、做豆腐等项手工业技术，也都是汉族传入的。1951年，维则村有一位姓张的汉族木匠，专门为撒尼人制作各种用具，并传授木工技艺。有一位从陆良来的汉族瓦工师傅，传授给撒尼人烧制砖瓦的技术。有李、徐二户汉人向撒尼人传授了做豆腐的技术。在商品交换方面，汉族是彝区与汉区交换的媒介，1951年维则村有个七天一次的街子，街上只有汉人开的店铺八九家。街子天来此设摊卖盐、布、针线、黄烟、砂糖、菜油的，也全为来自汉区的汉人。撒尼人不习惯做买卖，街子天他们以鸡蛋、羊皮、麻布等土特产与汉商物物交换，不会讨价还价。在汉族商人的帮助下，一个街天可交换给撒尼人盐巴一百多斤，菜油七八十斤。

历史上封建统治阶级推行民族压迫和民族歧视政策，使阶级矛盾以民族矛盾的形式表现出来。路南彝族和汉族之间的历史关系，也存在不和谐、不团结乃至纷争、对抗的情况，但团结、友好、和谐是主流，矛盾、纷争、对抗只是支流。

1840年鸦片战争后，西方列强大举侵略中国，清朝统治阶级与帝国主义相勾结，出卖民族利益，中国各族人民与帝国主义、封建主义的矛盾十分尖锐。在云南官僚、地主对彝、汉族人民进行敲骨吸髓的压迫剥削，引起彝、汉族人民的多次起义。咸丰七年（1857年）夏四月，不堪压迫剥削的路南县彝族（撒尼人）和弥勒县彝族（阿细人），在两县交界处的麟马洞风口坡山发动起义，汉族农民和铜矿工人奋起响应，起义群众攻下板桥镇及小屯诸村，锋芒直指县城。路南官府遣地主武装千余人围攻义军占领的维则乡的舍赛，被义军打得落花流水，击毙六百余人。官府急调通海、河西地主武装三千余人来围攻，在大坝、大乐台等处又遭到义军的沉重打击，逃至陆良县母鸡山后被全歼。咸丰八年（1858 年）十二月义军近万人在县城汉族、回族人民的支持下攻入县城，建立了起义政权。咸丰九年（1859 年），彝汉等各族义军联合澄江、弥勒、师宗等县的彝、汉族起义群众，围攻宜良县城。清朝统治者派岑毓英率清军镇压，彝、汉起义武装在寡不敌众的形势下，最终失败。

这次起义是以彝、汉人民为中心的一次各族人民起义，它既显示了民族团结的巨大力量，又反映了近代时期路南民族关系的特点——各族人民在反帝反封建斗争中共呼吸同命运。

这种在血与火的斗争中形成的民族关系，为新民主主义革命时期，路南成为中国人民解放军滇、桂、黔边纵队的根据地打下了坚实的基础。

1938 年，中国共产党在路南县建立党小组，并于次年建立支部，领导各族人民开展反帝、反封建、反官僚资本主义的革命斗争。闻一多、李公朴、潘光旦、吴晗等一批汉族学者先后至路南讲演，启发各民族人民团结抗日的觉悟。与此同时，一批汉族青年革命知识分子深入圭山，学习撒尼语言，穿撒尼服装，与撒尼人同住同吃同劳动。为彝族人民治病，开办扫盲识字班，撒尼人称他们是"新汉人"。中国共产党培育的彝、汉等民族的革命民族关系使一批撒尼人的革命青年知识分子迅速成长为武装斗争的骨干，其中毕恒光是他们中的杰出代表。1947 年，中共云南省工委派毕恒光回圭山发动反对国民党反动派征兵、征粮、征税的"反三征"斗争，在雨维哨、海宜、糯黑、普拉河、茂山村、野核桃树村、维则、尾乍黑、蒲草村等村的撒尼人、汉人和壮族人居住的山村建立了三百人的反三征武装的自卫队。1948 年3 月，这支武装与弥勒、泸西的彝、汉族武装共同组成云南人民讨蒋自救军第一纵队。1949 年 2 月，中共中央军委决定将这支武装改编为中国人民解放军滇、桂、黔边纵队。

由于在共同的反压迫斗争中同生死共患难，近现代时期，彝族和汉族，汉族和壮族、苗族的民族团结关系得到不断加强。1950 年中央民族访问团第二分团去圭山、维则等乡访问时，当地彝族撒尼人说："汉人、撒尼人互相不歧视，生活无上下，汉人都能讲撒尼话了。各种社交场所彝汉都打成一片，感情融洽。汉人娶撒尼人为妻的日渐多起来。维则的汉族徐某先娶一撒尼女为妻，因妻子亡故，又娶一个阿细女为妻。""汉人在维则街上开店做小生意，撒尼人说，我们种庄稼，他们做生意，互相需要，各会一行，各守本分。互相帮助，撒尼人差点什么日用品无钱买，就能从小店里赊到手。"①

1950 年至 1953 年是路南新型民族关系建立的时期。民族团结围绕开展马克思主义民族观的教育；疏通民族隔阂；进行土地改革，消灭民族压迫剥削制度，实现民族政治上的平等各项工作来进行。

1949 年以前，路南彝族、壮族、苗族除受到本民族统治阶级的剥削、压迫外，还要受汉族统治阶级的压迫。少数民族与汉族在发展生产，进行反剥削压迫的斗争中建立了谁也离不开谁的团结和谐的民族关系，但是，几千年来民族压迫剥削制度所造成的少数民族对汉族不信任和隔阂的心理是根深蒂固的。1949 年中华人民共和国成立后，宣布各民族一律平等，但由于民族压迫制度所赖于存在的封建地主土地所有制未消除，历史上存在的民族隔阂和不信任依然存在。

1950 年 8—9 月，党中央派民族访问团二分团访问路南，向彝族、壮族、苗族和汉族宣传马克思主义民族观和党的民族平等、团结、互助政策，疏通民族关系，化解民族矛盾。访问团所到之处，撒尼人、阿细人、苗族、壮族喜扎彩门，敲锣打鼓，吹笙弹琴地进行迎接。8 月 30 日各族群众五万多人身着节日盛装，会集到圭山维则村的长湖

---

① 《维则村调查报告》，中央访问团二分团调查联络组第一小组整理，1951 年。

边，参加有史以来第一次举行的民族大团结盛会，听访问团讲马克思主义的民族理论和党的民族政策，提高进行民族团结的自觉性。访问团深入宜政村、维则、蓑衣山、雨胜村、冒水洞等七十村进行民族关系和民族经济情况的调查，直接做民族团结的促进工作，使少数民族深刻认识民族压迫的实质是阶级压迫的道理。雨胜村的彝胞对访问团的干部说："我们撒尼人在旧社会的苦很多，汉官强制性的征兵、征粮、征实（物）、征借、征税……搞得撒尼人无法忍受。征兵需要拿粮去顶，无粮就抓人；征粮名目繁多，征实物，什么东西都要；征借是向撒尼人强借；征购是强迫彝胞卖他买；征税无孔不入，宰杀一猪或一羊、一牛都要上屠宰税、买卖税、牲口税、摊税、落地税……彝人被整得倾家荡产。过去我们一股脑儿地认为是汉人的压迫，把仇恨集中到汉人头上，现在认识到是汉人中的地主、官僚压迫我们，汉族老百姓和我们一样也受到他们的压迫。我们应和汉族百姓团结起来，共同掀掉压在我们头上的大石板。"冒水洞的彝胞向访问团说了一件闷在心里的事："在彝汉民族共同反对国民党反动统治的武装斗争中，我们村有五个护乡团的战士被俘，其中有三个是撒尼人，全都被杀害了，有两个是汉人，则两人都被放了回来，我们认为这是汉人向着汉人，汉人光压迫彝人，汉人不压迫汉人。因此，在普子战斗时，彝人都跑光了，只剩下汉人在战斗，到了文笔山战斗时，汉人又都跑光了，只剩下彝人作战。"访问团抓住这件事疏通民族之间的不信任感，告诉撒尼人：这是国民党反动派挑拨民族团结、制造民族矛盾，从而达到分而治之目的惯用伎俩，彝、汉民族不应上他们的当。撒尼人听后心服口服，长期埋在心底的民族疙瘩被解开了。

1951 年 12 月，路南开始进行土地改革，县委提出在土改中必须贯彻民族团结的原则，先反汉族恶霸，从民族团结的愿望出发，通过土改，在消灭封建地主土地所有制的条件下实现新的民族团结。土改工作队为此制定了相应的民族工作、尊重民族风俗习惯的纪律，并大力培养和依靠民族干部，解决历史上表现在山林、土地、水源上的民族隔阂和民族矛盾。各民族通过一起诉苦，共挖各民族苦根的办法，认识到"天下地主一样狠，各族农民一样苦，各族人民是一家"的道理。各族人民提高了增强民族团结的自觉性，实现了空前的团结。

1954 年至 1977 年的民族关系，可以分为三个不同阶段来叙述。

第一阶段（1951—1956 年）是各民族平等、团结、互助的社会主义民族关系向上发展的时期。由于走互助合作的道路，各族人民大量组成临时换工组、季节互助组、常年互助组等发展农、牧业生产的互助组织，彝、汉族同在一个互助组中。糯黑村在组建互助组时，汉族提出要与彝族同在一个组，彝族开会讨论，同意他们的要求。建立农业生产合作社（包括初级社和高级社）时，汉族又提出这样的要求，彝族也采取欢迎的态度。各民族在生产中建立起来的联系和相互依存性在这一阶段得到了加强。以圭山区为例。1954 年年初，彝、汉、壮等族自愿组建的常年互助组有 345 个，这些互助组都是多民族的，没有一个是单一民族的，由于各民族之间的关系融洽，到这年年底，大家在自愿、平等基础上组建了入股土地可以分红的 98 个农业生产初级合作社。到 1956 年，初级社发展为取消土地可以分红，而实行完全按劳分配的高级社，1957 年，圭山彝、汉、壮、苗等族 99.8% 的农户都是高级社的社员。互助合作运动使平等、团结、互助的民族关系获得了新发展。

第二阶段（1958—1965 年）是民族关系出现问题的时期。1958 年全县搞"大跃进""人民公社"运动，实行"一大二公"，大刮"一平二调"的共产风，取消民族差别，使生产遭到破坏，据 1959 年圭山人民公社的统计，这一年比 1957 年粮食减产 12.7%；油菜减产 52.8%；生猪减少 44.2%。1959 年开展反对"右倾机会主义"的斗争，1964 年开展以"四清"（清政治、清经济、清组织、清思想）为内容的阶级斗争，各民族的生产又受到严重破坏，一批民族干部被戴上"右倾机会主义""四不清"的帽子,受到批判,少数民族的埋怨情绪增长。

第三阶段(1966—1977年)是路南社会主义民族关系遭到严重破坏的时期。在1966年开始"文化大革命"中,民族传统风俗习惯被视为"四旧"(旧思想、旧文化、旧风俗、旧习惯)而遭到"横扫",在"打倒一切""造反有理"的极"左"思潮影响下,许多民族干部被作为专政对象而打入牛棚,一些受林彪、江青反革命集团思想影响的人攻击党的民族政策,在民族地区搞打、砸、抢,少数民族山寨被弄得鸡犬不宁。1975年邓小平主持中央日常工作,开展全面整顿,恢复执行党的民族团结政策,但是在1976年开展的所谓"批邓、反击右倾翻案风"中,整顿工作被迫停止,各民族之间和各民族内部的团结并未得到恢复。直至1976年10月粉碎江青反革命集团,破坏民族团结的逆流才得到制止。

三 改革开放以来的民族关系

(一)家庭联产承包责任制的实行与民族团结的加强

1978年,中国共产党第十一届三中全会召开以后,县委、县政府将全县工作重心转移到经济建设上来。1981年12月29日,制定《关于包干到户责任制有关问题的暂行规定》,在全县推行联产(包产)到组的农业生产责任制,各族农民的生产积极性空前高涨。以圭山乡为例,1982年圭山彝族地区的粮食生产猛增到5731723公斤,比未实行这项责任制的1981年增长6.2%。1983年进一步推行以家庭为单位的联产承包责任制,将集体所有的土地承包给各族农产经营,这个乡的粮食又增至 6497637 公斤，比 1981 年增产 1121627 公斤。至 1992 年全乡粮食总产 8492000 公斤，人均有粮达到 510 公斤；农业生产总值 15562759 元，人均 539 元。

改革是促进生产力发展的动力，也是加强民族团结的动力。家庭联产承包责任制推行后，少数民族生产致富，科学种田，教育兴农、兴工、兴商等的积极性高涨。他们迫切希望汉族进行帮助。由于少数民族的农村剩余劳动力大量转移到建筑、运输、工副、餐饮、旅游等新兴产业上来。他们与汉族劳动者共同工作在一个个经济实体当中，直接向汉族同胞学习文化和科学技术，与汉族的联系加强，即使是在少数民族聚居的村寨，少数民族亦千方百计地把汉族科技人员请到村中去传授科学技术。如路美邑乡的小华坡村是个壮族聚居的村子，原是全县闻名的贫困村，靠领救济金吃返销粮过日子，全村每年只有数百元的现金收入，每个劳动日的工分值才 8 分，最高的一年也只有 2 角，逐年积累至承包土地时，全村欠银行贷款 4 万元，为还清贷款，每亩承包地不得不加上 200 元的还贷任务。实行联产承包制后，村里到昆明市烟草公司请来一位汉族的高级农艺师，又到县烟草公司和乡烟叶站请来两位汉族科技人员给壮族农民讲授烤烟栽培和管理技术。汉族科技人员全心全意地帮助壮族农民掌握技术。当他们发现有一部分壮族农民不相信科学方法时，就种试验田，其中一半的面积用传统的办法种，另一半用科学方法种。前者每棵烟的产值仅为 3 角 7 分，而后者则为 9 角 8 分，至第二年，村里的科学种烟就实现了普及。由于汉族科技人员传授技术，这个村 1984 年种烤烟收入 5 万余元；1985 年为 6 万余元；1986 年猛增至 12 万元；1987 年为 15 万元；1988 为 17.8 万元；1989 年为 18.7 万元；1990 年为 21.5 万元；1991 年为 23.5 万元，1992 年为 25.7 万元。仅此一项，全村的人均收入就达 1401.86 元（毛收入），纯收入人均 900 多元。

这个村的壮族农民说："不搞家庭联产承包责任制，我们和汉族的关系不会像现在这样是鱼水关系。因为土地由我们自己经营，有了生产自主权，我们不但有向汉族学习先进生产技术的自主权，而且有能力聘请汉族专家来帮助。我们富裕了，和汉族差不多过一样的生活，我们和汉族、汉族和我们就有了更多的共同语言。1949 年前，总共只有两个汉族姑娘嫁给我们村的壮族，1949 年至实行家庭联产承包责任制前的三十多年间，没有一个汉族姑娘嫁来我们村，也没有汉族小伙子来壮族家上门，实行家庭联产承包责任制以来，由于经济生活改善，民族之间的关系就更改善了，有三十多个汉族姑娘和小伙子自愿嫁来或到本村壮族家上门。我们壮族的姑娘也能嫁到汉族村子去了。"板桥乡的大矣马半村是一个纯汉族居住的村子。实行家庭联产承包制后经济发展快，历史上汉、彝不婚的习俗被打破，有三房汉人娶了彝族的姑娘做妻子。

从人民公社体制转变为家庭联产承包责任制，这是中国农村的一项具有战略意义的改革，它使民族团结从以阶级斗争为纲的轨道转移到以发展民族经济为中心的轨道上来，各民族间经济联系的增强，使它们变得更加团结，更加相互离不开。

（二）少数民族与汉族经济文化差别的缩小

在新的历史条件下，发展社会主义民族关系的一个根本任务，就是要帮助经济、文化发展缓慢的少数民族，快速、持续、健康地发展自己的经济、文化，以消灭历史上遗留下来的民族间事实上的不平等。早在 1953 年，中国共产党就提出要"在祖国的共同事业的发展中，与祖国的建设密切配合起来，逐步地发展各民族的政治、经济、文化……消灭历史上遗留下来的各民族间事实上的不平等，使落后的民族得以跻于先进民族的行列"[1]。随着改革开放的不断深入，特别是

---

① 转引自闵言《论历史上遗留下来的民族间事实上的不平等》，《人民日报》1984 年 3 月 26 日。

社会主义市场经济体制的建立，路南彝族、壮族、苗族与本县汉族在经济、文化发展上的差距日趋缩小。

例一：彝族（撒尼支）聚居的维则乡宜政办事处的乾塘子村，1992 年全村 73 户，共 306 人，粮食总产 285309 公斤，人均产粮 932.38 公斤，人均口粮 668 公斤。当年经济收入 304060 元，人均 993.66 元，人均纯收入 680 元。在这项经济收入中，种植业占 276000 元。1988 年该村开始规模种植苹果，产量逐年上升。1993 年产 50 吨，收入 10 万元，再过 3 年全部挂果后，年产可达 660 吨，人均收入仅此一项就可达 3921.56 元。过去村中的撒尼人住茅草房，结构为正三间或正六间，由于经济发展，1993 年有 13 户将草房改为砖木或砖混结构的新式瓦房，占总户数的 18%。全村有电视机 34 台（其中彩电 9 台），有电视机的农户占总户数的 46.57%。另外，80% 以上的农户都有收录机、缝纫机、自行车。村里有解放牌汽车一辆，手扶拖拉机 42 台，占总农户的 58.9%，这样的经济生活水平大体与本县坝区汉族相等。该村的彝族干部群众说，这个村的变化"来自党的改革开放政策；来自汉族的帮助，是民族团结、互助所结的硕果"。为适应改革开放的发展和市场经济体制的建立，村里调整了产业结构，发展适度规模经营，搞科学种田，在提高单产、稳定粮食总产的前提下，用 700 亩土地栽烤烟和种苹果、梅子。其中 400 亩建成规模化经营的苹果基地，苹果地上套种烤烟。种植技术和科学化的管理方法，都是汉族科技人员教给的。优良品种也是汉族科技人员帮助引进的。高产杂交苞谷优良品种的引种率达 80%，烤烟 K326 等优良品种的引种率为 100%。烤烟的营养袋育苗和地膜覆盖；苹果的松土、施肥、修枝、防虫防病等种植技术和管理全都是汉族科技人员传给的。汉族科技人员向彝族农民传授科学种植与管理方法技术，是直接对彝族农民进行培训，他们每年来村中举办两三期培训班，并帮助发展教育，开展扫盲，直接提高彝族劳动者的文化素质。1993 年全村 45 岁以下的彝族农民已经无文盲，达到了国家规定的无盲标准。由于教育在近几年的快速发展，全村已有大学毕业生 3 人，中专毕业生 6 人，高中毕业生 12 人，初中毕业生 40 人，村办小学原来设在一间破旧的仓房内，冬天通风，夏天漏雨。现在已变为砖混结构的新房，全校共有八间新建的教室和一块水泥地面篮球场。村里的儿童入学率、巩固率、毕业率都达到了国家规定的标准。另外，汉族科技人员在全村自筹资金 4000 元的基础上，还帮助建立了一个电视差转台。彝族农民说："没有汉族科技人员来帮助我们发展经济和文化，党的改革开放政策再好，我们也是无法落实的。由于他们的帮助，我们撒尼人也过上了和汉族一样的日子。"

例二：圭山乡糯黑办事处的大糯黑村有 142 户彝族（撒尼）和 13 户汉族。由于搞市场农业，生产社会化的程度不断提高。村中种的 200 亩高产玉米基地，用科学方法进行种植和管理，亩产达到 687 公斤。每户农民自种烤烟，从引进良种、营养袋育苗、化肥供应到烟叶的销售，都有社会化服务体系，社会化服务体系使各家各户的经营和县内外、省内外的市场接轨。在市场经济的作用下，村里的经济迅速发展，彝族与汉族在经济文化上的差别缩小。下面让我们用一户彝族的情况来说明。

这户撒尼族农民姓李，其家庭经济在村中属于中等，他现年 40 岁，初一文化程度，配偶为小学毕业，女儿今年 15 岁，上初一，儿子 13 岁，上小学。1992 年他家种粮 15 亩，收玉米 4000 公斤，洋芋 3000 公斤，烤烟 650 公斤。由于经济生活水平的提高，撒尼人用玉米换大米而改变了几千年以玉米为主食的习惯，1992 年，李玉昌家用 2304 公斤玉米换进大米 1152 公斤（2 斤玉米换 1 斤大米），人均 288 公斤，除掉籽种和饲料以外，这一年他家在市场上出售玉米 450 公斤，收入人民币 360 元；出售洋芋 2700 公斤，收入 600 元；出售烤烟 650 公斤，收入 2500 元，三项共收 3460 元。除掉投入的下列费用：

化肥 420 元，地膜 153 元，农药 50 元，烤烟用燃料 160 元，共计 883 元，全年种植业纯收入为 2577 元，人均 664.2 元，这是一个有代表性的山区彝族中等经济水平农户的人均纯收入的数字。而这个数字比坝区板桥乡大、小矣马半村汉族的人均纯收入要高，如 1993 年大、小矣马半村汉族的人均纯收入仅为 630 元。李玉昌一家四口住在正三间传统式的老房里，正面的墙壁为砖墙，窗子为玻璃窗，是最近两年才改的。家中有缝纫机一架、收音机一台、机械表两块，正准备买彩色电视机。李玉昌夫妇说："我家在这个村中不算富裕，因为我们还无力将老住房改建为新房，还无钱买大卡车等那样的东西，村里有 5 户人买了解放牌和东风牌的大卡车，有许多户建盖了新房，我家和他们无法比。"确实是这样，他家的经济生活水平在该村还不算好，但是，如上所述，这样的水平与本县处于中等水平的坝区汉族农户相比，则有过之而无不及。

例三：石林镇的五棵树、小箐、阿玉林、三家村等村，依托石林风景区搞旅游产品——民族传统刺绣致富。经济文化发展与本地汉族无差别，五棵树村有 189 户 800 余人，全部是撒尼人。近五六年家家户户都从事本民族传统刺绣工艺品的生产。300 多名剩余劳动力转移到第三产业上，其中摆摊卖刺绣挎包、钱包、坐垫、沙发巾、马桶包、壁挂等工艺品的有 70 多人，出售民族服装的 110 人，经营摄影的 55 人，出租马车的 5 人，出租汽车的 1 人，建盖店铺出租的 45 户，经营旅馆的 5 户（其中 4 户是承包给外地客商）。一件刺绣民族服装的成本为 30 多元，售价不低于 250 元。1992 年，石林镇范围内出售的刺绣品价值 600 万元，许多撒尼人家成了 3 万元户。这一年全村有 60 户到 80 户的人均收入为 5000—6000 元。据对 10 户人家的抽样统计，卖刺绣收入年平均为 3000—5000 元。据对出租民族服装供游客留景的 22 户的抽样调查，每户在这个经营项目上的收入均在 3000 元以上。① 五棵树村的旅游经济已辐射到附近北大村、西街口、维则、路美邑等乡的彝族农村。这些农村的彝家妇女，都是刺绣工艺品半成品的加工生产者，她们把半成品通过各种渠道卖到五棵树村及县城的市场上，再用机器缝纫成商品，刺绣已成为路南彝族妇女普遍的家庭工副业。本县汉族搞这样支柱产业的很少。

彝、汉族经济、文化发展差距的缩小，使历史上遗留的不平等问题得到逐步消除，相互之间的关系变得更加密切而富有活力。糯里村64岁的王有志老人说："这些年我们彝族和汉族的关系十分亲密友好，在政治、经济、文化、民族特点上已没有多少的差别，语言共用彝语或汉语，红白事的礼俗一样。过去彝汉之间不通婚，现在糯黑村的13户汉族全部娶了撒尼的姑娘做媳妇。本村有10个撒尼姑娘嫁给别村的汉族，其中3个嫁海邑、2个嫁合和、3个嫁小板田、2个嫁宜政。汉族乡荣昌家的女儿嫁给了彝族王和昌家，结婚时按彝族的婚礼进行。汉人的婚丧都按彝族的规矩进行。彝汉之间相互帮助的事说也说不尽，汉族盖房子，彝族都去帮助。如杨和德（汉族）家建新房，撒尼人义务去帮助他家抬石头、砍树、砌墙。汉族死了人，撒尼人帮助抬上山、挖坟、做饭。杨玉光（汉族）病了，撒尼人高家用自己的汽车帮助送往县医院，高家不要报酬。"

四　发展路南社会主义民族关系值得重视的几个问题

（1）少数民族生产力的潜能有待进一步发挥。目前影响路南彝族、壮族、苗族生产力进一步发展的原因，一是经济结构、所有制结

---

① 参见和钟华《传统与现代——石林五棵树村妇女现状考察》，《云南社会学》1993年第3、4期。

构单一；二是生产社会化、规模化的层次低。在经济结构方面，彝族、壮族、苗族聚居的乡、办事处大多没有工副业，经济收入主要来源是卖粮食、烤烟、水果和刺绣一类民族工艺品。全部劳力集中在耕地上，致富门路不多；在所有制结构上，除少数农户买卡车搞个体运输，一些家庭妇女搞民族传统刺绣，少数人家开旅馆、餐馆之外，几乎全是公有制的。这种单纯的公有制经济，不适应路南彝族、壮族、苗族生产力发展的水平，应使非公有制经济的比重进一步提高。在生产经营方式上，主要是一家一户的传统耕作，这种经营方式所进行的只不过是小商品生产，而小商品生产是适应不了市场经济发展需要的，是释放不了生产力的潜在能量的。长期下去，少数民族与汉族在经济、文化上缩小的差距还会再拉大。根据邓小平同志的建设有中国特色的社会主义理论，中国社会主义农业的改革与发展，应有两次飞跃：第一次是废除人民公社体制，实行家庭联产承包为主的责任制；第二次是适应科学种田和生产社会化的需要，发展适度规模经营，发展集体经济。路南的干部群众认识到，调整所有制结构和在生产经营方式上来一次变革，既是发展生产力的需要，又是推动社会主义民族关系向高层次发展的需要。

（2）少数民族劳动者的素质有待进一步提高。彝族（撒尼）聚居的圭山乡大糯黑村，195 户人中有 1 名男性受过小学以上教育的只有 46 户，占总户数的 23.6%，有 2 名男性受过小学以上教育的有 6 户，占 3.1%；有 1 名女性受过小学以上教育的有 16 户，占 8.2%；有 2 名女性受过小学以上教育的只有 1 户，占 0.5%；这个村的男性为 464 人，女 462 人。如果包括学龄前儿童在内计算，在男性中受过小学教育的 58 人，只占男性总数的 12.5%，女性中受过小学以上教育的 18 人，只占女性的 3.9%。不管从户数还是从人口来看，受过小学教育的户数和人数都是很少的，若与基本上普及了九年义务教育的坝区汉族相比，彝族劳动者在文化素质上的差距还是很大的。因此，采取有利于民族教育发展的政策和措施，是消除少数民族与汉族在文化上的差距，加强民族团结，发展民族经济的一项紧迫而具有战略意义的任务。

（3）本县少数民族不同乡村间的发展不平衡问题有待进一步解决。民族聚居的乡村间发展不平衡是路南县的基本县情之一。其产生既有自然地理环境方面的原因，也有各种各样的历史原因。北大村乡老挖办事处辖大、小老挖两个自然村442户，共2065人，其中彝族（撒尼）1859人，汉族206人。1992年，农副业总收入834000元，净收入559132元，农民所得454300元，农民人均纯收入仅220元。这个乡的螺蛳塘办事处是一个汉、彝、苗族的杂居地，1992年农民人均纯收入825元，是老控办事处的3.2倍。螺蛳塘办事处有苗族78人，1992年人均纯收入300元左右，这个数字与该办事处的人均纯收入也相差2.7倍。

亩竹箐乡红路口村是一个以彝族为主的一个彝、汉族杂居村，全村448人，其中黑彝207人，撒尼76人，彝青61人，汉族104人，1992年，全村总收入284002元，净收入219107元，人均纯收入489.6元。这个数字与螺蛳塘办事处相比相差达336元。

要解决发展不平衡问题，一是少数民族自身应消除某些对生产力发展有束缚作用的传统观念，建立市场意识、科技意识、开放意识、改革意识，提高自我发展能力。北大村乡政府的一位彝族干部说：撒尼人采山毛野菜是能手，但做买卖不行，长期以来，他们以商为耻，只会以物换物，且任凭汉族商人换，有时即使讨价还价，也是三句话成交了事。只有改变这种不利于商品经济发展的观念与习俗，才能有快的发展。有些经济贫困的彝村，与彝族杂居在同一个村的汉人会做各种生意，买卖各种商品，会外出经商、搞建筑，家里的地雇人来种。而同村的彝族直到现在还不愿做生意，有钱也不会用于扩大再生产，而是拿去买酒喝，有几个彝族带家属去昆明玩，一个星期就花去一万多元，这样做对发展经济极为不利。有的彝族在破除束缚生产力发展的传统观念，建立市场意识、科技意识、开放意识等新观念之后，很快就走上了致富的道路。如路美邑乡卜所村的撒尼人杨绍祥，看准国内外蜂产品市场看好的势头，利用本地的花蜜资源，自办养蜂场 12 个，搞科学养蜂，一年产蜜 15.6 吨，玉浆 700 多公斤，他组建滇东蜂业公司将产品销往国内外市场。1993 年，一家日商向他订购蜂蜜上百吨，他的做法很值得推广。其次是要加大国家扶持的力度。国家扶持包括政策扶持、投资扶持、科技扶持、智力扶持等方面。要帮助发展滞后的民族乡镇开拓新的产业，拓宽致富门路。

同时要大力发展县内交通，解决一些乡村不通公路和饮水困难的状况。

路南彝族自治县的正名问题

"路南"之名,在语言上是彝语"落蒙"译汉语的错译。在彝语中"陇堤""路甸""落蒙"是同音异写。"陇""路""落"之意为"石头";"堤""甸"意为"坝子""平原";"蒙"为"高大","陇堤""路甸""落蒙"之意为"长满高大石头的坝子"或"平坝上的石林"。"石林"是"陇堤""路甸""落蒙"之本义。《新唐书·地理志》有"陇堤县"之称。《元史·地理志》说:"路南,夷名路甸。""有城曰撒吕,黑爨蛮之裔落蒙所筑,子孙世居之,名落蒙部。"说明唐、宋、元时期都是以"石林"本义来作为县名的。至元十三年(1276年)元代文人将"陇堤""路甸",错译成"路南"而讹误至今。

在政治上,"路南"之命名是元代民族歧视和民族压迫的产物。元朝实行民族压迫政策,将全国居民分为蒙古人、色目人、汉人、南人四等,"南人"地位最低,是最受歧视和压迫的人。至元十三年(1276年),元朝将"落蒙万户"改名为"路南州",意在说明该地彝族是"澄江路统治下的南人"。因此,"路南"一词有民族歧视的烙印,本县各族人民对此名称极为不满意,一直要求"尊重民族语言""尊重少数民族的平等权利",要求将"路南"正名为"石林"。本县人民的要求是正确的,不正名不利于民族团结和国家的稳定。

根据"名从主人"的原则,以石林为县名既符合路南各族人民的共同意愿,又符合"陇堤""路甸""落蒙"彝语之本义。这不仅具有科学意义而且具有政治意义。

路南彝族自治县正名为石林彝族自治县，有利于提高路南县的知名度，有利于路南县的改革开放和经济社会的快速、持续发展。同时，如此正名又可以澄清《中华人民共和国地名词典》等书刊对"路南"的错误解释。

以上是路南彝族自治县应该尽快正名为"石林彝族自治县"的依据。

1997 年 6 月 14 日于石林

梵僧指空在中韩两国传播
佛教文化的业绩

1963 年，拙著《武定凤氏本末笺证》，将印度高僧指空在云南武定狮山造寺度人，写经塑像，向罗婺部彝族传播佛教文化的史事，作了简要著录①，唯不获其到高句丽后的史料。中央民族大学的祁庆富教授近年在韩国讲学，与韩国精神文化研究院许兴植教授等讨论指空问题，采撷有关资料，将指空在韩业绩介绍到中国；云南省社会科学院宗教研究所所长杨学政研究员撰文参与讨论②，使指空研究出现了新的契机。指空研究作为中韩两国学者共同关注的一个热点，云南省社会科学院与韩国学术团体，将在 1997 年联合召开"指空研究国际学术讨论会"，以推动两国的学术文化交流。

一 指空在印度事迹

指空，梵名 Dhyana-bhadra，音译提纳薄陀，意译为禅贤，指空是其号。他是印度摩竭提国王子。摩竭提国，为佛陀住世时印度十六大

① 拙著《武定凤氏本末笺证》系以笺证体裁系统整理研究云南古代彝族罗婺部酋长及其后裔武定凤氏历史的专著。1986 年云南民族出版社出版，该书第 77 页载有 1315—1321 年指空扩建正续禅寺的业绩及北去高丽的史事。
② 祁庆富：《指空游滇建正续寺考》，《云南社会科学》1995 年第 2 期。杨学政：《指空弘扬中国西南禅学考》，《云南社会科学》1996 年第 2 期。

国之一。位于今南比哈尔（Bihar）地方，周广五千余里，土地肥沃，风俗淳朴，崇尚佛法，有伽蓝五千余所，僧徒万余人，多宗习大乘教法。指空自幼受佛教熏陶，8岁出家，依中印度那烂陀寺律贤（梵名Vianya-bhadra）披剃，传南印度楞迦国吉祥山普明之法。

那烂陀寺是梵语Nalanda之音译，意译为施无厌寺，位于摩竭提国首都王舍城之北，地在今拉查基尔北11公里处之巴达加欧，为5世纪初笈多王朝之帝日王所建，是古印度规模最为宏大的佛教寺院和佛教的最高学府。佛陀曾于此说法3个月。彼入灭后未久，帝日王即在此建立伽蓝。传说如来往昔修菩萨行时为大国王，建都此地，乐好布施，德号施无厌，故以名寺。附近有如来三月说法之精舍、爪发塔、雀离浮图、观自在菩萨之立像及精舍等灵迹。7世纪时，该寺为印度第一大寺，僧徒常达万人，修学大乘及小乘18部、吠陀、因明、声明、医方、术数等。本寺初为唯识学派之主轴，其后演变为密教之一大中心。大乘论师护法、德慧、护月、坚慧、光友、胜友、智月、戒贤、智光等人，都在此讲学或任寺之住持。我国唐代之玄奘、义净、荆州道琳、太州玄照、并州道生、洛阳智弘都曾在此寺留学，由印度来华的波罗颇迦、罗密多罗、地婆诃罗、善无畏、金刚智、般刺若等大师也修学于本寺。① 名寺育高僧，指空在此寺学成来华，佛学功底深厚，这是他在中国、韩国弘法成功的基础。

在印度佛教史上，指空被尊崇为迦叶第一百零八祖。迦叶（Kasyapa）为释迦牟尼的"十大弟子"之一，付法藏第一祖，深受佛陀信赖，佛陀入灭后，成为教团统率者。禅宗以其为佛弟子中修头陀行之第一人，尊其为"头陀第一"。"头陀"，系梵文Dhuta的音译，意为"抖擞"（去掉尘垢烦恼），佛教苦行之一种。据《十二头陀经》《大乘义章》卷十五载，"头陀行"有十二种修行规定：穿粪扫衣（用被遗弃的破布缝制僧服）；着三衣（用三种不正色布制的袈裟）；

---

① 参见慈怡主编《佛光大辞典》，台湾佛光山出版社1988年初版，第3030—3031页。

乞食为生；一天只吃一顿午饭；一坐食（除午餐外不吃零食）；节量
食（钵中只受一团饭）；住阿兰若（住寺院或人迹罕到之处）；冢间
坐（坐坟地）；树下坐；露天坐；随地坐（不拘地方坐）；常坐不卧。
按这些规定修行的称"修头陀行者"。指空是迦叶之第一百零八祖，
其在印度"修头陀行"是毋庸置疑的。

7 世纪后那烂陀寺作为密教中心，一直以高度组织化的咒术、礼
仪、民俗信仰为特征。僧人主修《大日经》《金刚顶经》《苏悉地
经》，以传授大日如来佛深奥的秘密教旨为己任。唐开元四年（716
年），善无畏带来《大日经》；开元八年（720 年），金刚智及其弟子
不空又带来《金刚顶经》，将密教输入我国。指空由于在那烂陀寺曾
习密教之法，所以他后来在中国、韩国传法常以密教之法取信众生。
他传楞迦国吉祥山普明之法，但普明不获考，有待日后深入发掘楞迦
国之佛教资料。

二 指空来华后的弘法活动

指空何时来华，年代无考，其来华后的弘法活动，其曾有"自
述"。日本《大正藏》史传部二〇八九号，梵僧《指空禅师传考》所
收的李穑撰《西天提纳簿陀尊浮图铭并序》记之如下：

> 迦叶百八传提纳簿陀尊者禅贤，号指空。……泰定间见天子
> 难水之上，论佛法，称旨。命有司岁给衣粮，师曰"吾不为是
> 也"，去而东游高句丽。……还燕，天历初诏与所幸诸僧讲
> 法……师自言：吾之化行中国也，遇北印度摩诃班特达于西番，
> 偕至燕京。"居未久，西游长安王府……又去迦单……其主护送
> 至蜀，礼普贤巨像，坐禅三年。大毒河（按大渡河）遇盗，又赤

立而走罗罗斯地界。有僧施一禅被，有女施一小衣。乃应檀家供，同斋禅得放生鹅，欲烹而食之，吾未其妇，妇哭，僧怒见逐。吾闻土官塑吾像，水旱疾疫祷必应。金沙河关吏见吾妇人衣，发又长，怪而问奚自。吾言语不通，书西天字，又非所知也，于是留之。晚隈石隙而卧。不觉少间至彼岸，渡子异吾，礼拜。云南城西有寺，上门楼入定，居僧请入城。至祖变寺，坐桐树下。是夜雨，既明，衣不濡。赴其省祈晴，立应。坐夏龙泉寺，书梵字《般若经》。众聚乏水，吾命龙引泉济众。大理国吾劫众昧，但食胡桃九枚度日。金齿、乌撒、乌蒙一部落也，礼吾为师，塑像庙之。吾闻无赖子以吾像禅棒掷之地，而不能举，悔谢，取安如故。安宁州僧问：昔三藏入唐，伏地知音，时，吾会云南语，应曰：古今不同，圣凡异路。请说戒经，燃顶焚臂，官民皆然。中庆路诸山请演法，凡五会太子，礼吾为师。罗罗人素不知僧佛，吾至皆发心，飞鸟亦念佛名。贵州元帅府官皆受戒，苗蛮、瑶、僮、青江花竹、打牙仡佬诸洞蛮俱以异菜来请受戒。自后行经镇远、常德、洞庭湖、湖广、庐山、淮西，扬州太子以舟送至都。既而至滦州……终老于朝鲜……至正二十三年十一月十二日示寂。宣光八年戊午五月立碑。①

指空来华，与北印度僧人摩诃班特达同行。其"自述"不言其在何年。《佛光大辞典》著其生年为 1289 年，其来华后，于元延祐二年（1315 年）扩建正续寺，六年（1320 年）落成。在来滇前于蜀坐禅三年，加上在其他地方逗留的时间和旅途时间推之，他来华时间可能在至大二年（1309 年）或三年（1310 年）。时年 21 岁。《佛光大辞典·指空》言其"泰定年间来华，受帝室供养，又教化云南、贵州等

① 日本《大正藏》史传部收录之李稿撰《西天提纳簿陀尊者浮图铭并序》，碑立于富光八年（1378 年），为指空圆寂后 16 年。今据云南省图书馆所藏日本《大正藏》史传部录出。

处，于泰定四年至高丽"，泰定为泰定帝也孙铁木耳年号，共四年（1324—1327 年），若其泰定元年来华，后在蜀"坐禅三年"，又云游云南、贵州，似不可能，《佛光大辞典》误矣！

指空来华后云游所到之地，按其"自述"是经由北印度经西番（西藏）至燕京（北京），再经长安（西安）至蜀（四川），从罗罗斯（西昌）入云南。从云南城（昆明）辗转在大理国（大理）、金齿（今德宏傣族景颇族自治州）、乌撒（威宁）、乌蒙（昭通）、安宁、贵州等地行法，最后由镇远出常德至洞庭湖，再由庐山、淮西、扬州至上都（滦京），见泰定帝论佛讲经。最后从滦州去高丽。"自述"虽未言及其在云南武定造寺行法，但武定为彝族罗婺部之世居地，所言"罗罗人素不知僧佛，吾至，皆发心，飞鸟亦念佛名"，指的就是他在武定彝族中说教倡佛的情况。

指空在蜀"礼普贤巨像，坐禅三年"，普贤为菩萨名，释迦牟尼佛的右协侍，显密二教共尊，为中国佛教四大菩萨之一。相传其显灵说法的道场在四川峨眉山。峨眉山万年寺有北宋太平兴国五年（980 年）用铜铸的普贤骑象之巨像，像高 7.35 米，重 62 吨。指空在蜀坐禅礼像，应在此寺无疑。其在大渡河"赤立而走罗罗斯"；在金沙江河关"晚隈石隙而卧"；在云南城①祖变寺（大德寺）坐桐树下不避雨至天明；在大理国"食胡桃九枚度日"，在武定狮山正续寺"绝粒危坐，胁不粘席"（意为不吃饭、不睡觉），皆说明他是一位在中国传"头陀行"的迦叶后裔。

指空在龙泉寺②书梵字《般若经》，说明他所传的是大乘佛教。"大乘"一词意为大车，指使人达到解脱境界的车辆。大乘佛教经典

---

① 云南城，在此应指昆明。蒙古宪宗三年（1253 年）统一云南。元至元十三年（1276 年）置云南行省，治昆明。云南城为昆明是也。祖变寺因位于昆明华山东路东侧之祖遍山而得名，该寺建于至元三十年（1293 年）。大德五年（1301 年）增广殿庑，号极乐宫，故又称大德寺。

② 龙泉寺"在昆阳州东十里"（李元阳万历《云南通志》卷十三）。

是用梵文而不是巴利文写的有《般若经》《维摩经》《大般涅槃经》《法华经》《华严经》等。《般若经》又称《般若波罗蜜多经》，意为直觉知识。被认为是佛陀在灵鹫山所说的言教，其种类最少有 10 种。此经中的某些部分是最早的大乘佛教经典中的作品，其年代大约为公元一世纪。此经是一整套长短不一关于空义的论著文献。"般若"一词的意思不仅是指绝对真理知识，而且也被认为是一种本体论原则，是菩提和法身的同义词。所以书写和教授本经的释氏，不仅应具有深奥的相关知识，而且他们本身就要以人的形体表现这种知识。从指空书写《般若经》，传大乘教法的角度来考量，他的佛学功底是极其深厚的。这奠定了他在印度、中国和韩国佛教界的崇高地位。他离华去高丽前，在上都（滦京，即开平）见泰定帝论法，得帝称赞，故李穑碑谓其"泰定间见天子，论佛法，称旨"。去高丽后，天历间返燕京，向天历帝论法。"天历皇帝诏诸僧，讲法禁中，而有媢嫉者，窘辱不遗余力，师能安常处顺，湛然自悔。"（《四库明人文集丛刊》）继而再去高丽，至正初又回，"顺帝皇后及太子迎入延华阁请问佛法，甚受厚遇，后又赴高丽"。由于他是梵僧，为外国公民，指空未被元帝封为帝师，但其地位确与帝师相当。元英宗至治元年（1321 年）诏各路立帝师殿，《敕建帝师殿碑》云："古之君天下者皆有师，惟其道之所存不以类也。故赵以图澄为师，秦以罗什为师。夫二君之师其人也，以其知足以图国，言足以兴邦，德足以范世，道足以参天地赞化育，故尊而事之。"（《佛祖历代通载》）指空见泰定帝、文宗论佛法及顺帝皇后向他"请问佛法"，时值元朝大兴帝师制度的时期，此说明指空来华传教，已取得相当于帝师的地位。

四川、云南、贵州是少数民族众多的省份，元时今彝、苗、瑶、仡佬、壮族等民族的先民皆信仰万物有灵的自然宗教，指空在这些民族中开拓佛教空间，是以密教的咒术、仪礼、民俗信仰与自然宗教的同类咒术、仪礼、民俗信仰的相容性为基础的，所以他的教法很快收到了"请说戒经，燃顶焚臂，官民皆然""罗罗人素不知僧佛，吾至，皆发心，飞鸟亦念佛名"的效果。他至贵州，元帅府官皆受戒，苗蛮（苗族）、徭（瑶族）、青江花竹（清江，在今贵州剑河县，"花竹"，疑指剑河县的花苗或篾仡佬）、打牙仡佬（仡佬族）诸洞蛮俱以异菜来请受戒。

佛教实质是给予一种运动的一个名称。这一运动从各方面而言，可以认为是一个哲学学派。佛学与构成自然宗教的万物有灵论相比，无疑是一种进步。指空在我国西南少数民族中弘扬佛学，对促进思维的发展和少数民族社会与文化的进步，是起了重要作用的，应予以充分肯定。

三 指空在中韩两国建寺弘法的业绩

指空在华行法，以住云南的时间为最长，而在云南，又以在武定狮山正续寺坐禅的时间最长。正续寺，又称正续禅寺或狮子寺，"始建于元"，至大辛亥（1311 年），蜀僧朝宗游方至武定，见狮山之"峭拔雄秀，诸山皆朝"，决定创一梵宇。他偕杨善、杨庆、杨正、李继荣、李良等人于山顶辟荒构庵，"作栈道，缘石蹬，南跻数十步武，得一地基，为文殊阁。又南行百余步，得丈室地基，为维摩阁。皆与白云为篱藩，青山为屏障，烟霞为卫具。禽声法乐，若有异物阴来相之。东望崖阿，形如狮子，故以扁焉"。朝宗筑庵、阁后返回西蜀，具体年代不获考。其后指空游方至此，奋进自励，"绝粒危坐，胁不粘席，开辟正觉"，历尽 6 年艰辛扩建，使正续寺成为"莫道此间非佛国，大明皇帝也为僧"的著名禅寺。

指空扩建正续寺及在寺弘法之业绩，韩国李穑的《西天提纳簿陀尊者浮图铭并序》未有提及，而杨兴贤的《狮山建正续寺碑记》则有著录，现摘记如下：

> 师（指朝宗）归西蜀之后，有西竺指空禅师，游方憩此，绝粒危坐，胁不粘席，开辟正觉，诱披缁徒①，俗慕其化受信具者，比比有焉。佛殿旃檀，经始于乙卯之春，僧堂香积落成于庚申之夏。风棂月牖，雾云飞晕，轮焉奂焉，塑绘告成，金碧交映，丹青绚焕，耀人耳目，荡人胸次，实今世之良规，一方之壮观也。禅师又虑常住缺乏，龙象星散，于是化缘本路官吏。此方他郡，或贝或谷，以致因地亩疆界，随其丰俭，咸勒诸碑阴，用传不朽。於哉！晨薰夕烛，奉绀宇之觉王，云板风钟，醒人间之昏梦，灵山清会，俨然若存。夫如来一大事因缘，故出现于世。爰自拈花破颜以来，灯灯续焰，叶叶传方，得道者不可枚举。然西南禅学，实惟滥觞。今朝宗开之于前，指空成之于后。吾见狮山岩前山木丛林，尽作狮子吼者，非我二禅伯之薰炙与非藉圣祚之元疆，其孰能之！②

此碑文是研究指空及中国西南佛教史之重要资料。所言指空在狮山"绝粒危坐（不吃饭而打坐），胁不粘席（不睡觉），开辟正觉"，说明他以"修头陀行"来弘法。"正觉"，即真正之觉悟。指释尊于菩提树下金刚座上觉悟缘起之法。以此法下化众生，教化缁徒。他的传法在彝族中获得了广泛的支持，出现了"慕其化受信具者比比有焉""罗罗人素不知憎佛，吾至皆发心"的情况。"发心"为佛教术语，指发愿求无上菩提之心，发愿向往净土之心，在此指接受了佛教。功能齐备的佛教寺院称为"七堂伽蓝"，禅宗之七堂为三门、佛

---

① 康熙《武定府志》，《武定直隶州志·古迹》无"徒"字，从道光《云南通志稿》卷百十一"人物志十"增补。

② 《武定直隶州志·古迹》。

殿、法堂、僧堂、方丈、浴室、东司（便厕）。指空扩建正续寺，当建盖七堂，自乙卯之春（延祐二年，1315 年）开始，至庚申之夏（延祐七年，1320 年）落成，耗时近 6 年之久。所历之艰辛，可想而知。离寺前，他召集诸僧徒曰："吾建寺历尽艰辛，创寺难矣！而守寺更难，汝等应继承吾辈创寺之精神，使之延续光大。为此他特将寺命名为正续禅寺。"① 为了解决僧人的"常住缺乏"，他向官吏和信徒化缘，使寺永传不朽。由于指空在建寺弘法方面做出的努力，正续寺被认为是"西南禅学之滥觞"。

中国西南是一个有 34 个少数民族与汉族共居的地域，佛教早在唐代就已传入。但由于社会经济发展的不平衡，许多民族不知僧佛，未接受佛教。云南武定是罗婺部彝族分布的区域，据元人李京《云南志略》记载，这里的彝族信仰以鬼神为中心的原始宗教，"男巫号曰大奚婆，以鸡骨占验吉凶，酋长左右，斯须不可阙，事无巨细皆决之。……酋长死，以豹皮裹尸而焚，葬其骨于山，非骨肉莫知其处。葬毕，用七宝偶人藏之高楼，盗取邻近贵人之首以祭"。武定彝族接受佛教肇自指空。由于当地彝族从指空"发心"，正续寺香火数百年不绝，且日盛。明永乐、正统年间，武定彝族土长曾"命通事修正续寺山门""阿宁率郡通事李贤出资鸠工建前殿"。② 指空在彝族佛教史上之崇高地位，是不言自明的。

指空在韩国弘法之业绩，祁庆富教授的文章说：

> 他在高丽偈建桧岩寺，并于忠肃王十五年（1328 年）说戒于延福亭，士女奔走以听（《高丽史节要》，汉城东国文化社1960 年版，第 570 页）。高丽王师曹溪宗大禅师懒翁受法于指空（《桧岩寺禅觉王师碑》，《朝鲜金石总览》，亚细亚文化社 1976

---

① 何耀华：《武定凤氏本末笺证》，云南民族出版社 1986 年版，第 77 页。
② 同上书，第 76、78 页。

年版，第 200 页），因而指空被尊崇为"师之师"。元时入华求法
之高丽僧从师指空者还有正智国师智泉、李朝第一代王师、曹溪
宗大禅师、妙严尊者无学自超。指空于韩国佛教影响巨大，其地
位相当于鸠摩罗什、达摩之于中国。正因为如此，韩国学术界十
分重视指空研究，大批成果问世。①

指空是印度博学多识之高僧，其身体力行，弘法严谨，在韩国广
泛赢得僧众，取得"师之师"的崇高地位，不是偶然的。佛教约自东
汉明帝（公元58—75 年在位）时开始传入中国，但在当时及以后相
当长的历史时期无重大影响。到魏晋南北朝时期，才有了广泛而深入
的传播，并在隋唐时期形成中国的特色，完成了中国化的历史进程，
中国成了当时世界佛教的中心。指空在华弘教，走的是一条佛教适应
中国化之道路，所以他取得了巨大的成功。他在韩国传教，既推广在
中国传教的经验，使佛教适应韩国的国情和需要，又将中国化的佛教
体系加以弘扬，这使他在韩国取得巨大的成功。韩国京畿道扬州天宝
山之桧岩寺，"肇于指空"，指空云游至天宝山，见"山水之形，宛同
西竺阿兰陀之寺，后僧懒翁始建寺"，指空曾"执绳量地，以定其
位"。② 懒翁，即慧勤（1320—1376 年），高丽禅僧。俗姓牙。原名元
慧，号懒翁，世称懒翁慧勤，他于20 岁出家，后至桧岩寺宴坐精修 4
年而获开悟。元至正八年（1348 年）来华，至燕京法源寺参访指空，
十年（或谓十一年）南游，于杭州净慈寺参谒平山处林，得其印可。
后游历补陀洛山、育王山、明州、婺州伏龙山、松江等地。十五年，
奉敕驻大都广济禅寺，开堂说法。高丽恭愍王七年（元至正十八年，
1358 年）归国，在辽阳、平壤、东海等地随机说法。恭愍王二十年，

———————

① 祁庆富：《指空游滇建正续寺考》，《云南社会科学》1995 年第 2 期。
② ［朝鲜］《东国舆地胜览》。金守温：《重创纪》，韩国古书刊行书《新增东国舆地
胜览》卷十一（扬州，佛宇），东国文化社，第 185—186 页。此注转引自祁庆富文。

受封为王师。① 懒翁是韩国曹溪宗之大师，他从指空受法当有一个较长的过程，开始应在指空去韩以后，其次是在指空返华驻燕京法源寺时。懒翁之能在大都（北京）广济禅寺开堂讲法，当是从指空修习中国禅宗教法的结果。指空是把印度佛教和中国佛教文化输入韩国的一位杰出使者，他对促进中韩两国佛教文化的交流，起到了历史性的作用。

总而言之，在结束本文的时候，我想就指空研究的几个问题，概括以下几点意见，供研究者参考。

（1）关于指空的来华年代问题。其"自述"未言及。韩国精神文化研究院许兴植教授认为，指空享年 105 岁，慈怡主编之《佛光大词典》"指空"条言其生卒年为 1289—1363 年，享年 74 岁。其来华后，于元延祐二年（1315 年）在武定扩建正续寺，六年落成（1320年）。来滇前于蜀坐禅三年，加上在其他地方逗留和旅途所耗时间，他来华时间应在至大二年至三年（1309—1310 年），时年 21 岁左右。

（2）关于指空"修头陀行"问题。指空自言其是"迦叶第一百零八祖"，迦叶被尊为"头陀第一"，指空来华后修头陀行，是一个著名的苦行僧，所以他能取得群众的同情和支持，取得传教的成功业绩。因修头陀行，在大渡河，他遇盗被剥得精光后，"赤立（裸体）而走罗罗斯地界"，一女施主给一件小衣，他着女衣而到达金沙江地界；在金沙江渡口处，他"隈石隙而卧"，睡在露天下的石缝之中；在昆明祖变寺，他坐桐树下冒雨直至天明；在大理，他以"九枚胡桃度日"；在武定狮山，他"绝粒（不吃饭）危坐，胁不粘席（不睡觉）"。肯定其"修头陀行"，对于认识他在中韩弘法的特点及其成功的原因是一个关键。

（3）关于指空"显""秘"皆传问题。他自言在武定正续寺"开辟正觉"，"正觉"，即真正之觉悟，指释迦牟尼于菩提树下金刚座上

---

① 参见慈怡主编《佛光大辞典》，台湾佛光山出版社 1988 年版，第 6049 页。

觉司缘起之法，以此法及"头陀行"下化坐生，教化缁徒，可以说他传的是大乘显宗之法。他在祖变寺夜雨坐桐树下"衣不濡"，在昆明"作求雨法术，立应"；在昆明龙泉寺"命龙引泉济众"等说明他以密教的咒术、礼仪、巫术取信群众，是传密教之法。印度密教在南诏时期就深入大理白族地区，在云南有深厚的基础，但以彝族为主的东方三十七部民族信仰的是万物有灵的自然宗教，他所传的密教之法极易被接受，这是他在彝、苗、瑶、仡佬、壮等民族中弘法迅速取得成功的原因。他是"显""密"二教皆传的梵僧。

（4）应把指空在中韩弘法放到 3000 多年的中韩文化交流历史中去考察，他在韩国所传之法是中国化了的佛教之禅宗之法。早在公元前 1200 年的商朝，箕子就将商朝的文化带到韩国去；公元前二世纪，朝鲜半岛三朝鼎立，秦朝人为避免中国始皇的虐政，大批逃往三韩中的马韩，他们往来于三韩和秦朝之间，进一步搭起中韩文化交流的桥梁。韩国文化受中国文化的影响，3000 多年来一直持续至今。指空由华去韩国传教，成为韩国曹溪宗大师懒翁的"师之师"，曹溪宗是韩国的禅宗，指空在韩传中国禅宗之法，当是无疑的。他的传法是建立在中韩数千年文化交流基础之上的，所以他在韩国弘法取得了成功。一位研究韩国历史文化的专家认为，中韩两国研究指空在武定狮山建寺弘法的业绩，将会有数以百万计的韩国佛教信徒来此观光朝圣。我们今天研究指空，对促进中韩两国的学术文化交流是卓有意义的。

（原载于《云南社会科学》1996 年第 6 期）

在武定狮山正续禅寺建寺 700 周年纪念会上的讲话

(2012 年 3 月 16 日)

今天，各位高僧大德和僧众、缁友济济一堂，隆重纪念正续禅寺建寺 700 周年，让我代表中国西南民族研究学会表示祝贺！要我讲话，讲什么呢？我想有几点是值得我们大家记取的：

第一，正续寺是中印两国数千年文化不断交流的产物之一。其开山祖师是四川僧人朝宗。元朝至大辛亥（1311 年），朝宗游方至此，见狮山峭拔秀，乃偕杨善、杨庆、杨正、李继荣、李良等于山上辟荒构庵，用两年时间建文殊阁、维摩阁，寺未建完而归蜀。继而有印度高僧指空南来憩此。延祐二年（1315 年），指空开始续建。延祐七年（1320 年），建成佛殿、僧堂等组成的大丛林。他离去时召开僧众大会说："我建寺历尽艰辛，建寺难矣，而守寺更难，汝等应继吾辈创寺之精神，使之继续光大。"为此，他将寺取名正续禅寺。指空是印度最后一位来华的印度高僧，他在狮山的建寺业绩，谱写了印度人民对中国人民深情厚谊的新篇章，他的精神，将永远激励中印人民世世代代友好下去。

第二，正续禅寺 700 年香火日盛一日，靠的是什么？靠的就是"正续"二字，即"续正"二字。"正"，指"正觉"，即真正的觉悟（释迦牟尼在菩提树下金刚座上觉悟缘起之法，他用此法下化众生，教化缁徒），指空奋进自励，以"绝粒危坐，胁不粘席"的弘法精神"开辟正觉"，使当地的罗婺部彝人等皈依佛教取得"请说戒经，燃顶焚背，官民皆然"，"罗罗人素不知僧佛，吾至皆发心，飞鸟亦念佛名"的效果。"正"，也指正续寺的寺规、寺律、寺气及朝宗、指空的艰苦创寺精神。

第三，佛学惠民，适应民情，认同各民族的传统文化，促进民族团结、社会安宁的精神，是佛寺兴盛的源泉。元、明以来，中央王朝先后设武定军路军民总管府、武定军民府土知府，皆封赐罗婺部土长长之。由于正续寺的僧众爱国爱民，所以得到土知府商智、阿宁、金甸等的支持及罗罗民众的支持。商智曾命通事张应修正续寺山门；阿宁率通事李贤出资，鸠工建前殿，阿宁起钟楼；金甸建二浮屠（释迦牟尼像）。正如正续禅寺的住持如证所言："如果没有彝族人民的支持，我们的寺不会从元朝延存至今。"

金沙江崖壁画新识

　　1955 年 4 月，彭飞博士自日本大阪回国，在东巴文化研究所副研究员和力明的陪同下，不顾山川险阻，徒步在丽江金沙江沿岸的悬崖峭壁中攀行 20 余日，探索金沙江崖壁画的奥秘。在他的考察报告即将在东京出版之际，谨以此文致贺。

　　丽江县境内的金沙江崖壁画，是 1991 年以来云南省社会科学院丽江东巴文化研究所陆续发现的，已发现的画点共有 15 个，分布在从虎跳峡至洪门口 160 多公里的金沙江沿岸。画面共 400 多平方米[①]，古朴、雄伟、壮观，其原始人类的文化内涵包容量大，作画技巧独树一帜，在世界崖画史上占有重要地位。自这批崖画发现以来，学者虽然做过有益的研究，但谜底尚未解开。

　　确定作画年代，是探讨作画人、作画意图和画面含义之基础。崖壁画以赭红色颜料（赤铁矿石）绘制，呈红色。画法粗犷、单纯、原始。其以线条成画的基本特征与云南沧源、邱北狮子山、元江它克、麻栗坡大王岩等地发现的新石器时代崖画相同。金沙江流域是古人类的发祥地之一，距今 170 万年的元谋人门齿化石，属于"智人"阶段的丽江人股骨、头骨化石，均发现于金沙江流域。"丽江人"出土的地质年代为更新世晚期，与其共同出土的动物化石有鹿、牛和犀牛，工具有以鹿角作为原料，两边穿孔，但发现未穿通的旧石器时代的角

---

① 　和力民：《金沙江崖画的发现和初探》，《云南社会科学》1993 年第 5 期。

器一件。① 在古美柯崖画点，人们发现了经过磨制的石斧和石刮削器，可以断定，崖壁画地点发现的新石器时代文化与"丽江人"留下的旧石器文化有相承关系，金沙江崖壁画应是晚期古人类"丽江人"之后裔在新石器时代作下的原始艺术品。

纳西族是现今生活在崖画地带的主体民族。他们应是"丽江人"的后裔。公元八世纪时汉族文献称他们为"磨些"或"摩挲"，游牧、狩猎是他们的衣食之源，"男女皆披羊皮"。崇拜自然是他们传统的基本信仰，对天体的崇拜是他们的基本崇拜。直到今天，纳西族的每个村都还保有一块祭天用的场地。祭祀由祭师东巴主持。在东巴所用的祭祀经书中，有一个他们崇拜太阳、月亮和星星的故事：

> 天地的女儿拒绝了一个叫柯勒柯西的神的求婚。因为她想嫁给凡间的一个名叫崇仁连的英雄。柯勒柯西极力阻止她下凡，她披上一块左边绣有太阳，右边绣有月亮，背上绣着北斗七星的披风，太阳、月亮和星星顿时射出耀眼的光芒，柯勒柯西被慑服了，不得不放她走。当她下凡到纳西族中间后，纳西族被天体战胜柯勒柯西神的力量所迷住了，所以，他们就以对天体的祭祀来保佑自己。

直到今天，纳西族还盛行着祭天习俗。从金沙江崖壁画的内容来看，它们是纳西族先民进行祭天仪式的画卷。祭天的目的是祈求猎物丰收。大型野牛是金沙江崖壁画的主要图形，在八九个画点的画面中均居中心位置。夯桑柯明柯画点的野牛身长 2.3 米，高 1.6 米，妥良初娄布敖空画点的身长 3.8 米，高 2.8 米，由于它是献给天体的主要祭物，所以画得又大又居于中心位置。据东巴经《祭天·崇邦飒》记

---

① 云南省博物馆：《云南丽江人类头骨的初步研究》，《古脊椎动物与古人类》（第15卷）1977 年第 2 期。《丽江人的角器》，《古脊椎动物与古人类》（第 5 卷）1977 年第 2 期。

载，古时祭天的牺牲是"恩美脑里课"，意为一头大黑黄牛。[①] 画面
与这个记载所反映的一致。在夯桑柯明柯崖画中有一男一女同骑一羊
的图像。男的在前，双手平伸持一刀剑似的器物，女的披发在后。东
巴祭祀经称女巫为吕波或桑尼。"桑尼，巫也，从男巫散发跳神。"[②]
骑羊的男性当是手持法器主持祭祀的男巫，而披发的女性则无疑是陪
男巫作法的桑尼。男巫女巫合骑一羊，而羊不被压垮，意在显示男女
巫有神力在主宰。此种骑羊巫术在 20 世纪四五十年代还见于云南石
屏县哨冲乡的彝族之中，据说，当地的一名女巫曾骑一羊爬上高山，
村民们因此将其视为神的化身。这幅崖画中还画有一个拿着草在喂一
野兽的人，一个在驱赶和围捕野兽的人和一个举双臂站立、口呈念经
祈祷状的人的图形，这三个人是协助男巫作祭天仪式，祈求猎物丰收
的参祭者，他们的动作是一种模拟巫术。

　　金沙江崖壁画在形式上是纳西族先民的原始艺术。画面的主题既
是祈求猎事丰收的祭天仪式，又是当时人们狩猎生活的写照。作者着
力表现的是对牛、鹿、獐、盘羊、岩羊、猴、麂子等野生动物的刻
画，其中野牛画得特别生动逼真，其他动物亦描绘得栩栩如生。作为
艺术作品，崖画的特色有两个：一是其表现的主次、层次分明，布局
合理，表明作画人有较好的逻辑思维能力；二是画面人物及动物图像
画得生动、逼真、自然，反映出当时人们高超的绘画技巧和丰富的想
象力。

　　金沙江崖壁画是研究纳西族先民原始时代生产生活和精神世界的
百科全书。作为东巴文化发端时期的文化，它在学术上具有巨大的研
究价值。期望有更多的国内外学人来探索这个迷宫，为正确解开崖壁
画之谜贡献力量。

---

① 吕大吉、何耀华：《中国原始宗教资料丛编》，上海人民出版社 1993 年版，第
42 页。

② 方国瑜：《纳西象形文字谱》，云南人民出版社 1981 年版，第 351 页。

南诏京都阳苴咩城考释

南诏京都的研究及对其遗址的考察，是当今学术界关注的热点，问世的研究成果日益增多，但由于考古资料和文献资料的缺乏，研究的深广度并不理想。本文仅罗列有关史料，亦不可能深入。希望起到抛砖引玉作用，将此研究引向深入。

一 南诏之立国

八世纪中叶，云南大理洱海地区部落林立，大的有六部，各擅山川，不相役属。蒙嶲诏、蒙舍诏在今巍山盆地，邓赕诏在今邓川，施浪诏在今邓川与洱源之间，浪穹诏在今洱源，越析诏在今宾川。史称"六诏"，蒙舍诏因位居六诏之最南部，所以又称南诏。南诏王姓蒙，始祖舍龙自哀牢（今云南保山）东迁至蒙舍川（巍山盆地）。唐贞观二十三年（649 年），其王细奴逻建"大蒙"政权，开元六年（713 年），唐玄宗封南诏王皮逻阁为台登郡王。后又封为"云南王"。开元二十五年（737 年），皮逻阁在唐朝的支持下攻占白族先民"河蛮"居住的大和城（今大理县太和村），次年，唐廷封他为云南王，赐名蒙归义，皮逻阁在唐的支持下灭越析、邓赕、浪穹、施浪四诏，统一了洱源地区。开元二十七年（739 年），皮逻阁迁都于太和城，建立南诏国,"大和城北去阳苴咩城一十五里,巷陌皆垒石为之,高丈余,连延数里不断"(樊绰《蛮书·六睒第五》)。大和城即太和城。"夷语山陂陀为和,故谓大和"(《新唐书·南诏传》),太和城遗址在今大理县大和村,"阁罗凤叛唐归吐蕃,立碑国门外"(《南诏野史》)。此碑即"南诏德化碑",为全国重点保护文物,立于今太和村西里许之山坡上。游人参观此碑时尚可见太和城古城墙之遗迹,残留至今最高的一段墙高3米,是用土夯筑的,自开元二十七年(739年)至大历十四年(779年),太和城作为南诏之京都,历时40年。

二 南诏迁都阳苴咩城之历史背景

皮逻阁统一六诏,打破了各部自立状态,使各部经济交流在一个更大的空间、更高的层次上进行。洱源地区的生产力迅速发展到一个与内地水平大体相等的阶段,代表当时生产力发展水平的是钢铁冶炼。用此种钢铁所制的剑"铎鞘"锋利无比,"所击无不洞"(《新唐书·南诏传》)。当时的农耕方式为"二牛三夫",即"用三尺犁。格长丈余,两牛相去七八尺,一佃人前牵牛,一佃人持按犁辕,一佃人秉禾"(樊绰《蛮书》),其种山田山地的技术,"殊为精好"(樊绰《蛮书》),其所建"城池郭邑皆如汉制"(樊绰《蛮书·云南城》)。崇圣寺千寻塔,拓东城(今昆明)的东寺塔、西寺塔都是当时建筑水平的典型代表,这些塔与内池塔相比,如出一辙。当时建立的拓东城(今昆明)、云南城(今祥云)、永昌城(今保山)、银生城(在今景谷一带)等一批城镇,反映了南诏经济的发展水平,在当时建的城镇中,尤以国都阳苴咩城的建筑富有风格。大业十四年(779年),南诏将王都迁往阳苴咩城,迁都原因与其说是经济发展的需要,不如说是王国政治军事发展的必然。首先，迁都有利于联吐抗唐，也有利于联唐抗吐。吐蕃原是今西藏山南地区雅隆河谷的一个部落。七世纪中叶在唐朝出现"贞观之治"的时期，吐蕃在赞普松赞干布的领导下，灭了北面的苏毗和西面之羊同，完成了对西藏的统一，并成为可以同唐廷相互颉颃的势力，长安三年（703年），吐蕃赞普弃弩悉弄亲领蕃军进入南诏统属的洱海地区；景龙元年（707年），唐兵击毁吐蕃的城堡，拆除吐蕃在漾濞水上架的铁索桥，与吐蕃形成对峙的局面。唐朝实行民族压迫政策，掠南诏子女为"奴婢"，把南诏推入"赋重役繁，政苛人弊"的深渊。天宝七年（748年），皮逻阁子阁罗凤继位。天宝八年（749年），唐廷命何履光率十道兵征南诏，阁罗凤被迫投靠吐蕃。公元752年，吐蕃赞普赤德祖赞封阁罗凤为"赞普神（小赞普）南国大诏"，给金印，号东帝，"赐兄弟之国"（《南诏德化碑》）。天宝十三年（754年），唐"征天下兵十余万"，由李宓率领进攻南诏，在南诏与吐蕃的合击之下，李宓全军覆没。在蕃、诏对唐作战获全胜后的20多年间，蕃、唐关系日益发生变化（《旧唐书·杨国忠传》）。代宗大历十四年（779年）阁罗凤死，其孙异牟寻继位，吐蕃只封他为"日东王"，将他从小赞普降为属臣，而对南诏的赋税和劳役则变本加厉地增加，南诏的险要之地大量被侵占并建为城堡。

异牟寻为对抗吐蕃，于继位的当年（779年）迁都阳苴咩城，目的就是树立新的帝王形象，联唐抗蕃，与蕃王分庭抗礼。唐朝是一个强大的政治军事力量，在与蕃、诏的多次战争中，唐朝虽屡遭失败，但也屡破蕃、诏之联兵，异牟寻仰慕唐朝的政治、经济、文化，并想依靠唐的力量来加强对内部的统治，大业十四年（779年），唐遣泾都知马使李晟将兵在蜀破吐蕃、南诏之联军，克维、茂二州，"李晟追击"于大渡河外，又破之。吐蕃、南诏饥寒殒于崖谷死者八九万人。吐蕃悔怒，杀诱导使之来者，异牟寻惧，筑苴咩城，延袤十五里。徒居之（《资治通鉴·唐纪四十二》）。在唐朝利用蕃、诏矛盾，实施联诏抗蕃战略，以"断吐蕃之右臂"（《资治通鉴》）的形势下，异牟寻在贞元九年（793 年）致书唐剑南节度使韦皋，请求与唐修好。韦皋派巡官崔佐时于次年（794 年）至阳苴咩，与异牟寻会盟于点苍山，南诏王正式归附唐朝。阳苴咩是南诏所有城镇中最大的一个，以此为都利于南诏王统一内部，抗击外部敌人的入侵。

三　阳苴咩城的建筑风格

南诏前期筑了众多城，如太和城、龙口城（今大理上关）、龙尾城（今下关市）、垅圩图山城（距今巍山县城西北 20 公里）、古城村城（在巍山县庙街乡古城村东）、邓川城（在今洱源县右所乡）、白崖城（今弥渡县红岩乡）等。

阳苴咩（《新唐书》写作"羊苴咩"，《资治通鉴》写作"苴咩城"）为唐代宗广德二年（764 年），南诏第五主阁罗凤筑。关于它的地理位置。胡三省在上引《资治通鉴》异牟寻"筑苴咩城"下注说："自泸州南渡水（金沙江）六百五十里至苴咩城。旧史：阳苴咩城，南去大和城十里，东北至城都二千四百里，去云南城三百里。薛能《闻官军破吉浪》诗：越嶲通游客，苴咩闹聚蚊。"又《西县途中》："野色坐肥羊，乡仪捣散茶，梯航经杜宇，烽火彻苴咩。"①

阳苴咩城遗址在今大理县三塔寺附近，其城墙，西起苍山中和峰，东至今大理城西北角，残存部分约长 1 公里，最高处 4—5 米。

---

① 《闻官军破吉浪》在《全唐诗》中的题为《闻官军破吉浪戎小而固虑史氏遗忽》，吉浪戎，又作浪稽部，《资治通鉴》唐懿宗咸通七年（866 年）云："南诏围嶲州（今西昌），东蛮浪稽部竭力助之，逐屠其城。"浪稽部亲南诏，助南诏屠嶲州城事在至德元年（756 年），次年战争中阁罗凤取得"都督见擒，兵士尽虏"的胜利，所谓官军破吉浪，系指咸通七年西川节度使刘潼派忠武军灭浪稽部之事。

樊绰的《蛮书》记载："阳苴咩城，南诏大衙门。上重楼，左右又有阶道，高二丈余，甃以青石为磴。楼前方二三里，南北城门相对，大和往来通衢也。从楼下门行三百步至第二重门，门屋五间。两行门楼相对，各有膀，并清平官大军将六曹长宅也。入第二重门，行二百步，至第三重门。门列戟，上有重楼。入门是屏墙，又行一百余步，至大厅，阶高丈余。重屋制如蛛网，架空无柱。两边皆有门楼，下临清池。大厅后小厅，小厅后即南诏宅也。客馆在门楼外东南二里。馆前有亭，亭临方池，周回七里，水深数丈，鱼鳖悉有。"（樊绰《蛮书·六赕第五》）其建筑风格如下。

第一，城之南、北筑夯土之城墙及南北城门。因城西为海拔4000多米高的苍山，东面为洱海，苍山、洱海是天然的屏障，元代郭松年《大理行记》说："阳苴咩城，西倚苍山之险，东挟洱水之扼。"所以未筑东、西两面之城墙，

第二，皇宫有三道门楼。第一道门楼左、右有二丈多高的台阶，第二道门的两旁有门屋五间，为宰相及大将军住所。第三道门后有一照壁，门前列有兵器戟（戟为古代兵器，长柄的一端有铁制成的枪尖，旁边附有月牙形锋刃），门上有两层楼。第三道门后依秩大厅和小厅。大厅为国王听政的办公场所，大厅前有一丈多高的台阶，小厅为国王的住宅。为了王城的安全，其北面筑有龙口城，是蓄兵的瓮城，城墙系夯土结构，上部残宽约5米，用青砖和石块垒成。其南面有龙尾缄，现尚有三段城墙遗迹。其中一最高处有10余米，此城亦是军事重镇，不住居民，它与龙口城一道组成京师阳苴咩的南北屏障。这种京师构成的结构反映了南诏时期战争的频繁和唐、诏、蕃三足鼎立兵戈相防的局势。这种布局，产生于"昔人用心，自以为金城汤池可以传之万世"（郭松年《大理行记》）的思想。

第三，当时的房屋皆垒石而成，顶复与字瓦和印有莲花纹的瓦当，在太和城等遗址出土了众多的有字瓦，特别值得提及的是，在巍

山垅圩山城出土的有莲花纹瓦当，其图案与唐代长安城兴庆宫遗址出土的相似，说明南诏在文化上受唐朝的影响巨大。

对南诏各城址的研究，对推动云南历史的深入研究有重要的意义，希望有更多的中外学者来致力，将其与国内同类都城及外国同类都城比较研究是一个有待开拓的领域。日本奈良国立文化财研究所对平城宫的研究，为我们提供了很好的借鉴。

（1998 年 2 月 6 日下午在日本奈良国立文化财研究所交流会上发表）

苗族民俗志

　　远古时代，苗族先民被称为"三苗"，聚居长江中游的"荆楚"之地。后沿沅江的五条支流向西迁徙，成为秦汉时期"五溪蛮""黔中蛮""武陵蛮"的主要组成部分。现主要分布在贵州省的黔东南苗族侗族自治州、黔南布依族苗族自治州、松桃苗族自治县、威宁彝族回族苗族自治县、湖南省的湘西土家族苗族自治州、城步苗族自治县、云南省的文山壮族苗族自治州、红河哈尼族彝族自治州、昭通专区、广西壮族自治区的大苗山苗族自治县、隆林各族自治县、龙胜各族自治县和广东省的海南黎族苗族自治州等地。另外，四川、湖北两省也有少量的分布。苗族人口约有三百九十二万人。

　　苗族的语言属汉藏语系苗瑶语族苗语支。全国的苗族语言有东部、中部、西部和滇东北四大方言。新中国成立后曾在云南、贵州等地进行过苗语调查，并设计了一套新苗文，受到苗族人民的欢迎。

一

　　苗族的服饰因地而异。主要差别表现在服装的颜色、式样、花饰和镶花部位等方面。如依服装之颜色的不同，过去曾有黑苗、红苗、白苗、花苗、青苗的称呼。就服装式样来说，妇女的服装可分为穿裙和穿裤两种。湘西和贵州松桃一带，上穿大襟右衽衣，下穿裤子。衣袖和裤脚镶有花饰，衣领周围有花边，名曰"托肩"。其他地区的上穿大领短衣，下着百褶裙。妇女服装分便装和盛装两种，便装素净，盛装刺绣有花纹。着盛装时，佩戴有多种多样银饰。穿便装时银饰很少。

便装的衣裙不绣花，一般染成藏青色，朴素、大方、耐用。妇女在婚后落夫家之前，父母让其尽量备制衣裙，母亲也大力帮忙。因此富裕中农以上的人家，置备得很多，可以穿一二十年至四五十年。黔东南舟溪地区的衣服长约一尺五寸，左衽钉有七颗银扣，右衽只配有第一颗扣子的纽结，其余成了装饰品，靠腰带拴紧。袖口有七八寸大，里面镶上一条宽约一寸的蓝布，穿后翻在外面，现出一圈蓝色。便装的腰带用自织的"花椒布"做成，是丝棉合织品，丝线为红、绿两色，棉纱染作藏青色，长约七尺。盛装的腰带有的用丝织品染作绿色和蓝色，不缝成管状。裙为"百褶裙"，长一尺四五寸，便装多不绣花。裙围有两张，分别系在裙外的前面和后面，前一张素净，后一张下摆镶有宽三四分的花边，用彩色丝片制成。由于裙子短，妇女常常包绑腿。除下田和大热天不包外，平时都包，尤其是少女，觉得不包不雅观。盛装的上衣是花衣，用藏青色的缎子作面，布作里。两袖和下摆都绣有彩色的花纹图案。下摆用一寸多宽的缎子作底，绣以彩色的花、鸟、虫、鱼等纹样。衣绣一是用绸缎作底，多为绿色，以彩色丝片剪成葵花子或南瓜子大的等腰三角形小片贴在上面，其边用细丝线缝合起来，这种方法可制出二十来种不同名称的图案来。另一种是绣花，也用绸缎作底，用彩色丝线绣以花、鸟、虫、鱼等花纹。

贵州青水江流域的苗家姑娘，喜用"家织布"缝制节日盛装。这种布蓝紫乌亮，结实耐用。是苗家姑娘自己纺织，并用蓝靛染料反复多次地进行染、漂、捶、蒸等工序制成的。新衣上也绣各种美丽的花纹和图案。这些图案凝聚着苗家姑娘的智慧与激情。

挑花、刺绣、打花带、蜡染、剪纸等是苗族传统的手工技艺。早在我国各兄弟民族中享有盛名。其中挑花和蜡染历史十分悠久，且普遍流行，每个苗族妇女从七八岁起就学会刺绣、挑花和蜡染。蜡染的方法是用蜡刀把蜡涂在布上制成图案，浸入蓝靛缸内，染好后脱去黄蜡，使其现出白色花纹。这种方法简单经济，做成服装也比较美观，有浓厚的生活气息和民族风格。

苗族的一首古老的山歌，说明了苗族妇女服饰的来源。歌中唱道：

> 从前有个青年人，
>
> 他上山打得一只金孔雀，
>
> 送给勤劳的姑娘表深情。
>
> 姑娘照着孔雀的模样，
>
> 仔细打扮自己的全身。
>
> 高高的发髻，像孔雀羽冠，
>
> 宽宽的花袖，像孔雀的翅翎，
>
> 密密的百褶裙像孔雀开屏。

苗族男子的服装各地差异不大，除黔西北和滇东北着麻料花衣或带花纹的毛织披肩外，其他地区多为大襟短衫、长裤。有的也穿长衫，同汉人穿的长衫式样相同。八九十年前，男子的裤脚很宽，有一尺六七寸，以后逐渐改小，以至于逐渐采用一般汉族男子所用的尺寸。另外，男人用的绑腿比妇女的短而窄，只包小腿，而且多在冬季用。

喜用银饰是苗族妇女装饰上的一大特征。种类有二十多种，主要的有手钏、项圈、戒指、银扇、银梳、银花、银绳、包头银片、银羽、银雀、银铃、银泡、银瓜子等。姑娘在过年跳芦笙或出嫁时着盛装，佩戴全部银饰，头上、手上、项上和胸前都有。如在贵州青水江流域，有的头上戴着鸾凤银冠，颈上是项圈和银链，两耳佩戴耳环，腕上是各式的手镯，身上缀满银牌与响铃，闪闪发光。有的把银饰钉在衣服上，称为"银衣"，全身所戴银饰，多时可达一二百两。但平时只戴少量，常戴的是一两对手钏和一两只戒指。老年妇女还不大戴。银饰都为本民族银匠制作，有的制作工艺复杂，器形十分精美，是苗族民间极为珍贵的工艺品。

苗族男女在历史上皆留长发，椎髻于头顶插上木梳，后来男子已有改变，而不少地区的妇女至今依旧。

黔东南、湘西、海南岛和广西大苗山等地，气候温和，雨量充沛，适宜稻谷等农作物的生长，有"苗家粮仓"之称。这一带的苗族，以大米为主食，苞谷、麦子、豆类等次之。副食品中有各种蔬菜、瓜豆及猪、羊、牛、鸡、鸭等肉类。但由于阶级之间的差别，统治阶级和一般苗族贫苦农民的生活差异很大，贫苦农民多以杂粮和野菜为自己的主食和副食。主食的烹饪，普遍用甑子蒸。其中除大米单独蒸外，其他的杂粮多拌入大米混蒸。

滇东北、黔西北和川、黔交界处的苗胞，原处平坝，后搬至两千二百米以上的高寒山区。这里只能种植苞谷、荞麦、洋芋和燕麦等杂粮，因此，他们以这些杂粮为主食。

喜食酸味是苗胞的民族风俗。他们平时吃的菜，除荤食之外都掺酸。酸味食品有酸汤，制法是用淘米水或豆腐水存在瓦缸里，并找一两碗老酸汤的沉淀物放进去，过一星期即成。酸汤是用来煮鱼、煮菜或煮青瓜、青豆等的佐料，煮出的菜味道很鲜美。其次是酸菜、盐菜、面辣、酸辣、糟辣、灰豆、灰笋等，其味都很可口。

苗族极喜饮酒，酒类有烤酒、甜酒、泡酒诸种，但以烤酒为最普遍。苗族十分好客，几乎家家都自己酿酒，客至时以酒献，并殷勤劝饮，若客不饮或饮之不力，主人怫然不快。劝酒时常唱酒礼歌以助兴。妇女平时虽不饮或少饮，但遇有亲友或婚庆之日也以酒相敬，以酒作乐。

苗族大部分是"聚族而居"，三五十户成一村寨。湘西和黔东南的苗族，一般住在山脚，黔东南一带的苗族则住在山脚或山腰。黔西北和云南的苗族，大多住在山顶。每寨一二十户。全寨有两三条总路口，有的路口建有寨门。

黔东南苗族居住的房屋，分平房和楼房两种。楼房都为两层，也有三层的。最上层很矮，不住人，只用作存放粮食。这里的房屋多半都是吊脚楼。建筑在坡斜地窄、有两三层阶梯的坡地上。吊脚楼下不住人，只堆放杂物或作牲口圈。湘西和贵州松桃的苗族住宅，每幢三间至五间，以三间较多。正中作堂屋，左、右各间住人，也有用一间关牲口的。云南文山地区的苗族房屋，多以竹条编织作壁，糊上泥土，顶上盖草。也有建成平顶房，顶上糊一层泥土的。昭通地区的苗族，住屋极其简单，称为"叉叉房"，用几根树干交叉搭棚，盖上茅草，四壁用树枝或竹子编织，糊上泥土，无窗，室内一般隔成两间，一间关牲畜，另一间住人。海南岛的苗族住长而窄的茅草房，多为三间，大门开在当中。檐下为走廊。川南和黔西北的苗族房舍，四壁都围上土墙，顶上盖草。

二

苗族家庭一般不超过三代。四代、五代同堂的大家庭也有，如云南屏边苗族有二三十人一户的大家庭。由老人主持家务，大家生产的粮食集中管理，分开煮饭吃，并由专人负责对外买卖东西。管理和分配由妇女中的一人负责。一般是儿子结婚后即与父母分居。父母随未婚的幼子同住。每个家庭皆有一个主要的负责人，由成年男子担任。

各成员在家庭中的地位平等，有关家庭的重大问题，如财产继承、买卖牲畜、婚丧节日的开支等，都要经过成年成员的磋商。财产继承是由儿子平均分配。除留父母的"养老田"外，土地、山林、房屋、牲畜、现金、债权、债务等的分配都是如此。绝嗣户财产的处理，首先由绝嗣本人的兄弟平均继承或按兄弟人数分给他们的儿子。没有兄弟的，即以他父亲的兄弟来均分，由他们后代继承。亲属中，一般以同宗的兄弟及姑舅表为最亲，家庭中兄弟感情最为密切，往往不愿离开，尤其是父母丧亡，兄弟无论相距多远，都必须齐集后才能下葬。

苗族一般是一夫一妻，但新中国成立前也有多妻的。婚姻的缔结各地略有差异。一般分包办婚姻和自主婚姻两种。包办婚姻为父母央媒说合。黔东南地区，媒人往往是由与对方有认识或是对方亲戚的人担任。媒人去女家不带什么礼物，说明来意后即走，而女家也只要他下次再来。待女方探明男家和男方的情况，征求女儿意见后，于媒人再来时说明是否同意（媒人一般要往返几次才能有结果）。若女方同意，就议定"吃空钱"（此为苗语意译，当地汉人称为"礼金钱"），并给一只大母鸡带回男家，作为亲事说成之证据。订婚需男家备酒、糯米饭、鸡等礼物，邀请亲房的几个中年男子、媒人和订婚人的父亲一同送到女家去，女家准备酒肉招待，称为"吃新酒"。男方届时送去"礼金钱"。男家客人离去时，女方回送鸡、糯米饭及送给来人每人一根"花椒布"的腰带。

结婚年龄为十八九岁。婚期大多是由男家择定后委媒人于事前几个月通知女家，因年岁小而不同意当年结婚，也可改期。婚期临近之日，女方全村或全姓的姑娘们每人凑米和黄豆各一两斤做糯米饭、酒、豆腐和豆芽，并凑一点钱买肉和盐，大家共同聚餐，以示送别新娘，称为"朋友饭"或"同伴饭"。出嫁前的一天晚上，就是吃"朋友饭"的时间。当晚，附近一二十里路的小伙子们，都到这里来"游方"，以会见所结识的该寨的姑娘。姑娘们吃饭时常留下一包东西，带去村外招待来访的小伙子。小伙子边吃边对歌，通宵欢乐，黎明时双方才辞去。出嫁当天，女家需派出三种送亲人：一是新娘的朋友，为十三岁至十六岁的未婚姑娘，需盛装随同新娘前往；二是新娘的亲兄弟和家族的中青年男子九人至十五人，与新娘同去同返；三是三五个或六七个五十岁左右的男子，他们需担着武器将新娘护送到距男方村寨一二里路的地方，不去家中，由男方派人数相等年龄相当的男子携酒肉、菜饭前来款待。"护送者"饱食一餐后返回。新娘到男家后，新婚之夜由陪伴的"朋友"及男方的姐妹同宿，不能与新郎同房。第二天中饭后和一部分送亲人返回娘家，三四天后再由她的父亲和叔伯送到男家去，这一次方可与新郎同房。但由于盛行古老的婚姻习俗，新娘短住几天后即转回娘家，直到来年二月才到夫家去，住十来天后又回娘家，直到插秧、打谷时又回夫家，这样反复两三年时间后，才举行"煮饭"仪式。在此之前，新娘不能够接触夫家的锅、甑、锅铲、锅盖，每餐都由旁人代为盛饭。"煮饭仪式"需选择卯日，忌用寅、申两日，新娘将自己煮好的饭供祭祖先，并于当天或次日，由婆婆等几人送她回娘家，她家请亲房家族中的妇女作陪，女儿在今天也以客人的身份出现在酒席上，从今以后，她就不能再接触娘家的锅灶了，也不能再住娘家了。从此以后，新娘就常住夫家了。

黔西北地区，媒人去后不落女家，而落在另一家。吃饭后这家带媒人到女家七摆八摆，但避而不说婚事。只在离去时才说："岳父岳母给我的草鞋好好地穿起走，给我蓑衣好好地披着走。"意思是说你家的姑娘答应我，我才好回男家说话。媒人去时带几个鸡蛋作礼物，如果女家同意，就把鸡蛋吃掉。说合后，男家和女家共找一个铧口（其上方有一个小圆孔），双方需指着铧口发誓说："我家永不打翻悔，要翻就得从铧口上的小孔中钻过去。"以此当为婚约。下一步是男女双方见面，时间在月初，不超过十五，约好日期之后，男方拿着一壶或一个水牛角的酒（约一两斤）及一对鸡去女方家，找女方家门吃酒，然后再定婚期。娶时一定要送一口猪（将小肠等肚杂拿掉）、一些鸡蛋，去女家请女家的亲友吃饭。女方接到男家怀孕后才能回门。回门时要穿花衣，戴银质首饰、头饰、颈饰和燕麦草做的三角花，并背一口猪去。到娘家后挽椎髻之发，并将刺猪的刺插在椎髻之上，据说这可除病避邪，使娃娃生后健康。

自主婚在苗族中也很盛行，择偶的活动在黔东南地区称为"游方"（过去称为"摇马郎"），湘西及贵州松桃称为"合姑娘"；黔西北、滇东北地区称为"赶花山"，滇南屏边县等地称为"踩花山"。各地有固定的时间、地点。如黔西北、滇东北地区"赶花山"的时间是农历五月端午及七月属猪日，位于威宁龙街区马踏公社的林淋洞是一个极为有名的花场地点，那里有山有水有平地。届时，昭通、彝良、威宁、赫章四县的青年男女，盛装前往聚会，老年人也来，汉族去做生意，彝族青年男女也去找自己的情侣。苗族青年吹芦笙跳舞、对歌、吃酒，尽情显示自己的才能，向心爱的人投情表爱。双方看上之后，男方即请媒人去说，或找正派的人去带，有当场就带走的（半推半抱地推着走）。带回后的第二天必须派人到女家报信，第三天背上酒并带一对鸡去女家。女方父母若不同意，即请报信人转告男家，或者女家的父母亲自到这家把姑娘接回来。这说明父母尚有很大的决定权。青年男女有交朋友谈恋爱的自由，而没有结婚的自由。还有一种方式是，男女双方结识之后，男方择定日子，请几个男青年穿着新衣，天不大亮时到女家把新娘由床上抢上山（若新娘不愿意便不硬抢，婚姻便拉倒），女家的父母随后抱衣服来给新娘穿好，便请新郎等回家吃饭（通常是杀几只羊宴客），而后女家请七八个青年姑娘送亲，将新娘送到男家，过一两年后才正式举行成亲仪式。云南屏边苗族踩花山的时间多在农历正月初二开始，连续五六天。届时，每个花山场地要立花杆一根，花杆上横挂红绿彩带，杆脚放置一桶桶美酒。"小咪彩"（苗语意为小姑娘）们穿上花花绿绿的褶裙，"小咪多"

（意为小伙子）们背着挂上红绿彩带的金色芦笙，前来花杆脚下尽情歌舞。小伙子和姑娘们在人群中穿来穿去，寻求自己的情侣。小伙子看中了姑娘，就打开小伞，把她罩住。男的主动唱上两路（路是调的意思）求爱的苗歌。通过唱歌，互相认识。要是姑娘看不上他，她就拒绝和小伙子对歌或答歌，这样，小伙子就收掉雨伞另求相爱。要是双方情投意合，那就小伙子唱一路，姑娘答一路，用对歌的形式互相了解情况，吐露内心的爱情。一旦双方互相爱上，小伙子就把姑娘领到自己的家里，让她了解各方面的情况。住上几天，小伙子再把姑娘送回她的家。然后男方请介绍人到女家说亲，事成之后再择日成亲。

黔东南地区，自主相爱的青年男女，不告诉父母，双方即可议定"系娘"的日子。到时男方邀请几个同伴到达女方寨旁，互相见面后，姑娘于夜间携带简单换洗衣服随同小伙子们到达男家，第二天新娘就去挑水，家族中的小孩争着来看新娘，来讨花带。数日后，男家备办几桌酒席，请家族共饮一餐，并请亲房家族中一位较为能说会道的中年男子去女家说亲。去时不带任何礼物，女家如不大同意这门亲事，也许他要被训斥一顿，但生米已成熟饭，在他的婉言解释下，女方父母无可奈何只好言归于好，并招待他食宿，议定"吃空钱"（礼金钱）。新娘一般要住到新年时由男方备办礼物送她回娘家，礼物是一口杀好的大肥猪和一箩糯米饭。并按亲房家族户数，一户送一块腌肉和十来斤米做的"糍粑"，同时把"礼金钱"带去。陪去的男女有十多人到三十来人，住一两夜后才返回。

上门的情况比较普遍。有的上门两三年后各自立家，有的永远上门，住在女家，这样就有平分财产的权利和赡养父母的义务，但姓氏不变。招赘一般是因兄弟还小，缺乏劳动力，也有的是因无嗣，招赘女婿来继承财产。云南屏边一带的苗族过去男女社交较自由，若男方尚未结婚，可以就此结婚。若是已婚，有的地方的少数人仍可娶为次妻。有时男方逃走，女方往往受其兄弟毒打，小孩被弄死，而将其嫁给其他人。

自主婚同包办婚一样，仍实行不落夫家的习俗，新妇于结婚后的半月或一月即回住娘家，经过大致相同的年限（三四年）后才举行"煮饭"仪式而长住夫家。

苗族婚姻有许多限制，一是同宗不婚，即同一个祖先的后代，不论世代多少，都不得相互开亲，这是原始氏族外婚制的遗留；二是姨表兄妹之间不婚，姊妹的丈夫以兄弟相称，他们的子女也以兄弟姊妹相称，故严禁通婚；三是不同的民族不婚；四是民族内部服装不同很少通婚，各种服装的苗胞在生活习俗上有许多差别，甚至心理素质也有某些差异，因此他们之间很少通婚；五是迷信性质的限制，苗胞认为有一种"老虎鬼"可附在某人身上，它对这家不为害，但它在外面会"吃人""吃牛"，凡被认为有"老虎鬼"的人家，女儿就难嫁出去。另外，苗胞最讨厌"蛊"，据说有的人家母亲会传给女儿"放蛊"的法术，她的女儿暗中会以某些昆虫或动物（如毛虫、蛇、蛙等）的血液以制成"蛊"来毒害人，如果不暗中拿去毒害他人，它就会毒害自己。凡被认为有蛊之家，其女儿也难于嫁出。

寡妇可以再嫁，但须考虑"转房"，即死者的弟弟有娶孀嫂为妻的当然权利，如果孀嫂想要改嫁到别的地方去，事先必须取得亲房长辈的同意，才能改嫁他姓。其他的家族同辈则无权要求她转房。除转房外，全由寡妇自主。

如果婚后男女双方不和，任何一方都可提出离婚，一般是谁先提出，谁就要向对方赔钱赔礼，黔东南地区，女方对婚姻不满意，可在不落夫家的期间通过"游方"再嫁，然后由家长去办离婚手续，向男家赔钱赔礼。黔西北、滇东北地区，如果婚后男的不要女的，要请中人（男女双方各请一些人）在路上讲，讲好后，男方应出七套至九套牲口给女方。牛、羊、猪各抵一套（即每种可算一套，可重复凑够九套为止），若女的不要男的，要给男方赔九套花衣服。因此，由于条件苛刻，一般皆不愿主动提出离婚。有许多地方，男方提出离婚，除对婚时送给女方的聘礼不得索回外，还必须给女方一定的生活费用。女方提出离婚，应赔偿婚时男方聘礼的总值。

新中国成立后，由于苗族地区政治、经济、文化发生了巨大的变革，婚姻习俗也随之起了巨大的变化。

三

苗族有传统的民族节日，但都是地区性的。这个地区与那个地区不一样，这种服饰的和那种服饰的又有区别。而且由于与汉族和其他民族杂居，苗族的节日也有不少变化。

苗年 这是黔东南部分地区和广西大苗山地区苗族一年中最隆重的节日。贵州雷山县丹江区的蜂糖、公统、甘益及丹寨县兴仁区的南皋、九门、番娘、番扛、心瓮等村寨，是苗年最盛行之地。时间是在冬月的第一个卯日举行。节前，家家户户必备丰盛的酒、肉、鱼、豆腐，缝制新衣服。节日期间要举行传统的跳芦笙的"游年"活动。届时不分男女老幼和阶层，都去观看，出场参加跳的姑娘要全部的盛装和佩戴大量的银饰。比较大的村寨，一个或几个村子都有或共有世代相传的芦笙场，各村跳芦笙的日期事先有按次序的固定的安排。一场一般是跳三天，甲地结束天就是乙地开始天，中间一天最热闹。跳时青年男子在场中吹笙，姑娘们围成圆圈，按笙调齐步绕走。几乎整天都这样跳，夕阳西下时改换调子（叫"鼓调"），踩另一种步伐，三步进，三步退，男的两人吹笙在前，女的每两人携手，双双向后排成一纵队形跟随其后。在比较大的笙场，常有附近几个寨子的姑娘前来唱跳，各村自跳一堂。属雷山县的村寨，跳芦笙者开始于蜂糖寨，接着到甘益，最后到公统结束。属丹寨县的，始于九门村，顺次到番江、番娘、笔通、番扛，最后集中到南皋，一直要到两三天才结束，吹芦笙者是时要向跳芦笙的姑娘们"讨花带"。每个姑娘事先需自织四五根到十来根花带。当吹芦笙者来到自己本村的芦笙场，吹起讨花带的芦笙调时，姑娘们要把花带挂到每个吹手的芦笙上，以作为对他们到本村来吹笙的感谢。小伙子们得到花带后，再向场中吹一两次芦笙，以谢姑娘们的盛意。然后才离开到别村的笙场去。

春节　据说历史上各地的苗族都过苗年，后因受汉族的影响，许多地方才以春节（苗族称为客家年）代替苗年。贵州舟溪、大中到青杠林一带，春节开始于正月初一天明亮之时，白午、铜鼓、三江、马田一带则始于除夕。过节那天，要杀雄鸡并备丰盛的酒肉、糯米饭供祭祖先，然后合家聚餐。舟溪一带有"踩年"的习惯。踩年者是事先约好的邻居的一个男孩，初一那天吃过早饭之后，踩年的人即到家中来，主人要先给他一两杯酒喝，再拿点肉给他吃，离开时要给一点糯米饭和钱。另外还要举行"开财门"和"挑新年水"的仪式。做法是：先备好一点柴在门外，天还未明亮时由男的去开财门，同时并去挑年水（因从初一开始后的三天内不能去挑水）。春节期间像过苗年一样也要跳芦笙，还要举行赛马、斗牛、踩鼓、游方等活动。观众各按自己的喜爱或目的去欣赏。喜欢斗牛、赛马的就借这个机会去看谁家的马、牛好。做父母的去给姑娘物色配偶，青年小伙子则借机大显身手。云南文山地区、黔西北、滇东北和川南等地春节期间都要举行"赶山"的活动。

端午节　接近汉族的苗村，大都过端午节。时间一般是农历五月初五，有的则在初五后举行。因为这时许多地区栽秧已结束，所以节期有广泛的走亲戚活动。黔东南、湘西和贵州松桃等地，要举行龙舟竞赛，岸上还要举行跳"踩鼓"舞和唱歌、游方等活动，但以赛龙舟为最引人注目。当地又称这个节为龙船节。滇东北、黔西北等地的苗胞，节日期间要举行盛大的赶花山活动。

吃新节 于农历六七月间稻谷开始出穗或成熟时举行，以稻苞或新米饭为供品，祭祖先，以求风调雨顺，人畜清吉平安。有斗牛习惯的地方要斗牛，以选择优良的牛种。

四月八节 这是贵阳、惠水、龙里等一带苗族人民的节日。时间在农历四月初八。传说古代有个叫"亚努"的苗族首领，领导群众向统治阶级进行斗争，于四月八日英勇牺牲，其墓地在贵阳市的喷水池附近，人们为了纪念他，故逢四月初八，贵阳附近的苗胞，都盛装到那里去进行各种活动。

芦笙节 这是黔东南苗族人民在春节之后、春耕之前，预祝新的一年风调雨顺、获得丰收的传统节日。芦笙是苗族自古相传的一种乐器。云南晋宁石寨山古墓中曾出土四种葫芦笙，其中一件是直管形。背面有六个长方形孔子，正面有圆洞可插入若干根管子，可能是苗族先民（滇王统治下的少数民族有十几种）的遗物。苗族相传至今的芦笙有两种形式，每支有六管。一种较小的有六音，经常吹一对，两支的大小和声音都一样。另一种大小不一，六七十年前都是六支，称为一排，其中四支各六管，小的两支各五音，大的两支各三音，另两支各两管，独音，其下端插进莽筒（形如风箱的长圆桶）后才吹奏，声音低沉，近几十年来已不用了。只用各为六管的四支，并改最大的一支的声音来代二管的这两支了。大的高四五米到六米多，独音，并有共鸣筒（大竹筒）；次高的三米到四米，三个音，其中两音有共鸣筒；小的两支不变，仍各有五个音和两个共鸣筒（小竹筒）。苗族人民十分喜爱这种自古以来的管乐。清朝咸丰、同治年间，苗族领袖张秀眉领导苗族人民起义，曾经以芦笙为进军的号角。

芦笙节期间，无论男女老少都身穿节日盛装，在芦笙场围成一个圆圈，小伙子吹起芦笙，姑娘们在芦笙的优美旋律中翩翩起舞，称为芦笙舞，也叫"踩芦笙"。这种舞有时分男女两队，边唱边对舞。有时是个人表演，在声乐中快速旋转、跳跃，有的动作带有竞技性质，男女青年们通过跳芦笙舞和吹芦笙来表达爱情和向对方及其父母显示自己的才能。父母亲们也通过对青年们歌舞技艺的观察，品评他们的聪明才智，并进一步了解他们的道德品质、劳动好坏，以帮助子女选择好对象。

节日之中，一些做农活有经验的老人和中年人欢聚一堂，交流生产经验，预测一年的丰收。

闹冲 这是黔东南苗族青年男女举行社交活动的节日。从正月下旬开始举行，逢子、午两日子，附近的青年男女就集中到平坦的地方去，对唱情歌。共举行两三次，方式是各寨的青年小伙子三五人一起站在传统举行的草坪上，一群接一群地排成若干行。盛装的姑娘们三五成群地从中走过，小伙子们喜欢哪些姑娘，就找她们对歌，姑娘们同意了就唱，二十来分钟后，她们又向前走了。遇到另一群小伙子邀请又在那里对唱，而原先的小伙子们仍站原处，等到另一群姑娘来时又请她们对唱，姑娘们把小伙子所站的行列走完之后就休息，下午三四时散场。这时小伙子们选择心爱的姑娘送她们回家，以此结识自己的情侣。

爬坡 这也是黔东南苗族青年男女的社交节日，在六月、七月、八月举行，地点在较高的山坡上，也选子、午两日进行。方式是小伙子们三三两两地站着坐着，连成一线。姑娘们在他们的前面来回地走着，小伙子们喊她们唱歌，做法同"闹冲"一样。

姊妹节 这是贵州青水江流域一带苗家的传统节日，时间是从农历三月十五日开始，接连过三天。姊妹节又叫"吃姊妹饭"。传说在很早以前，有一群聪明美丽的姑娘，她们丰衣足食，生活愉快。美中不足的是姑娘们中间，许多人早已成年而不能成婚。她们昼夜一起商量，都觉得自己住的地方不错，人也长得漂亮，又有许多银首饰佩戴，为什么找不到情人，为什么不能结婚？莫非我们这里太偏僻，外面的小伙子不知道这儿还有许多美丽的姑娘，于是大家商定，每人拿一些米来，姊妹们在一起聚餐，唱歌跳舞，好让远处的小伙子们也来这里玩一玩。到了吃姊妹饭的那天，果然很热闹。人们喜爱的斗牛、赛马以及踩芦笙与踩鼓（均为集伴舞）等活动，样样都有。远方的青年小伙子也来了很多。姑娘们不但殷勤招待他们，临别还用自己的帕子包许多糯米饭送给他们，小伙子受到这样热情的款待，非常高兴。过些日子又来，并分送些姑娘喜欢的绣花针线等物，以表达谢意，从此，小伙子们常来玩耍，与姑娘们建立了感情。姑娘们不久后都找到了自己心爱的人。吃姊妹饭的风俗流传下来，变成了清水江畔苗胞的共同节日，特别是青年男女们的共同佳节。

节日期间，每户苗家照例都要吃姊妹饭。这是一种经过染色，再分别放在木甑里蒸熟的糯米饭。有红、黄几种颜色，晶莹透亮，既悦目又香软可口。其中黄色的饭团，是用当地一种野生植物的黄花染成，这种花被称为"姊妹花"。

节日之中，姑娘们盛装，三五成群地来到人们当中，或羞答答地缓缓踱步。或含笑伫立，任凭人们欣赏品评。在姑娘身后可看到母亲们不时替女儿们整理一下衣饰。当人们对姑娘投以赞慕的目光时，母亲们便流露出欣慰和骄傲的笑容。像别的节日一样。这也是青年男女社交的好机会，姑娘们在节日期间要翩翩起舞，那五彩缤纷的衣裙和银饰在阳光中闪烁会引得小伙子们发出阵阵的嬉笑与赞美。他们跑前挤后，暗自选择自己的女友。暮色降临时，青水江畔会响起嘹亮的飞歌和温柔抑扬的游方调。"飞歌"是一种音调高昂飞扬的山歌，歌声常常可以传得很远。它使青年男女们沉浸在爱情和幸福之中。

踩花山节　踩花山，这本是滇东北、黔西北、滇南等地苗族青年男女互相求爱的一种活动。随着社会经济的发展，踩花山在历史上已经形成本民族男女老幼都过的一种传统佳节。其内容除男女青年对歌、跳芦笙舞、寻求配偶之外，已加进交流生产经验等方面的内容。

节日期间，苗族老农们来到花山场地，交流生产经验，传授生产技术，预示和祝愿当年丰收。为了选择耕畜良种，节日期间要进行斗牛比赛。届时斗牛爱好者们从远方牵来一头头高大肥壮的大黄牛。参加竞赛的牛头头精神抖擞，毛光水滑，看上去无法估量谁胜谁负。竞赛的组织者根据斗牛的大小，一对一对地进行恰当的安排，经过几轮较量，最后得胜的就是当年的优胜者，就是最好的种牛。赛前，饲养的主人要把自己送来参加比赛的斗牛的两只角刮得像刀尖一样锋利，反复擦上香油，使牛角又尖又亮。照苗家的说法，刮尖了的牛角擦上香油就会发痒，牛就会迫不及待地要参加决斗。斗胜的牛由主人拉到花杆前走一圈，然后披红挂彩。同时，人们以美酒敬饲养者，以表彰他们的辛劳。鼓励他们把牛养得更好，为农、牧业生产多做贡献。

跳狮子是踩花山节的一种重要的欢乐形式。云南屏边县苗族踩花山时，常在花场上立的花杆中央挂一个猪头，两瓶好酒，让跳狮子的人们竞赛，看那一架狮子跳得好，爬得高，就把猪头和酒奖给那一架狮子。届时，有数架狮子参加竞赛，跳一阵之后，就爬花杆，一个接一个地爬，花杆又高又小又滑，要爬到中央是很困难的。跳狮子的人们常一个人又一个人地架起人梯，架到最后将礼品拿下来。礼品拿到之时，场中锣鼓喧天，参加踩花山的群众欢呼跳跃，使节日充满欢乐的气氛。

四

苗族的宗教属原始宗教的范畴，有自然崇拜、人造物崇拜和祖先崇拜三种。黔西北、滇东北等地区的苗族还信仰基督教或天主教。

自然崇拜　对象有巨石、山洞、石岩和巨树等，称为"神树"

"神洞""神石""神岩"，苗族认为这些东西是神的遗物，有神灵附在其上，它能给人们造福。遇孩子体弱或少子，则以小孩拜寄其中的一种为寄子。拜寄时要烧香、纸，并献以鸭、鱼、肉及酒、糯米饭等，时间一般选在农历二月或九月、十月。由大人领着小孩去到祭物旁边，摆酒饭，敬香烧纸，请求神物保护孩子和家人清洁平安，并将酒饭挑撒一些在地上。此后每年按时前去供祭一次，直到孩子长大结婚为止。有的甚至供祭终生，死后由后代继续。寨边的参天古树，常是全寨人共祭的"神树"。共祭的目的是求其保佑寨人清洁平安、六畜兴旺。祭时由全寨凑钱购买牛、猪及大白鸡（或狗）等，杀牲祭献后每户出一人就地而食。祭的时间各地不一，有的是一年一祭，有的则是疾病流行或牲口瘟疫出现时才祭。

人造物崇拜 这是一种精灵崇拜，苗族认为人造的土地菩萨、木桥、石桥、木凳、石凳和水井等东西，有某种精灵附在上面，崇拜它可以消灾，使你得财、得福、得子。如认为崇拜土地菩萨可保佑村人清吉，人畜不受猛兽危害，而崇拜桥、凳可以得子等。一定时间内要以酒、饭、鱼、肉、鸡等去供祭。

祖先崇拜 这是苗胞最为普遍、最为虔诚的一种崇拜。新中国成立前，一般都有神龛供奉祖先。认为老人死以后，他的灵魂不死，可以造福于家人，故要设神龛供奉。除祭祖节日外，逢年过节对灵位献酒肉。祖先神位有的是安放在火坑边。

最隆重的祭祖活动是吃鼓藏，黔东南地区一直保留到新中国成立前，有定期和不定期两种。定期的有三年、五年、七年、十三年举行一次等几种，不定期的由占卜确定。这种祭仪很复杂，要确定鼓藏头，准备鼓藏牛（或猪），进行接鼓、翻鼓、制鼓、头牛、宰牛、送饭等仪式。有的地区举行这些仪式可连续进行两三年才告完。吃鼓藏期间，不仅全鼓人家的老幼参加，亲戚朋友也要来参加。鼓内务家都要备牛或猪，有的是几家备一头，届时全部杀光。这对生产有严重的影响，这种风习新中国成立后已进行了改革。另外贵州松桃地区还有一种俗称"棒棒猪"的祭祖典礼，用猪肉、水牛肉和雄鸡等作祭品，一般历时一天到四天。

苗族在新中国成立前多数不知医药，人畜有病即以为有鬼祟作怪。苗族迷信鬼神，认为有善神和恶鬼两类，善神能使人们得福，恶鬼能使人们得祸，平时除供祭善神之外，遇疾病或凶祸即去清鬼师来祛鬼。他们认为恶鬼有很多种，每种自成一群，各群之间自由活动。祛鬼时，先由鬼师侦察是哪一种群的鬼作祟，而后杀牲供献。若病仍不愈，就另请其他的鬼师侦察，又再杀牲祭另一种鬼，因此，有的往往杀牲数十次，但病仍然不愈。这种迷信对人、畜的危害很大。一般小病虽不杀牲，只用鸡蛋等去祛，但对苗族人民仍是一项沉重的负担。新中国成立后随着无神论教育的开展和医药卫生事业的发展，这种迷信风习已经有很大程度的改变。

鬼师是苗族进行各种祭祀的祭司，也是一种祛鬼的巫师。基本上是男性，不脱离生产，也不在各种活动中索取较多的报酬，只得一点所用的米，据说他们能知各种鬼（包括善鬼和恶鬼）的习性和活动的规律，能过阴（走阴间）通鬼。这是因为他们身上附着有许多死去的男女的灵魂，称为"阴崽"。"过阴"时就是这些阴崽去侦察鬼怪。侦察清楚以后才依不同鬼怪来贡献不同的牺牲。"过阴"时需要米、香、钱纸、布筋、半碗冷水等物。鬼师以头巾、手帕掩住脸口诵巫词，不停地跺动两脚，传集所有阴崽之名，过完时一跳以示回到阳间。有的鬼师不会"过阴"，只会用芭茅（也有用稻草的）来占卜是什么鬼怪作祟，这称为"比芭茅"。会过阴的鬼师都会"比芭茅"。其依法都是先撕去芭茅上的薄叶，只要长六七寸的中心叶脉，每三棵一次，逐棵掐折为四截，边掐边诵巫词，以呼唤鬼怪，要求他们出现在芭茅上，认清后就要病人家办酒肉供献。鬼师的迷信活动，新中国成立后受到群众的抵制而减弱。

苗族一般皆行土葬，唯有患麻风病者才用火烧。土葬时成年人用杉木棺材，未成年的用木匣。仪式因地而异。黔东南在死者临终时要鸣鸟枪通知近邻。入殓时要到溪边烧纸钱买水洗尸，据说不洗尸死者的灵魂到达"刁嘎腮，咀乒浓"（意为祖宗住的地方）时祖先不收容，又会回来找子孙的麻烦。入殓后，需用斗盛一斗谷子放在灵前作插香之用。还需放一把稻芯草，以作替亡人驱逐蚊、蝇之用。守灵人（中年以上的妇女）应日夜守在灵旁，以防家猫翻越尸身，否则，尸体会爬起来。三更以后，守灵人要唱丧歌（苗族称为哭丧），叙述亡灵的经历和遗族的悲伤，并安慰亡人不要想念家人。丧歌十分悲伤，常哭得泣不成声。后代人听了丧歌中亡人一生的美德，颇受教益。

云南金平县一带的苗族，人死后要用麻布包好吊在屋内，让家族亲友吊唁，要杀牛杀猪作祭品。来吊者要携带鸡、猪等祭品，请寨内职业鼓手和芦笙手负责主持丧事，昼夜为死人吹打。葬后十二天要做一次斋。在屋中央立一个人的模型代表死者，请吹鼓手吹芦笙击鼓，杀猪烧钱纸，斋期三日至五日。斋完丧事便告结束。

成年人死后，家族和同寨的异姓人家都要来帮忙，这是自古以来原始互助的传统。大家认为这是自己应尽的义务，不但要在劳力上帮，为其担任杀牛、宰猪、抬灵柩、垒坟安葬等一系列工作，而且要在经济上给予支援，一般都应赠送四五斤大米或苞谷和几斤酒，另外还送一把香和一些钱纸。若系亲戚，女婿要送三五十斤的猪一只，二十来斤白酒，一些香、纸烛和鞭炮，其他亲戚送一两坛酒，每坛十多斤至二十来斤重。参加吊唁的亲友，如系妇女，每人还应带一块手巾（自织的，宽六寸至八寸，长尺许的花布），给死者殉葬。办丧礼一般都要杀一只猪，有的地方规定要杀牛。宰杀之前，需延鬼师举行交给亡人的仪式，唱巫词。杀猪宰牛之用意，一是送给死者的灵魂牵去饲养；二是传说死者路过虐修地方时，有一只凶虎拦路，虎怕牛，死者牵牛去就会使其让路。

出葬之日，要请鬼师为死者的魂魄指明去路。并用一火把在棺材前为死者引路，据说若火把不亮，亡者之灵就会找不着路而回返于家中作祟。葬时还要请鬼师念巫词、行巫术。葬后垒成坟墓，墓式与汉族的无多大差别。

另外孝子在父母死后一个月内不能过桥、赶场、干活。据说因亡人的灵魂在这月内紧紧跟随孝子，孝子如过桥，魂魄就会失掉，如赶场，它很羞。一月后，孝子应带他去"走客"，一般是去已出嫁的女儿家。此后，即解除对孝子的丧禁。

以上是苗族的简单葬俗，由于地区的不同，各地苗族葬俗是不同的。这里概括的是多数地区的做法。但是，这些东西随着新中国成立后政治、经济、文化的发展，已有很大的改革，许多都已经变成为历史的陈迹了。

苗族人民在生产、生活中有许多禁忌。如在黔东南等一些地区，第一次春雷响后三天之内不能出工。湘西在阴历每月的初一、十五忌挑粪。逢"戊日""破日"和"土王日"不动土、不下田。在某些地区，猪、牛进了别人的家，就要牲口的主人来消灾。出外遇见所谓有"蛊"或有"老虎鬼"的人要采取仇视的态度等。这些禁忌过去对生产、生活有很大的影响，新中国成立后在移风易俗中已加以改变。

（本文是在编写《西南少数民族风俗志》一书过程中形成的。编写过程中曾参考20世纪五六十年代中国科学院民族研究所、贵州少数民族社会历史调查组的《贵州省黔东南舟溪地区苗族的生活习俗》《贵州省台江苗族的服饰》《贵州省台江县巫脚交苗族人民的饮食》及《苗族简史简志合编》等书和资料，原载何耀华《中国西南历史民族学论集》，云南人民出版社1988年版）

论西双版纳傣族领主土地
占有制的转化

领主制和地主制是封建生产关系的两种类型，还是相互连接的两个不同发展阶段，学术界至今尚存有不同的看法。恩格斯说："英国农奴制度的逐渐消灭，形成人类众多的自由农民、小地主或佃农阶级。"① 根据这一论断及我国一些少数民族民主改革以前的社会发展状况，地主制应是领主制之后的一个发展阶段。

在领主制阶段，由于国王的封授，土地为领主所占有，并依封职的高低呈阶梯式的等级占有结构。领主没有对土地的最后支配权，不能把这种土地当作他们私人意志的"专有领域"而任意出卖或转赠。这是因为，国王不是将土地赠予他们，而是仅仅作为俸禄田而授予他们终生使用，而且，授予是有一定条件的，倘若违背了这些条件，便以收回相惩罚。甚至在不违背国王附加条件的情况下，王室也可随时将它收回。因此，恩格斯指出，领主的占有地，"在任何情况之下都是一种职田"②。在这种土地占有制的基础之下，统治关系是占有的基本关系，领主在占有领地的同时，亦占有领地上的生产者——农奴，为了维持领主制度，领主将自己占有的土地，分一些给农奴作为份地，将农奴束缚在土地之上，终年为自己提供各种繁重的生产劳役和

---

① ［德］恩格斯：《论封建社会的解体及资产阶级的发展》，《历史问题译丛》1953 年第 6 期。

② ［德］恩格斯：《法兰克时代》，《马克思恩格斯全集》第 19 卷，人民出版社 1956 年版，第 551 页。

杂役。

在地主制阶段，土地所有制形态不再具有职田的性质，地主即土地的私有主，对土地具有支配权，但不能占有生产者，只能迫使生产者——佃农租种自己的土地，自己不劳动，依靠剥削地租为生。佃农（佃户）一般没有土地或只有很少的土地，他们佃种地主的土地，被迫将收获的四成、五成、六成、七成甚至八成以上的实物交给地主为地租，自己过着十分贫困的生活。比之农奴，佃农有较多的自由，少数的还可以通过购置土地而成为地主。

地主制既是领主制之后的一个发展阶段，那它是怎样从领主制中产生出来的呢？西双版纳傣族新中国成立前的社会发展为解答这个问题提供了活的典型，本文拟通过这一典型，剖析领主土地占有制向地主所有制转化的规律，以作研究这一问题的参考。所书鄙陋之见，请专家读者指正。

在西双版纳封建领主社会中，全部土地为元、明以来封建中央王朝所封的车里军民宣慰使，即"召片领"所占有。傣语所谓"喃召领召"，说的就是"水和土都是官家的"。所谓官家，指的就是"召片领"。"召片领"下辖三十余个"勐"的行政单位。各勐的统治者由"召片领"分封其宗室勋戚担任，称为"召勐"，亦称勐土司。按封地的大小，召勐有"纳先龙"（大十万田）、"纳勐龙"（大万田）等大小之分，召片领和召勐把封疆内的土地一分为三。

一部分作为自己的私庄，俗称宣慰田或勐土司田。据都竜掌《杂记》一书记载，历史上"召片领"在景洪坝子的曼洒、曼洪、曼景蚌、曼听、曼广、曼朗、曼别、曼共、曼侬冯、曼景们、曼暖典等寨共有宣慰田 11950 纳。宣慰田概由农奴耕种，由农奴偿付劳役地租或实物地租。

另一部分是作为属官（波朗、村寨头人）的俸禄田，称波朗田、头人田。其特点是认职不认人，谁当波朗、头人谁占有。波朗田占景洪全勐土地总数的 40% 左右，全由农奴耕种，波朗坐收地租。

再一部分作为农民的份地，称为寨公田或寨田。这份土地有"米纳把哈"的说法，意为"有这份田就必须挑起负担担子"，为"召片领"服各种劳役，提交劳役地租。

在新中国成立前几十年间，以上述三种形式为核心的领主土地占有制曾出现解体，并出现转化为封建地主土地所有制的趋势，这一转化是沿着以下三条不同的途径进行的。

（1）王土转化为农民的私土。其产生多是出于在田边小块荒地上开荒。这种农民私有的土地称为"纳辛"和"纳哈滚"，其数量发展至新中国成立前占西双版纳全部耕地面积的 28%。

"纳辛"意为私田，分属于"召庄""傣勐""滚很召"三个不同的社会等级，由于前一等级和后两等级所属的"纳辛"在私有的程度上有所不同，故"傣勐"和"滚很召"的"纳辛"又称为"纳多很"，意为自己的田。"纳多很"的特点是不参加体现领主占有的抽补调整，可以世代承袭及进行租典和买卖。如景洪曼纽寨的波依喊，将"纳辛"10 纳，卖给同寨的鲊波更，得半开 10 元，又曼菲竟的波香甩，卖给布在满 10 纳，得半开 30 元，波埃而拢卖给妹丙 10 纳，得半开 40 元，康郎喊卖给纳得 10 纳，得半开 25 元。据调查，"纳多很"出现的时间不长，傣勐寨曼暖典的"纳多很"至新中国成立时不过才延续了三代，叭竟、波撒、召鲊拉的都是在他们的祖父手上才开垦出来的，一般的是只延续了两代，短的才几年。

属于"召庄"等级的"纳辛"，私有程度比"纳多很"高，特点是可以自由买卖。其私有性不但不受封建领主法律的约束和限制，而且还受到它的保护。马克思说："私有财产的权利（任意使用和支配的权利）是随心所欲地处理什物的权利。……私有财产的真正基础，即占有，是一个事实，是不可解释的事实，而不是权利，只是由于社会赋予实际占有以法律的规定，实际占有才具有合法占有的性质，才具有私有财产的性质。"① 从法律对它的承认和保护来说，它是从领主占有地上分演出来的一种私有化程度很高的专有地段。

"纳哈滚"意为家族田，数量比"纳辛"为多。如景洪有1356亩，占该版纳总耕地的4.46%。家族田的支配权属于家族长，村寨头人无权干预。也就是说，这是独立在领主占有地之外的一种以家族为单位的私有地。家族田的继承权属于家族三代以内的血亲成员。对其租佃、典当和买卖都可以，但须在家族内部进行。考察一下家族的大小，我们发现，这里的傣族家族一般都不大，如家族田占全寨耕地总面积70%的景洪曼播寨，全寨16户，分属于7个家族，最大的鲊忠家族有4户，叭温喊与布比两个家族只有各2户，而岩温喊、妹孟竜两个家族则各仅只有1户。就岩温喊、妹孟竜两家而言，家族田实际上已演变为以户为单位的私有田地。

"纳辛""纳哈滚"等农民小私有地的出现，在"普天之下，莫非王土"的封建领主社会中，具有划时代的意义。由于它们的出现，土地的买卖和集中成为可能，一些人因可能购置大量的土地而变为地主，而另一些人因会丧失土地而沦为地主的佃农。西双版纳傣族的情况说明，农奴私有地的出现是领主制走向瓦解的标志，这个社会中最先出现的一些地主，就是从农奴私有地上产生出来的。在农奴私有地出现以前，由于"水和土都是召片领的"，社会中根本没有发生过任何买卖土地的现象，也没有出租土地、依靠剥削地租为生的地主，可是在这之后，买卖土地的情况就发生了，地主和佃户的剥削关系因此而产生了，上文所述的所买而进行出租的地，买的就是农奴的小私有地。

应当指出，"纳多很"和"纳哈滚"在买卖时是要受到一定限制

---

① 《黑格尔法哲学批判》，《马克思恩格斯全集》第1卷，人民出版社1956年版，第382页。

的，如"纳多很"不能卖出寨子，"纳哈滚"不能卖出家族。它们的私有性质，也还没有得到法律的正式承认，但不能因此就否认这类私田的私有性质。这是因为每一种新的所有制形式，在开始出现的时候，都不仅要受到旧的形式的阻碍，而且要受到旧的政治设施的阻碍，新的所有制形式只有经过长期的斗争，才能排除对于自己的限制和种种阻碍，并最终取得合法的地位。因此，不能以实际存在的某些限制和封建领主的法律是否承认来否定上述两种土地的私有性。

（2）"职田"转化为私田。"职田"即"薪俸田"，是封建统治者授给属官作为薪俸来源的一种土地。在西双版纳傣族领主社会中，"职田"有"宣慰田""勐土司田""波朗田""头人田"诸种。由于宣慰使和各勐土司的官职是世袭的，故"宣慰田""勐土司田"为世袭田。"波朗田""头人田"不能世袭，其特点是"跟着官职走，谁当波朗、头人谁占有"。其实，"宣慰田""勐土司田"也是跟着官职走的，一旦王朝进行"改土归流"，宣慰及其属下的土司也就不能再占有。

在生产力提高和商品货币经济日益发展的情况下，领主把从农奴身上榨来的一部分剩余产品变为商品，这使他们越来越把土地视为珍宝，并为谋取更多的土地而施展各种伎俩。于是，"职田"出现了扩大的趋势。据都竜掌《杂记》一书记载，约在傣历五四二年，即明景泰元年（1450 年），"召章法"（天朝皇帝）封"召片领"为车里宣慰使时，规定他在景洪坝子的世袭宣慰田为 11950 纳（约合 3000 亩）。但这个数字在新中国成立前发生了变化，"召片领"利用政治特权夺取了一些田。如曼竜匡寨的宣慰田（纳召片领）1000 纳，就是他从曼中海寨夺来的。有一次，"召片领"到曼中海、曼景兰寨吃鱼，遗失了金马鞍，乃强令两寨赔还，曼竜匡的老叭（头人）出面调解，由曼景兰出钱及曼中海出田 1000 纳进行赔偿。又如宣慰街附近名为

"纳永"的1000纳宣慰田,是勐永土司(召片领之子)强迫勐永地区的农奴来为他开垦的。勐土司、波朗、头人等扩大"职田"的步子比宣慰的还要大。其手段亦是凭借政治特权兼并农奴的份地。如新中国成立二十多年前,景洪大波朗怀朗庄主,窃走曼达寨的土地册,私自进行窜改,夺取景达寨租给曼养里寨的土地140纳;曼浓坎寨原有农奴份地寨田500纳,波朗(召勐刚)的官田(纳干)140纳,新中国成立前11年召孟刚令人对曼浓坎寨说:"500纳是官田,140纳是寨田。"曼浓坎寨群众不依,召孟刚说:"你们说不是,可去召竜那扁处看'囊丝'(记载土地的簿子,因召竜那扁管附近的山)。"看后真如其说。召孟刚于是夺得曼浓坎寨的农奴份地340纳。原来,这个簿子是召孟刚勾结召竜那扁假造的。更有甚者,一些领主对农奴份地的兼并,是不加掩饰地进行赤裸裸的霸占,如曼迈竜寨的头人叭竜,霸占曼暖典退还该寨的寨田70纳。农民波岩永死去,其私田100亩亦为叭奄所霸占;又如曼暖典寨叭竜,以抽给波朗为借口,将300纳农奴份地据为己有。除上述外,有的是强迫农奴进行开荒,以扩大自己的"职田",如曼达寨头人叭荷哈,强迫农奴为自己开垦了30多纳的田。根据傣族封建领主政权的法规,凡开荒之地,"熟荒三年、生荒五年",到期并入"寨公田",即并入召片领和各勐的领地,但是,在地权越来越重要的情况之下,中小领主及农奴都不执行这样的规定。

"职田"的自发增加是与"职田"私有化的进程紧密相连的,在商品货币经济的作用下,中小领主不满足于对"职田"的占有,指望获得世袭的可以随心所欲地进行支配的地权。"召片领"的一些远亲,或通过自由开垦取得私有土地;或凭借与"召片领"的亲戚关系,在从领主统治集团中游离出来以后,继续占有"职田",使它们形成"召庄"所属的"纳辛"(私田)。与此同时,一些波朗也利用自己的政治权势,将"职田"在实际上变成自己世代世袭的私产,一些头人对"薪俸田"进行抵押、出租，甚至买卖，使头人田也逐渐转化成为体现自己意志的私有地段。

由于"职田"向私田的转化及统治者利用政治特权兼并农奴的份地，新中国成立前头人和群众占有土地的数量悬殊，如景洪曼暖典寨，8户头人，占有"寨田"420纳、"波朗田"191纳、"头人田"420纳、私田190纳，每户平均占有152.6纳；45户群众占有寨田的2650纳、"波朗田"1147纳、私田369纳，每户平均仅占有77.5纳，约是头人的一半。在曼景傣寨，每户头人平均占有134.1纳，而每户群众平均只占有37.4纳，头人约是群众的3.5倍。在地的质量上，头人占有的土地比群众的质优，单位面积产量大。如曼暖典头人叭竜100纳的土地，产量为200挑，而群众老五100纳的土地，仅产120挑。占地多的头人，或雇工，或出租进行剥削，或二者同兼，结果都使自己转化成为地主。曼暖典出现的两户地主和两户富农，都是从头人转化而来的。

上述情况说明，在领主制向地主制过渡的过程中，中小领主一般是沿着向地主阶级转化的道路前进的。大领主虽也不断增加或扩大自己的私庄地，但他们不可能顺应历史的发展而自动放弃领主制，因此，他们不是被时代的列车碰得粉碎，就是走向破产没落。中小领主向地主阶级的转化，主要不是通过土地买卖来进行，而是利用超经济的政治特权来实现。一方面，他们利用这种政治特权，与上层领主作斗争，将"职田"转变为私田；另一方面，又利用政治特权，兼并农奴的份地，以实现土地的集中，并迫使丧失份地的农奴变成佃种他们的土地的佃农。

（3）"份地"转化为私有地。份地制度的存在是封建农奴制生产关系存在和发展的基础。在西双版纳，"召片领"划给农奴的份地，占全部耕地面积的58%。傣语称为"纳曼"或"纳火尾"，意为"负担田"。因其使用是由村寨头人代表"召片领"按户平分给农奴，分配形式保留着农村公社时代由村寨头人按户平分土地的特点，所以又称为"寨田"或"寨公田"。领种这种份地的农奴，必须以村寨为单位，为召片领或勐土司提供生产劳役或非生产性的杂役。如景洪的曼暖典、曼纽、曼模曼、曼景兰等寨的农奴，必须用自己的耕牛、农具为"召片领"耕种私庄田，收获物全归"召片领"。曼东老、曼南、曼喝勐三寨，必须为"召片领"点灯；曼列寨必须为其养象；曼醒、曼岛两寨，必须为"召片领"养马，曼洒寨必须为其舂米……在提供生产劳役和各种杂役的情况下，农奴份地上的产品归农奴享用。当然，领主这样做并不是要保证农奴的生活资料，而是要保证自己的劳动人手。

份地制度存在的必要条件是自然经济在社会经济生活中占统治地位，农业和手工业紧密结合，未出现可以引起生产者两极分化的商品货币经济，在新中国成立前的西双版纳，这样的条件已经不存在了。由于自然经济被破坏，社会生产结构和社会阶级结构发生着新的变化，份地制度开始走向瓦解，如景洪曼广竜、曼广卖、曼景栋三寨，新中国成立以前共有131户，有16户已从份地上分离出来，其中以帮工和进行副业为生的8户，出租土地为生的4户，出租份地转以经商的2户，铁匠、小商贩各1户。仍困着于份地之上的115户，也还在继续发生着分化，其中有15户兼营酿酒卖酒，2户兼营制银器，4户兼营缝纫，4户兼营屠宰，1户兼营烧瓦，1户兼营木工。随着商品货币经济的发展，他们势必还要从份地上分离出来。

就份地制度的整个瓦解而言，其实质是由领主占有转化为地主和小农私有。在西双版纳，农奴份地私有化主要表现有三：一是中小领主不断将份地攫为私有，使份地的均平性遭到破坏。如在景洪的曼暖典寨，由头人转化而来的4户地主、富农，共占有寨田220纳，每户平均为55纳，一般群众每户平均只有50纳。在蛮买寨，由于份地均平性的破坏，占全寨总户不到6%的5户地主、富农，占有全村17%

的土地，每户平均占有 250 纳，占地最少的 1 户，仅占有 25 纳，完全丧失份地的 2 户，其中 1 户沦为地主的雇农，另一户转而靠牛租为生。[①] 二是农奴通过典当自己的份地，在一定程度上把份地转变为自己可以进行支配的私产。如新中国成立前 15 年，曼暖典寨的暖典波板告，因无牛和缺乏劳动力，以 5 纳田当给曼景傣寨的岩康印，当价为每年 5 元半开，又康朗奔将 50 纳进行典当，每年当价为 10 元半开，当了 5 年共得 50 元，曼广卖的岩燕将田当给富农岩拉，当价为 40 元半开。在戛栋、戛洒等 17 个村，当出的份地多达 260 纳。典当关系虽然还处于初期，当期不长，当价不高，当期届满不经取赎就可以收回。但典当的发生不是偶然的。在领主的统治下，由于"水和土都是召片领的"，故份地绝对不允许典当。典当一经发生，就意味着农奴对份地取得了一定程度的支配权，而这正标志着份地由领主占有向生产者私有的转化。三是头人和农奴通过出租份地，进一步把份地转化为私有。在新中国成立前的西双版纳农奴制社会中，对份地的租佃是很普遍的。其形式有二：其一是集体租佃，如景洪曼广奄寨、曼哈勐寨租入寨田 550 纳，租额有 100 纳 30 挑和 70 纳 20 挑两种。在曼洪地区，除陇会的 6 寨以外，其余 11 个傣勐寨都出租寨田。其中曼达寨出租给曼贯、曼景、曼南龙、曼磨锡等七寨的数目多达 467 亩，头人具有租出、夺佃、加租等方面的专有支配权。租额表面上是拿来为全寨，但实际上大部分为头人所私吞。地租的占有是土地所有权由以实现的经济形态，头人在出租寨田中私吞地租的事实，说明寨田正部分地沦为头人的私田。其二是单户出租。出租者有两种情况：一是出租者为占地较多的头人和富户，通过出租，他们不但攫取地租，而且把租入者中的一部分变为自己的佃户，使自己转化为地主；二是出租者为缺乏耕牛、农具、生产资本，对份地已丧失独立经营的贫户。这种

---

① 参见中央访问团第二分团编《车里县概况》，《普洱区资料之六》，1951 年，第 8—10 页。

出租与前一种完全不同，他们不是为了攫取地租，而是要摆脱领主加于自己身上的剥削负担，但事与愿违，他们在出租了份地之后，即沦为一无所有的短工或长工，变成地主的雇农。租入者也有两种情况：一是租入者为牛多、劳力多的头人、富户，其租入份地的实质是兼并份地；二是租入者为份地量少质劣的富户，其租入份地，则是为了补充自己份地之不足，但其结果是使他们成为地主、富农的佃户。不管是集体出租还是单户出租，其剥削形式都不再以劳役地租为主，而是转以实物地租为主，并兼以采取货币地租。劳役地租、实物地租、货币地租都是封建土地所有权由以实现的经济形态，其更替反映了封建社会生产力的发展。劳役地租是以劳动生产力的不发展和劳动方式的原始性为基础的。在领主制阶段，封建领主只能以这种地租形式作为其剥削的主要形式。实物地租逐步占据主要，在一定程度上反映了领主制经济向地主制经济的过渡。头人、富户及其他一些份地出租者攫取地租的事实，说明份地进一步被转化成了私有的土地。

有一种观点认为，在西双版纳傣族封建领主社会中，份地始终未出现真正的自由买卖，所以不能认为它已发生了向私有地的转化。笔者认为，土地能否自由买卖确实是衡量土地是否私有的标志，但土地自由买卖是发生在地主制社会中后期的一种社会现象，不能以此来衡量领主制向地主制转化时期领主占有地是否向地主、小农私有地转化的事实。因为这个时期，土地买卖并不是也不可能是一种普遍存在的现象，而通常存在的是对于份地或其他形式的领主地的典当和租佃。根据封建领主的法律，这些土地是不能典当、租佃的，因为这样做必然导致领主土地占有制的瓦解和地主所有制的产生。因此，这个时期出现的对于领主土地的典当和租佃，应是衡量土地是否由领主占有向地主、小农私有转化的标志。正因为如此，所以这个时期土地兼并的形式，除了中小领主利用政治特权进行超经济的掠夺之外，主要不是通过土地买卖，而是通过典当和租佃来通行。尽管这个时期出现的典当、租佃还处于初期的原始的形态之上，但它对于领主土地占有制的瓦解及导致地主土地私有制产生的作用是不可以否定的。

地主制生产关系的产生，是以社会生产力和商品交换关系的相应发展作为前提的，地主制下的土地私有权，只有在自然经济破坏的基础上，只有在提高了土地的使用价值，使其不仅成为占有者及生产者提供生活消费资料，而且主要成为为交换目的提供产品的手段的时候才能发生。

据樊绰《云南志》记载，西双版纳傣族在唐代就有了犁耕农业，每家"养象、大于水牛，一家数头，养以代牛耕也"。但是，进入明、清以后，由于封建王朝和傣族封建领主阶级的统治，这里的生产发展十分缓慢。从傣历一一四〇年（清乾隆四十三年，1778 年）封建领主的最高统治机构——议事庭颁发的一项兴修水利的命令可以看出，西双版纳傣族的农业完全处于封建领主的束缚和严密的管制之下，农业生产比较原始，生产效率不高，农奴生产的粮食除每一百纳缴三十挑谷子的官租和进行赕佛（宗教活动）之外，仅够维持自己的生存，社会生活完全处于自然经济的基础上。①

值得注意的是，这一情况在民主改革前的四五十年中发生了迅速的改变，商品生产和商品货币经济获得了迅速的发展。据 1953 年的

---

① 这份命令说："一周年过去了，今年的新年又到来了。新的一年的七月就要开始插秧了，大家应该一起疏通渠道，使水能顺畅地流进大家的田里，使庄稼茂盛地生长，使大家今后能丰衣足食，有足够的东西崇奉宗教。命令下达以后，希勐当板闷及备陇达官员，计算清楚各村各户的田数，让大家带上圆凿、锄头、砍刀以及粮食去修通渠道，并做好试水筏子和分水工具，从沟头一直到沟尾，使水流畅无阻。……各勐当板闷官员，每一个街期要从沟头到沟尾检查一次，要使百姓田里足水，真正使他们今后吃够赕佛。如果有谁不去参加疏通渠道，致使水不能流入田里，使田地荒芜，那末官租也不能豁免……到了十月份以后，水田和旱地都种好了，让勐当板闷、陇达等官员到各村各寨都作好宣传，要围好篱笆，每庹栽三根大木桩，小木桩要栽得更密一些，编好篱笆，使之牢固，不让猪、狗、黄牛、水牛进田里来，如果谁的篱笆没有围好，让猪、狗、黄牛、水牛进田来，就要由负责这段篱笆的人视情况赔偿损失。有猪、狗、黄牛、水牛的人要把牲口管理好，猪要上枷，狗要围栏，黄牛、水牛和马都要拴好……"转引自张公瑾《西双版纳历史上的水利灌溉》，《思想战线》1980 年第 2 期。

统计，西双版纳稻谷产量为两亿五千三百多万斤，除自给外，有相当数量的剩余粮食投入市场交易，如勐混区每个街子天，运往县城出售的米至少有二三十驮。① 西双版纳附近的一些县份，每年从西双版纳输入大量的粮食，以澜沧县来说，每年从西双版纳南峤地区输入的大米就多达三千驮以上。② 棉花是山区各民族与傣族进行交换的一种主要农产品，景洪的橄榄区，勐海的勐混区，南峤的弯莫区、勐满区、别旧区都是重要的产棉区。据 1938 年云南省建设厅估计，车里（景洪）、佛海（勐海）、南峤（勐遮）三县种植棉 4 万亩，产皮棉 120 万斤③，绝大部分都投入市场与傣族进行大米等农产品的交易。1952年，国营商业部门在景洪收购皮棉 20 万斤。商品棉花数量如此巨大，既说明了这个地区社会生产力有了飞跃的发展，也说明了这个地区的商品经济已经相当的发达。除粮食、棉花以外，茶叶、糖、花生、土烟等农副产品，也大量投入交换领域，如 1952 年，国营商业在车里、佛海、南峤、镇越（今勐腊）收购茶叶 87.57 万余斤。在车里收糖1.2 万斤、花生 14.6 万斤、土烟 1.2 万斤。在新中国成立前，这些产品都是自发投入商品市场的产品。

随着农副产品商品化的发展，大量的荒地被垦殖出来。据 1938年云南省建设厅估计，景洪已耕土地面积为 162996 亩④，其中许多是新垦地。据新中国成立后的调查，占西双版纳耕地总面积的 28% 的"私田"，全都是新中国成立前几十年才开垦出来的。

在农产品商品化的情况下，处于自然经济条件下的家庭手工业愈来愈与市场联系起来，各种手工劳动者原是主要为自己生产，并与农业不分离的匠人，现在变为替别人和市场进行生产的专业工匠。1953年，西双版纳有专业铁匠 161 户 210 人，其中勐海 63 人，每人每年平

---

① 参见中央访问团第二分团编《佛海县情况》，1951 年，第 4 页。
② 参见中央访问团第二分团编《澜沧县情况》，1951 年，第 19 页。
③ 参见中央访问团第二分团编《车、佛、南农业及棉花调查报告》，1951 年。
④ 同上。

均使用钢铁 500 斤，全年生产 1.5 万多件农具，这些农具都是为进行交换而生产的；另外，有造纸户 510 户，从业者 576 人，年产土纸 295700 张；勐遮有制伞户 284 户，年产伞 28440 把，景洪有 100 户，年产伞 4000 把；易武街有纺机 65 架，年纺棉花 13 万斤，产土布 1.8 万多件；勐海、勐遮、景洪等地有染房 6 座，其中 3 座具有营业的性质，勐海合股染行有股东 40 多家，资金甚巨，年染土布 6000 多件。1938 年，景洪南糯建立思普茶厂，佛海建立了试验茶厂，以产机制红茶为主，雇用傣族等各族工人来进行生产，这是在当地出现的两个大的农业加工工场。

新中国成立前，在每个勐土司的辖区内，根据五天一街规律，一般至少都有五个集市。如景洪县的勐景洪，第一街为戛利；第二街为戛龙；第三街是戛洒；第四街是戛景德；第五街是戛兰。其中戛洒、戛龙、戛兰交易的规模最大。戛洒的赶集者不但有来自大勐笼、勐罕、勐海、勐腊等地的当地群众，还有来自广东、广西等内地的汉商。每街要杀猪一二百口，杀牛数十头。街上建有摊棚和土房。在勐海土司辖区内，也有戛真、戛广、戛龙、戛利、莫戛特五个街子。所有街子除农副产品外，都充斥着布匹、洋靛、火柴、肥皂、牙刷、文具纸张、洋锹等外货。亦如内地的街子，具有半殖民地半封建商业的特征。

商品货币经济有如腐蚀性的酸类一样，强烈地腐蚀着傣族封建领主制社会的机体，并最终使它走向解体。在新中国成立前，有的头人和富户将自己的份地出租，或攫取实物地租，或以钱谷折价方式，进行货币地租的榨取，有的在出租了份地之后，转入经营商业，在经商获得巨额利润的情况下，又买地出租，如景洪景广竜的头人鲊董、鲊荒、鲊搬头、鲊波温丙等，每年到缅甸做生意一次至两次，以低价收入鸦片、樟脑、茶叶、紫梗等进行输出，而后再买进布匹及宗教上使用的种种消费品，高价卖给农奴。鲊董倒卖的鸦片，利润高达 14 倍之多。在获得巨额利润的情况下，鲊董买田 80 纳，叭敦买田 60 纳，连同份地一起出租，使自己变成为商人兼地主。总而言之，新中国成立前西双版纳社会生产力和商品经济的发展程度，已经形成地主土地所有制产生的历史条件。

就主导的、处于支配形态的生产关系而言，新中国成立前西双版纳傣族的社会是封建领主制社会。但是，由于生产力的发展和商品货币经济的作用，这一社会已进入向地主制社会转化的时期。因此，这个社会不但为我们研究历史上的封建领主制提供了一个活典型，也为我们研究领主制向地主制的过渡提供了一个活的例证。

从这个例证可以看出：（1）封建领主土地占有制的瓦解，是以地主土地所有制的产生和发展为内容的，封建社会的发展是从领主制走向地主制。（2）领主土地占有制向地主土地所有制的转化，是以社会生产力的发展和商品货币经济对自然经济的破坏为前提的。领主土地占有制与地主土地所有制的根本区别在于，前者为占有而后者为私有。领主土地占有制被破坏的途径有三：第一，农民小土地私有制的发展，即由于生产者自发开荒，封建大领地被不断分割为农民的小私有地；第二，中小领主的"职田"转化为私田；第三，农奴份地转化为私有地。（3）地主阶级最初是由中小领主转化而来的，引起这一转化的是不可抗拒的商品货币经济规律的作用。中小领主兼并土地的手段主要不是通过土地买卖，而是利用政治特权进行超经济的掠夺，同时也通过典入和租入进行掠取。

（原载《百越史研究》，贵州人民出版社 1987 年版）

《云南通史》的编纂及其特点

——在中国社会科学出版社与中共云南省委宣传部
《云南通史》出版发布会上的汇报

从 1996 年启动到 2009 年付梓，编纂《云南通史》耗时 13 个春秋。为实现"纵贯古今，横陈百业，揭示历史规律，提炼历史精华，保存历史记忆，集科学性、时代性、创新性、资政育人性为一体"的立项初衷。该书的编著者们呕心沥血，克难攻坚，不仅对历史文献进行扫描式的收集和精审的考辨，而且深入城市、山村，从人民群众中采珠撷英，使成果客观真实，贴近生活，服务大众，导引未来。

在探索云南历史发展规律方面，该书以"融合""统一"为云南历史发展的主轴。"融合"是指云南土著民族与内地华夏族、汉族及土著民族与土著民族的互融，即"夷变夷""汉变夷""夷变汉"的现象；"统一"是指云南各民族与祖国其他各民族统一于中国的国土之内，接受一个中央政府（包括汉族和少数民族在全国建立的王朝和政权）的管辖，把中华各族之国（中国）作为国家的统一体，是云南历史发展的基础、民族兴盛和社会进步的源泉与动力。

云南历史告诉我们：民族融合与促进国家统一，是贯穿云南历史发展的两条主线，是推动云南历史前进的两大主轴。二者互动，相辅相成，相互制约。云南历史上的每一次民族大融合，都推动了中国的统一向纵深发展，而每一次国家统一的纵深发展，又为新的民族大融合开创了新基础，构筑了高平台；各民族之间的经济、文化交流是民族融合的主要媒介。只要各民族之间存在社会经济文化发展的不平衡，各民族之间的经济文化交流就不会停止，民族融合的进程就不会阻断。因此，民族融合的存在与否，不以人的意志为转移；民族融合的规律和价值取向，是以先进的生产力、先进文化为主导，取优弃旧，实现更新。因此，每一次的民族大融合，都推动经济文化的发展、社会的进步、民族的繁荣、人民物质文化生活的提高。民族融合是各族人民利益之所在，具有深厚的群众基础和无穷的动力，是永具活力、永具光辉的历史现象；以自愿、平等、团结、互助为实现基础的各民族人民之间的自然融合，是民族融合的自在形式。在奴隶制、封建制、资本主义制的社会中，民族融合往往不是和谐地进行的，甚至是通过民族冲突、民族战争来实现。但是，绝不能因此就否定自在形式在民族融合中的主流作用；也不能因肯定自在形式的主流作用，就否定民族压迫、民族战争、民族冲突衍生的非自在形式的民族融合。尽管民族压迫、民族战争、民族冲突往往给社会经济带来破坏，造成生灵涂炭，但是，应该看到，它引发的民族大迁徙、大混居，经济文化大交流，对民族融合和国家统一向纵深发展，客观上也有一定的作用。当然，这不是要肯定民族压迫和民族同化政策。

云南历史证明：云南各少数民族和汉族，都是相互不断融合形成的民族共同体，具有"我中有你，你中有我"的共同特点。云南民族融合所产生的对祖国的内聚力及汉族与各少数民族、少数民族与少数民族之间的互聚力，是云南各族人民在中国共产党领导下与全国各族人民共同奋斗，实现共同繁荣的重要保证，是中华民族自强于世界各民族之本。

在提炼历史精华、保存历史记忆方面，该书着重阐述了下列几个优秀的传统。

（1）云南历史上重农治水的传统。战国时，楚国庄蹻开滇之所以成功，靠的就是"重农"，他以发展"滇池地方三百里，旁平地，肥饶数千里"的农业为基础而建立滇国。秦、汉在云南成功设郡置吏，也是以发展农业为支撑的。先后任朱提郡（治在今昭通）、益州郡（治在今昆明）的太守文齐，因重视农业而名著青史。在朱提郡，文齐"穿龙池、溉稻田，为民兴利"；在益州郡，他"造起陂池，开通灌溉，垦田二千余顷"。三国时，诸葛亮也以发展农业为安定"南中"、平定天下的国策。他把建宁郡治从滇池县（治在今晋宁）移到味县（今曲靖），并大开屯田，使味县具有"屯下"的称呼；经过"屯田"兴农，建宁郡一跃而发展成为"南中"的政治、经济、文化中心。与此同时，诸葛亮还令李恢将永昌郡（今保山市和德宏地区）的"濮民数千落"，移民到今楚雄地区从事农耕，濮民"徙居平地，建城邑，务农桑"，社会获得了长足的进步。唐朝时期，南诏国重视农耕技术的开拓，牛耕农业发展到一个更高的阶段；稻麦复种制与江南先进农业地区相埒；不违农时的农耕制度得以创立；保护水土流失的梯田农业，使山区农业生态步入人地共生的循环系统。樊绰在《蛮书》卷七中说：滇中地区，"土俗唯业水田。种麻豆黍稷，不过町疃。水田每年一熟。从八月获稻，至十一月十二月之交，便于稻田种大麦，三月四月即熟。收大麦后还种粳稻。小麦即于冈陵种之，十二月下旬已抽节，如三月小麦与大麦同时收刈"。又说："蛮治山田，殊为精好。"《南诏德化碑》说：其"高原为稻黍之田，疏决陂池，下隰树园林之业。易贫成富，徙有之无，家绕五亩之桑，国贮九年之廪"。

元朝实行"安业力农"的政策，在中央设立"劝农司"，在各省设立"劝农使"，并颁发《农桑辑要》，推广农业技术，"招怀生民"。为扩大滇池地区的灌溉面积，消除水旱灾害，云南行中书省平章政事（省长）赛典赤，云南"劝农使"张立道，向元世祖忽必烈提出治理滇池的方案，并力而行之，他们把治理滇池的工程分为上、中、下三段，在上段疏浚盘龙江，建松花坝水库；在中段疏浚盘龙江、金汁河、银汁河、马料河、宝象河、海源河等河道，将疏河、筑堤、建坝、修涵、泄洪及适时放水或闭水融为一体。又开岔河十二条，地河七十二条；在下段疏浚海口河，以解决洪水季节宣泄不畅的问题。公元 1273 年，劝农使张立道率丁夫两千人，用了三年时间，清除了海口河到石龙坝、龙王庙一带河道的积沙和淤泥，又整治了海口河内的鸡心、螺壳、牛舌等处险滩，清理了螳螂川、普渡河至金沙江的河道。其中海口至平地哨约十公里的一段河床，在清除淤泥的基础上挖低，以利湖水宣泄，在海口修建三座大型石闸，共二十一孔，以控制滇池水位，石闸至今保存完好。

明朝时期，云南"重农"的特点是开展军、民、商屯田，扩大耕地面积。"军屯"用以养兵，所谓"养兵百万，不费百姓一粒米"；"民屯"用以安民，鼓励无地和少地的农民开垦田地。从洪武中后期开始，到正德五年（1510 年），云南军屯的数字从四十三万五千多亩，扩大到一百二十七万六千多亩，121 年中，仅军事屯田的面积就扩大到 3 倍。

清朝时期，云南"重农"的特点是开发山区，大力推广适宜山区生态环境的玉蜀黍和马铃薯的种植，以解决山区少数民族的生存问题，使山区和坝区人民安居共处。云南巡抚吴其濬在其所著《植物名实图考》中说："玉蜀黍，《云南志》曰玉麦，山民恃以活命"；"阳芋，滇、黔有之，疗饥救荒，贫民之储"。清代云南"重农"和开发山区的一个特点是，十分珍惜及合理利用每寸土地，对耕地、林地、牧地、湿地、矿产地进行有序的开发利用和保护。为保护林地，政府对入山"搭寮棚居住，砍树烧山，艺种包谷"的"流民"进行严格的管理。自道光年开始，云南将乱开乱砍的"流民""俱系入保甲编查，立册给牌"。因人口增长，对土地需求增大的矛盾，则在合理利用土地的原则下，对荒地进行有限制的开发。如在临安府（治在今建水），只准"流民""依山麓平旷处开凿田园。……至山势峻极，蹂坎而登"。结果使山区出现耕田"层层相间，远望如画"的图景。

水是生命、生物存在的自然基础，更是农业经济的命脉。"重农必须重水"，这是云南历史留给我们的重要启示。水资源的补给靠大气降水，赋存形式为地表水、地下水、土壤水。通过大气降水，它以自然循环的形式逐年更新。云南由于受季风的影响，降水主要集中在夏季，大气降水量及地表水之赋存远远不能满足天然生态、人工生态两大系统的需要，缺水的矛盾突出。而降水季节的过分集中，使水资源的大部分变为洪水径流量，这不仅引起春旱夏涝，而且造成江河的汛期洪水和非汛期的枯水，降水量年际间的剧烈变化，更造成江河的特大洪水和农业区的严重枯水；为了发展农业，克服水资源短缺和旱涝灾害，云南历史上有治理和改造水环境的优良传统。如在元朝治理滇池的基础上，明朝、清朝又相继启动大规模的滇池治理工程。明朝正德年间"云南巡抚陈金，役军队夫卒数万，浚其泄处，于是池水顿落数丈，得池旁腴田数千顷，夷、汉利之"。清代康熙、雍正、乾隆、道光时期，又对滇池进行了九次治理。其中雍正三年（1725 年）云贵总督鄂尔泰、云南巡抚张允隋、水利道副使黄士杰领导的一次治理，成效最为显著。清代建立的滇池管理制度和河道的岁修制度，曾经被作为云南重农治水的范例。云贵总督鄂尔泰的《修浚海口六河疏》、云南巡抚王继文的《请修河坝疏》、云南水利道副使黄士杰的《六河总分图说》、孙髯翁的《盘龙江水利图说》，都是这个时期出现的治水名著。其中黄士杰的《六河总分图说》具有较大的理论和实践意义，是当时的设计理念和施工方案的总结，具有长远的科学技术价值。

明清云南的重农治水是全省性的，几乎各县都有治水兴农而载入史册的史事。如以今石林县为例，该县大可村的治水碑文说："民以耕为本，耕以水为先。"明嘉靖二十二年（1534 年），该县邹国玺倡筑鱼池堰，开东山沟、小乐台旧沟，引黑龙潭水灌溉；明神宗十三年（1585 年），跃宝山村民张爱普、毕季礼等六人，又"穿十二丈岩岭，筑丈八高之石闸灌溉万顷，泽被万民"（《月湖碑序》）。

（2）云南历史上着力发展先进工业，推进工业现代化的传统。云南曾是创造中国工业奇迹的基地之一。商、周至秦、汉时期的铜锡合金、铜镍合金业，都曾驰名于中原和世界。纺织业与合金业同辉，也是具有世界影响的产业。

1905 年，云南人民将昆明自辟为商埠，1912 年创立富滇银行，以支持现代工业的发展。在清末 30 多年间，云南兴办现代工业的投资为 383 万元又 315 万两，其中民间投资约占 50%，辛亥革命后的 12 年，昆明的官商投资计 77 万余元，其中商办资本 55 万余元，约占官商投资总数的 70%。1904—1923 年，昆明兴办官商企业 70 余家，其使用的现代设备皆从西方国家进口。如 1904 年开办的蒙自官商公司（1909 年改名个旧锡务公司），采炼大锡出口，选矿和冶炼的机器、机具 70 余件，运矿铁车 150 辆，空运索道 8000 米，都从西方国家购进；1912 年建的民办昆明石龙坝水电站，发电机也购自外国；1921 年建的商办云鑫工厂，生产铜、铝片，电动碾压机购自英国；另一家叫华兴机械厂的，车床、转床、磨光机等购自美国；1920 年官商合建的昆明自来水厂，吸水机购自法国；1922 年建立的商办云南造纸厂，蒸汽机、冲料机、捞料机，皆购自日本；1923 年商办的延陵糖果有限公司，以电为动力，用西方技术与方法生产糖果。

抗日战争时期，中央机器厂、中央电工器材厂、个旧锡矿、云南钢铁厂、昆湖电厂、明良煤矿、东川铜矿、昆明炼铜厂、昆明化工厂等一批技术先进的企业在云南建立。以昆明为中心建立的有机器业 11 家、冶炼业 6 家、电器业 7 家、化工业 25 家、纺织业 15 家、其他 13 家。中国的第一根电线、第一架望远镜、第一辆组装汽车、第一批用电炉熔炼的钢铁，就是这些企业生产的。到 1945 年年底，云南有注册工厂 226 家，是 1937 年 42 家的 5.38 倍；全省工业资本为 6175.5 万元，按 1937 年币值计算，是 1937 年的 8.23 倍；工人有 2.9 万余人，是 1937 年的 4.9 倍。工业生产增长以 1938 年的指数为 100，到

1943 年则达到 520.41 万元，1939—1945 年是"云南工业的极盛时期"。

（3）云南历史上以科技创新，引领世界有色合金技术发展的传统。有色金属合金，是反映云南各族人民善于科技创新的一组璀璨夺目的光环。早在商代至西汉末期的云南青铜时代，他们就生产出技术高超的青铜器，云南是铜镍合金的原创地，其产品在秦汉以后被称为"云白铜"，成书于东晋永和三年（347 年）的《华阳国志·南中志》说：朱提郡（治今昭通）的堂螂县（今会泽、巧家、东川）"出银、铅、白铜"。这是中国历史文献中最早的关于"云白铜"的记载，但"云白铜"并不产于此时，早在秦、汉时期，大夏国（今阿富汗）就已用白铜铸造货币。唐、宋时期，"云白铜"进一步被贩往西亚、南亚各国，波斯（今伊朗）人称它为"中国石"。十六世纪后，英国东印度公司将它从广州贩往欧洲。欧洲人以粤语"白铜"一词的译音，称其为 pakeong 或 petong。法国人杜霍尔德在 1735 年出版的《中华帝国全志》中写道："最特别的铜是白铜，其色彩和银一样，只有中国才有，也只见于云南省。"1775 年英国出版的《年纪》曾记述英国东印度公司驻广州商人勃烈将"云白铜"发回英国的情况："去年夏季，有船从中国驶抵英伦，他（勃烈）又附寄了他自云南得来的白铜……目的是为了要在英国从事实验和仿造这种中国白铜。"1882 年，英国爱丁堡大学化学师菲孚，发表他关于"云白铜"合金成分的报告："铜 40.4%、镍 31.6%、锌 25.4%、铁 2.6%。"该报告说，当时英国还没有人知道应如何才能仿制这种中国白铜。过了一年，德国的海宁格尔兄弟仿制"云白铜"成功，并将这种合金改名为"德国银"或"镍银"。从此，西方开始进行大规模的工业化生产，"德国银"于是取代了云白铜所占据的国际市场。

云南科技发展史告诉我们：云南人民是勇于进行科学实验，善于科技创新的人民；历史的云南是科技领先的云南。

（4）云南历史上重视发展教育，特别是少数民族教育的优良传统。早在东汉章帝元和年中（84—86 年），时任益州太守的王阜就在云南"始兴起学校"，以发展教育推进社会的进步，使社会"渐迁其俗"。万历《云南通志》卷八《学校志》说，云南府和大理府的学校皆建于汉章帝元和二年（85 年），即王阜任益州太守时。王阜是蜀郡人，"少好经学"，"受《韩诗》""窃书诵尽日"，"侍谋童子传授业，声闻多里"，学校教育，为汉、晋时期云南实施科举制度奠定了良好的基础。土著民族，包括夷化了的汉人，有很多是那个时期的中举者、文辞著称者或大儒。如孟孝琚"十二随官，受《韩诗》，兼通《孝经》二卷"。又《爨宝子碑》有"别驾举秀才"之语。《华阳国志·大同志》说：太康三年（282 年），益州郡"皆举秀才、廉良"。爨龙颜"举义熙十年（414 年）秀才"。南诏王"晟罗皮立孔子庙于国中"，大理国主段正淳重教育，"使高泰运奉表入宋求经籍"。元朝时，云南行省首任平章政事赛典赤以发展学校教育、社会教育为治滇的根基。《元史·赛典赤·詹思丁传》说："云南俗无礼义……子弟不知读书，赛典赤……创建孔子庙、明伦堂，购经史，授学业，由是文风稍兴。""赛典赤建孔子庙为学校。"泰定年间（1324—1327 年），中庆路（治今昆明）设学校"以栖生徒，使肄业其中，置田以资饩廪，虽爨（今彝族）、僰（今白族）亦遣子入学，诸生将百五十人"。明、清时期是云南学校教育、社会教育快速发展的时期。洪武十七年（1384 年），明太祖命云南增设学校，"县级设书院，乡级设乡塾"。清代的云南学校教育"沿明旧"，但在康熙"致治之道，首重人才，储养之源，由于学校"的治政思想启导下，又有大的发展。清代云南强化科举取士制度如内地省区，"得人之盛，远轶前代"，数量不仅比明代多，而且科举类别比明代全。其中洱源白族人王崧（1752—1837 年），嘉庆四年（1799 年）进士，官山西武乡县令，编有《道光云南志抄》及《云南备征志》二十一卷。弥渡人师范（1751—1811 年），嘉庆六年（1801 年）中举，官安徽望江县令，著书百余卷，其中

《滇系》四十卷为云南史志名著。石屏人袁嘉谷（1872—1937 年），光绪二十九年（1903 年）中经济特科进士第一名，人称"特科状元"，授翰林院编修，官浙江提学使，兼署布政使，著有《卧雪堂文集》《卧雪堂诗集》《滇绎》等名著。光绪二十八年（1902 年）云南建立高等学堂，各府、州、县普建中学、小学。高等学堂后来发展为两级师范学堂，其中的优级培养中学教员，初级培养小学教员。1902 年后又建方言（学英、法文）、东文（学日文）、政法、工矿、农业、工业、蚕桑、商业、铁路、武备、陆军讲武等学堂。陆军讲武学堂宣统元年（1909 年）重建，后发展为国内外有重要影响的武官培养基地。发展教育是贯穿数千年云南社会发展史的一根主线。

2012 年 4 月 5 日于北京

附录：专家学者盛赞《云南通史》

由何耀华研究员任总主编，李昆声、钱成润、朱惠荣、林超民、段玉明、夏光辅、蒋中礼、王文成、牛鸿宾、谢本书等任分主编，耗时13个春秋，共6卷334万字、配图数百张的《云南通史》，经过编者们广泛吸收、借鉴前人研究成果，系统搜集文献资料，深入开展调查研究，精编细研，数易其稿，最终完成了这部鸿篇巨制，由中国社会科学出版社出版问世。

《云南通史》以"融合""统一"为云南历史发展的主轴，全面系统地阐述从远古至1949年新中国成立的云南历史，是前所未有的创举，受到了社科专家的高度赞誉。2012年2月27日，经中国社会科学出版社组织专家评审，《云南通史》获中国社会科学出版社2011年度优秀图书奖。在4月5日召开的《云南通史》出版发布座谈会上，出席会议的专家学者高度赞誉《云南通史》的编纂和出版工作。

中国社会科学出版社2011年度优秀图书评审组：云南历史在中华民族的发展及各民族关系史、古代中国与东南亚国家间交流互动史、边疆与边政史、近现代爱国主义和革命斗争史、抗日战争史、中共党史上都占有重要地位。《云南通史》体例宏大，尤重政治、经济、民族关系，比较清晰地叙述了从远古到1949年的云南历史，学术性较强，议论平实，是一部优秀的地方历史著作。

中国社会科学院党组副书记、副院长李慎明：《云南通史》出版给我们启示很多，最重要有两点：第一，人文社会科学必须坚持以马克思主义为指导；坚持为改革开放和社会主义现代化服务；坚持实事求是，锐意创新，只有这样才能保证人文社会科学发展的正确方向，才能在学术理论上实现突破创新。第二，党政领导机关必须重视人文科学建设，采取各种强有力的措施推进它的发展，在这一点上云南省的经验值得重视。云南省委、省人大、省政府、省政协的领导，不仅把《云南通史》的编撰作为全省的重大软科学工程推出，而且还分别担任编委会的高级顾问，或编委会主任，或亲自撰写序言进行具体的指导和帮助。这是这部书稿获得成功的重要原因之一。

中国社会科学院学部委员、学部主席团成员、原副院长汝信：本书最大特点也是最主要的优点是，始终贯彻马克思主义的历史唯物论为指导，立意高远，纵贯古今，站在历史与现实相结合的高度，准确地叙述了自古至今云南波澜壮阔、丰富多彩的历史，清晰地勾画出云南历史发展的基本线索并深刻地揭示出其发展的规律。本书从考古、人类学到经济、政治、哲学、宗教、文化、社会、民族等学科几乎无所不包，以大量历史资料，包括实物、文献为研究的依据，实事求是，对具体问题做具体分析，持之有故，言之成理。广泛吸收学术界已有的研究成果，对各种学术观点和见解进行比较、鉴别、综合，然后形成客观科学的结论，具有高度学术价值。

中国社会科学院学部委员、副秘书长、学部主席团秘书长郝时远：《云南通史》是一部非常难得的、独具特色的地方史。从这部通史的特点来讲，它既是一部地方史，也是一部民族史。云南是我们国家古人类活动历史最久远，证据提供最久远的地方，同时又是多民族、多宗教、多文化、多语言的地方。对这样的地方，能够经过学者们多年的积累，在充分吸收前人经验的基础上，运用新材料，运用民间的材料，完成这样一部巨著，的确非常不容易。

中国社会科学院荣誉学部委员、民族学与人类学研究所原所长杜荣坤：《云南通史》是一部高质量、高水平之专著，理论性、学术性、史实性、知识性、政策性和科学性都很强，有鲜明的地区特点和民族特点，图书之设计和装帧也很精美，可谓通史编写中的一个典范。本书以"融合、统一"为云南历史主轴，妥善地处理了王朝史、地区史和民族史三者之关系。其立意独特，行文气势磅礴，有令人耳目一新之感。既从民族学、人类学的视野，探讨了诸族之间"夷变夷""汉变夷""夷变汉"的民族融合过程，又从历史学角度论述政治联系，经济、文化交流，对祖国内向力和凝聚力的加强，寓融合共荣于内聚统一之中。本书内容丰富，立意新颖，资料翔实，主题思想明确，论述全面深入，既有理论分析，又有史实验证，脉络清晰，逻辑性强，除大量运用汉文资料外，还注意吸收少数民族文献资料及考古学、古人类学等多学科研究成果，提出自己独到见解和不少新观点。在广度和深度上都填补了云南地区历史研究的空白，是融学术性、理论性、知识性、科学性和可读性于一体之精品，是一部传世之作，亦是一部当今进行爱国主义教育、社会主义教育和民族团结教育的好教材，对研究中国通史、专史，中国与东南亚、南亚交流史等皆有重要参考价值。

中国社会科学院荣誉学部委员、社会学所原所长陆学艺：第一，这部书是一部鸿篇巨制，在云南历史上填补了空白。全国这么多省，像云南省这样基本完成的通史不是很多，好多富裕的省都还没编出来，具有很显著的意义。第二，一部书能花十多年的时间做出来，大概也不多。第三，课题组花这么大的力气、投入这么大的精力，得到省委、省政府的支持，最终完成鸿篇巨制，我觉得可喜可贺。

中国社会科学院民族学与人类学研究所研究员白翠琴：《云南通史》的编纂出版，可谓中国史学界一桩盛举，也是民族文化大省——七彩云南非常值得庆贺之大喜事。我感到该书有几个特点：第一，结构合理，论述精当。第二，主题明确，中心突出。第三，上下维系，点面结合。第四，吸纳百家，有所创新。综观全书，框架结构合理，体例新颖，内容丰富，资料翔实，观点正确，论述精当，富有创建，图文并茂，具有颇高学术价值和现实意义，是当今各类通史中之精品，是一部通古今之变、成一家之言，集科学性、创新性、资政育人性于一体的佳作，它必将成为传世之作。

中国社会科学院科研局副局长朝克：《云南通史》历史资料丰富，突出原始文献、原始答案，大量运用考古发现、前沿调查资料，其中还附有数量可观的弥足珍贵的历史图片资料，图文并茂、资料翔实，具有深远的历史学、地域学、文学、文化学、资料学方面的学术价值。这是一套内涵丰富、科学求真的好史书，可以说这是云南文化史上的一件大事，该成果的出版填补了云南史学研究中的许多不足和遗憾。它的出版对于我国南方民族史的研究，乃至对于中国史的研究，以及中国与东南亚、东亚各民族的研究具有重要的学术价值。

云南省文史研究馆副馆长张勇：《云南通史》是迄今为止篇幅最长、内容最完整的云南通史著作，是云南地方历史研究的重大成果。浏览《云南通史》，资料翔实、图文并茂、考据精当、深入浅出、史论结合、文字流畅、信息量大、结构严谨、可读性强。《云南通史》显著特点：一是广集博采成鸿篇。编者们广泛吸纳前人研究成果，文集博采、科学梳理，在已有著述成果的基础上再进行深入研究、创造，精心写作，终成云南史学之鸿篇巨制。二是重继承、求创新、出新意。《云南通史》以新颖的理论框架和基本思路展开论述，提出了许多新颖独到、颇具说服力的观点，新意迭出、亮点频现。全书立足云南、放眼全国，取材精审、论证严密、文字精练，通古今之变而成一家之言，集历史性、科学性、时代性、学术创新性于一体，是一部高水平的学术论著。三是开先河、填空白。《云南通史》的出版，开了云南地方编修五千年通史的先河，实现了云南人盼修通史的夙愿，填补了云南无通史的空白，是云南文化史上的一大盛事。

云南省社会科学院党组成员、副院长王文成：《云南通史》坚持以马克思主义唯物史观，弘扬爱国主义精神、民族团结精神，努力吸收国内国际学术前沿成果，总结新中国成立以来云南地方史研究取得的成果，系统阐述远古至 1949 年云南历史发展的脉络，在中华文明史的宏观视野中，揭示云南历史发展的阶段性特征和长时段发展趋势，努力为读者从中国一个局部地区切入，深入了解中华文明源远流长、深刻丰富的历史内涵，提供系统、可靠的地方性知识；努力为贯彻落实科学发展观，促进边疆民族地区科学发展、和谐发展、跨越式发展，提供可资借鉴的历史经验；努力为提高文化自觉，增强文化自信，建设云南民族文化强省，提供科学的基础性材料。